经世济世
继往开来

贺教方兄

重大项目
成果出版

李晓西
戊戌初春

教育部哲学社会科学研究重大课题攻关项目
"十三五"国家重点出版物出版规划项目

我国教师社会经济地位研究

STUDY OF TEACHERS' SOCIAL AND ECONOMIC STATUS IN CHINA

劳凯声
等著

中国财经出版传媒集团
经济科学出版社
Economic Science Press

图书在版编目（CIP）数据

我国教师社会经济地位研究/劳凯声等著 . —北京：经济科学出版社，2020.6

教育部哲学社会科学研究重大课题攻关项目

ISBN 978–7–5218–1519–1

Ⅰ.①教… Ⅱ.①劳… Ⅲ.①教师－社会地位－研究 Ⅳ.①G451.4

中国版本图书馆 CIP 数据核字（2020）第 072980 号

责任编辑：杨　洋
责任校对：隗立娜
责任印制：李　鹏　范　艳

我国教师社会经济地位研究

劳凯声　等著

经济科学出版社出版、发行　新华书店经销
社址：北京市海淀区阜成路甲28号　邮编：100142
总编部电话：010-88191217　发行部电话：010-88191522
网址：www.esp.com.cn
电子邮箱：esp@esp.com.cn
天猫网店：经济科学出版社旗舰店
网址：http://jjkxcbs.tmall.com
北京季蜂印刷有限公司印装
787×1092　16开　30.25印张　600000字
2020年12月第1版　2020年12月第1次印刷
ISBN 978-7-5218-1519-1　定价：120.00元
(图书出现印装问题，本社负责调换。电话：010-88191510)
(版权所有　侵权必究　打击盗版　举报热线：010-88191661
QQ：2242791300　营销中心电话：010-88191537
电子邮箱：dbts@esp.com.cn)

课题组主要成员

首席专家　劳凯声
其他成员　余雅风　田汉族　董新良　郭　凯
　　　　　　李晓强　苏林琴　薄建国　梁明伟
　　　　　　宋雁慧　马晓燕　马效义　蔡金花
　　　　　　蔡海龙　韦保宁　罗　爽　刘俊仁
　　　　　　何　颖　沈永辉　周士英

编审委员会成员

主　任　吕　萍
委　员　李洪波　柳　敏　陈迈利　刘来喜
　　　　樊曙华　孙怡虹　孙丽丽

总 序

哲学社会科学是人们认识世界、改造世界的重要工具,是推动历史发展和社会进步的重要力量,其发展水平反映了一个民族的思维能力、精神品格、文明素质,体现了一个国家的综合国力和国际竞争力。一个国家的发展水平,既取决于自然科学发展水平,也取决于哲学社会科学发展水平。

党和国家高度重视哲学社会科学。党的十八大提出要建设哲学社会科学创新体系,推进马克思主义中国化、时代化、大众化,坚持不懈用中国特色社会主义理论体系武装全党、教育人民。2016年5月17日,习近平总书记亲自主持召开哲学社会科学工作座谈会并发表重要讲话。讲话从坚持和发展中国特色社会主义事业全局的高度,深刻阐释了哲学社会科学的战略地位,全面分析了哲学社会科学面临的新形势,明确了加快构建中国特色哲学社会科学的新目标,对哲学社会科学工作者提出了新期待,体现了我们党对哲学社会科学发展规律的认识达到了一个新高度,是一篇新形势下繁荣发展我国哲学社会科学事业的纲领性文献,为哲学社会科学事业提供了强大精神动力,指明了前进方向。

高校是我国哲学社会科学事业的主力军。贯彻落实习近平总书记哲学社会科学座谈会重要讲话精神,加快构建中国特色哲学社会科学,高校应发挥重要作用:要坚持和巩固马克思主义的指导地位,用中国化的马克思主义指导哲学社会科学;要实施以育人育才为中心的哲学社会科学整体发展战略,构筑学生、学术、学科一体的综合发展体系;要以人为本,从人抓起,积极实施人才工程,构建种类齐全、梯队衔接的高校哲学社会科学人才体系；要深化科研管理体制改革，发挥高校人才、智力和学科优势，提升学术原创能力，激发创新创造活力，建设中国特色新型高校智库；要加强组织领导、做好统筹规划、营造良好学术生态，形成统筹推进高校哲学社会科学发展新格局。

哲学社会科学研究重大课题攻关项目计划是教育部贯彻落实党中央决策部署的一项重大举措，是实施"高校哲学社会科学繁荣计划"的重要内容。重大攻关项目采取招投标的组织方式，按照"公平竞争，择优立项，严格管理，铸造精品"的要求进行，每年评审立项约40个项目。项目研究实行首席专家负责制，鼓励跨学科、跨学校、跨地区的联合研究，协同创新。重大攻关项目以解决国家现代化建设过程中重大理论和实际问题为主攻方向，以提升为党和政府咨询决策服务能力和推动哲学社会科学发展为战略目标，集合优秀研究团队和顶尖人才联合攻关。自2003年以来，项目开展取得了丰硕成果，形成了特色品牌。一大批标志性成果纷纷涌现，一大批科研名家脱颖而出，高校哲学社会科学整体实力和社会影响力快速提升。国务院副总理刘延东同志做出重要批示，指出重大攻关项目有效调动各方面的积极性，产生了一批重要成果，影响广泛，成效显著；要总结经验，再接再厉，紧密服务国家需求，更好地优化资源，突出重点，多出精品，多出人才，为经济社会发展做出新的贡献。

作为教育部社科研究项目中的拳头产品，我们始终秉持以管理创新服务学术创新的理念，坚持科学管理、民主管理、依法管理，切实增强服务意识，不断创新管理模式，健全管理制度，加强对重大攻关项目的选题遴选、评审立项、组织开题、中期检查到最终成果鉴定的全过程管理，逐渐探索并形成一套成熟有效、符合学术研究规律的管理办法，努力将重大攻关项目打造成学术精品工程。我们将项目最终成果汇编成"教育部哲学社会科学研究重大课题攻关项目成果文库"统一组织出版。经济科学出版社倾全社之力，精心组织编辑力量，努力铸造出版精品。国学大师季羡林先生为本文库题词："经时济世　继往开来——贺教育部重大攻关项目成果出版"；欧阳中石先生题写了"教育部哲学社会科学研究重大课题攻关项目"的书名，充分体现了他们对繁荣发展高校哲学社会科学的深切勉励和由衷期望。

伟大的时代呼唤伟大的理论，伟大的理论推动伟大的实践。高校哲学社会科学将不忘初心，继续前进。深入贯彻落实习近平总书记系列重要讲话精神，坚持道路自信、理论自信、制度自信、文化自信，立足中国、借鉴国外，挖掘历史、把握当代，关怀人类、面向未来，立时代之潮头、发思想之先声，为加快构建中国特色哲学社会科学，实现中华民族伟大复兴的中国梦做出新的更大贡献！

教育部社会科学司

前　言

本书是教育部哲学社会科学研究重大课题攻关项目"教师社会经济地位研究"的研究成果，旨在以宏观的社会系统和多学科的理论为视野对教师职业的社会经济地位进行重新审视，揭示矛盾和问题，从政策法律的角度寻求解决矛盾和问题的思路和方法，同时以社会变迁和教育改革为背景，探索教师研究的新生长点，努力开辟教师研究和政策法律研究的新问题领域。

教育作为一项人才培养的社会性事业，涉及了政治、法律、经济、社会、科技、文化等诸多方面，因此任何一项教育研究都必然面对复杂的情况，只有突破单一学科的研究视角，才能创新教育研究的方法论，获得先进的研究成果。以往的教师问题研究大多从教育学的单一学科以及教师个体的微观视角出发，因而具有明显的学科局限性。而今天我们所面对的教师问题都是在全球化、信息化、社会转型、政府机构改革等多重社会变迁的进程中产生的，因而构成了广阔的社会背景，存在着复杂的影响因素，所面对的问题和矛盾远比过去要复杂得多。为此本书综合运用社会学、经济学、政治学、法学、教育学等多学科的理论和方法，全面考察影响教育改革的各种条件，深入研究教育与其他社会要素之间的联系，建构新的研究教育改革的方法论体系。

本书包括"教师社会经济地位的现状调查"和"教师社会经济地位的问题及其解决"两大部分。现状调查部分借鉴了"社会经济地位指数"（SCI）这一当前国际通用的表征不同职业群体社会经济地位的指标，在综合人们的多种社会经济因素而排列的顺序和分值，根据各个职业群体的客观平均受教育水平和平均收入水平加权打分后，获得对教师社会经济地位的准确看法。这一方法最初源于声望测量法，即根据人们对每一种职业的评分而确定职业地位的高低，但其作为一种主观评价的缺点也是明显的。本书对上述理论进行了本土化研究，用定量的方式描述不同职业社会经济地位的细微差异，在详尽说明教师社会经济地位研究的原理与方法后，以来自全国东中西部地区中十个省的 9 953 份有效问卷的数据分析为基础，呈现了我国教师社会经济地位的总体情况、我国教师社会经济地位的内部分化和以山西省为案例的我国教师社会经济地位的个案分析，验证了我国教师职业群体的社会经济地位总体适当，但内部产生分化，形成若干弱势群体，导致不同教师群体在社会经济地位方面存在实际差异的研究假设。研究的结果证实了这一假设，我国教师这一职业群体的社会经济地位与《教师法》所规定的"从事教育教学工作的专业人员"的法律定位相对契合，但教师阶层内部分化导致不同教师群体在社会经济地位方面存在差异。

　　问题及解决部分，基于调查研究中发现的教师权利与义务问题、教师专业发展问题、教师分配与收入问题、教师的教育惩戒权问题、教师职业师德规范的体系建构及实施问题及系列问题背后的教师社会经济法律地位有进一步澄清的必要，有针对性地进行了教师人事制度改革与教师地位立法问题研究、教师的权利与义务问题研究、教师职业的专业性与教师专业权利研究、教师聘任合同的法律规制研究、教师惩戒权及其在教育中的运用研究、教师绩效工资实施中的公平与效率研究、教师社会经济地位的国际比较研究、教师社会经济地位与教师职业道德规范研究、提升教师专业地位与教师教育改革研究九个具体问题的研究。研究结合多学科领域的视角和理论，就绩效工资来源和分配、教师惩戒权的合理性及其保障与规约、教师聘任立法的行政特权法定并兼顾教师权益原则及相应制度设计、教师职业道德规范等系列问题进行了创造性的分析并提出了具有实操性的改进建议，更结合对教师职业性质、权利和义务的理论分析与教师社会经济地位的国际比较分析，提出义务教育阶段教师的法律身份应当定位为公职人员的主张。

最终研究内容的前沿性和创新性主要表现在以下四个方面：

（1）以往的教师问题研究大多采用思辨研究的方法，较少运用实证方法，因此对有关教师社会经济地位的许多实际问题缺乏有说服力的分析。本书经过深入调查研究和严格的理论论证，从政治和职业权力、经济收入、社会声望和文化资本四个方面系统地构建符合中国国情的教师社会经济地位的指标体系，以全国性大规模实证调查为基础，对中国教师社会经济地位总体状况有了较为清晰的把握和认识。

（2）以往的教师问题研究主要集中于微观问题、局部问题的解决，对教师社会经济地位的宏观问题、教师社会经济地位与社会政治、经济、法律、文化之间的联系尚缺乏深入的理论研究。本书则从当前社会转型的大背景出发对当前社会分层的现实以及由此导致的教师的社会经济地位及其流变、分化情况进行了深入分析，为教育决策提供了较坚实的理论依据，同时深化了学界的相关认识。

（3）提出了教师应当定位为公务员的观点，并在参与"国家中长期教育改革发展纲要"起草过程中获得高层的重视，并最终得到官方认可，成为一项既定的教师政策。中共中央、国务院于2018年颁布的《关于全面深化新时代教师队伍建设改革的意见》中要求"确立公办中小学教师作为国家公职人员特殊的法律地位"。

（4）以往的教师研究问题较为松散，缺乏对教师问题的总体把握和系统分析，未能形成具有整体解释力的理论。本书借鉴社会学、经济学、教育学、法学、政治学、历史学等多学科领域的理论和研究成果，对教师职业的现实问题，如教师聘任制、教师绩效工资、教师惩戒等系列问题进行了深入研究，有助于准确地理解教师的社会经济地位及其发展。

"教师社会经济地位研究"课题所发表的研究成果产生了较大的社会影响，这些成果大多发表在权威核心刊物，有些成果被新华文摘转载，有些重要观点被《中国教育报》《人民政协报》等报刊介绍，产生了较大的社会影响。以本书为基础，课题研究团队成员承担了教育部委托的《高等学校教师职业道德研究》、参与了中小学校师德的研制工作、承担了《严禁中小学校和在职中小学教师有偿补课的规定》《中小学教师违反职业道德行为处理办法》《中小学校、幼儿园教师师德考核办法研究》的政策调研和起草工作、应教育部师范司要求提交了《义务教育教师的法律定位问题》的政策研究报告，并参与了一系列有关教师政策制定的咨询工作。

  本项目研究历时较长、参加人员较多，包括北京师范大学和首都师范大学的许多教师和研究生。如无大家的合作共事，本项目是不可能顺利完成的。在此只能把参与本书撰稿的人员列举如下：劳凯声、余雅风、田汉族、董新良、郭凯、李晓强、苏林琴、薄建国、梁明伟、宋雁慧、马晓燕、马效义、蔡金花、蔡海龙、韦保宁、罗爽、刘俊仁、何颖、沈永辉、周士英等。对所有曾或多或少参加本项目研究的人员，在此一并致谢。

  课题虽已结项，但社会形势在不断变化，有关教师的问题也在不断出现新的情况，因此这一研究不应终结，事实上也没有终结。我们会以所取得的成果为出发点，不断追踪这一问题的最新发展动向，延续这一研究的生命力。

摘　要

教师的社会经济地位是指教师个人或群体在社会阶层结构中所处的位置，是政治与职业权力、经济收入、社会声望、文化资本等指标的综合反映。本书借鉴国内外关于社会分层的标准和教师的职业特点，建立衡量教师社会经济地位的指标体系，从政治地位、经济地位和专业地位三个维度进行测量。通过对问卷调查的数据分析发现，教师的社会经济地位总体上与各地社会经济发展水平相一致，但是在教师群体内部出现了明显分化，造成了教师群体中的弱势群体。政治地位方面，教师的政治权利相对较高、政治参与不足，东部地区教师、城市教师、男性教师以及国家级示范性普通高中教师的政治权利和政治参与状况相对较好；经济地位方面，教师收入水平居中，东部地区教师、城市教师、男性教师以及重点学校教师的经济地位相对较高；专业地位方面，被调查教师受教育程度和专业知识技能基本符合《教师法》相关规定，东部地区、城市教师、男性教师以及重点学校的专业地位相对较高。基于调查中发现的问题，本书综合运用多学科理论，进一步围绕教师法律地位、教师的权利与义务、教师专业发展、教师聘任制、教师惩戒权、教师绩效工资、教师职业道德、特殊群体教师社会经济地位等问题和教师社会经济地位的国际比较开展专题研究，提出了应建立义务教育阶段教师公务员制度、应在充分考量教师职业公共性基础上科学设计教师的权利与义务、教师聘任合同应适用公法控制与规范、应适用公法规则对惩戒权进行实体和程序上的规范等重要观点，可为相关政策法律的完善提供重要参考。

Abstract

Teachers' social and economic status refers to the position of the teacher as an individual or a group in the social stratification which is a comprehensive reflection of the indexes including political and professional right, income, social prestige and cultural capital. The research establishes the index system for measuring teachers' social and economic status from three dimensions of political, economic and professional status based on the standard of social stratification in and abroad as well as the professional characteristics of teachers. According to the questionnaire data, it is found that teachers' social and economic status corresponds with the district's level of economic development on the whole, but there is evident differentiation inside the teacher group which brings about the disadvantaged group of teachers. In the aspect of political status, teachers can fully enjoy political rights but their political engagement is lacking; and the political rights and engagement of teachers who are in east regions, who are in the city, who are male and who teach in model high schools of national level is comparatively better. In the aspect of economic status, teachers' income is in the middle of the society; and the economic status of teachers who are in east regions, who are in the city, who are male and who teach in key schools is relatively high. In the aspect of professional status, the educational level and expertise of teachers surveyed are in accordance with the rules of *Law for Teachers*; and the professional status of teachers who are in east regions, who are in the city, who are male and who teach in key schools is relatively high. Based on the problems found in the survey, the research comprehensively applies multidisciplinary theories to focus on problems of teachers' legal status, rights and obligations, professional development, employment, disciplinary right, performance salary, professional ethics and the social and economic status of specific teacher groups and teachers in foreign countries, and puts forward important opinions such as establishing the teacher civil servant system in compulsory education, scientifically designing teachers' rights and obligations based on their publicness, teacher employment contract be regulated by public law, and teachers' disciplinary right be regulated by public law substantively and procedurally, which can be significant reference for perfecting related policy and law.

目 录

第一章 社会变迁中的教师社会经济地位问题　1

第一节　研究的意义　1
第二节　相关研究现状述评　3
第三节　相关法律文本分析　11
第四节　研究的总体框架　19
第五节　主要研究方法　20

第二章 教师社会经济地位的调查方法　22

第一节　教师社会经济地位纵向位阶的调查方法　22
第二节　教师社会经济地位的横向类别研究方法　31
第三节　我国教师社会经济地位指标体系　33

第三章 教师社会经济地位调查结果分析　43

第一节　数据分析情况说明　43
第二节　教师社会经济地位的总体情况　45
第三节　不同群体教师的社会经济地位差异　85
第四节　教师社会经济地位的个案分析——以山西省中小学教师为例　252

第四章 教师法律地位　262

第一节　世界各国教师法律地位的主要类型　262
第二节　我国教师法律地位的历史沿革　265

第三节　当前有关教师法律地位的若干改革动向　266
　　第四节　建立义务教育阶段教师公务员制度的政策建议　272

第五章 ▶ 教师的权利与义务问题　278

　　第一节　权利义务的失衡：我国教师立法存在的问题　279
　　第二节　科学认识教师的职业特性，确立教师权利与义务的
　　　　　　分析基础　281
　　第三节　国外教师权利与义务现状　284
　　第四节　以教师职业的公共性为考量，科学设计教师的
　　　　　　权利与义务　286

第六章 ▶ 教师职业的专业性和教师的专业权利　291

　　第一节　教师职业的专业性　291
　　第二节　关于教师专业化若干问题的探讨　295

第七章 ▶ 教师聘任合同的法律规制　303

　　第一节　教师聘用合同应适用公法规范与控制　304
　　第二节　我国教师聘用合同适用公法规范与控制的必要性　310
　　第三节　贯彻行政特权法定并兼顾教师权益的法原则，完善
　　　　　　教师聘用立法　312
　　第四节　教师聘任合同行政优先权及其法律规制　317

第八章 ▶ 教师惩戒权及其在教育中的运用　328

　　第一节　惩戒的合理性以及社会对惩戒权的误解　328
　　第二节　我国惩戒权的法治现状和不足　331
　　第三节　国外的立法与实践　333
　　第四节　教师惩戒权的公法特性及其法律规制　341
　　第五节　政策与立法建议　343

第九章 ▶ 教师绩效工资实施中的效率与公平　346

　　第一节　教师绩效工资结构与层次的理论思考　346
　　第二节　普通高中实施绩效工资的问题与对策　353
　　第三节　实施绩效工资的程序性问题　362

第十章 ▶ 教师社会经济地位与教师职业道德　364

　　第一节　教师职业道德的含义与性质　365
　　第二节　制定教师职业道德的基本依据　370
　　第三节　教师违反职业道德行为的处理　377
　　第四节　构建适应教师社会经济地位的教师职业道德体系　382

第十一章 ▶ 特殊群体教师社会经济地位　387

　　第一节　代课教师的社会经济地位问题　387
　　第二节　西部少数民族地区农村基础教育教师的社会经济
　　　　　　地位问题　397

第十二章 ▶ 教师社会经济地位的国际比较　409

　　第一节　教师政治地位的比较　409
　　第二节　教师经济地位的比较　420
　　第三节　教师专业地位的比较　435

参考文献　444

Contents

Chapter One   Teachers' Social and Economic Status in Social Changes   1

    Section One   Significance of the Research   1
    Section Two   Review of Related Researches   3
    Section Three   Analysis of Relevant Laws   11
    Section Four   Overall Framework of the Research   19
    Section Five   Research Methods   20

Chapter Two   Survey Methods for Teachers' Social and Economic Status   22

    Section One   Survey Methods for the Vertical Rank of Teachers' Social and Economic Status   22
    Section Two   Research Methods for the Horizontal Category of Teachers' Social and Economic Status   31
    Section Three   The Index System of Teachers' Social and Economic Status   33

Chapter Three   The Analysis of the Survey of Teachers' Social and Economic Status   43

    Section One   Descriptions of Data Analysis   43
    Section Two   Overall Situation of Teachers' Social and Economic Status   45
    Section Three   Differences in Teachers' Social and Economic Status of Different Teacher Groups   85

Section Four　A Case Study of the Social and Economic Status of Teachers of Primary and Secondary School in Shanxi Province　252

Chapter Four　Teachers' Legal Status　262

Section One　Types of Teachers' Legal Status All over the World　262
Section Two　History of Teachers' Legal Status in China　265
Section Three　Current Reformation Trends of Teachers' Legal Status　266
Section Four　Policy Recommendations for Establishing the Teacher Civil Servant System in Compulsory Education　272

Chapter Five　Teacher's Rights and Obligations　278

Section One　Imbalance of Teachers' Rights and Obligations: Problems in Legislation for Teachers in China　279
Section Two　Scientifically Understand the Professional Characteristics of Teachers and Establish the Analytical Basis for Teachers' Rights and Obligations　281
Section Three　Teachers' Rights and Obligations in Foreign Countries　284
Section Four　Scientifically Design Teachers' Rights and Obligations Based on Their Publicness　286

Chapter Six　Teachers' Professionalism and Their Professional Rights　291

Section One　Teachers' Professionalism　291
Section Two　Discussions on Issues of Teacher Professionalization　295

Chapter Seven　Legal Regulation of Teacher Employment Contract　303

Section One　Teacher Employment Contract Should be Regulated by Public Law　304
Section Two　The Necessity of Regulating Teacher Employment Contract by Public Law in China　310
Section Three　Perfect the Legislation of Teacher Employment Based on the Legal Principle of Considering Both Administrative Privileges and Teachers' Interest　312
Section Four　Administrative Privileges in Teacher Employment Contract and Its Legal Regulation　317

Chapter Eight Teachers' Disciplinary Right and Its Applicationin Education 328

    Section One Rationality of Discipline and Misunderstanding of Teachers' Disciplinary Right 328

    Section Two The Status Quo and Deficiency of Teachers' Disciplinary Right 331

    Section Three Legislation and Practice of Teachers' Disciplinary Right in Foreign Countries 333

    Section Four The Public Law Characteristics of Teachers' Disciplinary Right and Its Legal Regulation 341

    Section Five Policy and Legislative Suggestions on Teachers' Disciplinary Right 343

Chapter Nine Efficiency and Equity in the Implementation of Teachers' Performance Salary 346

    Section One Theoretical Reflections on the Structure and Level of Teachers' Performance Salary 346

    Section Two Problems and Solutions of Implementing Teachers' Performance Salary in High Schools 353

    Section Three Procedural Issues in Implementation of Teachers' Performance Salary 362

Chapter Ten Teachers' Social and Economic Status and Their Professional Ethics 364

    Section One Meaning and Nature of Teachers' Professional Ethics Code 365

    Section Two Basis for Formulating Teachers' Professional Ethics Code 370

    Section Three Confusions in the Implementation of Teachers' Professional Ethics 377

    Section Four Build a Professional Ethics System for Teachers to Adapt to Teachers' Social and Economic Status 382

Chapter Eleven Social and Economic Status of Special Teacher Groups 387

    Section One Social and Economic Status of Substitute Teachers 387

Section Two　Social and Economic Status of Teachers in Elementary Education in Rural Areas Inhabited by Ethnic Groups in West China　397

Chapter Twelve　International Comparison of Teachers' Social and Economic Status　409

　　Section One　Comparison of Teachers' Political Status　409
　　Section Two　Comparison of Teachers' Economic Status　420
　　Section Three　Comparison of Teachers' Professional Status　435

References　444

第一章

社会变迁中的教师社会经济地位问题

第一节 研究的意义

百年大计，教育为本；教育大计，教师为本。教师是教育事业的第一资源，是教育改革发展的动力之源。造就一支上千万规模的高素质教师队伍，是我国教育改革发展成败兴衰之命脉，是提高国民整体素质之前提，是增强国家综合实力和竞争力之关键。改革开放以来，党和国家十分重视提高广大教师的社会经济地位，并采取了一系列措施来实现这一目标。尤其是 20 世纪 90 年代以来，随着一系列重要教育政策法律的颁布实施，特别是知识分子政策的落实、科教兴国战略的实施以及《中华人民共和国教师法》（以下简称《教师法》）、《中华人民共和国教育法》（以下简称《教育法》）的颁布实施，我国教师社会经济地位得到了较大提高，从而充分地调动了广大教师的工作积极性，促进了我国教育事业的进一步发展。然而，教师地位整体上的提高并不意味着教师阶层内部各群体之间的社会经济地位是均衡发展的。事实上，不同教师群体之间已出现了差距，甚至在某种程度上，这种差距已经构成一系列的社会问题。尤其是一些教师特殊群体，其合法权益还很难得到保障，社会经济地位现状更是令人担忧。因此，对我国教师的社会与经济地位进行深入研究是十分必要的。

一、学术价值

第一，建构衡量教师社会经济地位的指标体系，结合实证调查，全面系统地揭示我国教师的社会经济地位现状。以往的相关研究往往局限于从单一的视角来考察教师的社会经济地位，其调查结果无法综合地反映教师的整体社会经济地位。本书通过实证调研，力图全面、客观地揭示我国教师的整体社会经济地位现状以及教师阶层内部社会经济地位的分化情况，具有十分重要的意义。本书拟通过建构衡量教师社会经济地位的科学、合理、符合中国国情的指标体系，对教师的社会经济地位进行实证调查。依据国内外有关社会分层的指标体系，结合我国教师的职业特点，本书的指标体系由政治与职业权力、经济收入、社会声望和文化资本四个因素构成。以该指标体系为依据，对我国教师的社会经济地位进行实证调研，力图系统地回答有关教师社会经济地位的一系列理论问题。

第二，提出当前我国教师社会经济地位总体上较为适当，与《教师法》所规定的"从事教育教学工作的专业人员"的法律定位相对契合以及教师阶层内部出现社会经济地位分化的理论假设。本书提出的理论假设既考虑了教师社会经济地位的整体状况，又对教师阶层内部群体社会经济地位的不平衡现实予以了关注，能够较为全面、准确地勾勒出当前教师社会经济地位的特征。从这一假设出发，重点研究社会变迁进程中教师社会经济地位遭遇的新情况、新矛盾、新问题，以寻求理论研究的突破和创新。

第三，突破单一的、封闭的教育学研究视角，在综合运用多学科理论分析工具的基础上，建立新的研究教师社会经济地位的理论体系。以往的相关研究多从教育学的研究视角出发，分析研究教师的社会经济地位。然而，在社会大变迁的进程中，教师的社会经济地位已经发生了深刻的变化，有着复杂的影响因素，并不断遭遇新的问题、新的矛盾。显然，单一的教育学研究方法已经无法全面地、充分地解释这些问题。本书通过运用政治学、社会学、法学、经济学、教育学等多学科的理论和研究方法，全面考察影响教师社会经济地位的不同因素，在综合运用多学科理论分析工具的基础上，建立新的研究教师社会经济地位的理论体系。

二、实践意义

第一，推进教育立法，确立教师的社会经济地位，加强教师队伍建设。教师在教育改革与发展中发挥着重要的作用，理应获得较高的社会经济地位。因此，从法律层面上明确教师的社会经济地位，可以极大地提高教师工作的积极性，推动教师队伍建设。当前，《教师法》的修订工作已经展开，在确立以及提高教师的社会经济地位问题上，本书可以起到重要的借鉴作用。

第二，妥善处理公平与效率之间的关系，切实保护和提高弱势教师群体的社会经济地位。教师阶层内部在社会经济地位上出现差距具有一定的合理性，通过激励机制，有利于效率的提高。然而，教师阶层内部的分化以及差距的拉大，导致弱势群体出现，有违公平原则，不利于教育的整体发展和社会的和谐稳定。本书可为这一问题的解决提供对策建议，促进教师群体的内部分化达到较为合理均衡的状态。

第三，规范教师的职业行为，督促其依据自身的社会经济地位调整相应的行为标准。教师在获得较高社会经济地位的同时，必须要对自身的职业行为标准作出调整，在教书育人的过程中始终严格要求自身的职业行为。当前，仍有一些教师的职业行为存在着不规范的地方，与其社会经济地位形成了强烈反差。本书可为教师职业行为的规范和调整提供标准和指南。

第四，正确引导社会传媒和公众舆论，全面、客观地评价教师的社会经济地位。当前，社会传媒日益产生越来越重要的影响。然而，社会传媒在对教师问题的报道上既有正面的影响，也有负面的影响。尤其是负面的影响会错误引导公众舆论，损害教师的整体社会声望，挫伤教师的积极性。本书通过科学的研究结论可以正确引导社会传媒和公众舆论。

第二节　相关研究现状述评

对教师社会经济地位的研究是一个世界性的课题。1966年联合国教科文组织发表了《关于教师地位的建议》，明确指出：鉴于"在教育事业发展中教师这种职务对人类和近代社会发展所作出的重大贡献，因而必须确保教师的应有地位"。这种"应有地位"应该是"社会按教师任务的重要性和对教师能力的评价而给予的社会地位或敬意以及所给予的工作条件、报酬和其他物质利益"。① 这一建议，对世界各国研究和解决教师社会经济地位问题均产生了一定的影响。此后，国内外对教师社会经济地位的研究持续了很长时间，主要表现为以下若干方面。

---

① 余雅风：《制定幼儿教师专业标准须注意的三个问题》，载于《中国教师》2011年第11期，第17页。

一、国内相关的研究情况

（一）关于市场经济与教师社会经济地位的研究

中国社会经济体制的转型为教师社会经济地位的研究提供了新的视角。《经济体制转轨与教师经济地位》（曲绍卫，1994）、《市场经济与我国师资培养体制改革研究报告》（劳凯声，2000）等代表性文献认为，市场经济体制的建立与完善、社会结构的变化以及分配制度的改革导致教师培养体制发生了深刻的变化，进而对教师的社会经济地位产生了重大的影响。同时，与教师社会经济地位密切相关的教师职业伦理道德在市场经济条件下如何重构也成为关注的焦点。《市场经济条件下教师道德的维度》（高晓清，2006）、《论市场经济体制下的教师职业伦理观》（王世忠，2008）、《论市场经济背景下的教师职业伦理精神之建构》（迟成勇，2010）等指出，市场经济中功利主义道德价值观与理想主义道德价值观的冲突对我国教师道德实践形成了重大影响，因此应倡导社会主义市场经济体制下"德才兼备"的教师职业伦理观，适度引进社会主义市场经济伦理，建构与社会主义市场经济相适应的教师职业伦理精神。

（二）关于社会分层与教师社会经济地位的研究

国内目前对社会分层理论的研究涉及对教师社会地位的定位，代表性文献包括《当代中国社会流动》（陆学艺，2004）、《中国社会分层》（李培林等，2004）、《当代中国社会的声望分层——职业声望与社会经济地位指数测量》（李春玲，2004）、《变迁中的职业声望——2009年北京职业声望调查浅析》（李强等，2009）、《改革开放以来我国职业声望排序及变迁研究》（宗刚等，2016）等。社会分层理论认为阶层分化的主要动力是工业化和市场化的双重转型。社会阶层的社会经济地位向着工业化社会的职业功能分化趋势发展，与职业和技术等级相关的经济分层形态开始出现。社会声望分层是社会整体分层的一个重要维度，一般是通过职业声望调查来研究声望分层。教师作为专业技术人员，在十大阶层中处于第四名，社会经济地位总体水平较高。但这些研究没有进一步对教师群体内部的分化以及原因进行分析。

（三）关于教师社会地位的研究

国内对教师社会地位的研究文献相对较多，如《论教师的社会地位与法律地位》（郑新蓉，1998）、《台湾中学教师社会地位的现状分析》（阎光才等，1998）、《现代教师学概论》（上海市教师学研究会，1999）、《当代教育学》（袁振国，1999）、《教师社会地位对师资队伍建设的影响》（黄淑华等，2000）、《教师与儿童发展》（庞丽娟，2001）、《试论教师社会地位的自我提升》（李文兵，2003）、《关于建国以来我国中小学教师社会地位发展变化问题的研究》（钟瑞武，2004）、《中国民办教师问题研究》（靳希斌等，2004）、《我国教师社会地位的困境及其解决途径探析》（苏玉彩，2015）、《农村教师社会地位变迁及其深层致因——基于改革开放以来的总结与反思》（周兆海，2016）、《幼儿教师社会地位相对偏低的表征、归因及解决路径》（夏小书，2016）、《乡村文化视域下的乡村教师社会地位研究》（童健，2017）等。这些文献从儿童、教师个体、教师整体队伍等角度分析了当前中国教师的社会地位，并对乡村教师、幼儿园教师等特殊教师群体的社会地位进行了专门研究。研究指出，影响教师社会地位的主要因素是政治地位、经济地位和职业声望，并认为我国教师的政治地位不断提高，经济地位稳步改善，教师的职业声望则在大学教师、中学教师和小学教师之间呈直线下降的趋势。但是这些研究基本都将教师的社会地位与法律地位相混淆，对教师的社会地位采取了比较笼统的界定。

（四）关于教师经济待遇的研究

目前国内对教师经济待遇的研究较多，主要集中在对教师工资、教师福利待遇的研究，并从不同的社会层面分析了不同教师群体的待遇差别。《主体建设：我国教师待遇偏低问题的重新审视》（王灿明，1996）、《教师社会地位综论》（张国霖，1997）、《农村小学教师待遇问题调查》（李广裕，2000）、《教师待遇的法律保护》（于占才等，2001）、《知识经济与教师待遇探新》（曲铁华等，2002）、《20世纪90年代教师工资问题研究》（陈赟，2003）、《中小学教师经济地位实证研究》（梁丽君，2010）、《城乡义务阶段学校教师经济待遇调查研究》（郝明悦，2016）等代表性文献表明，20世纪80年代以来我国教师的总体工资水平相对有所提高。大学教师进入社会高收入阶层；中学教师社会经济地位比以前有所提高，小学教师的社会经济地位有所下降。农村教师、代课教师的工资与待遇问题依然不容乐观，城乡教师、民办教师与在编教师的经济待遇差别较大，从而在一定程度上导致了不公平。自2008年义务教育阶段学校教师绩效工资制度实施以来，教师绩效工资制度开始成为研究重点。《完善机制落实义务教育教师绩效工资政策》（庞丽娟等，2010）、《义务教育教师绩效工资改革：北京、成效、问题与对策——基于对中部4省32县（市）的调查》（范先佐等，2011）、《义务教育绩效工资改革对教师工资水平的影响——基于县级面板数据实证分析的研究》（吴红斌，2017）等代表性文献表明，义务教育教师绩效工资改革取得了一定成效，初步解决了教师收入偏低、与当地同级公务员平均工资水平差距拉大的问题，但在实施过程中出现推行困难、落实迟滞、低水平兑现等问题，城乡、地区之间义务教育教师绩效工资差距拉大，同一县城及同一学校教职工绩效工资分配不均。因此，如何完善和落实义务教育教师绩效工资政策的问题仍值得进一步研究。

（五）关于教师专业化的研究

20世纪90年代以来我国掀起了教师专业化的研究热潮，出现了大量的研究文献，也促进了对教师社会经济地位的研究。代表性文献包括：《教师专业社会化研究》（周艳，1998）、《教师"专业化"：涵义与课题》（钟启泉，1999）、《教师专业化发展：对教师的重新发现》（王长纯，2001）、《教师"专业化"：理论、制度、课题》（钟启泉，2001）、《教师专业化的理论与实践》（教育部师范司，2001）、《专业化：挑战21世纪的教师》（刘捷，2002）、《从人口大国迈向人力资源强国》（中国教育与人力资源问题报告课题组，2003）、《教师专业化是提高教师地位的必由之路》（马爱民等，2003）、《中国教育发展报告》（顾明远等，2004）、《教师职业内涵历史考察与教师地位发展探究》（周富轩等，2005）、《上海市学前特殊教育教师专业化发展调查研究》（杨福义等，2009）、《职业教育教师专业化问题研究》（郑秀英，2010）、《专业化视域下我国特殊教育教师专业发展思考》（王雁等，2015）等。这些研究阐述了近20年来我国教师职业逐步专业化的历程，并提出教师专业化是提高教师社会经济地位的重要途径之一。同时，针对不同群体教师的专业化发展问题开展研究，为进一步研究不同群体教师的社会经济地位提供了重要依据。

（六）关于教师教育的研究

关于教师教育的研究是伴随着对教师专业化研究的深入而展开的。《走向21世纪的教师教育》（顾泠沅，1999）、《中国教师教育的新境界》（檀传宝，2001）、《中国教师教育：理念·模式·目标·结构》（张秀阁等，2002）、《教师专业化与教师教育政策的选择》（王建磐，2002）、《师范教育的传统与变迁》（顾明远，2003）、《教师教育与教师专业化》（许凤琴，2003）、中国教育与人力资源问题报告课题组《从人口大国迈向人力资源强国》（2003）、《中国教育发展报告》（顾明远等，2004）、《我国教师教育制度创新的课题》（钟启泉，2008）、《教师教育标准体系的建立：未来教师教育的方向》（朱旭东，2010）、《论我国教师教育的二次转型》（朱旭东等，2014）等代表性文献认为，教师的培养体制从原来注重数量的师范教育转变为提高质量的教师教育，应合理调整政府与市场的关系，激发师资培养的活力，建立职前培养和职后培训一体化、多元化的师资培养体系，并通过教师教育标准体系的建立、完善教师教育质量保障体系，使教师的社会经济地位进一步吻合社会的发展和需要。

（七）关于教师角色的研究

对教师角色的定位直接影响了对教师职业的认识和社会经济地位。随着对教师专业化研究的深入，国内目前涌现了大量的对教师角色的研究文献，如《试论教师形象设计的多维性》（朱德全，2000）、《论 21 世纪的教师形象》（霍力岩，2001）、《教师形象：从"师范人格"到"非师范人格"》（程红艳，2001）、《教师的作用是什么——对教师隐喻的分析》（陈向明，2001）、《教师角色与教师发展新探》（叶澜，2002）、《试论变革时代的教师角色》（王啸，2004）等。这些文献认为变革时代的教师角色应当由传统的传授者、权威者、复述者、技术操作范式向促进者、合作者、研究者、人性化范式转变等。随着互联网社会的不断发展，互联网开始成为影响教师社会经济地位的重要因素，互联网时代教师角色的转变问题逐渐成为教师角色研究的焦点。《论互联网时代教师角色的转变》（熊曙初，2004）、《"互联网+"时代下教师角色重塑》（宋雪珂，2016）、《"互联网"时代的教师角色重构》（杨爽，2016）、《新媒体背景下教师角色定位研究》（钟晴伟，2016）等代表性文献认为，互联网的发展引发了学习方式和教学方式的巨大变革，对教师的传统角色定位造成了强烈冲击，应重塑教师角色以适应互联网社会对教师的新要求，促使教师向学习资源的设计者、学生学习过程的指导者、学生学习活动的评价者、终生学习者转变。

（八）关于教师权利和义务的研究

对教师权利和义务的研究有大量的研究论文和专著，如《教育法论》（劳凯声，1993）、《规矩方圆》（劳凯声，1997）、《我国教师的权利和义务论纲》（李晓燕，1998）、《试论教师权利与义务的几个问题》（郑新蓉，1998）；《论教师权利的要素和性质》（王丽娟，2001）、《论教师权利及其法律救济》（梁明伟，2006）、《教师权利义务体系的重构——以教师法律地位为视角》（程雁雷等，2006）、《高校教师权利救济制度及其完善的思考》（谭九生，2009）、《民办中小学教师职业权利现状思考及解决策略》（毛燕兰，2013）、《关于当下高校教师权利与义务的法律保障的思考》（胡铖，2016）、《探析我国民办高校教师权利保障之现状》（杨柳等，2017）等。这些文献从法学的视角阐述了教师法定的权利和义务，对中小学教师、民办学校教师、高校教师等不同群体教师的权利义务进行了专门研究，并重点关注了教师惩戒权与体罚、教师权利的法律救济机制等问题。

（九）对国外相关情况的介绍

国内学者对国外教师的社会地位和工资、待遇等方面的问题比较关注，相关代表性文献如《国外教师工资的发放及管理概述》（高天明，1995）、《英日印三国的中小学教师工资制度》（李玉兰等，1995）、《国外教师的地位和待遇》（沈绍辉，1996）、《澳大利亚中小学教师地位的现状分析》（于家太，1998）、《法国义务教育教师工资制度研究》（高如峰，1999）、《美国部分学区试行教师工资改革的启示》（刘邦祥，2005）、《德国教师地位高的背后》（郭玉洁，2008）、《法国教师地位的变迁》（王晓辉，2012）、《日本教师培养的"高度化"与教师职业的社会地位》（前原健二等，2016）、《看国外教师的工资福利待遇》（周悦，2017）等。这些文献表明，近20年来各国在提高教师工资待遇等方面都作出了很大的努力，与20世纪70年代相比，教师工资有很大幅度的增长，而且都在不断地调整和改革绩效工资制度来激励教师和促进教师的专业化发展。发达国家的教师一般都具有较高的社会地位，并与其高度发达和严格的教师教育体系具有密切的联系。

二、国外相关的研究情况

（一）关于教师工资和福利待遇等方面的研究

国外对教师工资和福利待遇的研究更多地集中在社会学的领域，如［英］斯蒂芬·J. 鲍尔、艾弗·F. 古德森《教师生活与教师职业》（Stephen J. Ball & Ivor F. Goodson, Teachers' Lives and Careers, 1985）、［美］大卫·B. 格拉斯基《社会分层：社会学视野下的阶层、种族与性别》（David B. Grusky, Social Stratification: Class, Race, and Gender in Sociological Perspective, 2001）、［美］马克·B. 金斯伯格《教师工作与生活的政治学研究》（Mark B. Ginsburg, The Politics of Educators' Work and Lives, 1997）、［美］凯文·T. 莱克特《社会分层与社会流动研究》（Kevin T. Leicht, Research in Social Stratification and Mobility, 2000）、［美］秋叶本子等《教师工资与全国学业成绩表现：一项对三十个国家的跨国研究》（Motoko Akiba, etc., Teacher Salary and National Achievement: A Cross-national Analysis of 30 Countries, 2012）、［美］西尔维娅·A. 艾利格雷图等《日益

扩大的教师工资差距：教师工资持续落后于其他劳动者》（Sylvia A. Allegretto，etc.，The Teacher Pay Gap is Wider than Ever：Teachers' Pay Continues to Fall Further behind Pay of Comparable Workers，2016）等。这些文献从教师职业生涯和社会分层角度阐明教师工资、福利待遇在整个社会阶层中的地位，认为美国、英国、日本、德国等教师享有较优厚的工资和福利待遇，但在近十年来教师工资的增长幅度远小于其他可比职业的工资增长幅度。同时，还通过实证研究证明，提高教师福利待遇与学生学业进步以及国家科学进步之间呈正相关关系。

（二）关于教师地位和角色的研究

国外研究教师职业地位和角色的相关文献较多，如［美］迈克尔·阿普尔《意识形态与课程》（Michael Apple，Ideology and Curriculum，1990）、［加］马克斯·范梅南《教学机智：教育智慧的意蕴》（Max van Manen，The Tact of Teaching：The Meaning of Pedagogical Thoughtfulness，1991）、［美］内尔·诺丁斯《学会关心：教育的另一种模式》（NelNoddings，The Challenge to Care in School：An Alternative Approach to Education，1992）、［美］约翰·麦金太尔等《教师角色》（D. John Mclntyre，etc.，The Reflective Roles of the Classroom Teacher 1996）、［新西兰］玛格丽·特沃尔肖等《课堂话语中的教师角色：对近期数学课堂研究的评述》（Margaret Walshaw，etc.，The Teacher's Role in Classroom Discourse：A Review of Recent Research into Mathematics Classrooms，2008）、［英］罗斯玛丽·韦布等《小学教师在儿童保护中的角色担当》（Rosemary Webb，etc.，The Primary Teacher's Role in Child Protection，2013）等。这些文献认为教师地位是官方知识的传授者，传递官方的意识形态。教师的角色应由实践者向职业者转变，由技工型教师向职业型教师转变。同时，教师要不断地适应自己在课堂教学中的新角色，成为学生学习生活的陪伴者和参与者，保持积极的自我评估。

（三）关于教师专业化与教师教育的研究

20世纪60年代国外就开始了对教师专业化的研究，之后涌现了大量的研究文献，如［美］彼得·J. 柏克、罗伯特·G. 海德曼《终身教师教育》（Peter J. Burke & Robert G. Heideman，Career-long Teacher Education，1985）、［加］迈克·富兰、安迪·哈格里夫斯《教师发展与教育变革》（Michael Fullan & Andy-Hargreaves，Teacher Development and Educational Change，1992）、［美］洛林·W. 安德森《教学与教师教育国际百科全书》（LorinW. Anderson，International Encyclopedia of Teaching and Teacher Education，1995）、［英］戴维·卡尔《教师专业伦理》（David Carr，Professionalism and Ethics in Teaching，2000）、［美］安

德鲁·J. 韦恩等《教师专业发展的实验研究：目的与方法》（Andrew J. Wayne, etc., Experimenting With Teacher Professional Development: Motives and Methods, 2008）、［澳］简·H. 凡缀尔等《围绕教学内容知识的教师专业发展》（Jan H. Van Driel, etc., Teacher Professional Development Focusing on Pedagogical Content Knowledge, 2012）、［澳］丹尼丝·查默斯《大学教师发展项目的测评与影响》（Denise Chalmers, The Measurement and Impact of University Teacher Development Programs, 2015）等。已有文献对教师专业化和教师教育方面的研究主要集中在对教师实际经历的专业发展的变化过程和教师专业发展的促进方式两个方面，并重视通过实证研究来检验各种教师专业发展模式的有效性以及教师专业发展对教育进步的影响。

（四）关于教师权利和义务的研究

对教师权利义务的研究主要集中在法学领域，如［美］凯瑟琳·J. 菲茨帕特里克《教师的罢工权：法律仲裁的补偿》（Katherine. J. Fitzpatrick, A Teacher's Right to Strike: Arbitration's Quid Pro Quo, 2007）、［美］克恩·亚历山大、M. 大卫·亚历山大《美国公立学校法》（第七版）[Kern Alexander & M. David Alexander, American Public School Law (7th edition), 2008]、［美］马修·贝克《教师的保持沉默权：课堂中消极言论权利的合理调节》（MatthewBaker, A Teacher's Right to Remain Silent: Reasonable Accommodation of Negative Speech Rights in the Classroom, 2009）、［美］迈克尔·英博、泰尔范·吉尔《教育法学》（第四版）[Michael Imber & Tyll van Geel, Education Law (4th Edition), 2010]、［美］米歇尔·W. 拉莫特《学校法学：案例与概念》（第十版）[Michael W. La Morte, School Law: Cases and Concepts (10th Edition), 2011]等。这些文献主要研究了教师的教育惩戒权、评价权、罢工权、言论自由权、教学自由及其合法权利的救济程序和途径等内容。

（五）对教师终身教职的研究

美国研究教师终身教职的文献比较多，主要见于教育法学领域，如［美］爱德华·雷·莱基《教师终身教职法、教师胜任力缺乏与正当程序的法理分析》（Edward Ray Lakey, Legal Aspects of Teacher Tenure Laws, Teacher Incompetency, and Due Process, 1976）、［美］内森·L. 埃塞克斯《学校法与公立学校：教育领导者实践指南》（Nathan L. Essex, School Law and the Public Schools: A Practical Guide for Educational Leaders, 2002）、［美］内尔达·H. 坎布隆－麦凯布等《公立学校法：教师与学生的权利》（Nelda H. Cambron‑McCabe, etc., Public

School Law: Teachers' and Students' Rights, 2004)、[美]苏珊娜·洛布等《学校改进的绩效审视：纽约教师终身教职改革的案例研究》(SusannaLoeb, etc., Performance Screens for School Improvement: The Case of Teacher Tenure Reform in NYC, 2015)、[美]德里克·W.布莱克《教师终身教职的宪法挑战》(The Constitutional Challenge to Teacher Tenure)(Dereck W. Black, 2016)等。这些文献论述了公立学校教师终身教职的条件、实施情况以及聘任条件、解聘原因及其正当法律程序等内容。

总体来看，国内关于教师社会经济地位的研究呈现如下特点：第一，我国政府和社会舆论对教师的社会经济地位比较重视，相关文献也较多，但学术研究文献则比较薄弱。从研究现状来看，主要是分学科研究，以教育学研究居多，其他学科研究较少，缺少对教师社会经济地位的多学科、跨学科的综合研究。第二，就事论事的研究较多，如单独研究教师的社会地位、工资和经济待遇、专业化、教师角色等，缺乏一种与社会变迁、社会分层相联系的动态认识和把握。第三，描述性的研究较多，实证研究和深入的理论研究较少。对教师社会经济地位的研究更多的是揭示现状，分析原因和提出对策性的建议较少。第四，对教师社会经济地位整体状况的研究较多，缺少对少数民族教师、代课教师、农村教师等特殊教师群体社会经济地位的深入研究。第五，国内学者对国外情况主要是翻译和介绍的较多，深入进行理论研究的较少。国外的研究文献则比较多的是从社会批判理论出发所进行的研究，较多地使用社会学和政治学的方法，所关注的问题领域和国内学者有较大的不同。

第三节 相关法律文本分析

法律与政策是党和国家实现提高教师地位战略的最强有力的举措。在提高教师地位的战略下，1993年《教师法》第一次对教师的权利和义务、资格和任用、待遇、奖励等作出全面规定，提出"全社会都应当尊重教师"，要求"各级人民政府应当采取措施，加强教师的思想政治教育和业务培训，改善教师的工作条件和生活条件，保障教师的合法权益，提高教师的社会地位"。随后，又相继制定和颁布了《教师资格条例》、《关于〈中华人民共和国教师法〉若干问题的实施意见》、《教师资格认定的过渡办法》、等法规和规章、地方性《教师法》实施办法以及《特级教师评选规定》、《〈教师资格条例〉实施办法》、《中小学教师继续教育规定》、《教师和教育工作者奖励规定》、《中小学校长培训规定》等一系列政策、规章。《教师法》及一系列相关法律法规、政策的出台，为我国尊师重教、提高教师地位提供了法律依据和政策保证，使我国教师队伍建设走上法制化和规范化管理的轨道。

教师的社会经济地位是指教师个人或群体在社会阶层中所处的位置，是政治与职业权力、经济收入、社会声望、文化资本等指标的综合反映。下面把教师社会经济地位分解为教师政治地位、经济地位、专业地位以及教师职业满意度四个方面，分别进行相关的法律文本分析。

一、我国教师政治地位法律文本分析

政治地位是指某一职业群体（政治主体）在社会政治生活（具体分为国家事务、社区事务、教育系统内部事务及学校内部事务等政治生活的各个方面）中所处的位置，包括在社会政治生活中参政议政的过程及结果。由于教师在国家政治生活中的地位有明确的规定，且实现程度与规定情况基本吻合。因此，对教师政治地位的分析我们主要选择了现有法律中与教师系统内部地位相关的文本进行分析。此外，教师的申诉制度作为教师利益受损时的重要协调机制也是教师政治地位的重要体现。

目前在我国法律中涉及教师系统内部政治地位的规定不多，主要体现在《教师法》第七条第五款：对学校教育教学、管理工作和教育行政部门的工作提出意见和建议，通过教职工代表大会或者其他形式，参与学校的民主管理。这一法条的立法目标在于赋予教师参与学校管理、提出建议和意见的权利。然而，我国教师参与内部管理的现状不容乐观，教职工代表大会等形式化比较严重，除了传统思想的影响外，最重要的原因之一在于现有的法条规定比较空泛，缺乏具体的可行性规定，例如教师职工代表大会的具体流程、议事方式等。这直接影响了教师在教育系统内部政治地位的提高。

教师政治地位的另一个重要的表现是利益受损时的协调机制，当前法律上主要体现在教师申诉制度的规定上。依照《教师法》第三十九条的规定：教师对学校或者其他教育机构侵犯其合法权益的，或者对学校或者其他教育机构作出的处理不服的，可以向教育行政部门提出申诉，教育行政部门应当在接到申诉的三十日内，作出处理。教师认为当地人民政府有关行政部门侵犯其根据本法规定享有的权利的，可以向同级人民政府或者上一级人民政府有关部门提出申诉，同级人民政府或者上一级人民政府有关部门应当作出处理。这一规定为教师通过申诉获得救济提供了基本的法律依据。教师申诉制度是教师维护自己合法权益的重要手段之一，是教师权利救济的主要途径之一。但立法中有诸多问题和不完善之处。

主要有：第一，申诉的受理部门不明确。虽然《教师法》规定了申诉的受理部门，但教育行政部门和地方人民政府都不是处理教师申诉的特定机构；而且在目前我国绝大多数地区，除了教育行政部门外，政府基本上都尚未设置专门受理教师申诉的职能部门，这给教师在现实中具体地行使申诉权带来不可避免的障碍。对申诉的处理容易造成机构与部门之间的相互推诿，很多情况下申诉会因此而被搁置，纠纷难以得到及时有效的解决。第二，申诉处理结果的适用条件模糊。《教师法》虽然确立了教师申诉制度，但对申诉处理适用条件未作出具体规定。《关于〈中华人民共和国教师法〉若干问题的实施意见》第八条规定："根据不同情况，依法作出维持或者变更原处理决定、撤销原处理决定或者责令被申诉人重新作出处理决定。"这四种处理结果显然参照了我国《行政诉讼法》和《行政复议法》的相关规定，但遗憾的是，对这四种形式所分别适用的条件规定却没有予以借鉴，只是作了"根据不同情况"的笼统规定。这种立法上的缺失往往导致无法有效保证申诉部门处理教师申诉行为的公正性与合理性。第三，教师申诉程序缺乏具体明确的规定。《关于〈中华人民共和国教师法〉若干问题的实施意见》对教师申诉案件的管辖、受理条件、处理程序、法律救济措施等方面作出了简要的规定，但是教师申诉制度依然存在着部分程序规范的缺失，如说明理由制度、回避制度、听证制度等程序制度。第四，教师申诉处理结果的及时执行得不到有效保证。"重新作出处理决定"是教师申诉的处理结果之一，但其期限并未明确加以规定，这就给被申诉人逃避法律责任，继续侵害教师合法权益以可乘之机。此外，虽然《教师法》严格规定行政机关必须在30天内对教师申诉作出处理，但处理后行政机关是否负有督促保证其执行的职责？这在目前的教师申诉制度中也没有明确规定。

二、我国教师经济地位的法律文本分析

经济地位是个体或群体在社会经济活动中所处的位置，是个体或群体在社会经济关系中所拥有的权利和地位。教师经济地位是教师群体在社会经济生活中的位置，是反映教师群体社会经济地位的物质基础。当前法律中涉及教师经济地位的主要包括对教师工资收入和各种奖金福利的规定。如《教育法》第三十三条规定，国家保护教师的合法权益，改善教师的工作条件和生活条件，提高教师的社会地位。教师的工资报酬、福利待遇，依照法律、法规的规定办理。

在《教师法》《义务教育法》等法律法规中也有比较详细的规定，这些法律的规定其目的在于保障教师物质权利，在现实中对教师的经济地位起到了重要的保障作用。但是现有法律文本仍有以下不足：

第一，对教师工资报酬的规定缺乏相应的保障性规定。由于没有相应的保障和监督机构的规定，当前，有些地方不顾政策规定，擅作主张克扣、截留、挪用教育经费，造成教师工资发放困难。而法律中比较缺乏教师权利救济渠道的规定，导致教师权益受到侵害时无法有效地寻求救济。

第二，《教师法》中没有具体规定教师的最低工资应该达到什么程度，如城市的教师工资的最低标准、县以上的教师工资的最低标准、乡村的教师工资的最低标准。同时，法律规定教师的工资不低于公务员工资的平均工资，但是公务员工资的平均水平到底是一个什么样的标准，没有具体的规定，只是将教师的工资与公务员联系起来，并不能真正解决教师工资低的问题。

第三，目前中小学教师超时工作的情况比较严重，而目前法律中没有关于超额工作量补助的规定。

第四，在这些法条规定中只提到了在职教师的工资福利待遇，但是没有提到实习教师的待遇问题，也没有提到在职教师参加继续教育时是否影响待遇，例如脱产学习时工资待遇如何。另外，那些从事体育、化学等特殊学科教学的教师是否应该享受特殊的待遇，法律中也没有相应规定。

三、我国教师专业地位的法律文本分析

专业地位特指从事专门职业的教师的专业发展状况，包括有关教师专业权力的规定和教师专业权力的拥有、实现情况，教师个体和群体专业水平的变化情况和达成情况等方面。我们从教师专业身份的确立、教师专业权力、教师资格制度、教师培养和专业技能培训、教师职务制度五个角度考量教师的专业地位。分别对五个部分的相关法律文本来进行分析。

（一）教师专业身份的确立

《公务员法》第二条规定，本法所称公务员，是指依法履行公职、纳入国家行政编制、由国家财政负担工资福利的工作人员。同时《教师法》第二十五条也规定教师的平均工资水平应当不低于或者高于国家公务员的平均工资水平，并逐步提高。可见，教师并不是公务员。《教师法》中把教师规定为专业人员，是从职业性质上讲的，但教师与一般的专业人员在专业地位上应该是不一样的，应该通过法律对其法律身份作明确规定。此外，从法理上来说，我国公立学校的教师应该是由契约、聘任而自然的以雇员身份出现。但在现实中却并非如此。由此可以看出，对于教师身份的界定，我国现行的法律存在着对教师身份规定不明确、与现实矛盾的问题。

2008年《劳动合同法》第九十六条规定:"事业单位与实行聘用制的工作人员订立、履行、变更、解除或者终止劳动合同,法律、行政法规或者国务院另有规定的,依照其规定;未作规定的,依照本法有关规定执行。"该规定考虑了事业单位特别是公益性事业单位的特殊性,从而为教师聘用合同适用特别立法提供了依据。但我国《教师法》第十七条只规定了"实施教师聘任制的步骤、办法由国务院教育行政部门规定",尚未出台相关的法律法规。由此,教师聘用合同的订立、履行、变更、解除或者终止只能依照《劳动合同法》执行,客观上造成了教师聘用合同的劳动合同定位。而最高人民法院《关于审理劳动争议案件适用法律若干问题的解释》关于劳动合同适用民事诉讼程序解决的规定,则进一步强化了教师聘用合同适用民事法律原则、规范的趋向。

(二) 教师专业权力

教师的专业权力主要集中规定在《教师法》中。《教师法》第七条第一、三款规定了教师有进行教育教学活动、指导学生的学习和发展的权利,但是这种规定比较空泛,导致:一方面,教师专业自主权的过度行使对学生的合法权利造成了侵害。如侮辱学生人格、体罚、剥夺或限制学生的休息权等。另一方面,教师的专业自主权受到了限制,没有得到充分的尊重和有力的保护,教师权利无法得到充分行使。教师确定教学内容、选择教学方法、调整教学程序、批评和教育学生的行为被限制甚至剥夺。

关于教师是否具有惩戒学生的权利及其权限范围都没有明确的规定。虽然教育惩戒现象在我国学校教育实践中广泛存在,但我国教育立法对教师惩戒权并没有明确规定,作为教师职业性权利的教师惩戒权并未获得应有的法律地位。首先,惩戒权未能纳入法定的教师权利范畴。我国法律没有系统的规定教师惩戒权,教育惩戒的规定零散的分布在相关法律中,无明确法律依据。例如,《教育法》第二十八条规定"学校及其他教育机构行使下列权利:……对受教育者进行学籍管理,实施奖励或者处分……";《教师法》第七条规定"教师享有下列权利……指导学生的学习和发展,评定学生的品行和学业成绩……";第三十七条规定"教师有下列情形之一的,由所在学校、其他教育机构或者教育行政部门给予行政处分或者解聘……体罚学生,经教育不改的……",等等。其次,一方面对学校体罚作出了一般的禁止性规定,另一方面又没能在惩戒与体罚之间作出区分,存在以体罚掩盖教师合法惩戒权利的倾向。如《义务教育法》第十六条规定"禁止侮辱、殴打教师,禁止体罚学生";《义务教育法实施细则》第二十二条规定"学校和教师不得对学生实施体罚、变相体罚或者其他侮辱人格尊严的行为";《未成年人保护法》第四十八条规定"学校、幼儿园、托儿所的教职员对未成年学生和儿童实施体罚或者变相体罚,情节严重的,由其所在单位或者上级机关给予行政处分"。上述法律虽然一致禁止体罚,但都没有对体罚进行严格法律意义上的界定,导致法律在保护学生权利与维护学校秩序二者之间出现失衡,且容易将教育教学所必需的惩戒简单的划定为违法的体罚,在一定程度上造成的教师难以进行课堂管理的困境,直接影响了教师专业权利的行使,不利于学校教学活动的正常开展。

总之现有的法律规定过于笼统,不能很好地运用于实践;并且对于权利的保证等缺乏规定,影响了教师专业权利的实现,从而在一定程度上影响了教师专业地位的提升。

(三) 教师资格制度

《教师法》第十条规定:"国家实行教师资格制度。中国公民凡遵守宪法和法律,热爱教育事业,具有良好的思想品德,具备本法规定的学历或者经国家教师资格考试合格,有教育教学能力,经认定合格的,可以取得教师资格。"第十一条规定了各类教师资格的学历条件。第十三条规定了教师资格认定的机构。第十四条规定:"受到剥夺政治权利或者故意犯罪受到有期徒刑以上刑事处罚的,不能取得教师资格;已经取得教师资格的,丧失教师资格。"1995年12月12日颁发了《教师资格条例》。对"教师资格分类与适用""教师资格条件""教师资格考试""教师资格认定""罚则"进行了规定。2000年6月22日教育部发布了《〈教师资格条例〉实施办法》。对"资格认定条件""资格认定申请""资格认定""资格证书管理"等作了规定。可以说对教师资格制度进行了比较完备的规定,但是现有法律文本依然存在一些问题:

第一,教师资格的一次性认定不能适应社会发展的要求。随着社会的发展变化,对教师的专业要求也越来越高,原有的教师资格含金量已不能适应教育教学的现状,必须要求教师在原有的学历基础上不断地学习,努力提高自身的素质,因此有必要对教师资格进行定期的重新认定。

第二,教师资格分类单一。从上面的规定,我们可以看出仅根据学校的层次对教师资格进行了分类,而并未根据学科、期限等标准对教师资格作出分类。这样就容易造成只要教师拿到教师资格证书就可以教任意一门学科,从而会导致教学质量的下降。此外,还缺乏临时教师资格、实习教师资格与一般教师资格、终身职教师与非终身职教师的区分。

第三,教师资格考试并未对考试对象做具体的细分,只是对不具备教师法规定的教师资格学历的公民作了规定。实际上教师资格考试除了已规定的一类外,还应该至少包括其他两种对象,一是持有教师资格但又脱离教育教学岗位的公民，二是获得了教师法规定的学历且非师范院校毕业的公民（主要指未获得教师职业技能的，如没有学习教育教学方面的课程）。将其他两类排除在外，不利于教师质量的保证。

（四）教师培养和专业技能培训

受教育权是宪法确认的我国公民的基本权利。《宪法》第四十六条规定："中华人民共和国公民有受教育的权利和义务。"为了保障宪法确认的公民受教育权得到具体落实，《教育法》第三十四条规定："国家实行教师资格、职务、聘任制度，通过考核、奖励、培养和培训，提高教师素质，加强教师队伍建设"。《教师法》针对教师受教育权及其职业的特殊性，对教师培养与培训作了专门的法律规定，从而建立了我国的教师培养与培训制度。

我国的教师培养与培训制度是由《教师法》所确立的，为提高教师素质、加强教师队伍建设而设立的制度。教师培养是对准备从事教师职业的人实施专门教育的制度；教师培训是对在职教师进行相关领域学科和能力培养的教育制度。

从我国目前的教育立法看，有关教师培养与培训的规定极为单薄。《教育法》规定：国家通过考核、奖励、培养和培训，提高教师素质，加强教师队伍建设。《义务教育法》规定了国家对义务教育阶段教师培养和培训，并使其达到中等或高等师范学校毕业水平的义务。《教师法》明确了教师有进行进修或培训的权利与不断提高自己的义务，初步确定了承担教师培养与培训的机构及相关的负责机构。但都只是原则性地谈到教师培养与培训，没有具体规定教师培养与培训制度的内容。而其他的行政法规、地方性法规，以及行政规章中也未专门规范教师培养与培训。虽然《教师法》第四、十九、二十、二十一条规定相关主体应对教师培训承担相关义务，但是由于缺乏对这些主体的责任规定，教师的此项权利形同虚设。此外，《教师法》只规定了师范学校学生享受专业奖学金，但是对于教师培养和培训的经费筹措以及负责人都缺乏明确的规定。

（五）教师职务制度

教师职务是根据学校教学、科研等实际工作需要设置的有明确职责、任职条件和任期，并具备专门的业务知识和相应的学术技术水平才能担负的专业技术工作岗位。教师职务制度是指国家对教师岗位的设置及各级岗位任职条件和取得该岗位职务的程序等方面的有关规定的总称。它是我国教师人事管理的重要制度。它的建立和实施，第一次明确了中小学教师的专业技术人员身份属性，提高了中小学教师的社会地位，改善了中小学教师工资、生活待遇，极大地调动了广大中小学教师教书育人的积极性和创造性；对促进中小学教师整体素质的提高，普及九年义务教育,提高基础教育质量,加强中小学教师队伍建设和管理,起了十分重要的作用。我国从 1986 年起实行中小学教师职务制度。当时国家在制订中小学教师职务系列时划分了中学和小学两种不同的教师职务系列,并规定小学高级教师职务相当于中级专业技术职务;同时,根据基础教育发展的需要,在小学任教、教育教学水平和能力高于小学高级教师任职条件、从事基础教育科学研究的小学教师,也可由省级教育行政部门聘任或任命中学高级教师职务。近年来,小学教师的学历合格率显著提高;其中,高学历教师比例逐年提高。根据小学教师承担的教育教学任务和成长发展规律,以及近年来小学教师队伍整体素质的提高、各地对小学教师职务制度改革的探索实践,同时考虑人为区分中小学教师职务系列既不利于小学教师队伍建设,也不符合小学教师的职业属性,国家实行统一的义务教育教师职务制度。这对建立科学化、规范化、制度化的教师职务制度,尤其对加强小学教师队伍建设,具有十分重要的意义。新修订的《义务教育法》明确规定:"国家建立统一的义务教育教师职务制度",这是对义务教育阶段教师职务制度改革的重大突破。

此外,现有的法律法规中对教师各级岗位之间的结构规定、职称评审的具体方法、考核量化的具体指标等的规定还不合理、完善,导致中小学教师高、中级职务比例偏低,教师聘任制不能很好的实现,影响了教师的工资水平和福利待遇及其他权利的实现。

四、我国教师职业满意度的法律文本分析

本书的教师职业个人满意度的概念主要是指我国教师群体对自身职业的主要工作和生活环境的心理满足程度。教师职业个人满意度的高低关系到教师群体的心理健康和工作动力。参考其他研究成果和依据教师的职业特点,教师职业满意度主要包括如下六个方面:(1) 自我实现与发展满意度,主要考察教师群体的工作兴趣、工作态度、自我发展愿望等。(2) 工作压力满意度,主要包括工作倦怠、心理健康、生理健康、职业风险等。(3) 工作强度满意度,主要包括工作时间、工作量等。(4) 人际关系满意度,具体又可以分为与同事和与学生两个方面的满意度。(5) 职业保障满意度,包括社会和工作安全感、法律与制度保障等。(6) 整体满意度,要求对教师职业满意度作一整体性评价。而这其中所涉及的相关法条主要是对教师权益保障的规定。在《教育法》《教师法》《中华人民共和国义务教育法》中都有专门的章节对教师的权利救济和保障作出了原则性的规定,试图保障教师合法权益,对侵害教师权利的行为作出惩治。

但是现行法律在保障教师合法权益方面力度还不够,这在一定程度上影响了

教师自身的职业满意度。一方面，当前教师权益救济途径单一。《教师法》中只规定了教师申诉一种救济方式，而对诉讼、行政复议、仲裁调解等其他救济途径未予提及，这在一定程度上限制了教师权益的法律救济。同时，对于申诉时限的规定也不够合理。另一方面，对于教育行政部门侵犯教师合法权益的责任在现有法律中规定的不够具体明确。在现实中经常出现教育行政部门不按规定进行教师聘任、解聘、晋升、奖惩及拖欠工资的情况，遇到这种情况，由于法律中缺乏具体的责任规定，再加上当前法律救济渠道规定的不完善，往往使教师求助无门，权益受到损害。

第四节 研究的总体框架

教师的社会经济地位是指教师个人或群体在社会阶层中所处的位置，是政治与职业权力、经济收入、社会声望、文化资本等指标的综合反映。本书拟把教师的社会经济地位问题放在当前中国社会大变迁的特定背景下进行研究。经过改革开放40年来的社会变迁，中国的社会结构已经发生了历史性的变化。随着知识分子政策与科教兴国政策的实施以及信息社会、知识社会所带来的观念更新，当前我国教师这一职业群体的社会经济地位总体上较为适当，与《教师法》所规定的"从事教育教学工作的专业人员"的法律定位相对契合。与此同时，由于工业化进程和社会主义市场经济的发展，教师作为一个职业群体正发生剧烈的分化和改组，城市和农村教师、东部地区和西部地区教师之间的差距正在拉大，从而产生一系列不同于过去的新情况、新矛盾、新问题。本书根据当前教师群体在社会经济地位方面的变化，把研究重点规定为中小学教师群体。

在本书中，实然的、从现状出发进行归纳、综合和概括的思路和应然的、从假定出发进行演绎、分析和推理的思路构成两条交替使用、互相补充的技术路线。研究的基本思路是：

第一，以我国教师社会经济地位总体上较为适当，与《教师法》所规定的"从事教育教学工作的专业人员"的法律定位相对契合和教师阶层内部出现社会经济地位分化为基本前设，参照国内外关于社会分层的标准和教师的职业特点，建立衡量教师社会经济地位的指标体系。

第二，通过抽样调查研究，客观地揭示和描述当前教师社会经济地位的现状以及在新的社会形势下所产生的影响教师地位的新因素、新问题。

第三，基于调查研究中发现的影响教师社会经济地位的问题，结合教育学、法学、社会学、政治学、历史学等多学科领域的视角和理论，有针对性地开展专题研究。

研究内容主要包括"我国教师社会经济地位的现状调查"和"当前教师社会经济地位的问题及其解决"两大部分。现状调查部分在详尽说明教师社会经济地位研究的原理与方法基础上，对来自全国东中西部地区中十个省的 9 953 份有效问卷数据进行分析，以呈现我国教师社会经济地位的总体情况；并且对山西省的教师社会经济地位情况开展个案研究，更为深入地描述现状和揭示问题。问题及其解决部分，基于调查研究中发现的教师收入问题、教师专业发展机会问题、教师对惩戒的认识问题、教师对师德规范的理解认识问题及问题背后的教师法律地位和教师权利义务有进一步澄清的必要，因而将综合运用多学科理论，围绕教师法律地位、教师的权利与义务、教师专业发展、教师聘任制、教师惩戒权、教师绩效工资、教师职业道德规范、教师教育、特殊群体教师社会经济地位等问题和教师社会经济地位的国际比较开展专题研究，以提出切实可行的解决办法，获得可资借鉴的国际经验，为相关政策的完善提供理论指导和智力支持。

第五节　主要研究方法

第一，历史与文献研究法。主要是对历史上教师社会经济地位的演变进行梳理，分析不同历史时期影响教师地位的因素，达到"以史为鉴"的作用；同时对影响教师社会经济地位的重大社会政治变迁和国家政策进行文本分析，对市场经济社会中出现的学历社会、文凭社会进行资料整理和研究，找出国家政策、学历社会对教师社会经济地位的影响程度，为政策的制定提供理论依据和方案。

第二，国际比较研究法。以教师群体的社会经济地位为研究对象，通过跨文化多学科的比较，在若干国家不同社会的背景下对教师社会经济地位进行比较分析，提出保护我国教师社会经济地位的有益借鉴。

第三，实证研究法。依据理论上建构起的教师社会经济地位指标体系，将每一个具体指标分解和细化，形成一套教师社会经济地位调查的指标体系。在全国范围内，通过随机抽样和目的性抽样，对教师群体进行问卷调查、访谈和个案研究。在此基础上，综合探讨当前教师社会经济地位的现状以及存在的问题，为全面系统地研究教师社会经济地位的总体状况、影响因素及其互动情况提供准确丰富的数据资料。

第四，政策分析法。对中华人民共和国成立以来制定、颁布和实施的有关教师社会经济地位的政策和法律进行文本分析，研究这些政策和法律对教师实际社会经济地位的影响，探讨当代我国社会变迁和教师地位的变化对于教育政策法律提出的挑战，研究如何通过教育政策与法律的变革来保障教师的社会经济地位。

第二章

教师社会经济地位的调查方法

教师社会经济地位是指教师职业群体在社会分层系统中纵向的位阶和横向的类别。在纵向方面,是把教师职业与社会的所有其他职业相比较得出的其在社会职业序列中的位置;在横向方面,是指教师职业与其所属类别中其他职业间的社会经济地位差别。为了全面准确地测量社会转型过程中我国教师社会经济地位,依据教师职业在纵的位阶和横的类别两个维度的不同表征,本书对教师社会经济地位的纵、横维度采取不同的测量方法。在纵的位阶方面,关注教师职业在社会职业序列中的位置,因而采用社会经济地位指数法进行定量研究;在横的类别方面,关注教师职业与其所属职业类别中其他职业之间的异同,因而采用定性分析研究方法。

第一节 教师社会经济地位纵向位阶的调查方法

一、社会经济地位与社会分层、社会声望

(一) 社会经济地位与社会分层

职业群体社会经济地位的高低排列在一定程度上表征着社会的分层,也可以

说，职业群体的社会经济地位高低由社会分层的机制和方式所决定。正如金斯利·戴维斯和威尔伯特·E.摩尔指出的，一个社会必须用某种方法把成员分配到不同的社会位置中去，并且诱使他们去承担位置的责任。这事实上意味着构建了一个制度化的不平等体系（即一个"分层体系"），其中职业结构就是不同报酬和补贴的分配渠道。①"职业"包涵了各种社会与经济资源的占有和使用信息，并且成为社会分层的介质，社会通过对职业的排序而起到分层的目的。

"分层"一词最早出现于地质学，原来指地质构造的不同层面。社会学家发现社会存在着不平等，人与人之间、集团与集团之间，也像地层构造那样分成高低有序的若干等级层次，因此借用地质学的概念来分析社会结构，形成了"社会分层"这一社会学范畴。社会分层的定义有不同的表述，概括起来可分为两类：一类视其为客观过程的界定，即认为社会分层指社会成员在社会生活中因获取社会资源的能力和机会不同而呈现出高低有序的等级或层次的现象或过程；另一类视其为主观方法的界定，即认为社会分层指根据一定的标准将社会成员划分为高低有序的等级或层次的方法②。本书中的社会分层指向客观意义层面，是社会及其成员的双重选择过程，是社会按照需求根据某种机制和方式对不同职业的排序过程，也是社会成员对职业的选择过程。

无论是在中国还是在西方国家，分层都是普遍存在的社会现象。在资本主义社会之前，分层大都以"等级"的形式存在。古代社会中的"阶级"，就是指社会上存在的身份等级。在中国的古典文献中，"阶级"既指官位俸禄的等级，也指社会伦理制度"礼"规定的等级秩序。《新书·阶级》曰："故古者圣王制为列等，内有公卿大夫士，外有公侯伯子男……等级分明。"《三国志·吴志·顾谭传》曰："臣闻有国有家者，必明嫡庶之端，异尊卑之礼，使高下有差，阶级逾邈。"在古代西方国家，社会等级制度也是普遍存在的，可以看到由各种社会地位构成的多级阶梯。在古罗马，有贵族、骑士、平民、奴隶；在中世纪，有封建领主、陪臣、行会师傅、帮工、农奴；而且在每一个阶级内部又有各种独特的等级。

在社会分层研究中，根据不同的理论体系和不同的分层目的而使用了很多分层标准，如生产资料的占有、财富和收入、组织权力、受教育程度、信息资源占有等。戴维·格伦斯基对现存社会分层的方法进行归纳，分别是简化法、综合方法与分类法。简化法只认定某一种被社会赋予价值的物品或资产对理解社会分层的结构、来源或演变是根本性的，如非马克思主义者往往把声望和权力看成是阶

---

① Kingsley Davis, Wilbert E Moore, *Some Principles of Stratification*. American Sociological Review, 1944 (2), pp. 242–249.

② 刘祖云：《社会转型与社会分层——20世纪末中国社会的阶层分化》，载于《华中师范大学学报》（人文社会科学版）1999年第7期，第1~9页。

级形成的根本性来源。与简化法相比,综合方法在理解社会分层的结构、来源或演变时综合考虑多种资产和资源的总和。无论是简化法还是综合法的倡导者,多数学者在分析的最后都会划分数量不多的几个阶级或阶层,这就是分类法。① 目前,社会学界比较共同的看法是,要全面地把握社会分层的状况,必须使用综合的标准,而不是单一的标准。人们设计出各种各样的社会经济地位综合指数体系,从而产生了很多测量和分析的模型。

(二) 社会经济地位与职业声望

根据马克斯·韦伯的观点,社会经济地位或者说社会分层的机制包括三个性质不同但又彼此相互关联的要素:阶级、党派和地位。② 其中阶级指经济地位,党派指政治权力,地位则指社会声望。经济收入的高低和政治权力的大小都是客观要素,社会声望指的是社会大众对某一个职业群体的综合性价值评价,属于主观要素。"社会声望是由人们的主观评价所构成的,不同的个体对同一种职业的评价肯定会有差异。但是,在同一社会文化价值观念和社会经济背景下,决定这一职业地位的主要因素(如权力的大小、教育程度的高低、收入的高低等)在一个社会中的衡量标准是大致相同的,而且在职业声望的测量中,单个个体对总的社会评价影响是比较微弱的,因而在总体评价上,职业声望还是能够显示一个人的社会地位的。"③ 可见,在现代社会中,一个人从事的职业决定了其能够掌握的经济资源和政治权力,也决定了别人对他的价值评价,因此职业声望在很大程度上被等同于社会声望,职业声望已经成了社会声望的代名词。而且,职业声望的分层等级相对比较稳定,研究者往往通过职业声望的测量来了解职业的社会经济地位。

职业声望测量也称为社会地位等级测量,即由社会中的不同成员对不同职业进行高低评价,进而划分出不同职业的高低层级。随着对职业声望研究的不断深入,职业声望测量的方法不但越来越多,而且也越来越精确。总体而言,职业声望的测量方法包括主观法和客观法两种。主观法又包括声望尺度法和排序法两种具体形式。"声望尺度法一般先由研究者选择若干职业,对每种职业给出从'很好'到'很差'的5至10个等级评价,根据抽样调查的原则选取调查对象,请他们对所列职业做出自己的判断选择;然后通过对不同等级的加权赋值和汇总统计,可以计算出每一种职业的平均分数,这个分数就代表了这项职业的相对

---

① [美] 戴维·格伦斯基著,王俊译:《社会分层》,华夏出版社2005年版,第5~6页。
② [德] 马克斯·韦伯著,林荣远译:《经济与社会》(下),商务印书馆1997年版,第260页。
③ 李强、刘海洋:《变迁中的职业声望——2009年北京职业声望调查浅析》,载于《学术研究》2009年第12期,第34~42页。

声望。"① 所谓排序法，即研究者选择出一些职业，然后让调查对象按照自己的价值判断对这些职业排列顺序，在此基础上得出各个职业的声望位置。职业声望测量的主观方法具有一定的局限性，一是其通常只能适用于测量较少的职业，在测量较多的职业时，调查对象往往对其中的一些职业不熟悉，从而无法准确对各个职业进行排序。二是调查对象倾向于不把自己排在上层或者下层的等级，而且对某些职业有敌视情绪时，会将该职业排列在后面。三是并非所有社会成员对职业排序的态度都是一致的，职业声望只是社会成员对职业排序的一个平均态度。也就是说，职业声望测量的主观法体现出比较强的主观性。

为了调查更多的社会职业，研究者设计出了职业声望测量的客观方法。职业声望测量客观法也称为社会经济地位指数法，即根据测量获得部分职业的声望得分，建立与职业的经济收入、受教育年限、权力等的回归方程，并根据该回归方程获得所有职业的声望排序。职业声望测量的主观方法主要适用于社会声望测量的早期，当前社会经济地位指数法被越来越多地采用。

近年来，中国的研究者将职业声望测量作为研究社会分层的重要视角，意图通过职业声望测量了解我国职业的社会经济地位状况及其影响因素。不同的研究者分别采用职业声望测量的主观法和客观法对我国的职业进行声望测量，前者的代表是李强，后者的代表是李春玲。李强让位于北京的调查对象对 100 种职业进行职业打分，并采用诺斯—海特计算公式核算分值，运用的是声望尺度法。他发现，人们所依据的职业声望评价标准是不一致的，在经济收入、权力地位、技术、教育、社会贡献以及伦理道德标准等方面都存在着较大的分歧。他认为，是社会转型时期相互冲突的价值观念体系及社会规范导致人们产生了分裂性的社会评价。也就是说，职业声望序列普遍相似的结论忽略了由于受独特的历史、文化影响而产生的一些具体职业间跨社会的差异，因此必须注意到社会的、文化的特征及近期历史经验的影响②。他的研究不仅揭示和解释了中国职业声望的本土特征及其原因，而且通过中国的"例外"否认了国际社会学界关于职业声望的结构功能理论的普遍性假设，这不仅深入到本土的制度路径和市场机制层面，而且揭开价值观念等文化层面对于职业分层结构和排序的影响作用。李春玲运用布劳和邓肯的社会经济地位指数法测量中国的职业声望分层。她发现，中国本土研究结果强烈支持西方社会分层的"工业化假设"，但是与布劳和邓肯确定的决定职业声望的因素是受教育年限和经济收入不同，在当前中国决定职业声望的因素包括受教育年限、经济收入、权力、部门以及是否从事受人歧视职业。在这些影响因

---

① 高顺文：《我国职业声望研究二十年述评》，载于《华中科学大学学报》（社会科学版）2005 年第 4 期，第 40~45 页。
② 李强：《转型时期冲突性的职业声望评价》，载于《中国社会科学》2000 年第 4 期，第 100~111 页。

素中，权力的作用最为明显，它对人们职业声望的影响力大于受教育年限和经济收入的影响，受教育年限又超过了经济收入对职业声望的影响[①]。

由上可见，测量中国的职业声望，必须坚持国际视野与本土尝试相结合：一方面是国际视野，职业声望测量在国际上已经形成了比较成熟的测量理论、方法和观点，研究中国的职业声望测量应当采用国际通用的理论与方法；另一方面是中国特色，由于东西方文化不同和中国处于社会转型时期的特殊背景，测量中国的职业声望必须进行本土化尝试，加入影响中国职业声望的特殊元素。这样才能准确把握中国的职业声望，把握中国各职业的社会经济地位。

二、社会经济地位的测量方法

（一）社会经济地位指数法

用定量的方式描述不同职业社会经济地位的细微差异，最初源于职业声望的主观测量方法，即根据人们对每一种职业的评分而确定职业地位的高低。"社会经济地位指数"（socioeconomic index，SCI）是当前国际通用的表征不同职业社会经济地位的指标，是综合职业的多种社会经济因素而排列的顺序和分值，主要根据各个职业的客观平均受教育水平和平均经济收入水平加权打分，有时还考虑其他因素。社会经济地位指数不但可以描述职业之间的声望差别，而且可以对所有职业的声望进行全面测量。

1. 布劳和邓肯的社会经济地位指数方程

为了实现对所有职业进行声望测量，美国社会学家奥蒂斯·达德利·邓肯设计了社会经济地位指数法，通过计算各职业的社会经济地位指数获得职业的声望位置。具体而言，邓肯的社会经济地位指数法分为两个步骤和两个回归方程。首先，根据已经获得的一些职业声望得分和各职业的平均受教育水平和平均经济收入水平，建立一个回归方程，求出平均受教育水平和平均经济收入与职业声望的回归系数。此时的回归方程是：

$$Y = a + b_1 X_1 + b_2 X_2$$

Y 代表各职业的声望得分，a 为常数，X_1 为各职业的平均受教育水平，b_1 为平均受教育水平的回归系数，X_2 为各职业的平均经济收入，b_2 为平均经济收入的回归系数，根据该方程求出 a = -6.0，b_1 = 0.59，b_2 = 0.55。

---

① 李春玲：《当代中国社会的声望分层——职业声望与社会经济地位指数测量》，载于《社会学研究》2005 年第 2 期，第 74~103 页。

应用上述回归方程,代入未知职业的平均受教育水平和平均经济收入,求出未知职业的声望得分,从而获得所有职业的声望得分。职业的社会经济地位指数方程如下:

$$Y(SEI) = -6.0 + 0.59 \times 各职业的教育水平 + 0.55 \times 各职业的收入$$

根据该方程,各职业的教育水平代表社会地位,各职业的收入代表经济地位,社会经济地位指数代表综合社会地位。① 奥蒂斯·达德利·邓肯与彼特·布劳于1967年又将该方法向前推进了一步,即在获得各职业的社会经济地位指数之后,对这些职业进行等级划分,实现对职业声望的分层。②

社会经济地位指数法综合了人们的多种社会经济因素并进行顺序排列、计算分值,是一种客观地位而不是主观地位,尽管该指数与职业主观声望测量的指数具有很强的相关关系。

2. 对社会经济地位指数方程的评价

布劳和邓肯的社会经济地位指数方程是基于三个基本假设:(1)在社会分层体系中,社会经济地位是有差别的、不平等的,而个人是可以获得、保持、改进社会经济地位的;(2)社会经济地位的获得不是从家庭或血缘关系中(先赋性因素)继承得来的,而是个人通过自身努力(后致性因素)才谋取的,这是工业社会分层体系的本质特征;(3)工业化逻辑是普遍的规律,跨越国界、也跨越社会经济制度。

20世纪70年代特别是80年代以来,社会经济地位指数方法受到了质疑和批判。首先,对其假设的质疑。市场经济并不是完全开放的分层体系,存在着垄断经济和非垄断经济"二元经济"的结构壁垒。为此,同样的社会经济地位,在不同的经济结构中不但资源含量相异,地位获得模式也由于制度约束不同而发生变化。实证的资料证明了这一点③。于是,大量的研究开始将收入作为因变量,而将职业地位以及其他个人变量作为自变量,检验这些变量的收入回报在垄断和非垄断部门中是否存在明显差异。其次,没有必要把职业转化为变量。社会经济地位指数方法研究了传统的假设,认为职业应该被转化成变量,继而将职业简化成一种数量化的矢量。这种假设在解释力方面可能会损失惨重:即,只要特殊的文化和生活方式出现在职业内部,这种简化的方法就正好剥去了那些对态度形成、生活方法和消费行为产生影响的很多可变性的象征性内容。最后,社会经济地位指数量表不适用于社会流动和社会经济地位的获得,认为社会经济地位量表夸大了社会分层体系的流动性和开放性。

---

① Duncan Otis Dudley. *A Socioeconomic Index for All Occupations*. Wiley, 1961, pp. 109-138.
② Blau Peter M、Duncan Otis Dudley. *The American Occupational Structure*. Wiley, 1967, pp. 118-124.
③ Robert P Althauser. *Internal Labor Markets*. Annual Review of Sociology, 1989 (15), pp. 143-161.

然而，对社会经济地位指数方法的批评很难整合成一种有竞争力的传统，尽管社会经济地位指数方法不能在所有方面都令人乐观，但其他可供选择的量表和明细化测量策略的优势还不足以超越惯性和传统的力量，特别是在传统方法已经历史悠久而又深得人心的情况下。可以说，截止目前，社会经济地位指数方法仍然是衡量职业社会经济地位最有效、最通常的方法。

（二）社会经济地位指数方法的中国本土化

近年来，中国社会学界也进行了大量的社会分层、职业声望和社会经济地位研究，其研究方法各异。运用社会经济地位指数方法并对其进行本土化改造是一条重要的路径，研究者试图在西方经典研究中加入中国元素，以便社会经济地位指数方程能够拟合和解释中国特色的例外情况。

在使用社会经济地位指数方程研究中国的职业社会经济地位时，一般研究思路如下：首先，对布劳和邓肯的社会经济地位指数方程中的教育与收入因素进行本土化处理，确定哪一个因素对社会经济地位更为重要。其次，加入本土性影响因素，如权力、单位性质、身份等，或者采取网络分析等其他分析路径，将社会经济地位的测量置于中国社会转型的特定社会背景之中加以解释，以提高社会经济地位指数方程对本土现象的解释力。

林南和谢文最早利用 1983 年北京市职业声望的调查数据，在布劳和邓肯社会经济地位指数方程的基础上计算出教育收入指数（education-income index），也即社会经济地位指数，并建立回归方程：

$$EII = -5.188 + 13.874 \times 教育 + 0.262 \times 收入$$

这一方程的 R^2 值为 0.72。[①] 这一社会经济地位指数方程的解释力不是太高，表明影响中国职业声望高低的因素除了教育和收入之外还有其他因素。

许欣欣则将布劳和邓肯的社会经济地位指数方程在测量中国城市居民职业声望时进行了本土化改进，运用布劳和邓肯的方法努力构建中国的社会经济地位方程。由于无法获得国家统计局关于每种职业的平均教育水平和收入水平，她以 1999 年 85 个职业调查样本的平均教育程度和被调查者接受调查时的上月平均收入作为替代，职业声望也以 1999 年的调查数据为准，由此求出中国"教育——收入指数"（以下简称"EII"）的回归方程：

$$EII = 5.622 + 15.816 \times 教育 + 0.763 \times 收入$$

这一社会经济地位指数方程的 R^2 值为 0.765。为了更有效地反映中国的社会

---

① Lin Nan, Xie Wen. Occupational Prestige in Urban China. American Journal of Sociology, 1988（4），pp. 793 - 832.

现实,许欣欣引入权力变量,重新建立社会经济地位指数的回归方程:

$$PEI = 15.148 + 10.621 \times 教育 + 0.711 \times 收入 + 4.13 \times 权力$$

这一方程的 R^2 值为 0.826。[①] 但是,许欣欣的研究样本量过小,不但只有85个职业,而且仅对北京和沈阳两个城市进行了调查,因此方程的应用性受到很大限制。

在这些研究的基础上,李春玲进一步深化了对中国社会经济地位指数的研究。李春玲接受了国内外对布劳和邓肯社会经济地位指数方程的批评意见,并根据中国的国情,改进了布劳和邓肯的社会经济地位指数方程。其计算方法分为两个步骤:第一个步骤是获得评价中国职业声望的影响因素。具体做法是,通过调查获得81种职业的声望得分,再以其中参与调查的75种职业的声望得分作为因变量,以这75种职业的月收入、受教育年限、权力因素、部门因素和社会歧视因素为自变量,建立回归方程:

$$Y = 11.808 + 3.349 \times 平均教育年限 + 0.573 \times 平均月收入(百元)+ 16.075$$
$$\times 最高管理者 + 11.262 \times 中层管理者 + 3.738 \times 基层管理者 + 8.942$$
$$\times 党政机关 + 6.841 \times 事业单位 - 5.694 \times 企业单位 - 26.655 \times 受歧视职业$$

该回归方程对中国职业声望的解释力很高,$R^2 = 0.81$。这表明,与西方国家不同,中国职业声望的主要影响因素包括受教育年限、经济收入、权力、部门和社会歧视五个因素。

第二个步骤是根据这一公式,代入161种职业的受教育年限、月收入、权力、部门和社会歧视因素,从而求出这161种职业的社会经济地位指数。[②]

总而言之,考察我国当前职业的社会经济地位,必须在当前转型的中国社会背景下进行,结合中国的实际情况,即市场与单位制度同时影响着职业社会经济地位的现实。因此,在借鉴国外通用社会经济地位指数方程的同时,还需要加入中国的本土化自变量,建立本土化研究的指标体系进行回归分析。李春玲的研究既采取了市场经济体制下国际通用的社会经济地位指数方程,又兼顾了中国的社会特色与职业特点,而且其结果的解释力也比较强,因此说李春玲对于转型期中国职业社会经济地位的测量是比较合理的。

三、我国教师社会经济地位之纵向位阶的测量方法

本书的基本假设是"我国教师群体总体社会经济地位的上升和教师阶层内部

---

① 许欣欣:《从职业评价与择业取向看中国社会结构变迁》,载于《社会学研究》2000年第3期,第67~85页。
② 李春玲:《当代中国社会的声望分层—职业声望与社会经济地位指数测量》,载于《社会学研究》2005年第2期,第74~103页。

分化而导致不同教师群体之间在社会经济地位方面的差距逐步加大"，简而言之，就是"总体适当，内部分化"。因此，需要对教师社会经济地位的总体和内部分别加以分析和验证假设。

在已有研究中，很少研究对某一职业群体社会经济地位进行测量，因为特定职业的社会经济地位必然是指其在整个社会职业纵向排列的位阶，所以对单一职业社会经济地位的测量前提是完成整个社会的职业排列。鉴于人力、物力和财力限制，本书不可能完成如此浩大的社会调查与统计，而是借助已有的研究成果将教师纳入已有的职业社会经济地位排列之中进行讨论。

如前所述，李春玲对于转型期中国职业社会经济地位的测量比较合理，既采用了市场经济体制下国际通用的社会经济地位方程，又兼顾了中国的社会特色与职业特点，而且其结果的解释力也比较强。因此，本书采用了李春玲的观点，接受其社会经济地位指数排列中的教师社会经济地位名次，即在161种职业的社会经济地位指数排列中，中、小学校长排名第6位，中学教师第12位，小学教师第30位，幼儿教师第34位。①

由于工业化的进程和社会主义市场经济的发展，中国不同地区的教师作为一个职业群体正发生剧烈的分化和改组。城市和农村教师、东部地区和西部地区教师、重点学校和非重点学校教师、公办教师和代课教师之间的差距正在拉大，从而使"教师总体的社会经济地位"的现实意义下降。本书的重点和意义在于揭示教师群体内部的分化状况，并进一步对处于不利地位的教师群体给予政策保护，提出对策和建议。

对于同一个职业群体，必须考虑中国地域和结构差异所造成的同一职业的内部分化，此时在"社会经济地位指数"研究中的重要变量因素，如单位性质、职业性质、国家工资标准等不再重要，"社会经济地位指数"不再是一个有效的测量工具，而职业内部的因素，如地理位置、学校等级、教师性质、职业流动等需要重点进行比较。因此在纵向比较方面，必然要建立一套更为中观或微观的指标体系，用以验证教师"内部分化"的假设。当然，这个指标体系并不是完全抛弃了李春玲的指标体系，也应当包含政治权利、经济收入、受教育程度等方面的变量。

因此，从中国国情和教师职业的特点出发，本书选择教师的政治地位、经济地位、专业地位三个主指标和教师职业个人满意度附加指标，制定出衡量教师内部社会经济地位的指标体系，以表征教师职业内部社会经济地位的差异。

---

① 李春玲：《断裂还是碎片——当代中国社会阶层分化的实证分析》，社会科学文献出版社2005年版，第194~202页。

第二节　教师社会经济地位的横向类别研究方法

教师社会经济地位的横向类别是指教师职业与其所属类别中其他职业间的社会经济地位差别。为全面认识教师的社会经济地位，除了要准确测得纵向位阶的职业排序，还需对教师身份和教师职业归属类别进行定性分析。就现实情况而言，一方面，《教师法》第三条规定，"教师是履行教育教学职责的专业人员"，这是对教师身份的一个总括性规定。但这一规定的内涵和外延又具有较大的模糊性，不利于教师社会经济地位的保障和实现。《教师法》第二十五条、第二十九条和第三十九条分别对教师工资水平、医疗保健和申诉制度进行了规定，在法律上教师得以享有类公务员性质的权利和待遇，这也为我们将教师与公务员进行比较提供了基础。另一方面，在新课程改革和教师专业发展的背景下，原来履行教育教学职责的中小学教师不得不面临越来越多的科研任务和要求，开始出现自身角色的迷失。教育教学与学术研究从属于两个不同的范畴，教师职业性质究竟归属于学术性的类别还是职业性的类别，这也是必须予以探究的问题。教师的社会经济地位是指教师职业在社会纵的阶层和横的类别中所处的位置，是政治权利、职业权利和经济收入等指标的综合反映。因此，教师职业性质和职业归属的确立必然可以在上述诸方面对教师社会经济地位产生重大影响。

一、教师职业归属：公务员抑或是专业人员

20 世纪 60 年代之后，随着基础教育普及化程度的提高，人们对提高教育质量和教师素质的要求日渐强烈。专业化作为提高教师素质的重要手段在世界范围内遂成为一种潮流，不但联合国教科文组织等国际性组织在其文件中要求将教师职业作为专门职业进行对待，一些国际性教育会议也将教师职业专业化作为会议主题，而且很多国家均在其政策或法律中规定了与教师职业专业化相关的内容。可以说，教师职业专业化已经成为教师职业发展的趋势。教师职业专业化就是教师职业逐渐达到专业标准的过程，确定教师职业专业化的内容必须以确定专业的标准为前提。人们对专业标准的认识经历了一个发展的过程，也形成了诸多观点。其中，利伯曼提出的界定专业的 8 条标准是当前比较有代表性的观点：范围明确，垄断地从事于社会不可缺少的工作；运用高度的理智性技术；需要长期的专业教育；从事者无论个人、集体，均具有广泛的自律性；在专业的自律性范围

内，直接负有作出判断、采取行为的责任；非营利，以服务为动机；形成了综合性的自治组织；拥有应用方式具体化了的伦理纲领。①

顺应世界范围内教师职业专业化的发展的趋势，《教师法》将教师规定为"履行教育教学职责的专业人员"，这是对我国教师身份的明确法律规定。这一规定直接影响了教师的社会经济地位。近年来，伴随着《中华人民共和国公务员法》（以下简称《公务员法》）和《教师法》的制定和修订工作的展开，教师法律身份问题，尤其是教师能否定位为公务员问题，成了社会各界关注的焦点问题。

成有信认为，将教师的法律身份定位为专业技术人员不妥当，公立学校尤其是义务教育学校的教师应定位为公务员，其理由在于：普及义务教育是国家的责任和行为，公立学校教师只是这一责任的执行者。而明确教师职业的公务员性质具有重大的社会意义和政治意义：教师对国家要承担与公务员职业性质相适应的义务并应享受相应的权利。② 将教师定位为公务员可以选择的途径之一是，"修改《教师法》，或对《公务员法》作出补充规定，将取得教师资格证书并获得教师职位的公办普通教师的身份确定为国家教育公务员"。③ 在此基础上，还需要明确规定国家教育公务员的责任、义务和权利，确保国家教育公务员法律身份与责权利的实现，建立和完善国家教育公务员身份与责权利落实的监督与问责机制。④ 当然，也有反对将教师身份定位为公务员的观点，认为将教师列为公务员不利于教师的专业成长，不利于教师队伍的稳定，不利于教师的管理，易造成学校行政化，造成不良社会影响，把教师纳入公务员不是解决教师工资问题的根本方法，⑤ 容易误导社会对公务员职业的理解，造成教师队伍管理的混乱。⑥ 可以看出，赞成和反对教师作为公务员的一个重要参照是教师的专业人员身份。

对教师社会经济地位的横向类别分析应将教师职业之性质、任务、功能等因素与专业人员和公务员进行比照，在对现有争议进行分析之后，对教师身份和教师职业类别归属进行全面、客观的描述和分析，以确定教师社会经济地位横向类别的最佳定位。

---

① M Liberman. *Education as a Profession*. Prentice – Hall. 引自［日］筑波大学教育学研究著，钟启泉译：《现代教育学基础（中文修订版）》，上海教育出版社 2003 年版，第 452～453 页。

② 成有信：《教师职业的公务员性质与当前我国师范院校的公费干部学校特征》，载于《教育研究》1997 年第 12 期，第 39～42 页。

③ 周洪宇：《教师应成为国家教育公务员》，载于《教育与职业》2009 年第 12 期，第 5 页。

④ 韩小雨、庞丽娟：《我国义务教育教师的国家教育公务员法律身份及其保障制度》，载于《教育学报》2010 年第 4 期，第 82～89 页。

⑤ 张薇薇：《不宜把教师纳入公务员序列》，载于《上海教育科研》2006 年第 4 期，第 33 页。

⑥ 刘波、刘泽环：《教师身份不宜公务员化》，载于《现代教育管理》2012 年第 4 期，第 66～70 页。

二、教师职业性质：学术性抑或是职业性

教师职业应该以学术性为基本特征还是以职业性为基本特征曾经是美国整个 20 世纪争论的主题，并逐渐成为认识教师职业性质必须厘清的一个问题。学术指系统专门的学问，是对于知识和真理的一种追求，其价值取向着重于增进人类科学文化知识。对教师的学术性要求是指对教师进行严格的学术训练，使其具有进行高深学术研究、进行学术性工作的能力。而职业是参与社会分工，利用专门的知识和技能，为社会创造物质财富和精神财富，获取合理报酬，作为物质生活来源，并满足精神需求的工作。对教师的职业性要求是指培养教师使其具有所教学科的充足知识与技能，最好地履行教育教学职责。学术性与职业性，这是教师职业性质的两种不同取向，因其本质的不同从而导致对社会条件需求的各异，对于教师社会经济地位起着不可忽视的影响作用。对于教师社会经济地位的横向类别分析，应该在充分考虑上述两种价值取向的基础上作出确定的选择。

第三节　我国教师社会经济地位指标体系

一、我国教师社会经济地位指标总体系（见表 2-1）

表 2-1　　　　　我国教师社会经济地位指标总体系

	一级指标	二级指标	测量方法
我国教师社会经济地位指标总体系	主指标	政治地位	政治权利	文本分析法、问卷调查法、访谈法
			政治参与	
		经济地位	经济收入	
		专业地位	专业自主权	
			专业知识能力水平	
			职业道德规范	
	附加指标	教师职业个人满意度	政治地位满意度	
			经济地位满意度	
			专业地位满意度	

二、我国教师社会经济地位分指标体系

(一) 我国教师政治地位指标体系 (见表2-2)

表2-2　　　　　　　我国教师政治地位指标体系

一级指标	指标含义	二级指标	三级指标	四级指标	测量方法	测量对象
政治地位	政治地位是指某一职业群体（政治主体）在社会政治生活（具体分为国家事务、社区事务、教育系统内部事务及学校内部事务等政治生活的各个方面）中所处的位置，包括在社会政治生活中参政议政的过程及结果	政治权利	教育系统内有关教师政治权利的制度内容	教师参与教育系统内部决策的规定以及参与学校决定的规定	文本分析法、问卷调查法、访谈法	教育行政人员、学校管理人员、教师
			教育系统内教师权益的保障机制	教师权益受侵犯后的纠纷处理机制及具体实施情况		
		政治参与	教师参与上级教育行政部门的决策活动	参与上级教育行政部门事务决策的内容		
				参与的方式		
				参与的结果		
			教师参与学校的决定活动	参与学校事务决定的内容		
				参与的方式		
				参与的结果		

1. 指标的概念说明

人们一般认为，群体如果享有高的政治地位，就能运用政治工具表达群体利益，控制应有的社会关系资源，影响政府决策，从而提高群体的整体社会地位。综合相关文献的研究成果，我们认为，政治地位是指某一职业群体（政治主体）

在社会政治中所处的位置，包括在社会政治生活中参政议政的过程及结果。我们在此使用"政治权利"和"政治参与"指标来反映。

教师的政治地位是指教师职业群体在社会政治生活（具体分为国家事务、社区事务、教育系统内部事务及学校内部事务等政治生活的各个方面）中所处的位置，包括在社会政治生活中参政议政的过程及结果。教师享有政治权利的广度及其实现程度如何，可以衡量教师在社会中的地位。

2. 调查的预期目的

教师作为一种职业群体，其政治地位的高低直接反映了教师的社会经济地位水平。由于《中华人民共和国宪法》（以下简称《宪法》）明确规定了教师在国家政治生活中的地位，且教师政治权利的实现程度与规定情况基本吻合，所以本书只从教育系统内部教师参与教育决策的角度来测评。我们将"政治地位"这个一级指标，分解为"政治权利"和"政治参与"两个二级指标。通过"政治权利"指标，了解教师政治地位的应然状态，明确目前教育系统内部有关教师政治权利的制度内容和教师权利的保障机制，对教师的政治权利及影响进行制度性的定位；通过"政治参与"指标，了解教师政治地位的实然状态，明确教师在教育系统内部政治权利的实现情况。

3. 指标体系的建构说明

"政治权利"二级指标分为"教育系统内有关教师政治权利的制度内容"及"教师权益保障机制"两个三级指标。其中，制度内容主要是指教师参与教育系统内部决策的相关规定以及教师参与学校具体管理的规定，既包括国家或地方的法规和政策文本，也包括学校的相关规定，比如教师薪酬制度、职称评定制度等。保障机制是指教师权益受损后的纠纷处理机制，其中，教师申诉制度体现了教师职业权益受到侵害时，能否获得有效的救济和保障，因而其具体实施情况是调查的重点。

"政治参与"二级指标分为"教师参与上级教育行政部门的决策活动"及"教师参与学校的决定活动"两个三级指标，并从参与的内容、方式和结果三个方面来分别考察。"参与内容"主要指教师参与区县级教育决策或学校决定的具体事项。"参与方式"有正式与非正式之分，正式方式有大会表决、书面建议和公示等；非正式方式有通过网络表达个人意愿和意见、通过个人影响力间接参与等。"参与结果"是指教师意见被采纳的程度。

4. 调查设计

教师政治地位的测量方法主要分为文本分析法、问卷调查法和访谈法。现有的教师参与教育事务的制度文本可以从政府机关、教育行政部门和学校等方面获取。通过文本分析，可以为下一步的政策制定和修改提供依据。调查问卷是教师问卷，访谈则弥补调查问卷的不足，捕捉不易被发觉的有效信息，主要分为教师访谈、学校管理人员访谈和县级教育行政人员访谈。

(二) 我国教师经济地位指标体系 (见表2-3)

表2-3　　　　　　我国教师经济地位指标体系

一级指标	指标内涵	二级指标	三级指标	四级指标	测量方法	测量对象
经济地位	教师经济地位是指教师群体在社会经济生活中的位置，是反映教师群体社会经济地位的物质基础	经济收入	工资性收入	工资、津贴	收集统计数据、问卷调查法、访谈法	教师
			福利待遇	住房、医疗		

1. 指标的概念说明

经济地位是群体在社会经济活动中所处的位置，是群体在社会经济关系中所拥有的权利和地位。教师经济地位是教师群体在社会经济活动中的位置，是反映教师群体社会经济地位的物质基础，也是其社会地位高低的直接表现之一。经济地位的高低，在很大程度上决定了一种职业在社会关系中相对位置的高低，世界各国普遍将改善教师的经济待遇作为提高教师地位的一项重要举措就是证明。

2. 调查的预期目的

本指标在于通过收集统计数据和问卷调查，了解教师经济收入的实际状况，并借助统计数据了解不同地区教师的消费情况，从而揭示出教师群体内部经济地位的分化状况。

3. 指标体系的建构说明

通过经济收入二级指标表征教师的经济地位。经济收入主要是指教师的工资性收入和福利待遇。第一，工资性收入。工资性收入主要是国家财政和学校发放的货币，它包括由国家公共财政支出发给教师的职务工资、岗位工资及当地学校发给教师的津贴等。由于全国各地的教育发展状况不同，各地区所发放教师工资的构成也不完全相同，其主要包括职务工资、岗位工资、课时费、津贴等，在实发工资中要扣除如住房公积金、失业保险、医疗保险和养老保险等费用。此外，有地方的学校还给教师发放考勤奖、年终奖，以及给予教师一定的伙食补助。由于教师工资构成的情况较复杂，因此，本书设计了教师年收入这一指标，通过教师年收入表征教师的收入水平。同时，收集当地关于教师工资标准的文本，以及对教师进行访谈来补充问卷的内容。第二，教师的福利待遇。根据《教师法》的规定，教师的福利与社会保障主要包括两个方面的内容：教师的住房和医疗，住房待遇主要体现为住房公积金，医疗待遇则体现为医疗保险。从教师在住房公积金和医疗保险的有无、与当地公务员的差距以及教师对当前状况的满意程度三个层次进行考察。

4. 调查设计

本指标对教师经济收入采用问卷调查法和访谈法，其调查对象为教师。对教师的工资构成，则从两种途径来获得相关资料，一是收集该地区关于教师工资标准和福利待遇标准的文件，二是在学校收集几位不同职称教师的工资条。

（三）我国教师专业地位指标体系（见表2-4）

表2-4　　　　　　我国教师专业地位指标体系

一级指标	指标含义	二级指标	三级指标	四级指标	测量方法	测量对象
专业地位	专业地位是指教师的专业发展状况，包括有关教师专业权利的规定和教师专业权利的拥有、实现情况，教师群体专业水平变化情况和达成情况	专业自主权	教育教学权	教育教学活动权	问卷调查法、访谈法	教师
				教育教学改革和实验权		
				教育教学管理权		
			科学研究权	科学研究和学术交流权		
				参加专业学术团体权		
				在学术活动中发表意见权		
			指导评价权	—		
			进修培训权	—		
		专业知识能力水平	受教育程度	初始学历	问卷调查法、访谈法	教师
				最后学历		
			专业知识技能	培训		
				职称		
		职业道德规范		爱岗敬业	问卷调查法、访谈法	教师
				关爱学生		
				教书育人		
				为人师表		

1. 指标的概念说明

在世界范围内，教师职业向专业发展正成为一个共同趋势，顺应这一趋势，我国于1993年颁布《教师法》，明确规定"教师是履行教育教学职责的专业人员"，通过法律确定了教师的专业地位。教师专业地位是教师社会地位的实际体现及其他指标的基础，在一定程度上决定着教师的政治地位和经济地位。但是，由于认识到教师具有专业属性的时间比较短，以及受到教师数量多、基础弱、地域分布广等客观条件的制约，我国教师的专业地位不但在整体上偏低而且在个体上差异较大，能否改变这种状况已经成为教师质量提高的关键性问题。换句话说，在实践需要的层面，研究教师的专业地位也具有重要意义。

本指标体系中的专业地位指从事专门职业的教师的专业发展状况，包括有关教师专业权利的规定和教师专业权利的拥有、实现情况，教师群体专业水平的变化情况和达成情况。

2. 预期目标

本指标设计的目标在于，第一，了解我国教师专业地位的现实状况，评定前一阶段的教师专业发展工作，提出今后一个阶段教师专业发展的目标。第二，查找教师专业地位较低的深层原因，提出改善教师专业地位的政策性建议。

3. 指标体系的建构说明

专业地位就是一项职业基于其专业属性而具有的地位。然而，一项职业能否成为专业是通过一系列标准来衡量的。综合各种研究成果，我们认为，一种职业要被认可为专业，大致应该具备如下三个方面的基本特征：第一，具有特定的、不可替代的社会功能；第二，具有系统的、完善的专业理论和成熟的专业技能；第三，具有保证该专业活动顺利进行所必需的专业自主权和专业组织。根据这三个基本标准，我们将教师的专业地位分解成专业自主权、专业知识能力水平、专业组织和职业道德规范四个二级指标。需要说明的是，就教师专业而言，发达国家的专业组织发挥着教师的资格认定、任用、培训、考核和职称晋升等功能。在我国，这些功能由政府部门承担，也就是说，我国当前并不存在发达国家所指的专业组织，因此将教师专业组织这个指标剔除。

（1）专业自主权。教师专业自主权是指教师根据其专业知识和技能，在教育过程中遵守专业伦理规范、在从事专业服务时进行专业判断与决定而不受外界干预的权利。① 根据《教师法》第七条的规定，教师依法享有的专业自主权主要包括教育教学权、科学研究权、指导评价权和进修培训权四个方面。所以，本指标

---

① 马学斌：《关于我国中小学教师专业自主权之探讨》，载于《教育探索》2004年第4期，第106～108页。

体系着重围绕这几个方面对教师所拥有的专业自主权进行测评。

第一，教育教学权，主要包括教育教学活动权、教育教学改革和实验权、教育教学管理权三个方面。教育教学活动权是指教师在遵守相关规定的前提下，自主地组织和从事教育教学活动的权利。教育教学改革和实验权主要是指教师可以根据课程标准、教学大纲的要求，针对学生的实际情况，独立自主地对其讲授课程的教学内容、讲授方法、教学环节和教学组织形式等进行设计、试验和改革完善。教育教学管理权是指教师具有维持教育教学秩序，依法对学生进行管教和惩戒的权利。其中，教师惩戒权是其核心内容，即教师有权依法对学生的失范行为施予否定性制裁，从而避免其再次发生，以促进合范行为的产生和巩固。

第二，科学研究权，指教师在教育教学活动中可以自由从事科学研究、学术交流、参与专业学术团体并在学术活动中自由表述意见和学术观点的权利。具体包括：在完成教育教学任务的前提下，可以进行科学研究、技术开发、教育理论研究等创造性劳动，并将研究成果进行发表；可以参加合法的学术交流活动，依法成立或参加学术团体并在其中兼任工作；可以在学术研究中自由地表述自己的观点、开展学术争鸣。

第三，指导评价权，指教师指导学生的学习和发展，评定学生品行和学业成绩的权利。具体包括：可以根据学生的身心发展状况及特点，有针对性地指导学生的学习，并在学生的特长、升学、就业等方面给予指导；可以对学生的品德、学习、社会活动、劳动、文体活动、师生关系、同学关系等方面的表现作出客观的评价，并通过平时考查以及学期、学年、毕业考试和其他方式对学生的学业成绩作出客观的评价。

第四，进修培训权，指教师参加进修或者其他方式的培训的权利。主要包括：参加定期进修的权利；参加短期培训班的权利；参加岗位轮训的权利；在参加进修或各种培训期间，有权享受与在岗教师相当的工资福利待遇等。

（2）专业知识能力水平。教师职业的专业知识能力水平指标分解为职业群体的受教育程度和专业知识技能两方面。

在现代社会，个体的受教育结果通常以学历来标示，不同层次的学历可以反映教师的受教育程度，表征教师的知识水平。教师的学历包括初始学历和最后学历。初始学历指教师在取得从事当前级别教育的教师资格时具备的学历。最后学历指教师最后获得的或正在攻读的学历。需要说明的是，根据国务院《关于设置和试办教育硕士专业学位的报告》的规定，具有三年以上第一线教学经历的基础教育的专任教师和管理人员可以获得教育硕士专业学位，但是不能获得研究生学历，这里的最后学历包括教育硕士专业学位。

《教师法》对教师培训和教师职称进行了规定。教师培训的任务之一就是提高教师的业务水平，教师职称评定的重要指标之一也是教师的业务水平，在此意义上，培训和职称可以在一定程度上表征教师的专业知识和技能水平。因此，教师的专业知识技能分解为教师培训和教师职称两个指标。教师培训是取得教师资格的在职教师为提高思想政治和业务素质进行的培训。中小学教师培训分为非学历教育培训和学历教育培训，其中，非学历教育培训包括新任教师培训、教师岗位培训和骨干教师培训。职称是区别专业技术或学识、水平、能力与成就的等级称号，可以作为反映专业技术人员学术水平、工作能力及过去成就的标志。小学教师职称设有小学三级、小学二级、小学一级和小学高级四个等级，中学教师职称设有中学二级、中学一级和中学高级三个等级。

（3）职业道德规范。职业道德是指在职业范围内形成的比较稳定的道德观念、行为规范和习俗的总和。① 一个职业是不是专业化的职业，其从业人员是否为专业人员，衡量标准之一就在于该职业是否具备相应的职业道德规范。依据我国《教师法》的规定，教师是从事教书育人工作的专业人员，职业道德规范是衡量教师职业专业化程度的重要指标。建立严格的职业道德规范，有利于提高教师职业的专业化程度，从而有利于提高教师职业的权威性和社会地位。

根据2008年教育部修订的《中小学教师职业道德规范》，将职业道德规范分解为爱国守法、爱岗敬业、关爱学生、教书育人、为人师表、终身学习六个方面。但是，"爱国守法"和"终身学习"的内涵非常宽泛，难以准确测评，因而不予采用。因此，本指标围绕爱岗敬业、关爱学生、教书育人、为人师表四个三级指标对教师职业道德进行测评。测评从道德认知、道德评价和道德行为三个层面展开，道德认知考察教师是否了解教育部制定的教师职业道德规范，道德评价考察教师是否认同教师职业道德规范，道德行为则考察教师遵守职业道德规范的实际情况。

爱岗敬业：爱岗敬业是任何职业对其从业人员的共同性要求，是职业道德的基础和核心，可以通过工作态度和工作变换意向两个方面体现出来。工作态度是教师对工作付出的程度，工作变换意向包括改行和调至更好岗位两种意向。

关爱学生：教师对学生的关爱，是形成良好师生关系的前提，是取得良好教育效果的重要条件。教师对学生的关爱，表现在教师尊重学生人格、个性和自尊心，教师公平对待学生，教师听取学生的意见等方面，本书主要考察教师保护学生安全的义务和教师能否公平对待学生。

教书育人：教书育人是教师职业的基本任务，本书考察教师是否用分数作为

---

① 林崇德、申继亮、辛涛：《教师素质的构成及其培养途径》，载于《中小学教师培训（中学版）》1998年第1期，第10~14页。

评价学生的唯一标准。

为人师表：这是对教师职业的专门要求，一般通过考察教师的行为来测量这一指标。但这一指标与前述几个指标有重叠之处，因此这一指标主要关注教师是否在工作上能够做到不迟到和不早退，能否严于律己。

4. 调查设计

教师专业地位的测量方法采用问卷调查法和访谈法。教师专业自主权是教师所拥有的专业性权利，教师对该权利的实施状况最为了解，教师对其学历、培训和职称也最为熟悉，故选取教师作为被试对象最为恰当。教师职业道德是测评教师对教育部颁布的《中小学教师职业道德规范》的了解、认同以及遵守情况，因此也以教师作为调查对象。

（四）我国教师职业满意度指标体系（见表2-5）

表2-5　　　　　　我国教师职业满意度指标体系

一级指标	指标含义	二级指标	三级指标评价因素	测量方法	测量对象
教师职业满意度	教师职业满意度主要是指我国教师群体对自身职业的政治地位、经济地位和专业地位的心理满足程度	政治地位满意度	参与决策的范围	问卷调查法	教师
			参与决策的方式		
			参与决策的结果		
			纠纷解决的方式		
		经济地位满意度	收入与工作量		
		专业地位满意度	教育教学权		
			科学研究权		
			指导评价权		
			进修培训权		

1. 指标的概念说明

教师职业满意度主要是指我国教师群体对自身职业的政治地位、经济地位和专业地位的心理满足程度。教师职业个人满意度的高低关系到教师群体的心理健康和工作动力。职业满意度具有三个特性，第一，主观性，在同一个环境中工作，不同的人可能对于职业的满意程度不同，常受其主观期望的影响，若与主观期望不符，满意度必将有所变化。第二，环境性，个体的主观感受常常受到外界客观环境的影响，外在环境的改变也可能导致满意度的改变。第三，变化性，随着时间的变迁、地域的变化、经济状况的发展，职业满意度从内容到形式上都可能产生明显的变化。

2. 调查预期目标

本指标的主要目的是在调查教师社会经济地位实际水平的基础上，从侧面了解教师对自己职业地位的个人满意程度，期望能够调查教师群体对职业满意的总体程度以及不同群体间在满意度上的内部分化情况，通过与教师社会经济地位的其他指标相比较，从而更准确地描述教师的社会经济地位。

3. 指标体系的构建说明

本指标主要考察教师对自身职业的政治地位、经济地位和专业地位的满意程度，在指标设计上主要参照前述指标的设计，将职业满意度分为政治地位满意度、经济地位满意度和专业地位满意度。

4. 调查设计

职业满意度是教师个体的主观感受，因此调查对象只包括教师，采用问卷调查法进行测量。

第三章

教师社会经济地位调查结果分析

  本书从政治地位、经济地位和专业地位三个维度测量教师的社会经济地位，调查结果显示教师的社会经济地位总体上与各地社会经济发展水平一致，但是在教师群体内部存在较大差异。政治地位方面，教师的政治权利相对较高、政治参与不足；经济地位方面，教师的收入水平居中，大体处于 12 000 ~ 60 000 元之间，略低于公务员水平；专业地位上，被调查教师受教育程度和专业知识技能基本符合《教师法》相关规定。总体来看，东部地区、城市教师、男性教师和重点高中教师的政治、经济和专业地位相对其他群体较高。

第一节 数据分析情况说明

  本课题调研回收问卷 10 351 份，其中有效问卷 9 953 份，有效率为 96.15%。具体整理与校验结果如表 3-1 所示：

表 3-1　　　　　　　有效样本分省统计

区域	省份	回收（份）	有效（份）	有效率（%）
东部地区	广东	1 391	1 365	98.13
	山东	1 113	1 096	98.47
	浙江	802	789	98.38
中部地区	湖南	1 022	1 001	97.95
	山西	856	837	97.78
	黑龙江	720	658	91.39
	河南	1 026	921	89.77
西部地区	甘肃	1 341	1 262	94.11
	四川	990	960	96.97
	广西	1 090	1 064	97.61
总计		10 351	9 953	96.15

项目全程采用 Excel2007 软件和 SPSS17.0 统计分析软件对有效调查样本进行数据分析。

1. 总体情况的频数统计

全问卷的题目，外加城乡、发放区域（东中西部）、编制内外这三个变量，进行频数统计。

2. 各类群体的分群体分析

以性别、是否重点校、城乡、发放区域（东中西部）四个变量，对 2~7 题、9~49 题进行差异显著性检验。

在单选题中，筛选变量类型为定距和定序的数据，进行正态性检验和方差齐性检验。当各组样本来自正态总体，并且方差齐性时，采用方差分析判断不同群体间是否存在显著性差异，并采用 LSD 法比较各组间差异；当样本来自正态总体，而方差非齐性时，采用 Robust 等均值检验（计算 Welth 和 Brown - Forsythe 统计量），并采用 Tamhane's T2 比较各组间差异。当样本非正态分布，或样本数据类型为名义变量，采用非参数检验。多选题以变量进行卡方检验。

第二节 教师社会经济地位的总体情况

本次调研共获得来自十个省份的9 953份有效问卷,其中西部地区样本3 286份,占33.02%,中部地区2 759份,占27.72%,东部地区样本3 908份,占39.26%;农村地区样本3 789份,占38.2%,城市地区样本6 119份,占61.8%。具体情况如图3-1与图3-2所示。

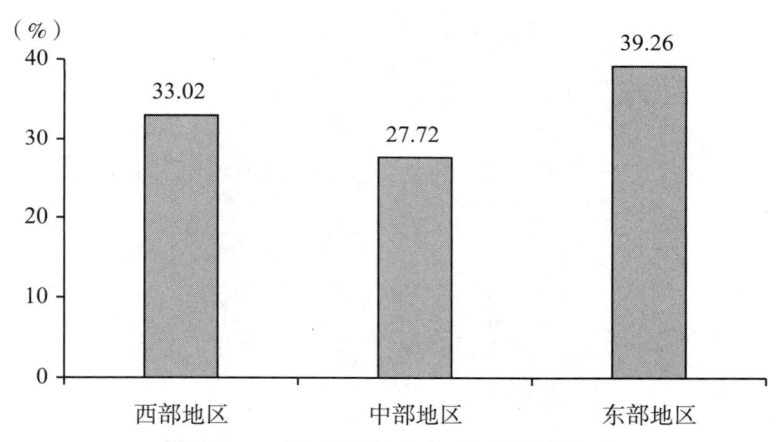

图3-1 调查样本的东中西区域分布

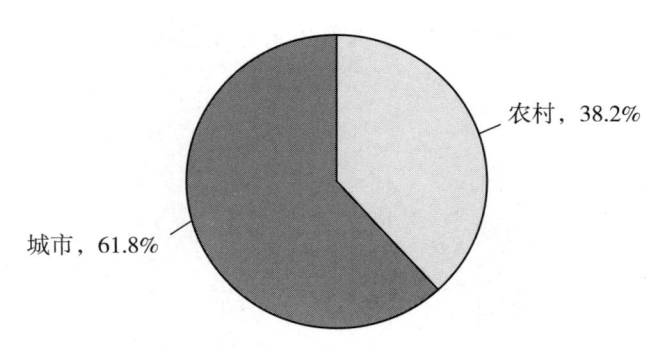

图3-2 调查样本的城乡分布

从调查对象的资质情况看,占总样本0.5%的54名教师明确反馈不具有正式教师编制以外,其余被调查教师都反馈其具有正式教师编制。性别方面,做出回应的教师中,男教师3 578人,占36.21%;女教师6 302人,占63.79%(见图3-3)。年龄方面,被调查的教师队伍整体较为年轻化,40岁以下教师占总样本的 74.2%（30 岁以下的教师 3 134 人，占 32.1%；30~40 岁间的教师 4 107 人，占 42.1%），40~50 岁间的教师 2 088 人，占 21.4%；50 岁以上教师 437 人，占 4.5%。（见图 3-4）与年龄结构相应，40.21% 的教师教龄在 10 年以下，38.04% 的教师教龄在 10~20 年之间，20 年以上教龄的老教师比例为 21.75%（见图 3-5）。

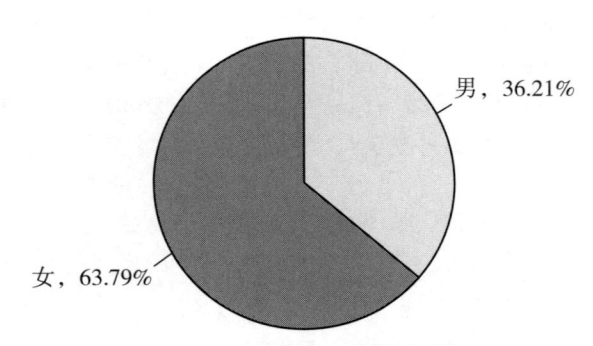

图 3-3 调查样本的性别情况

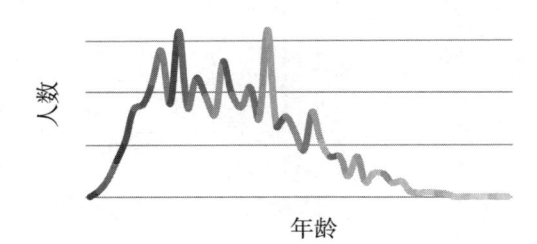

图 3-4 调查样本的年龄情况

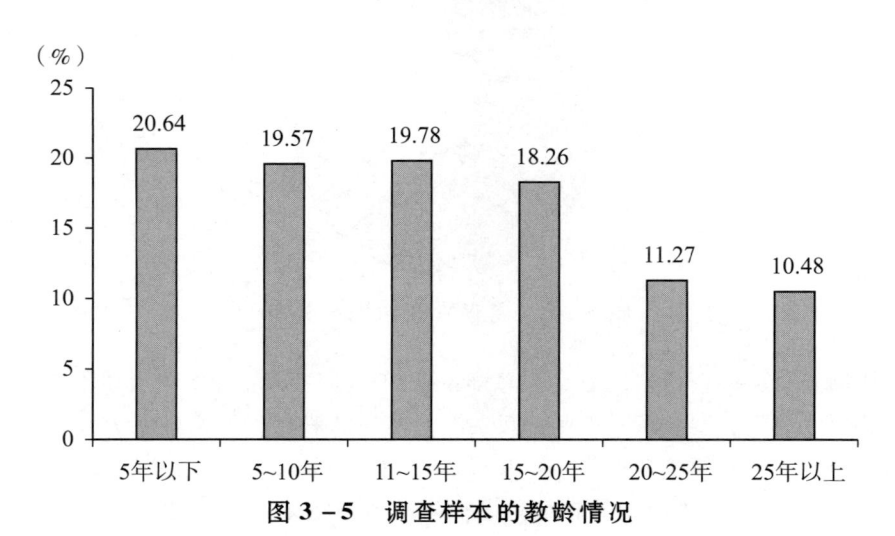

图 3-5 调查样本的教龄情况

调研对象就职的学校类型方面，囊括小学、初中、普通高中、完全中学和职业高中五种类型的学校，且比例较为均衡。其中，普通高中教师有32.11%（802人）来自非示范性高中，25.30%（632人）来自市级示范高中，39.59%（989人）来自省级示范高中，3.00%（75人）来自国家级示范高中（见图3-6和图3-7）。

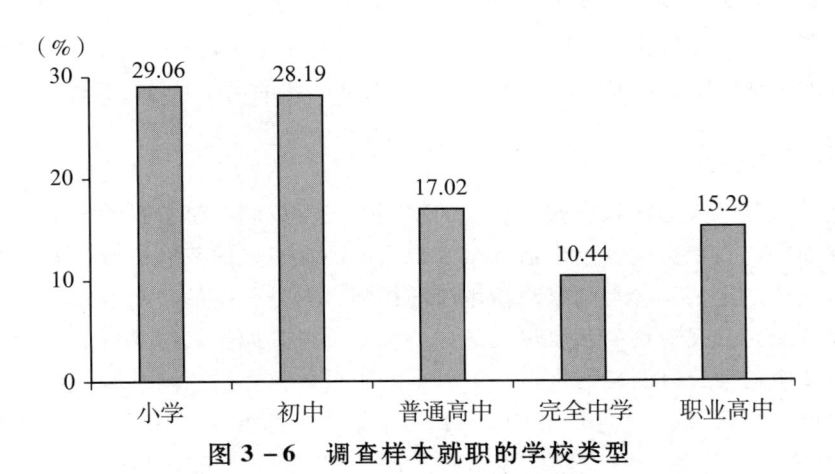

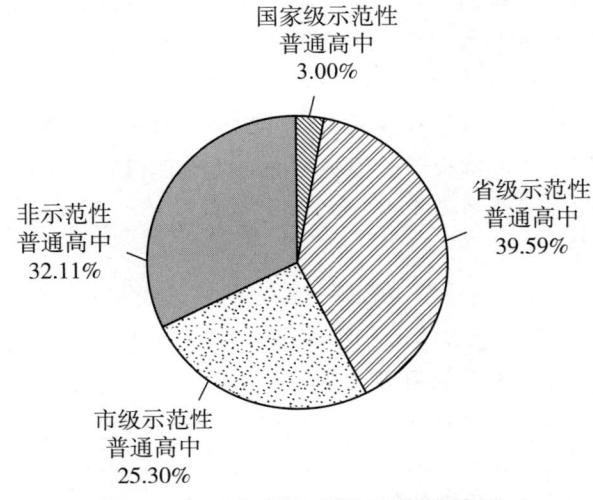

图3-6 调查样本就职的学校类型

图3-7 重点高中教师结构情况

问卷以政治地位、经济地位和专业地位为三大主指标，对我国教师的社会经济地位的相关问题进行了调查，总体情况如下：

一、政治地位

研究从政治权利和政治参与两方面考察教师的政治地位，每个维度下设置若干具体问题。从总体数据情况看，我国教师的政治地位具有如下特点：政治权利的相关制度已基本建立，但是政治权利的保障机制有待进一步完善；政治参与的广度、层级、内容和方式都有待进一步拓展，政治参与的影响力与个体教师的专业能力和专业地位密切相关，政治参与的满意度整体评价积极但是仍有提升空间。

（一）政治权利

政治权利，又称政权或政治参加的权利、民主权利，是公民参与并影响政治生活从而得以在社会的政治生活领域实现人的内在需要的权利。政治权利是根据宪法、法律规定公民参与国家政治生活的权利。它是公民的经济要求在政治上的集中反映，是公民权利的重要组成部分，也是公民其他权利的基础。教师在国家政治生活中的地位有明确的规定，所以本调研只从教育系统内部教师参与管理决策的角度进行评测。问卷从"教育系统内有关教师政治权利的制度内容"及"教师权益保障机制"两个分指标调查"政治权利"，了解教师政治地位的应然状态，明确目前教育系统内部有关教师政治权利的制度内容和教师权利的保障机制，对教师的政治权利及影响进行制度性的定位。其中，制度内容主要指的是教师参与教育系统内部决策的相关制度规定以及学校具体管理制度中体现教师政治权利的内容，在本调查中以教师代表大会（以下简称"教代会"）制度为代表进行考察；保障机制是指教师权益受侵犯后的纠纷处理机制，本调查以教师与学校发生纠纷时的维权途径为考察重点。

1. 教代会情况

73.7%（7 071人）的受调查教师表示，所在学校建立了教师代表大会制度，26.3%（2 527人）则明确表示所在学校没有教代会（见图3-8）。当进一步问及"教代会如何产生"时，应答教师中，82.6%（5 817人）的被试表示本校教代会是"选举或教师群体推荐"产生，9.9%（694人）的被试表示"由校长指定"，7.5%（530人）表示"以其他方式产生"（见图3-9）。在回答"您认为教代会对校长权力的约束程度如何"时，整体而言，约2/3的教师给出了相对消极的评价：28.9%（1 904人）的被调查教师认为教代会对校长权力"没有约束力"，13.9%（920人）认为"偶尔有约束力"，22.1%（1 455人）的被调查者认为"少数情况下有约束力"；仅有27.6%（1 822人）的被试认为"多数情况下有约束力"，而认为教代会对校长权力"完全具有约束力"的被调查教师仅占应答者的7.5%（495人）（见图3-10）。

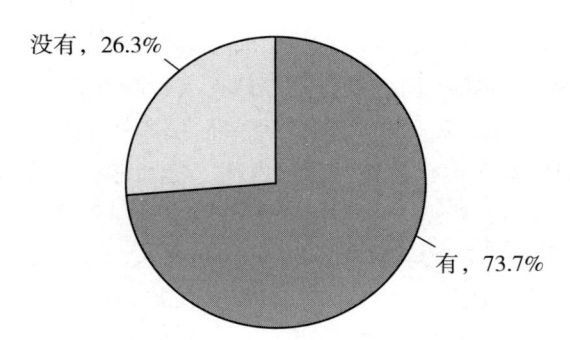

图 3-8 是否有教代会

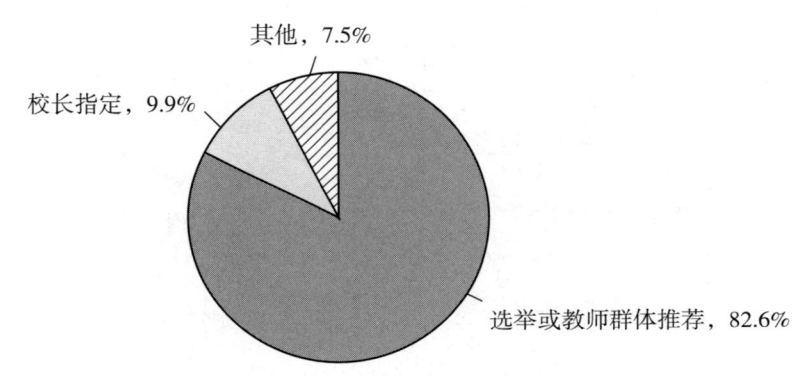

没有，26.3%
有，73.7%

图 3-9 教代会的产生方式

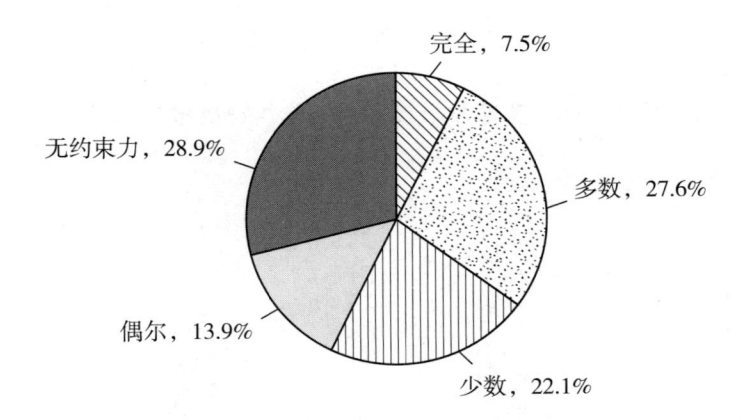

其他，7.5%
校长指定，9.9%
选举或教师群体推荐，82.6%

图 3-10 教代会对校长权力的约束力

完全，7.5%
多数，27.6%
少数，22.1%
偶尔，13.9%
无约束力，28.9%

2. 与学校发生纠纷时的维权情况

当问及"是否在工作中与学校发生过纠纷"时，应答者中，84.7%（7 721人）的教师被调查表示从未与学校发生过纠纷，另外15.3%（1 392人）则表示发生过纠纷。在反映发生过纠纷的教师中，82%（1 125人）表示其曾以"向学校领导反映情况"的途径维权，11.3%（155人）表示曾经"向教育行政部门申诉"，3.2%（44人）曾经"向上级行政部门提起行政复议"，1.2（17人）曾经"申请人事仲裁"，2.3%（31人）曾经"向法院提起诉讼"（见图3-11）。整体来看，教师们倾向于选择在教育系统内部，特别是在学校内部解决问题、维护权益。在这种情况下，当问及"对解决纠纷的方式是否满意"时，教师们的满意程度却并不高：仅有27.4%（381人）的应答者表示满意，其中"比较满意"23.7%（330人），"非常满意"3.7%（51人）；其余应答者中，选择中立态度"一般"的占33.9%（472人），表示"不太满意"的占23.7（329人），"完全不满意"的占15%（209人）（见图3-12）。

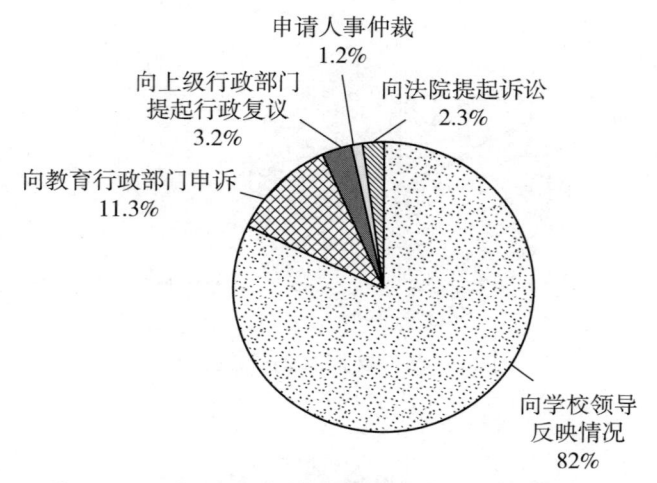

图3-11 教师与学校发生工作纠纷的维权途径

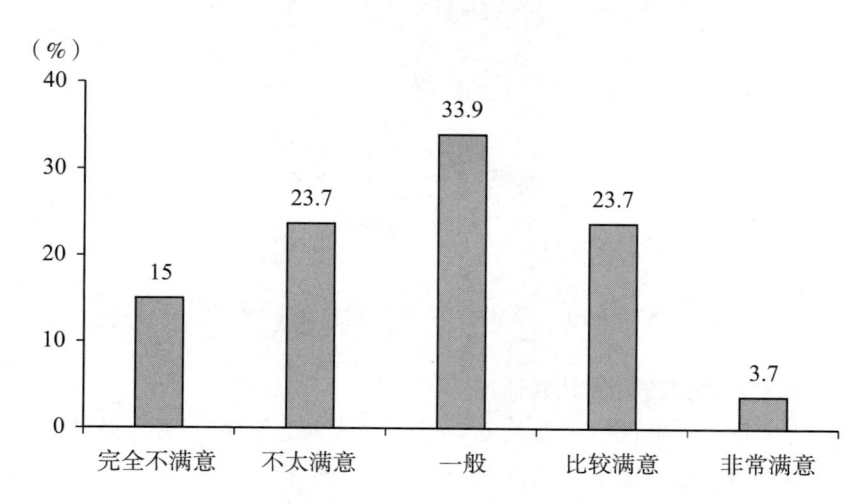

图3-12 教师对解决纠纷方式的满意度

综上情况，在政治权利方面，当前中小学教师基本建立了以教代会为代表的教师权利行使和保障制度；从产生方式看，该机构的建立基本上是教师行使权利自主表达相关意愿的产物；在教师权利的保障机制方面，结合维权途径和维权满意度两方面的数据来看，当前以校内解决为主而申诉、复议和诉讼等依法维权的渠道受"冷遇"的纠纷解决现状并不足以满足教师的需要，教师权利的保障机制有待进一步加强。

（二）政治参与

本书从是否参与、参与内容、参与方式、参与结果和满意度五个方面，分别对教师参与学校内部事务决策的情况和参与上级教育行政部门决策的情况进行了调查，以了解教师在教育系统内的政治参与情况。整体而言，教师的政治参与率有待提升，参与程度与教师的专业能力及专业地位密切相关。

1. 教师参与学校事务情况

当问及"是否参与学校事务的决定"时，近半数（48%，4 512人）的应答教师表示"从不参与"，其余教师中，表示"有时参与"的有42.6%（4 005人），表示"经常参与"的不足1/10（9.4%，890人）（见图3-13）。

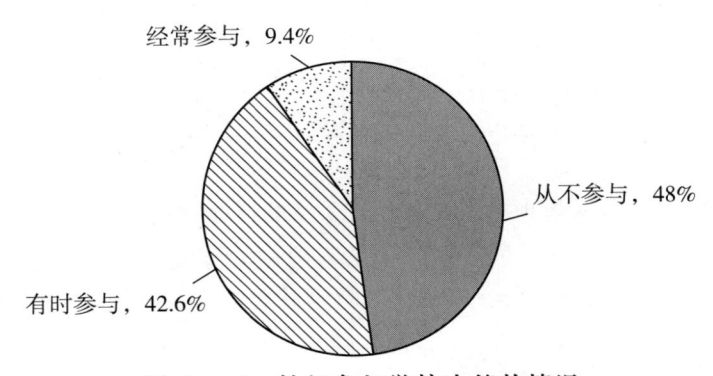

图3-13 教师参与学校决策的情况

在参与学校事务决策的内容方面，"评优"是教师们最常参与的决策事项，在参与过学校事务决策的教师里，有70.4%（3 249人）的应答教师参加过这一活动。除此之外，按照参加过相应活动的人数从多到少排序，教师们经常参加的学校事务还有"评职称"（47.4%，2 187人）、"学校发展规划"（32.9%，1 520人）、"奖金和福利的分配"（26.3%，1 215人）。此外，还有6.6%（306人）表示还参与过其他事务（见表3-2）。

表3-2　　　　　　　　教师参与学校决策的内容

类型		人数（人）	个案（%）
参与何种学校决定	学校发展规划	1 520	32.9
	评优	3 249	70.4
	评职称	2 187	47.4
	奖金和福利的分配	1 215	26.3
	其他	306	6.6
总计		8 477	183.7

在参与学校事务决策的方式方面，"召开会议"（应选率77.0%，3 699人）是最常见的方式，排在其后的依次是"公示"（应选率49.2%，2 364人）和"个别交流"（应选率27.8%，1 337人）（见表3-3）。

表3-3　　　　　　　以何种方式参与学校事务决定

类型		人数（人）	个案（%）
征求意见方式	召开会议	3 699	77.0
	公示	2 364	49.2
	个别交流	1 337	27.8
总计		7 400	154.0

从教师们对"您所提出的意见被学校采纳的情况"的回答，可以看到，绝大多数情况下，学校能够在不同程度上采纳教师们的意见，仅有19.7%（929人）认为自己的意见"从未被采纳"；认为自己所提出的意见"每次都被采纳"的人相对罕见，仅有1.6%（74人）；其余教师认为自己的意见或多或少地为学校所接受（见图3-14）。当进一步追问"哪些因素决定教师所提出的意见是否为学校采纳"时，"意见合理程度"（59.5%，3 634人）获得了压倒性的高应答率。此外，"教师职务"（14.5%，884人）和"教师资历"（14.2%，870人）也是教师们所认为的较为重要的因素。相比之下，"与领导关系"（8.4%，512人）和"学历"（3.4%，209人）的影响则并不明显。

研究进一步调查了教师们对于参与校内决策的满意度。在"参与决策的范围"的满意度方面，应答教师总体倾向较为满意：明确表示不满意的仅占16.9%（其中"不太满意"13.1%，622人；"完全不满意"3.8%，180人），其余教师中，明确表示满意的占45.1%（其中"比较满意"37.2%，1 767人；

"非常满意"7.9%，375人），满意程度"一般"的占38.1%（1 812人）（见图3-15）。在"参与决策的方式"的满意度方面，应答教师也表现出了与参与决策范围相似的倾向：明确表示不满意的仅占16%（其中"不太满意"12.1%，573人；"完全不满意"3.9%，186人），其余教师中，明确表示满意的有45.1%（其中"比较满意"36.1%，1 716人，"非常满意"9.0%，428人），满意程度"一般"的占38.9%（1 848人）（见图3-16）。

归纳而言，在校内事务决策的参与方面，中小学教师并未普遍参与校内事务决策；参与决策的内容多与教师"评优""评职称"等专业水平的认定相关，有时涉及学校的办学规划及内部治理；参与的形式主要为"会议"和"个别交流"等直接参与，有时也以阅读"公示"的方式间接参与；绝大多数情况下，学校基本上都能够在不同程度上采纳教师们的意见，教师们认为意见的合理程度和专业性是决定学校采纳与否的主要因素；总体而言，教师们对于参与校内决策的范围和方式持肯定态度，但满意度仍然有提升空间。

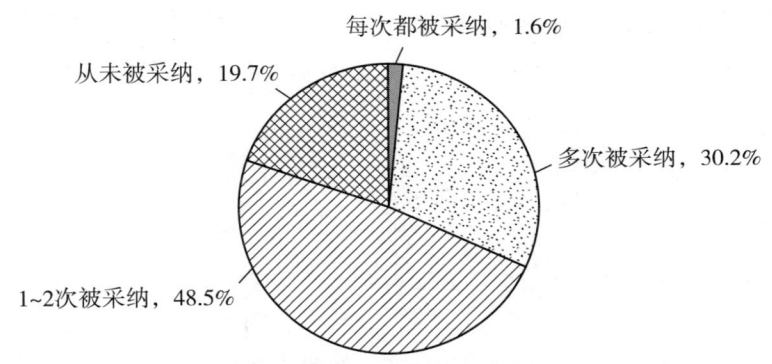

图3-14 教师们提出的意见被学校采纳的频率

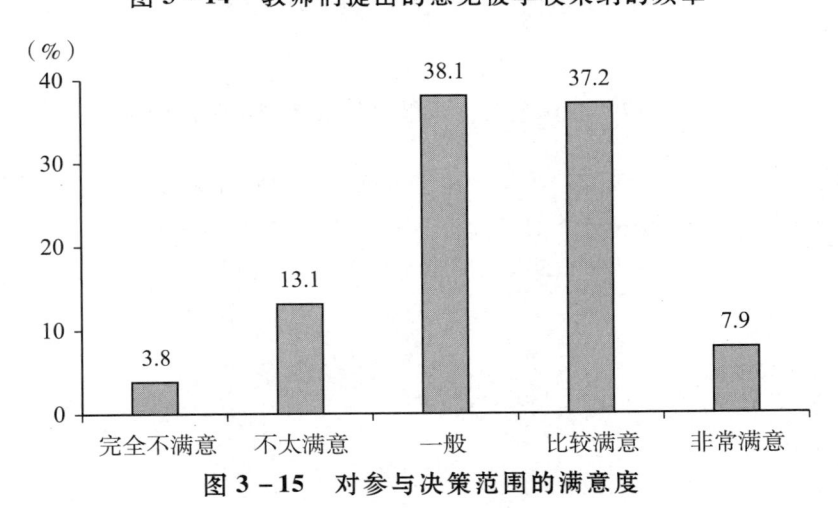

图3-15 对参与决策范围的满意度

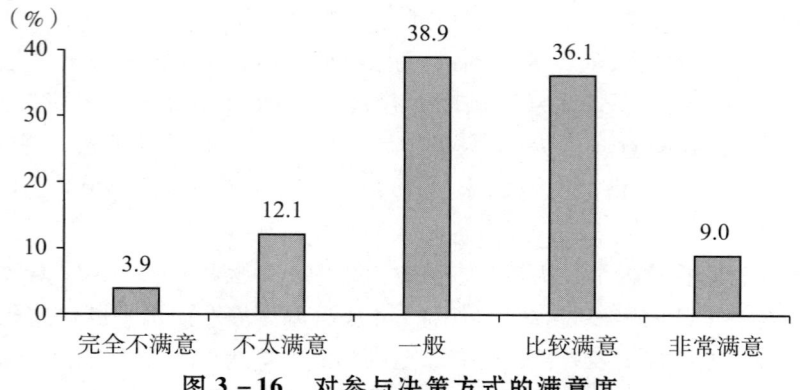

图 3-16　对参与决策方式的满意度

完全不满意 3.9
不太满意 12.1
一般 38.9
比较满意 36.1
非常满意 9.0

2. 教师参与上级教育行政部门决策情况

82.8%（7 482 人）的应答教师表示"从未参与"上级教育行政部门决策，有 14.6%（1 322 人）的教师表示"有时参与"，只有 2.6%（236 人）表示"经常参与"。相比参与校内决策的情况而言，教师参与上级教育行政部门决策的机会显然少得多，只有少数教师有机会参与其中（见图 3-17）。

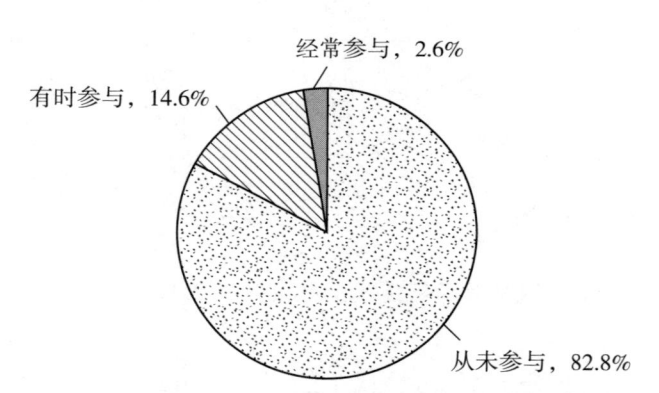

图 3-17　教师参与上级教育行政部门决策的情况

经常参与，2.6%
有时参与，14.6%
从未参与，82.8%

在参与上级教育行政部门决策的内容方面，教师们最常参与的三项活动由多到少分别是"评选县级先进集体或个人"（应选率 49.1%，788 人）、"教师福利待遇问题"（应选率 34.9%，560 人）和"教育发展规划"（应选率 32.2%，517 人）（见表 3-4）。

表 3-4　　　　　　　　参与上级教育行政决策的内容

	类型	人数（人）	个案（%）
参与何种教育决策	教育发展规划	517	32.2
	评选县级先进集体或个人	788	49.1
	教育经费问题	170	10.6
	教师福利待遇问题	560	34.9
	其他	226	14.1
	总计	2 261	140.9

在参与教育行政部门决策的方式上，参与过相应活动的教师中，有近四成的教师曾经有过主动参与的行为，其中 16.6%（246 人）曾经"通过网络发表意见"，19.5%（288 人）曾经"个人自发向上级教育行政部门提出意见"。其余 63.9%（945 人）主要以"上级教育行政部门组织会议或者征求意见"的方式参与。由此可见，教师群体中存在部分较为积极地参与教育行政部门决策活动的个体（见图 3-18）。

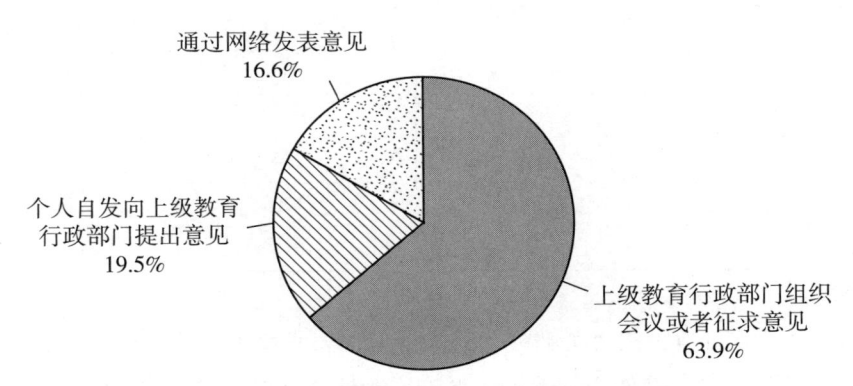

图 3-18　教师参与教育行政部门决策的方式

在参与过上级教育行政部门决策活动的教师中，有 33.7%（542 人）反馈其意见"从未被采纳"，有 44.3%（713 人）反馈其意见"1~2 次被采纳"，19.4%（313 人）称其意见"多次被采纳"，仅有 2.6%（42 人）称其意见"每次都被采纳"。由此可见，在参与过教育行政部门决策活动的教师中，仅有极其少数教师的意见为教育行政部门所重视（见图 3-19）。

统计发现，受访教师们认为，决定教师意见是否被教育行政部门采纳的首要因素是"教师资历"（59.7%，884 人），其次为"职务"（44.7%，661 人），再次为"学历"（19.2%，284 人），最后是"与领导关系"（18.2%，270 人）。教师资历与教师的专业地位关系密切；职务决定了教师的业务范围，与教师的专业知识和能力结构相辅相成；学历通常也被视作教师专业能力的辅证。从受访教师们的意见中可知，教师在教育系统内的政治权利及其影响力在较大程度上取决于教师个体的专业地位与专业能力（见表3-5）。

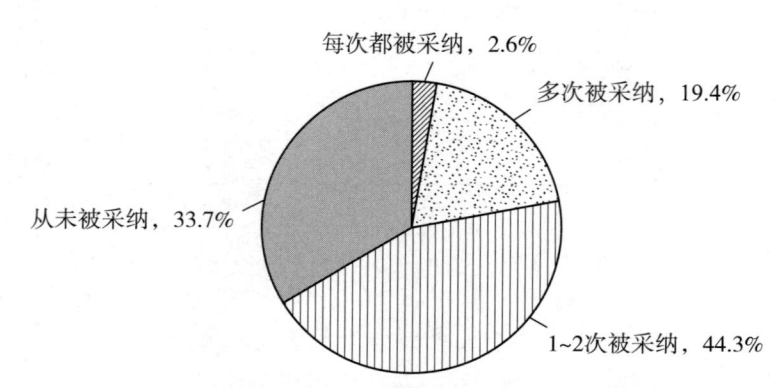

图3-19 教师意见被上级教育行政部门采纳的程度

表3-5　　教育行政部门决策时是否采纳教师意见的影响因素

	项目	人数（人）	个案（%）
影响因素	教师资历	884	59.7
	职务	661	44.7
	学历	284	19.2
	与领导关系	270	18.2
总计		2 099	141.8

参与过教育行政部门决策的教师总体上对于参与决策的范围和方式两方面持相似的肯定态度。当问及"对参与决策的范围是否满意"时，仅有不足1/5的应答者明确表示不满意，其中表示"不太满意"者占13.3%（218人），"完全不满意"者占5.7%（94人）。其余教师中，有40.2%（658人）持中性态度，表示"一般"；另外40.7%的应答者则明确表示满意（"比较满意"35.0%，573人；"非常满意"5.7%，94人）（见图3-20）。当问及"对参与决策的方式是否满意"时，明确表示不满意者亦不足1/5，其中表示"不太满意"者占12.5%（204人），"完全不满意"者占5.1%（84人）。其余教师中，持中性态度，表示"一般"的有40.0%（654人），明确表示满意的有42.4%（"比较满意"36.3%，593人；"非常满意"6.1%，100人）（见图3-21）。

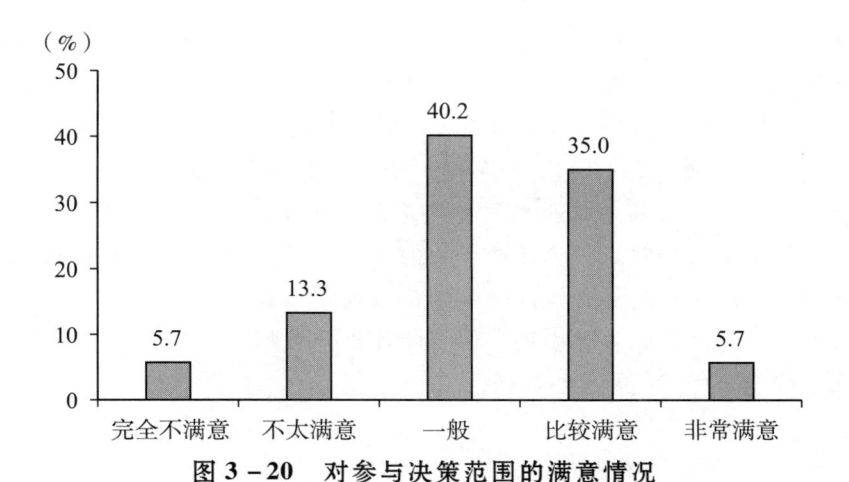

图 3-20 对参与决策范围的满意情况

完全不满意 5.7
不太满意 13.3
一般 40.2
比较满意 35.0
非常满意 5.7

图 3-21 对参与决策方式的满意情况

完全不满意 5.1
不太满意 12.5
一般 40.0
比较满意 36.3
非常满意 6.1

归纳来看，相比参与校内决策，中小学教师参与上级教育行政部门决策的机会更显难得，只有不足二成的教师表示参与过，教师的参与面有待进一步拓展；在参与内容上，主要涉及教师专业能力评判、教师待遇和教育发展规划三大主题；在参与方式上，除了超过六成的教师主要以被邀请的被动方式参加到教育行政部门的决策中，还有部分教师主动地参与到教育行政部门的决策活动中；2/3的应答者认为其意见或多或少地为教育行政部门所采纳，而采纳与否主要取决于提议者的专业地位与专业能力；教师们总体上对于参与决策的范围和方式两方面持相似的肯定态度，但满意度有待提升。

二、经济地位

经济地位是个体或群体在社会经济活动中所处的位置，是个体或群体在社会经济关系中所拥有的权利和地位。教师经济地位是教师个体或群体在社会经济活动中的位置,也是其社会地位高低的直接表现之一,由教师的工资收入及其福利待遇与其他职业进行比较来确定。调查分析表明:我国教师收入虽然距法定的"不低于或者高于国家公务员的平均工资水平"不远,但仍有提升空间;公立学校拖欠教师工资的现象在一定范围内依然存在,但随着经济增长、教育投入的不断增加和对教师职业保障的不断加强,我国中小学教师的收入保障也随时间推移而不断提升;从教师的价值判断和心理预期来看,为给予教师工作以尊严并充分激励教师积极工作,亟须提升教师职业收入,进一步优化教师收入结构。

(一) 教师工资数额

参与调查的中小学教师 2008 年从事教师职业获得的年收入总体上以 18 000 ~ 24 000 元为中心偏正态分布:年收入 12 000 元以下者占 8.7%(838 人),年收入 12 000 ~ 18 000 元之间者占 23.7%(2 273 人),年收入 18 000 ~ 24 000 元之间者占 27.1%(2 603 人),年收入 24 000 ~ 36 000 元之间者占 23.8%(2 283 人),年收入 36 000 ~ 60 000 元之间者占 11.6%(1 115 人),年收入 60 000 元以上者仅占 5.1%(487 人)(见图 3 - 22)。《教师法》第二十五条规定"教师的平均工资水平应当不低于或者高于国家公务员的平均工资水平,并逐步提高"。因此,可以通过上述调查数据与 2008 年度相关行业就业人员平均工资水平的对比,判断中小学教师经济收入水平。据国家统计局统计,2008 年度全国城镇事业单位就业人员平均劳动报酬为 29 251 元,机关单位就业人员平均劳动报酬为 33 209 元。具体细分行业中,国家机构就业人员平均劳动报酬为 32 273 元,初等教育就业人员平均劳动报酬为 25 929 元,中等教育就业人员平均劳动报酬为 29 579 元。[①] 考虑到问卷调查中,教师自诉的年收入通常为税后收入并且可能未包括公积金,对比之下,基本可以认为,本次调查所获得的 2008 年度中小学教师年收入数据与同年度全国统计数额相当,虽然距离机关单位就业人员的收入水平相去不远,但是就"不低于或者高于国家公务员的平均工资水平"而言仍有提升空间。

---

① 中华人民共和国国家统计局:《中国统计年鉴2009》,中国统计出版社 2010 年版。

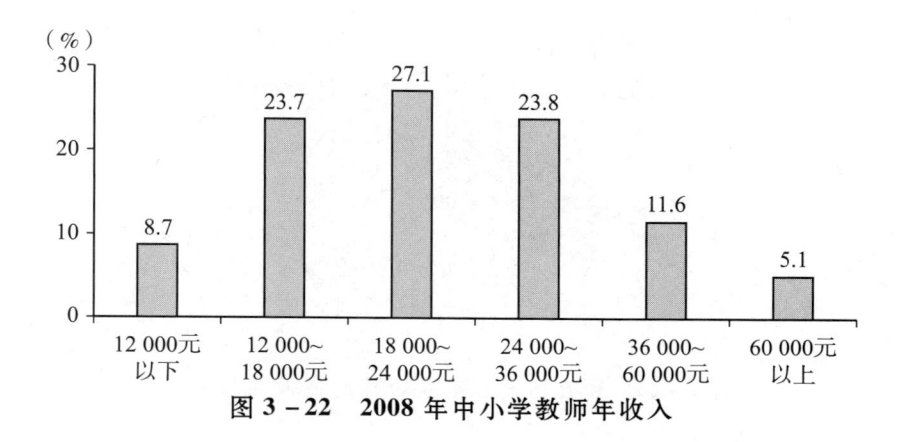

图 3-22　2008 年中小学教师年收入

（二）教师工资欠发情况

为进一步了解教师经济地位，本书就教师工资发放是否准时进行了调查。当被问及"是否被欠发过工资"时，仅有 53.5%（5 230 人）的应答教师明确表示"从来没有"。其余近半数教师中，32.1%（3 138 人）表示"偶尔被欠发"，8.1%（795 人）表示"经常欠发"，还有 6.3%（616 人）表示"不清楚"（见图 3-23）。当问题转变为"所在区县当前是否按时发放教师工资"时，69.0%（6 737 人）做出了肯定回答，13.4%（1 307 人）做出了明确的否定回答，还有 17.6%（1 717 人）回答"不清楚"（见图 3-24）。比较两道问题的应答情况，可以做出如下判断：第一，在本书开展调研的 2009~2010 年，公立学校拖欠教师工资的现象在一定范围内依然存在。无论这种工资拖欠是由什么原因造成的，都与法律规定的教师收入及相应的教师社会地位不相符。第二，明确表示所在区县当前能够按时发工资的人数（6 737 人）显著多于表示从未被欠发工资的人数（5 230 人），说明随着经济增长、教育投入的不断增加和对教师职业保障的不断加强，我国中小学教师的收入保障不断提升。

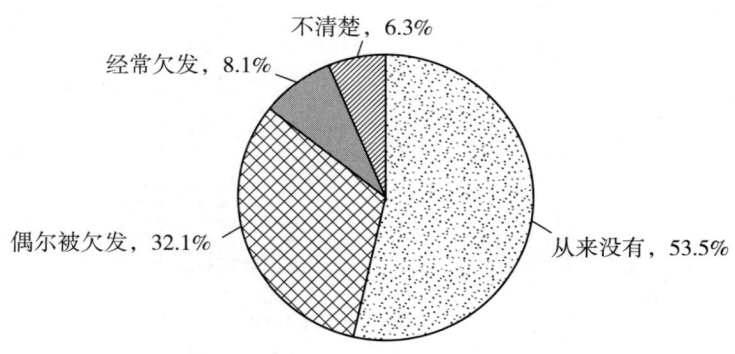

图 3-23　本人是否被欠发过工资

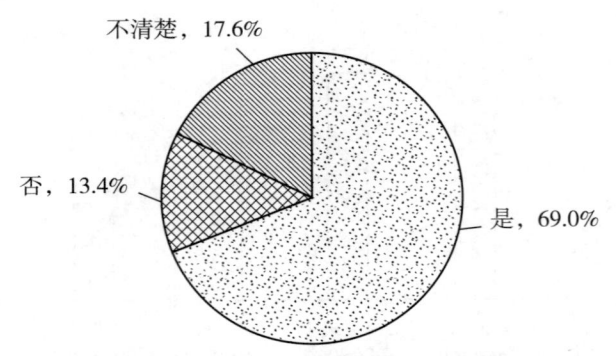

图 3-24　所在区县目前是否按时发放教师工资

（三）对教师收入的态度

问卷进一步了解了中小学教师对于当前职业收入数额与结构的看法。

在"对教师职业年收入的期待"中，我们可以进一步看到，当前中小学教师收入不仅未能完全符合相关法律中有关教师收入的规定，也并不符合教师们对于自身工作所具有的经济价值的认知：50.0%（4 861 人）的应答教师期待年收入在 60 000 元以上，33.3%（3 242 人）期待年收入在 36 000~60 000 元之间，10.2%（990 人）期待年收入在 24 000~36 000 元之间，期待年收入在 24 000 元以下的仅有 6.5%（631 人）（见图 3-25）。从"您认为所承担的工作量与获得的收入是否成正比"的应答数据中，我们可以看到当前中小学教师实际收入与心理期待相去甚远的原因：88.8%（8 633 人）的应答者认为"工作量较大，但收入较少"，即认为其工作收入并不匹配实际工作量及相应的社会贡献（见图 3-26）。因此，从教师的价值判断和心理预期来看，为给予教师工作以尊严并充分激励教师积极工作，亟须提升教师职业收入。

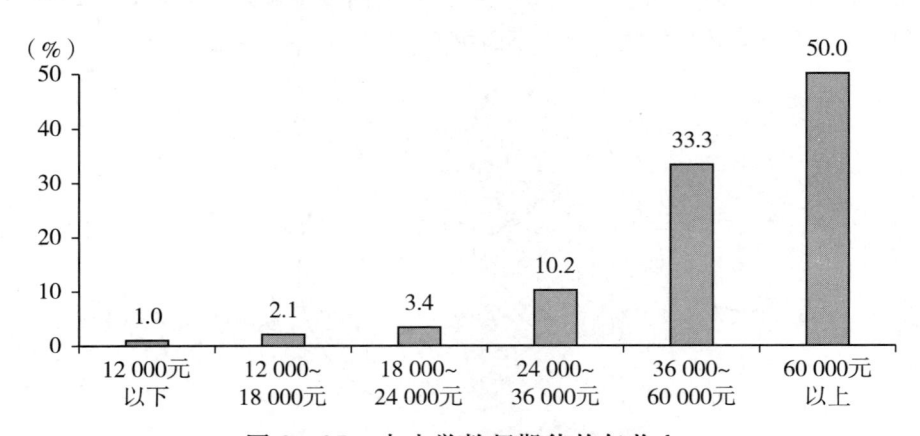

图 3-25　中小学教师期待的年收入

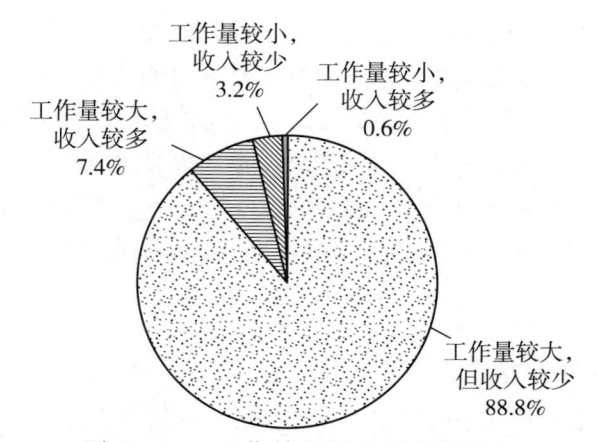

图 3-26 工作量与收入的匹配情况

（饼图数据：工作量较大，但收入较少 88.8%；工作量较大，收入较多 7.4%；工作量较小，收入较少 3.2%；工作量较小，收入较多 0.6%）

当前中小学教师工作实践中，普遍存在教师工作量较大，需要加班备课、批改作业、答疑的情况。针对超时工作的状况，有95.4%（9 584 人）的教师认为应当支付教师加班费，以使教师收入与实际劳动付出相匹配（见图3-27）。

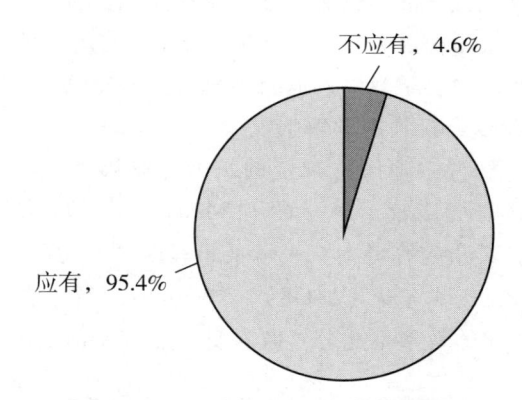

图 3-27 对教师加班费的看法

（饼图数据：应有 95.4%；不应有 4.6%）

三、专业地位

专业指一种需要专门技术并能提供专门性服务的职业。教师专业地位特指从事专门职业的教师的专业发展状况，包括有关教师专业权力的规定和教师专业权力的拥有、实现情况，教师个体和群体专业水平的变化情况和达成情况等方面。教师专业地位是教师的社会地位的实际体现及其他指标的基础，在一定程度上决定着教师的政治地位和经济地位。本书将教师的专业地位分解成教师的专业自主权、教师的专业知识能力水平和教师的职业道德规范这三个二级指标进行考察。

总体而言，教师的专业地位基本符合其作为从事教育教学工作的专业人员的法律规定：当前我国中小学教师基本能够实际地享有《教师法》所规定的专业自主权，但该权利行使的力度和满意度都有提升空间；教师的专业知识能力水平普遍能够达到该职业的从业要求，并且大多数教师在职业生涯中持续地通过不同层级的职后培训不断提升自身的专业知识能力水平；绝大部分教师在不同程度上了解并认同《中小学教师职业道德规范》，并且能够按照该规范约束自身职业行为。

（一）专业自主权

根据《教师法》第七条的规定，教师依法享有的专业自主权主要包括教育教学权、科学研究权、指导评价权、教育管理权和进修培训权五个方面。本书就教师对于自身专业权利的了解情况和上述五方面权利分别进行了调查。结果显示：虽然有2/3的中小学教师并不能充分了解自身的专业权利，但是当问及具体权利内容时，大多数教师都积极肯定教师应当具有相应权利；在行使相应权利的积极性方面，教师对于教育教学活动权、教学改革实验权、指导评价权、教育管理权和进修培训权的行使较为积极，在科学研究权的行使上较为被动；在对各类专业自主权的满意度方面，中小学教师的满意度都有提升空间。

1. 教师对于自身专业权利的了解状况

当问及"是否了解《教师法》规定的教师专业权利"时，仅有42%的应答者明确表示了解，其中"比较了解"的占34.5%（3 394人），"非常了解"的占7.5%（741人）。其余应答者中，表示了解程度"一般"的占29.3%（2 878人），"不太了解"的占24.8%（2 438），"完全不了解"的占3.8%（376人）（见图3-28）。近2/3的教师不充分了解自身专业权利的实际状况表明，虽然近

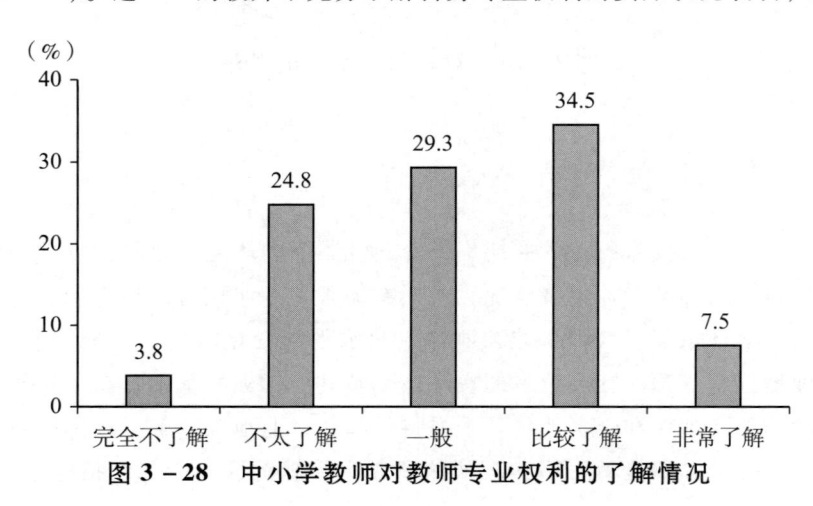

图3-28 中小学教师对教师专业权利的了解情况

年来，教师职前和职后教育中都加强了对于教师权利义务的学习，但是效果并不理想，相应的教师教育工作亟待适应教师培养的现实需要，改革教育教学方法，提升教师对自身工作专业地位与专业权利的认知。

2. 教师的教育教学权

（1）教育教学活动权。多数教师对于自身的教学知识和技能以及依此开展的教育教学活动持满意态度，其中55.7%（5 420人）表示"比较满意"，7.4%（718人）表示"非常满意"。此外，26.2%（2 549人）认为自身的教学知识与技能"一般"，9.6%（938人）认为"不太满意"，1.0%（99人）表示"完全不满意"（见图3-29）。可以推测，对自身教学知识与技能未作出满意表态的教师，更有动力积极参加教师职后教育活动，以提升教育教学技能，更好地行使教育教学活动权。

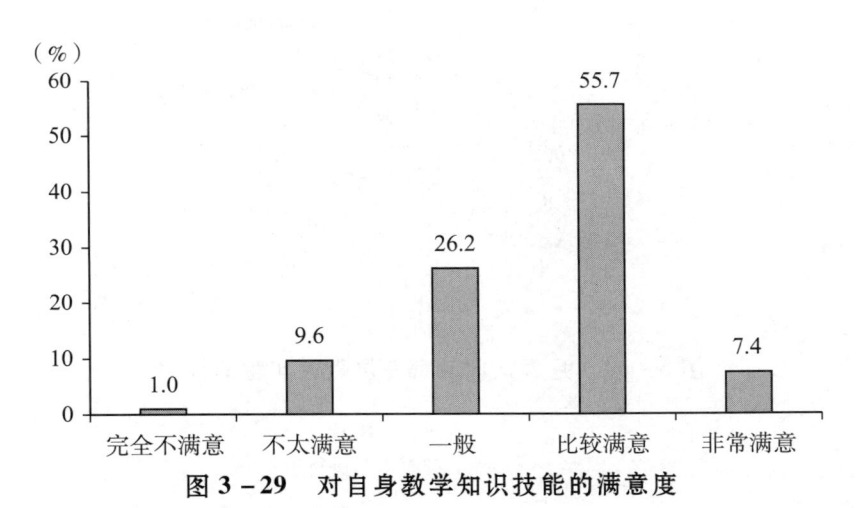

图 3-29 对自身教学知识技能的满意度

（2）教育教学改革和实验权。当被问及"是否认同教师可以开展教学改革和实验"时，仅有7.4%（735人）的应答教师持否定态度，12.8%（1 258人）对此持不置可否的中立态度，其余79.7%的应答教师均持认同态度，其中"比较认同"者占46.5%（4 570人），"非常认同"者占33.2%（3 255人）（见图3-30）。肯定教师拥有这项权利的八成教师，相比持否定态度的二成教师，更有可能在工作中已经行使或者将要行使这一权利去改进教学，提升专业能力。

当进一步追问"如果想进行教学方法的改革，会怎么做"时，仅有10.2%（987人）认为自己会"因为担心学校领导反对而不敢进行"，其余九成教师则表示会积极争取实施，其中24.3%（2 347人）的应答教师希望更为自主地行使这项专业权利，"按照自己的想法进行"；65.5%（6 325人）的应答教师希望获得校方的支持，选择"向学校领导请示获批后再进行"（见图 3-31）。由此可见，绝大多数中小学教师不仅认同教师具有教改实验的权利，还确实有意愿排除困难积极行使这一权利，以提升专业水平，服务学生成长。而与此同时，当问及"对自己当前实际享有的教改实验权利是否满意"时，教师们的满意度仍有提升空间：仅 32.7% 的应答者表示满意（其中"比较满意"30.0%，2 914 人；"非常满意"2.7%，263 人），其余教师中，44.4%（4 311 人）对于满意程度不置可否，19.1%（1 850 人）明确表示"不太满意"，3.8%（369 人）则表示"完全不满意"（见图 3-32）。由此可以判断，当前中小学教师在工作中实际能够享有的自主教改实验权利与教师们的自主教改实验热情并不匹配，或有必要通过相关制度的构建进一步尊重和保障这一教师专业权利。

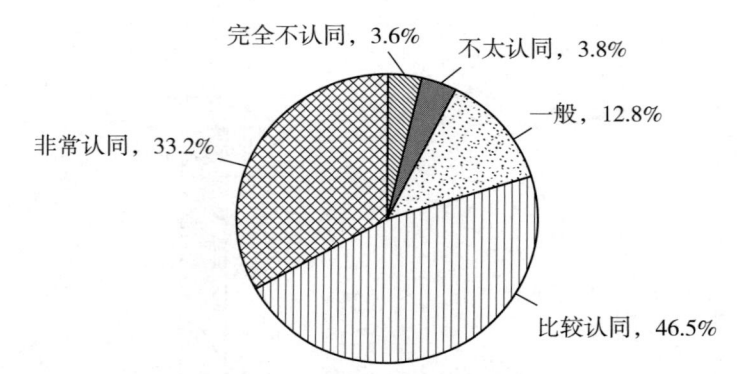

图 3-30 是否认同教师开展教改实验的权利

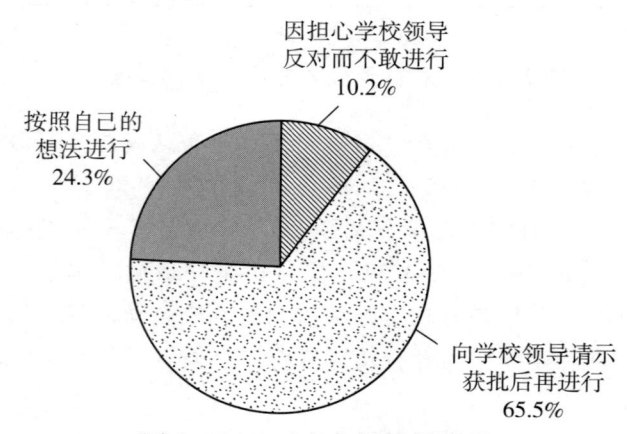

图 3-31 对自主教改的做法

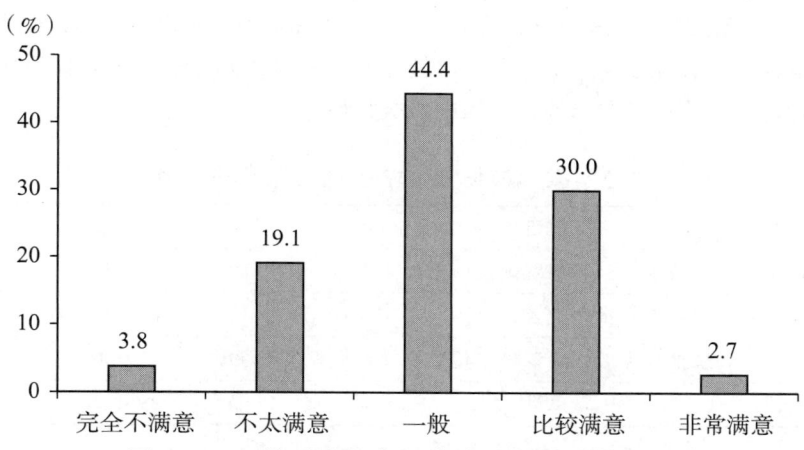

图 3-32　是否满意实际享有的教改实验权利

（3）教育教学管理权。有 51.5% 的应答教师明确肯定教师具有惩戒权，并且能够为了维持教学秩序惩戒学生，其中，"比较认同"的占 35.7%（3 502 人），"非常认同"的占 15.8%（1 549 人）。与此同时，有 30.1% 的应答教师对此明确表示不认同，其中"不太认同"的占 19.7%（1 933 人），"完全不认同"的占 10.4%（1 019 人）。另有 18.5%（1 819 人）对此观点不太确定，表示中立（见图 3-33）。由此可见，整体而言，中小学教师们对于自身是否具有以及在什么情况下具有惩戒权尚未具有明确的认识。

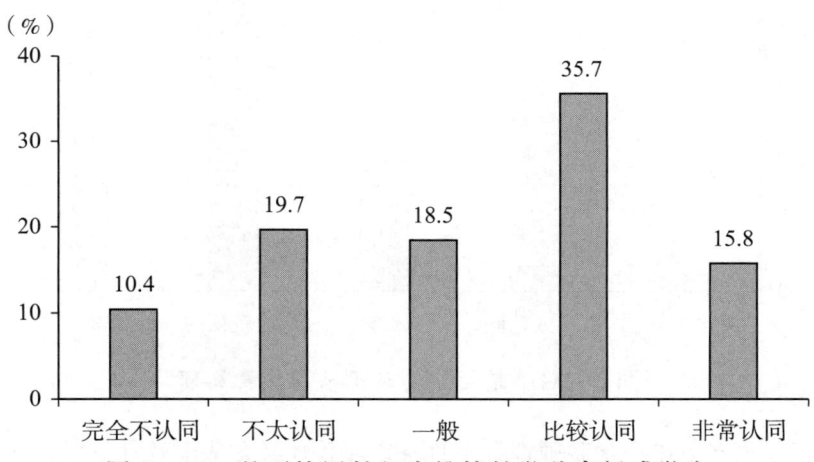

图 3-33　是否认同教师为维持教学秩序惩戒学生

当进一步追问"如何对待学生扰乱正常课堂教学秩序的行为"时，有 94.4%（9 185 人）的应答教师表示会"对学生进行批评教育"，其中有 28.2%（2 746 人）的教师表示"如果批评无效，将请班主任或校领导将其领出课堂"，仅有 5.4%

(521人)表示会"为了减少不必要的麻烦视而不见"(见表3-6)。由此可知,虽然中小学教师中有许多人并不充分了解教师的惩戒权,但是绝大多数教师都肯定教师具有教育教学管理权并选择在工作中积极行使这一权利。

表3-6　　　　　中小学教师如何处理学生扰乱课堂的行为

	项目	人数(人)	个案(%)
如何处理学生扰乱课堂的行为	为了减少不必要的麻烦视而不见	521	5.4
	对学生进行批评教育	9 185	94.4
	如果批评无效,将请班主任或校领导将其领出课堂	2 746	28.2
	总计	12 452	128.0

3. 教师的科学研究权

近八成中小学教师明确肯定教师可以从事与教育教学活动相关的科研活动,其中"比较认同"者占45.9%(4 509人),"非常认同"者占33.2%(3 264人)。其余教师中,仅有6.4%(629人)明确表示不认同,而14.4%(1 415人)对此表示中立(见图3-34)。

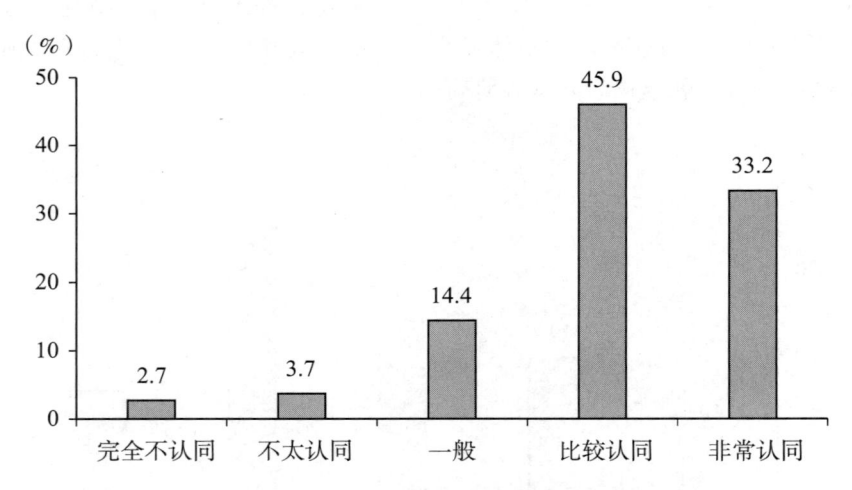

图3-34　是否认同教师从事教育科研

虽然绝大多数中小学教师都肯定自身作为教师具有从事教育科研的权利,但是教师们实际参与教育科研活动的情况并不能与之匹配。仅有不足五成(44.26%,4 286人)的教师实际参与了与教育教学活动相关的学术团体,其余55.74%(5 397人)则并未参加(见图3-35)。有25.3%(2 453人)"从未参加"过与教育教学活动相关的学术会议,仅有9.9%(961人)表示"经常参加"，其余64.8%（6 284人）则只是"偶尔参加"（见图3-36）。针对在教育科研权利的实际行使上的这一现状，仅有20.6%的应答者明确表示不满意，其中"完全不满意"者占3.9%（381人），"不太满意"者占16.7%（1 610人）；其余教师中，表示中立态度者46.5%（4 484人），表示"比较满意"的有29.5%（2 845人），"非常满意"者3.4%（331人）（见图3-37）。由此可推断，虽然

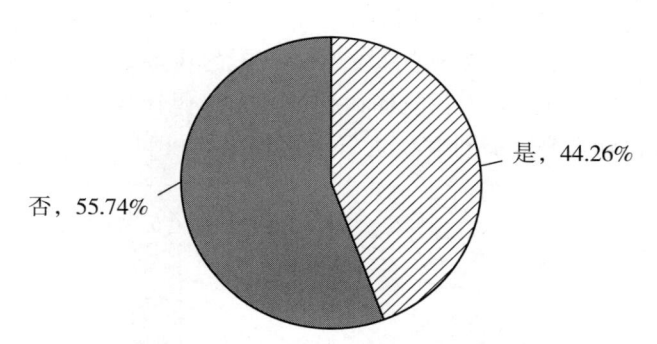

图3-35 是否参与教育学术团体

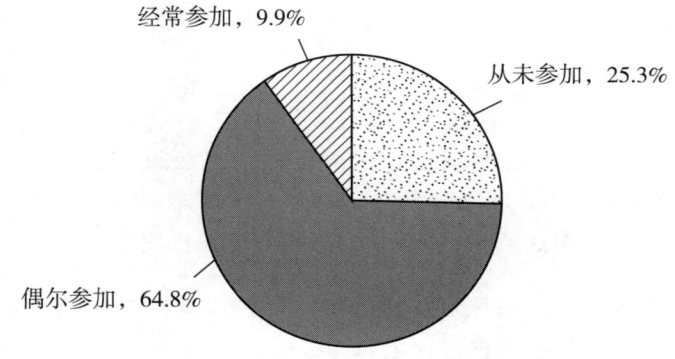

图3-36 是否参与教育学术会议

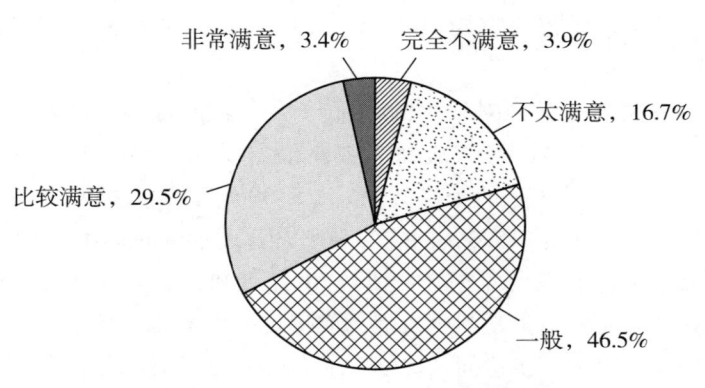

图3-37 是否满意当前实际享有的教学科研权利

中小学教师们认同教师的教育科研权利,但是对此权利的行使却并不积极。需要更有力的外部激励进一步唤醒中小学教师的教育科研意识,提升中小学教师教育科研的主动性。

4. 教师的指导评价权

当问及"是否认同教师可以根据学生的实际表现自主评定学生的品行"时,逾七成应答教师表示认同,其中"比较认同"者占49.7%(4 878人),"非常认同"者占24.3%(2 388人)。有11%的应答教师表示不认同,其余14.9%(1 461人)对此未作具有倾向性的表态(见图3-38)。由此可见,多数教师能够意识到自身具有对学生进行自主评价的权利。

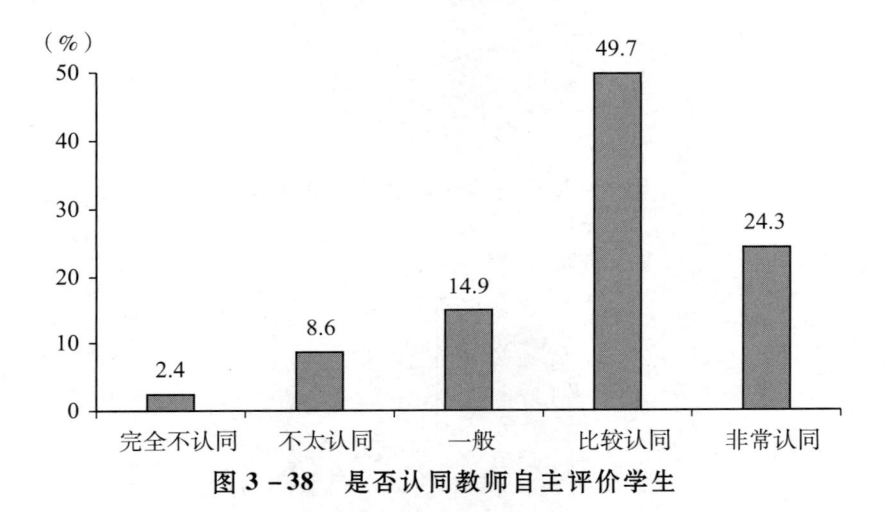

图3-38 是否认同教师自主评价学生

当进一步追问"您如何评定学生品行"时,八成教师(80.3%,7 731人)选择"根据学生的实际表现进行评定",16.8%(1 613人)的教师表示会"综合学校需要、家长喜好与学生的实际表现进行评定",仅有3%的教师选择忽略学生实际表现去考虑学校的需要(2.0%,198人)或顺应家长的喜好(0.9%,86人)(见图3-39)。

调查进一步聚焦于教师对学生的评价与学生学业成就之间的关系。在回答"是否认同学生评价应当以考试成绩为主要依据"时,64.9%的应答者表示不认同,其中"不太认同"的有52.5%(5 099人),"完全不认同"的有12.3%(1 198人)。仅有15.3%的应答教师对此表示认同,还有19.9%(1 930人)则对此观点未作表态(见图3-40)。由此可知,大多数教师都能够在不同程度上认识到,学业成绩只是学生发展的维度之一而不是全部,学生评价不能简单以分数论成败。当进一步追问"是否总根据考试成绩评价学生"时,七成教师表示并非如此,其中51.9%(5 028人)表示"不太符合",17.2%(1 671人)

表示"完全不符合";有 18.6%（1 805 人）对此未作倾向性表态，12.3%（1 185 人）则坦言自己在工作中是这样做的（见图 3 – 41）。这一比例与上文中教师的主观认识相吻合。

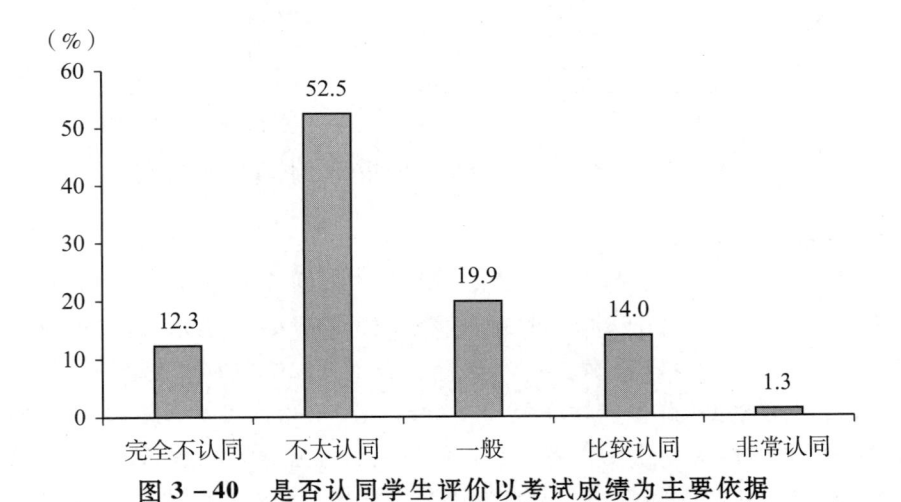

本书请教师们对自己实际享有的指导评价学生的权利进行满意度评价，有四成教师（40.7%，3 940 人）未作出具有倾向性的评价，其余教师中，有 42.7%（4 126 人）表示满意，16.7%（1 613 人）表示不满（见图 3 – 42）。考虑到明确表示满意的人数尚不过半，教师对于实际享有的指导评价权满意度还有待提升。

综合学校需要、家长喜好和学生的实际表现进行评定 16.8%
考虑学校的需要进行评定 2.1%
顺应家长的喜好进行评定 0.9%
根据学生的实际表现进行评定 80.3%

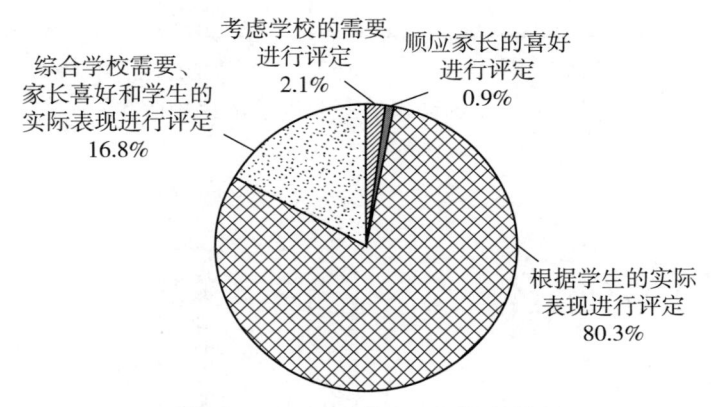

图 3 – 39　教师如何评定学生品行

完全不认同 12.3
不太认同 52.5
一般 19.9
比较认同 14.0
非常认同 1.3

图 3 – 40　是否认同学生评价以考试成绩为主要依据

图 3-41　是否总根据考试成绩评价学生

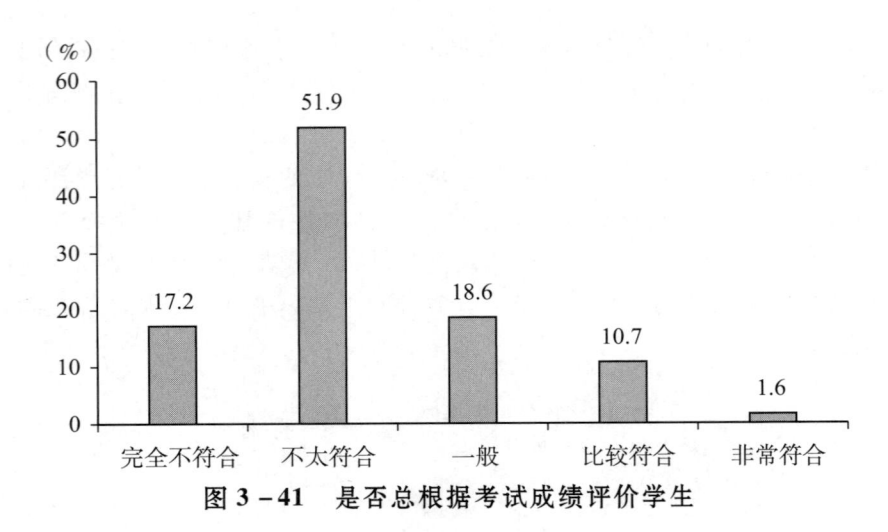

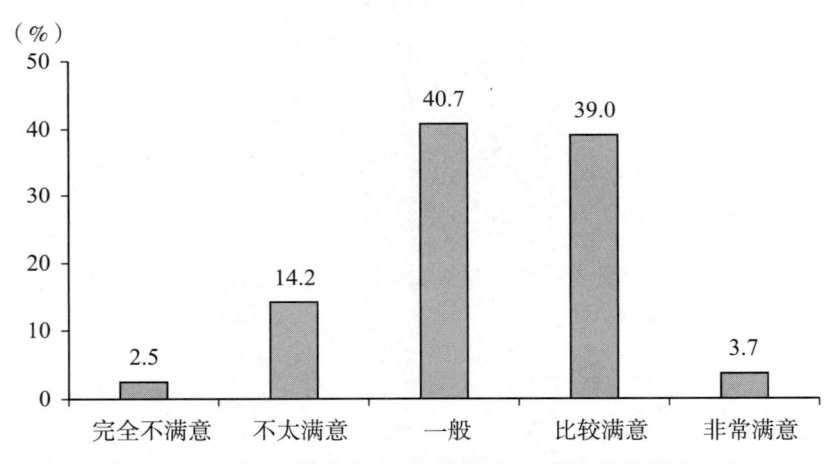

完全不符合 17.2
不太符合 51.9
一般 18.6
比较符合 10.7
非常符合 1.6

图 3-42　是否满意实际享有的指导评价学生的权利

完全不满意 2.5
不太满意 14.2
一般 40.7
比较满意 39.0
非常满意 3.7

5. 教师的进修培训权

高达 85.3% 的应答教师肯定教师应当享有"根据教学的需要参加各种培训"的权利，其中表示"比较认同"的有 39.8%（3 906 人），表示"非常认同"的有 45.5%（4 468 人）。明确表示不认同的仅有 5.2%（508 人）。其余 9.5%（934 人）对此观点未作倾向性评价（见图 3-43）。由此可知，绝大多数中小学教师都明确教师作为专业工作者，有在职后进行专业学习、提升专业技能的必要。然而，教师们实际获得的培训却并不足以满足其需求，在"对自己参与的培训满足教育教学需要的满意度"一题中，仅有 38.1%（3 684 人）明确表示满意，其余应答者中，38.6%（3 741 人）表示满意度"一般"，23.3%（2 260 人）明确表示不满意（见图 3-44）。从这两题数据的对比来看，我国教师职后培训亟须改进，以更契合中小学教师实际工作需要的方式进行形式、渠道、内容与评价的设计，充分发挥教师职业培训的专业发展效果。

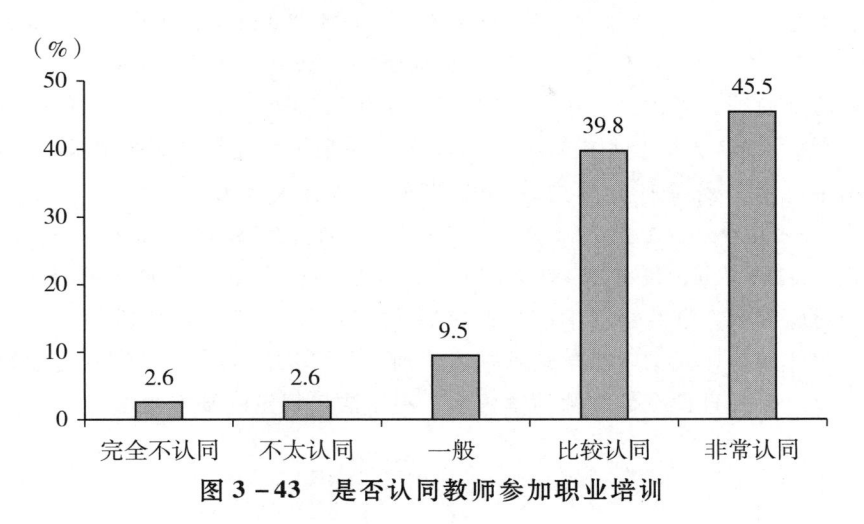

图 3-43　是否认同教师参加职业培训

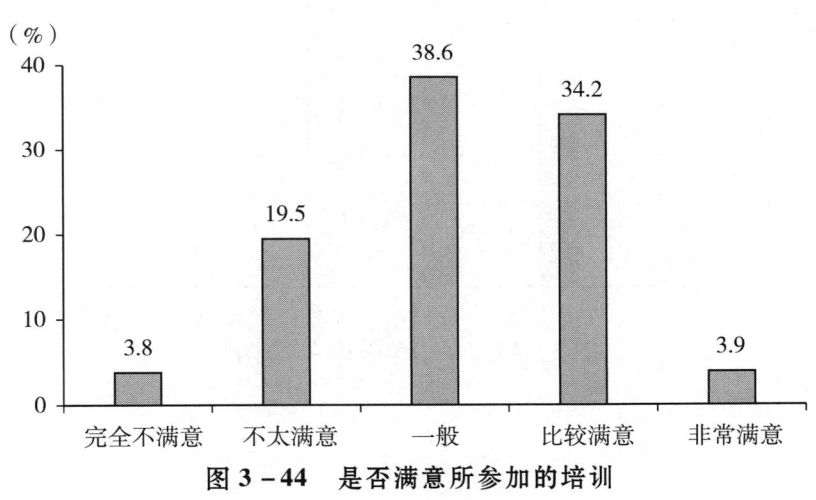

图 3-44　是否满意所参加的培训

（二）专业知识能力水平

行业从业人员的专业知识能力水平直接影响了社会对于此行业价值的评判。本书从受教育程度和专业知识技能两方面考察教师的专业知识能力水平。整体而言，中小学教师受教育程度基本达到《教师法》规定的学历标准，且大多数教师的学历水平高于法定要求；近九成教师对于教师专业知识技能结构有相对明确的认知；在调查的上年中，八成以上的教师通过不同层级的职后培训提升自身的专业知识能力水平。

1. 受教育程度

参与问卷调研的教师中，有七成以上的人在入职时具有大专及以上学历。其中，有大学本科学历者最多，占 38.4%（3 808 人）；有大专学历者其次，占 33.6%（3 324 人）；有研究生学历者相对稀少，仅占 1.0%（100 人）。在大专以下学历的教师人群中，有中专中师学历者有 23.3%（2 309 人），有高中学历者占 3.5%（347 人）（见图 3-45）。问卷进一步了解受调查教师当前的学历状况，结果显示，受调查教师中 97.6% 当前已具有大专及以上学历，其中大专 19.4%（1 919 人）、本科 72.8%（7 207 人）、研究生 3.6%（356 人）、教育硕士 1.5%（151 人），仅有 2.4%（239 人）学历为中专或者中师（见图 3-46）。进一步检验显示，这些当前学历为中专中师的教师，全部是小学教师。由此可以判断，整体而言，我国中小学教师基本达到《教师法》第十一条所规定的教师准入学历要求，并且大多数教师的学历水平高于法律规定的基本要求。

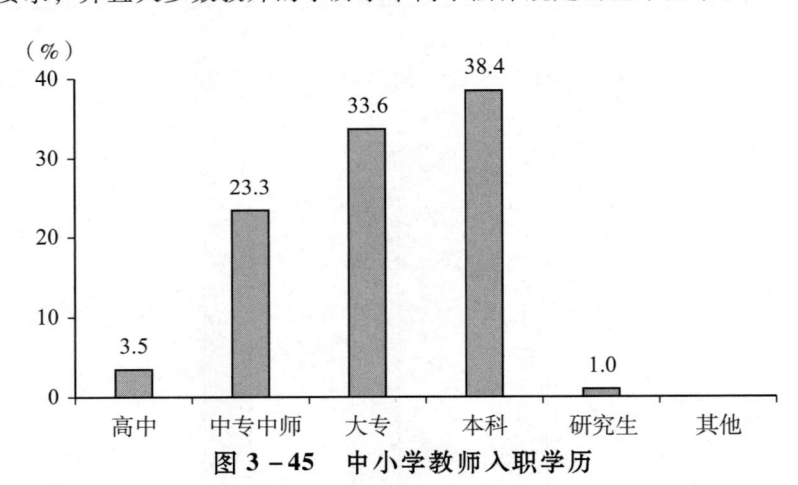

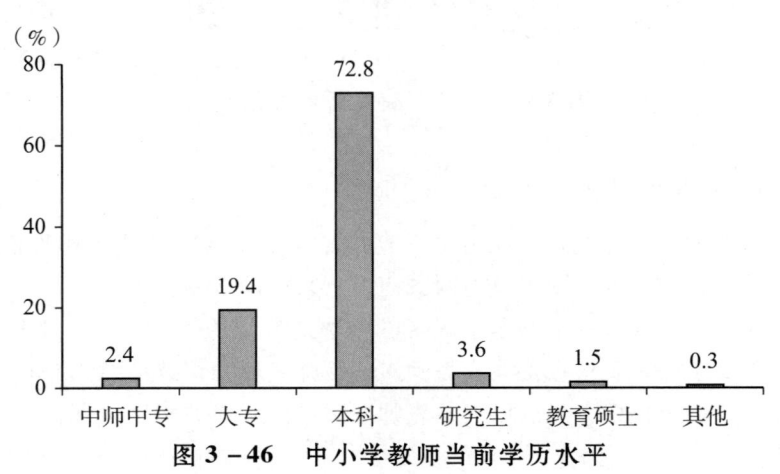

图 3-45 中小学教师入职学历

图 3-46 中小学教师当前学历水平

2. 专业知识技能

（1）对专业知识技能的认知。当问及"是否认同教师需要掌握与教育教学相关的知识技能"时，86.2%的应答者都做出了肯定的回答，其中"非常认同"的占49.1%（4 810人），"比较认同"的占37.1%（3 630人）。剩余应答者中，6.7%（655人）表示认同度"一般"，1.6%（158人）表示"不太认同"，5.5%（539人）则表示"完全不认同"（见图3-47）。总体来看，绝大多数教师们认识到了教育教学相关知识是教师专业知识的重要组成部分，但是仍然有少数教师亟待转变观念，更新对于教师专业知识能力结构的认识。

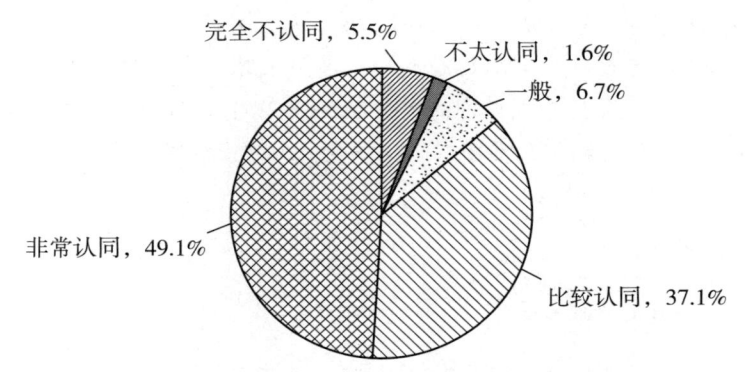

图3-47 是否认同教师需要专业知识技能

（2）参加职后培训的情况。为了解教师们在提升专业知识技能上获得的外部支持，本书对教师们上一年度参与培训的情况进行了调查。结果显示，八成以上教师上一年度参加过不同层级的教师培训，其中62.6%（6 015人）参加过校本培训，34.7%（3 337人）参加过区县级培训，26.3%（2 529人）参加过地市级培训，14.1%（1 355人）参加过省级培训，还有3.7%（355人）参加过国家级培训。整体而言，中小学教师培训体系相对周全，但确实也应注意到，还有15.5%（1 488人）的应答者表示过去一年并未参加过任何培训，教师培训的力度和覆盖面仍有提升空间（见表3-7）。

表3-7　　　　　　　上一年度参加教师培训的情况

类型		人数（人）	个案（%）
去年参与何种层次的培训	没有参加培训	1 488	15.5
	校本培训	6 015	62.6
	区县级培训	3 337	34.7
	地市级培训	2 529	26.3

续表

类型		人数（人）	个案（%）
去年参与何种层次的培训	省级培训	1 355	14.1
	国家级培训	355	3.7
总计		15 079	156.9

问卷进一步调查了教师上一年度参加各层级培训的课时数。

在校本培训层级上，有近半数（46.0%，2 843 人）教师上一年度参加培训的次数在 1~20 次之间，有一成多（11.0%，677 人）教师上一年度参加培训的次数在 21~40 次之间，6.6%（408 人）上一年度参加培训的次数在 41~60 次之间，5.7%（354 人）上一年度参加培训的次数在 60 次以上。但与此同时，有三成教师（30.7%，1 894 人）反馈并未参加过所在学校组织的校本培训（见图 3-48）。

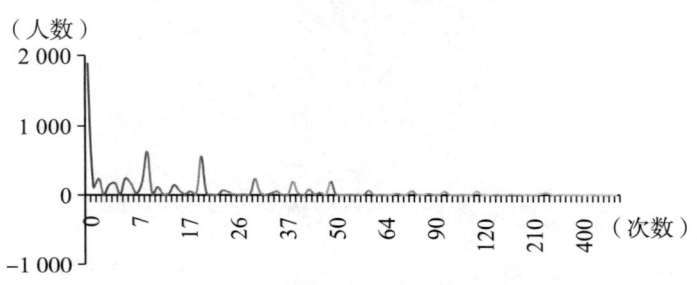

图 3-48　上一年度参加校本培训的课时数

在区县级培训层级上，上一年度从未参与者的比例增加至将近六成（58.7%，3 602 人）。参与过区县级培训的教师中，有 26.0%（1 597 人）参加的次数在 1~20 次之间，8.8%（537 人）参加的次数在 21~40 次之间，4.7%（287 人）在 41~60 次之间，1.8%（112 人）在 60 次以上（见图 3-49）。

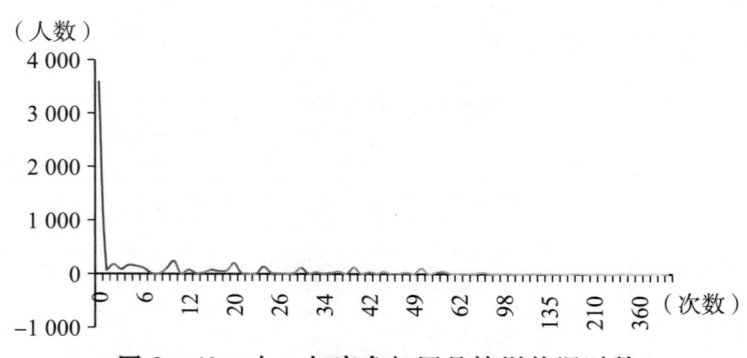

图 3-49　上一年度参加区县培训的课时数

在地市级培训层级上,上一年度从未参与者的比例上升至七成以上(70.1%,4 314 人)。参加过地市级培训的教师中,有 20.4%(1 255 人)参加的次数在 1~20 次之间,4.2%(258 人)参加的次数在 21~40 次之间,3.0%(184 人)在 41~60 次之间,2.4%(147 人)在 60 次以上(见图 3-50)。

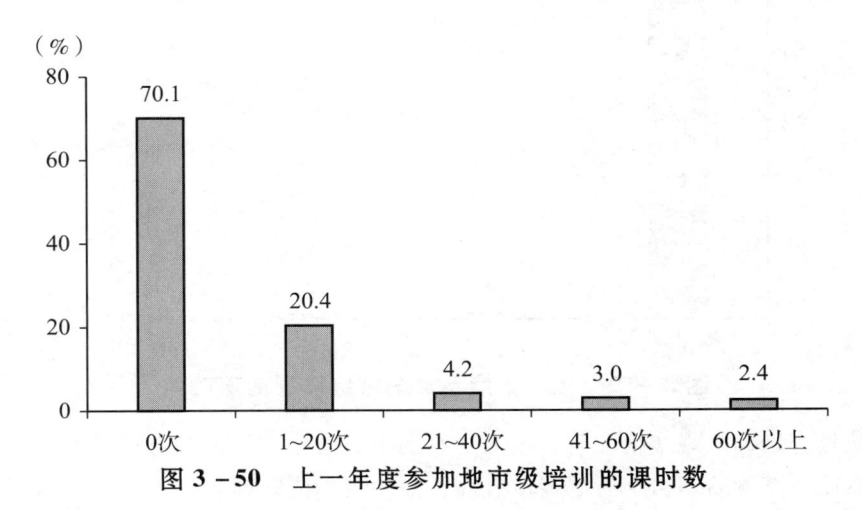

图 3-50　上一年度参加地市级培训的课时数

在省级培训层级上,仅有 15.9% 的应答教师上一年度参加过相应活动。其中,有 7.5%(458 人)参加的次数在 1~20 次之间,2.4%(145 人)参加的次数在 21~40 次之间,2.5%(151 人)在 41~60 次之间,3.7%(224 人)在 60 次以上(见图 3-51)。

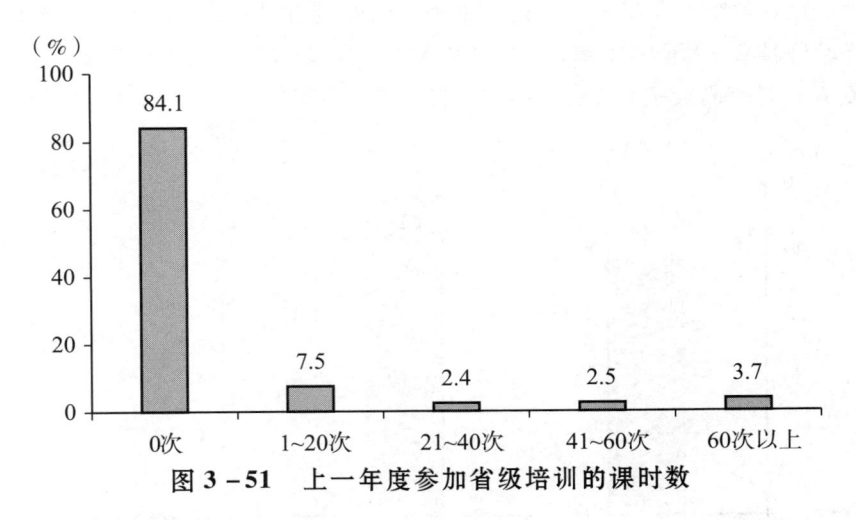

图 3-51　上一年度参加省级培训的课时数

相比上述各级培训,国家级的教师培训参与者可谓优中选优的精英。仅有 4.7% 的应答教师上一年度参加过相应活动。其中,有 1.8%(110 人)参加的次数在 1~20 次之间，1.4%（88 人）参加的次数在 21~60 次之间，1.4%（88 人）在 60 次以上（见图 3-52）。

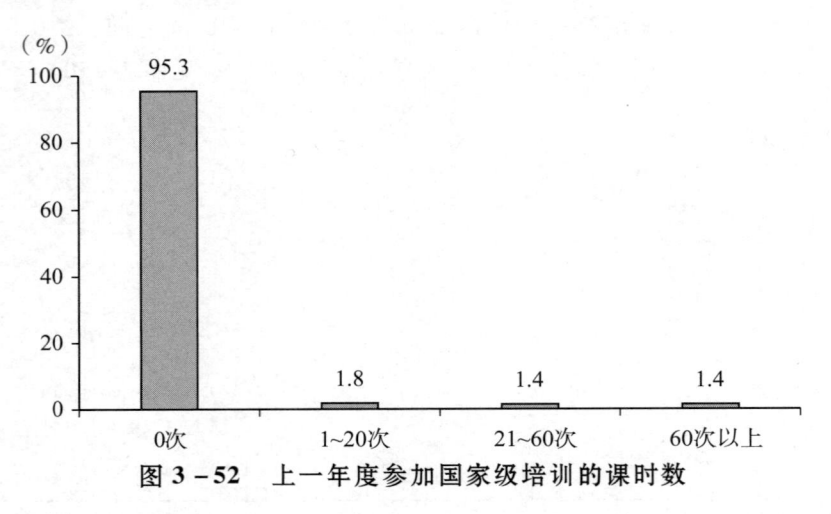

图 3-52 上一年度参加国家级培训的课时数

从教育培训的现实情况看，越高层级的组织者往往能够提供更优质的学习资源。然而，随着培训组织者层级的升高，参加过相应教师培训活动的人数迅速减少，这可能导致中小学教师普遍难以获得优质的教师教育资源的问题。由此，我们需要思考如何结合现代信息技术的发展和教育治理理念的变革，创新教师职后培训的渠道与形式，以使得更优质的教师教育资源普惠至更多一线教师。

（3）职称状况。我国教育法律规定了各级教师职称制度，职称也能够在一定程度上表征着教师的专业知识和技能水平。问卷调查显示，有 38.4%（3 256 人）的受访教师具有初级职称，48.2%（4 085 人）的受访教师具有中级职称，13.4%（1 136 人）具有高级职称。总体而言，教师职称结构较为合理（见图 3-53）。

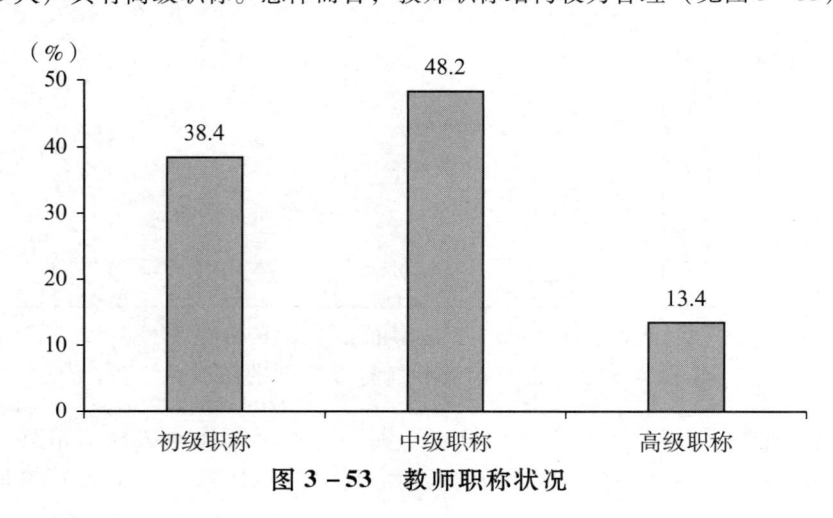

图 3-53 教师职称状况

(三) 职业道德规范

教师职业是以教书育人为目的的特殊职业，严格的职业道德规范有利于提高教师职业的权威性和社会地位。本书分别从对教育部制定的《中小学教师职业道德规范》的了解、爱岗敬业、关爱学生、教书育人等维度了解教师的职业道德规范现状。调查表明，绝大部分教师在不同程度上了解并认同《中小学教师职业道德规范》，并且能够按照规范要求约束自身职业行为。

1. 中小学教师对职业道德规范相关政策的了解

2/3 的应答教师表示了解教育部发布的《中小学教师职业道德规范》，其中"比较了解"的占 51.2%（4 987 人），"非常了解"的占 14.8%（1 440 人）。另有将近 1/4（24.4%，2 376 人）的教师表示对该政策文件的了解程度"一般"。仅有 8.0%（778 人）表示"不太了解"，1.6%（158 人）表示"完全不了解"（见图 3-54）。由此看来，绝大部分教师都对教育部制定的《中小学教师职业道德规范》有不同程度的了解。

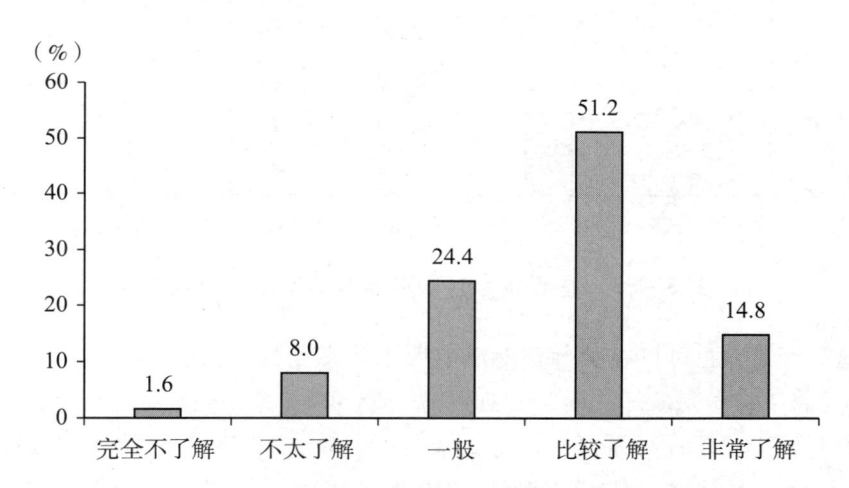

图 3-54 对《中小学教师职业道德规范》的了解情况

2. 中小学教师的爱岗敬业情况

《中小学教师职业道德规范》对教师提出了爱岗敬业的基本要求，要求教师"忠诚于人民教育事业，志存高远，勤恳敬业，甘为人梯，乐于奉献。对工作高度负责，认真备课上课，认真批改作业，认真辅导学生。不得敷衍塞责"。本书从这一规范要求出发，对中小学教师"爱岗敬业"维度上的状况进行了调查。

当问及"是否认为教师应当甘为人梯，具有高度奉献精神"时，63.8% 的应答者表示认同，其中 43.5%（4 236 人）表示"比较认同"，20.3%（1 976 人）

表示"非常认同"。其余教师中，有20.6%（2 008人）对此观点表示中立，12.4%（1 211人）表示"不太认同"，3.2%（314人）表示"完全不认同"（见图3-55）。将近四成教师未对这一观点表示认同，同时逾四成教师仅表示"比较认同"而非"非常认同"，或许并不意味着教师敬业精神不足。更可能的原因是，在利益分化与价值多元化的当今社会，教师职业已不再如传统上那样被公认为必须作为道德楷模，而更多地被视为从事教育教学活动的专业工作。与此同时，纵使教师们从专业工作的角度出发认同教师应当乐于奉献，同时也日益重视自身作为专业工作者的基本权利与福利待遇，期望付出与回报的对等。

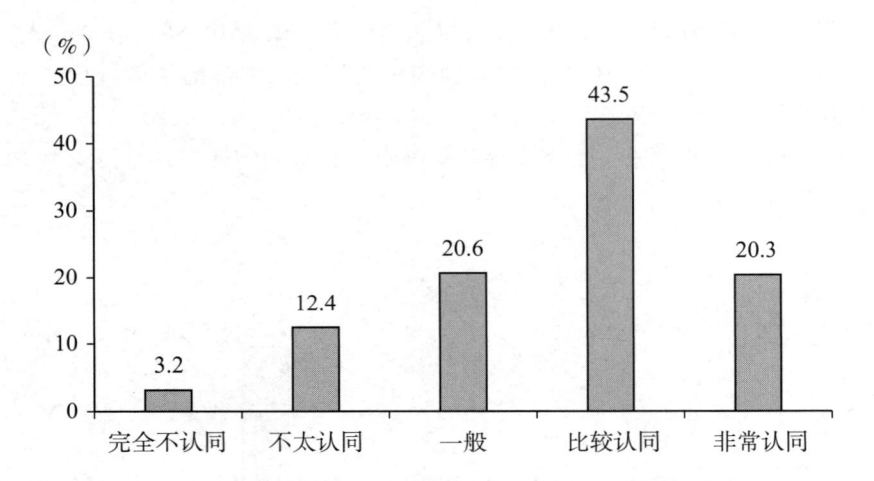

图 3-55 是否认为教师应当具有高度奉献精神

这一判断，也可以在教师们对于实际工作态度的反馈中得到佐证：当问及"是否总将工作做到最好"时，有近六成（58.8%，5 708人）的受访教师表示"比较符合"他们的实际情况，逾二成（21.1%，2 048人）的受访教师表示"完全符合"其状况，有12.9%（1 259人）表示他们"一般"会这样，仅有7.2%（692人）的受访教师反馈这一描述不符合其状况（见图3-56）。当问及"是否上课从来不迟到早退"时，86.6%的受访教师做出了肯定的回答：认为这一描述"比较符合"自身情况者占39.8%（3 854人），"非常符合"者占46.8%（4 534人），符合情况"一般"者占6.8%（663人），仅有6.6%（642人）表示这一描述不符合其实际情况（见图3-57）。由此可见，虽然有近四成教师不愿意将自己置于"甘为人梯，高度奉献"的道德高标处，但是除了极个别思想不端正或者处于职业倦怠期的教师之外，绝大多数教师都能够兢兢业业努力工作。

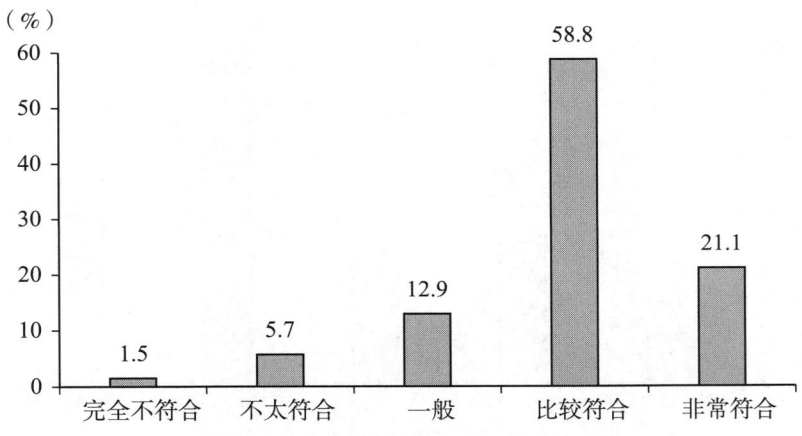

图 3-56 是否总将工作做到最好

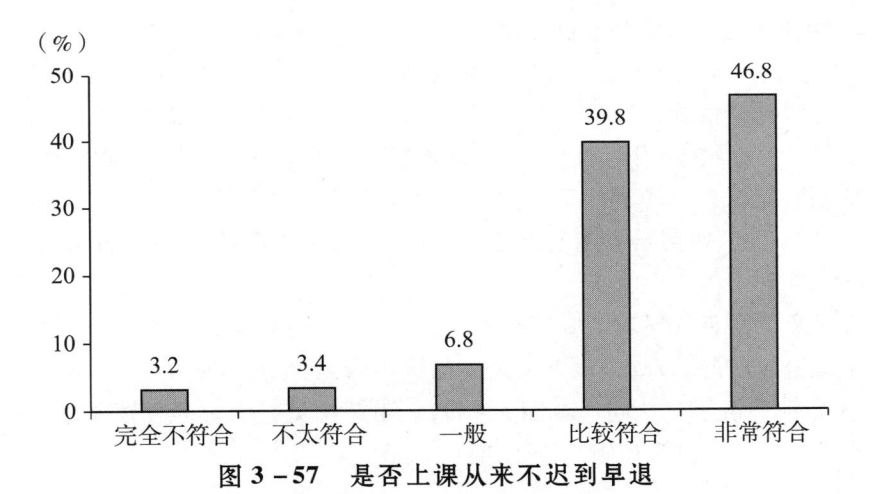

图 3-57 是否上课从来不迟到早退

3. 中小学教师关爱学生的情况

以"是否认为汶川地震中不顾学生安危的教师是不称职的教师"为考察点，了解中小学教师在关爱学生方面的态度。调查结果显示，逾六成教师明确表示这种行为是不称职的表现，其中对此观点表示"比较认同"者占 35.9%（3 492 人），"非常认同"者占 24.9%（2 422 人）。其余教师中，15.9%（1 542 人）对此观点表示中立，17.6%（1 707 人）表示"不太认同"，5.7%（551 人）表示"完全不认同"（见图 3-58）。虽然所有生命都是珍贵无价的，但是多数教师依然认同在危急时刻身为成年人和教育者的教师有照顾学生安危的责任，由此可见，大多数教师能够将学生利益置于优先位置考虑，关爱学生。

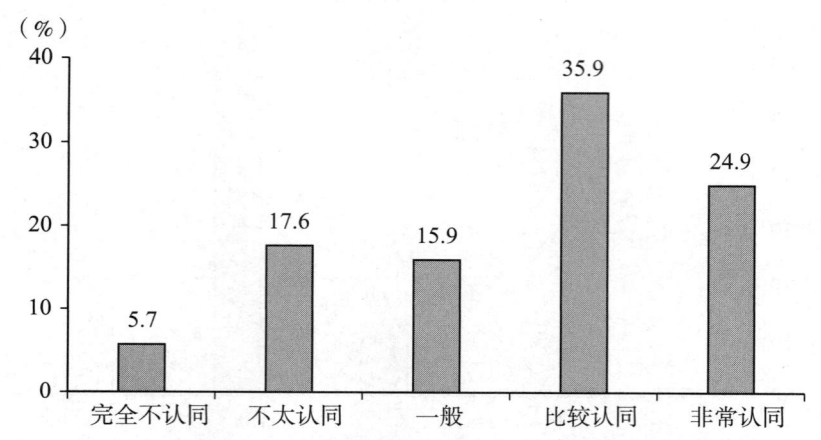

图 3-58 是否认为汶川地震中不顾学生安危的教师是不称职的教师

4. 中小学教师为人师表的情况

《中小学教师职业道德规范》对教师提出了"为人师表"的要求，并具体阐释为"坚守高尚情操，知荣明耻，严于律己，以身作则。衣着得体，语言规范，举止文明。关心集体，团结协作，尊重同事，尊重家长。作风正派，廉洁奉公。自觉抵制有偿家教，不利用职务之便谋取私利"。本书从"是否认同教师应当严于律己"和"如何看待有偿家教"两方面入手，考察中小学教师为人师表的状况。

当问及"是否认同教师应当严于律己"时，有88.3%（8 567人）的应答者做出了肯定的回答。7.2%（702人）的应答者对此观点表示中立。仅有4.5%（440人）明确表示不认同（见图3-59）。由此可见，绝大多数教师意识到了身为中小学教师应当以身作则、严于律己。

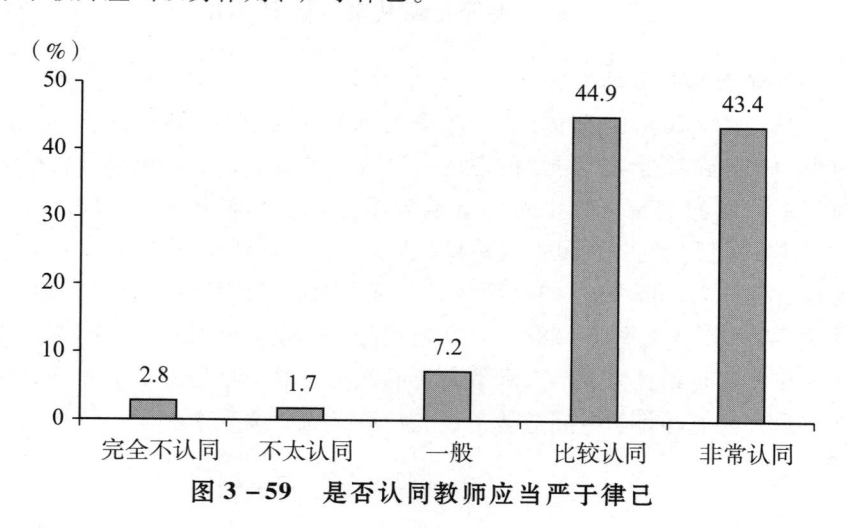

图 3-59 是否认同教师应当严于律己

有偿家教是教育部三令五申严令禁止的违反职业道德规范的行为。研究调查了中小学教师"如何看待在职教师有偿家教的行为"。结果显示，大多数应答者对于有偿家教并不抵制：77.3%（7 377人）认为"只要不影响本职工作，可以允许"，只有22.7%（2 172人）认为"应该严格禁止"（见图3-60）。这一状况不能简单解读为教师未能为人师表，而需要从教师工作和生活的现实情况出发进行理解。在实践中，由于有偿家教能够为薪资收入并不高的中小学教师带来额外收入，大多数教师在内心都持欢迎态度。要真正有效规范教师职业行为，敦促在职教师回归本职，杜绝有偿家教，除了禁令之外，还需要考虑到教师的现实经济压力，切实提升教师薪资待遇。

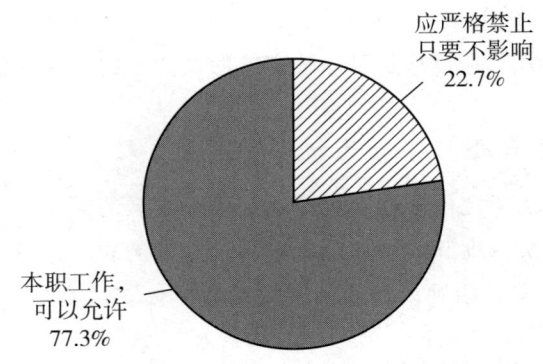

图3-60　如何看待在职教师有偿家教

5. 中小学教师教书育人的情况

《中小学教师职业道德规范》所提出的"教书育人"规范要求教师"遵循教育规律，实施素质教育；循循善诱，诲人不倦，因材施教；培养学生良好品行，激发学生创新精神，促进学生全面发展；不以分数作为评价学生的唯一标准"。研究以"是否总是耐心教育帮助课堂上调皮捣蛋的学生"为考察点，了解我国教师是否能够有教无类、教书育人。调查结果显示，近八成教师表示他们能够耐心教育帮助这些学生，其中认为自己的行为"比较符合"这一描述的占57.9%（5 588人），"非常符合"的占20.5%（1 976人）。其余教师中，15.7%（1 515人）表示他们在此方面表现"一般"，仅有6%（580人）表示他们并没有这么做（见图3-61）。从教师们自诉的情况看，我国中小学教师总体上能够做到循循善诱、德智兼育。

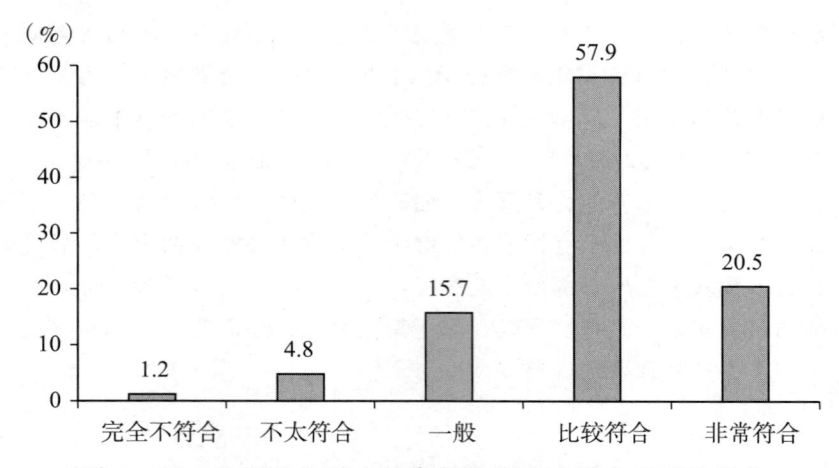

图 3-61　是否总是耐心教育帮助课堂上调皮捣蛋的学生

（四）与教师社会经济地位相关的若干专题

从教师职业的法律定位和社会经济地位改革发展的需要出发，本书就中小学教师对于教师公务员制度和教师流动制度两个问题的看法进行了调查。

1. 中小学教师对于教师公务员制度的态度

《中华人民共和国教师法》第二十五条规定"教师的平均工资水平应当不低于或者高于国家公务员的平均工资水平，并逐步提高"。这一法律条款中将教师薪资水平与公务员进行比照的逻辑，与中小学教师与国家公务员之间在职业性质上具有较高的相似性：二者的工作都是国家意志与责任的体现。从国际经验来看，日本、德国等多个国家的义务教育阶段公立学校教师也都具有公务员身份。2018 年中共中央、国务院颁布的《关于全面深化新时代教师队伍建设改革的意见》也提出要"确立公办中小学教师作为国家公职人员特殊的法律地位"。基于此，本书对中小学教师是否认同教师成为公务员及其原因进行了调查。

当问及"是否同意中小学教师成为公务员"时，高达 93.9%（9 027 人）表示赞同，仅有 6.1%（590 人）表示反对（见图 3-62）。进一步追问显示，教师们同意中小学教师成为公务员的最主要理由是"教师成为公务员更能体现政府的教育责任"（75.6%，6 183 人），其次为"公务员经济待遇好"（17.8%，1 453 人），而仅有 6.6%（540 人）最在意"公务员社会地位高"（见图 3-63）。虽然在三个理由中，"社会地位"是教师们最不看重的一项，但是职业的社会地位往往与其经济待遇密不可分，因此公务员这一既能够体现政府责任又具有较好经济待遇的职业必然具有较高的社会地位。反对中小学教师成为公务员的应答者首先担心是"成为公务员会助长学校管理的行政化和官僚化倾向"（55.2%，

538人），其次为"成为公务员将降低职业的自主性和自由度"（31.5%，307人），仅有13.2%（129人）是出于"公务员的待遇虽好，但责任太大"这一不愿意承担责任的理由而选择拒绝（见图3-64）。综合来看，无论是支持还是反对

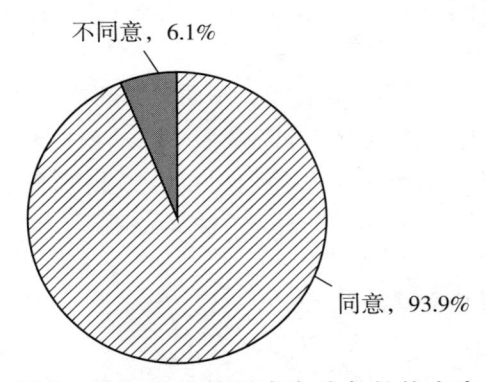

不同意，6.1%
同意，93.9%

图3-62 对于教师成为公务员的态度

公务员经济待遇好 17.8%
公务员社会地位高 6.6%
教师成为公务员更能体现政府的教育责任 75.6%

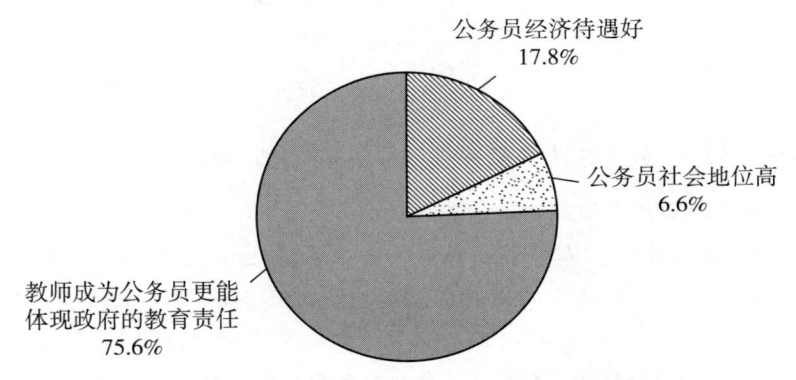

图3-63 同意教师成为公务员的理由

公务员的待遇虽好，但责任太大 13.2%
成为公务员将降低职业的自主性和自由度 31.5%
成为公务员会助长学校管理的行政化和官僚化倾向 55.2%

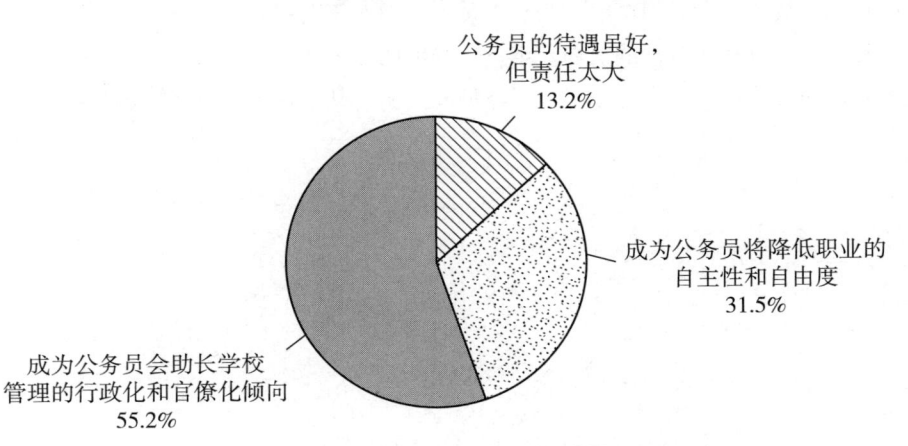

图3-64 反对教师成为公务员的理由

教师成为公务员，大部分教师都是基于自身对于中小学教师职业的理解而做出相应表态的，赞同者希望通过公务员地位的确立来提升社会对教育事业和教师职业的重视程度，反对者则更看重教师职业作为一项专业性工作的自主性和独立性。

当问及"认为以哪种形式进行教师招聘更为合理"时，有71.8%（6 816人）希望"由国家或地方政府统一招聘"，28.2%（2 682人）希望"由各个学校单独招聘"（见图3-65）。进一步分析显示，不同意教师成为公务员的应答者中，有96.8%（571人）希望教师招聘权归属于学校。这一数据进一步印证了上述判断，即反对教师成为公务员者多看重教师职业作为专业工作的独立性。整体而言，七成教师能够认识到中小学教育所具有的强公共性及政府统一师资质量的必要性。

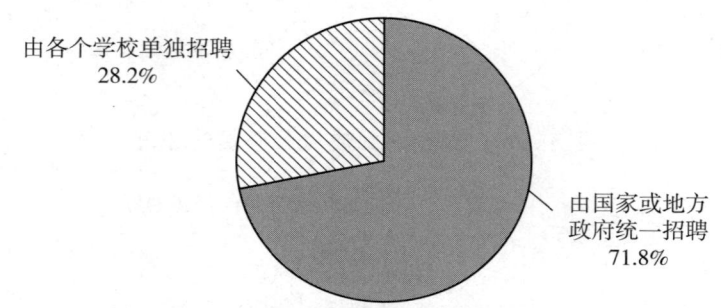

图3-65　中小学教师对教师招聘权的应然归属的看法

2. 中小学教师对于教师流动的态度

当问及对教师流动的看法时，认为"教师应当服从政府部门调配"的教师（51.45%，4 901人）和认为"教师应该自由流动"的教师（48.55%，4 624人）（见图3-66）比例接近，由此可知：第一，中小学教师对此问题尚未达成统一认识。第二，有一定比例认为"教师应当作为公务员"的教师也支持教师自由流动，说明虽然大多数中小学教师希望成为公务员，但是对于公务员的法律定位、责任与管理体制其实并没有充分理性的认识。第三，当前的教育系统中，中小学教师的专业发展机会和待遇可能存在较大的校际或者区域间差异，从而使得部分教师渴望自由流动。

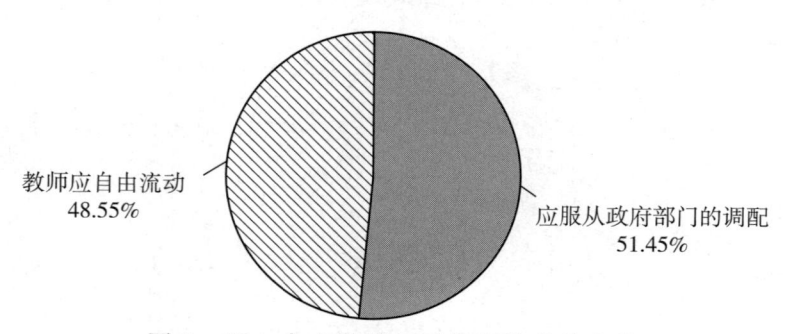

图3-66　中小学教师对教师流动的态度

第三节　不同群体教师的社会经济地位差异

为了解教师群体的社会经济地位是否存在以及存在怎样的内部差异,研究在所有学段的被访教师中以"性别""城乡""发放区域(东中西部)"为变量,并在高中教师中增加"是否重点校"变量,对问卷调查结果进行了进一步差异显著性检验,检验方法如下:在单选题中,筛选变量类型为定距和定序的数据,进行正态性检验和方差齐性检验。当各组样本来自正态总体,并且方差齐性时,采用单因素方差分析判断不同群体间是否存在显著性差异,并采用 LSD 法比较各组间差异;当样本来自正态总体,而方差非齐性时,采用 Robust 等均值检验(计算 Welth 和 Brown – Forsythe 统计量),并采用 Tamhane's T2 比较各组间差异。当样本非正态分布,或样本数据类型为名义变量,采用非参数检验。多选题以上述四个变量进行卡方检验。结果显示,我国中小学教师的社会经济地位存在一定的内部分化:

一、群体间差异分析的检验方法说明

(一)正态性检验

研究根据数据的偏度和峰度,对样本是否呈正态分布或近正态分布进行分析。结果显示:

"年龄""职称""教龄""是否参与学校决定""学校对意见采纳情况""对参与决定范围的满意度""对参与决定方式的满意度""意见被上级采纳程度""对参与决策范围的满意度""对参与决策方式的满意度""2008 年的年收入""对自主教改的做法""是否参与教育学术会议""是否满意享有的教改实验权利""是否满意指导评价学生的权利""是否满意科研权利""是否满意参与的培训""是否了解中小学教师职业道德规范""是否认为教师应具有高度奉献精神""是否认为汶川地震中不顾学生安危的教师是不称职的教师""是否认同学生评价应当以考试成绩为主要依据""是否总根据考试成绩评价学生"这 22 项的峰度和偏度都较趋近于 0,近正态分布(见表 3 – 8)。因此采用方差分析对这些题进行组间差异显著性检验。

表3-8　　　　　　　　　　偏度、峰度的描述统计量

指标	N	偏度		峰度	
	统计量	统计量	标准误	统计量	标准误
区域	9 953	-0.119	0.025	-1.599	0.049
年龄	9 766	0.504	0.025	-0.290	0.050
职称	8 477	0.349	0.027	-0.829	0.053
教龄	9 669	0.467	0.025	-0.425	0.050
是否重点校	2 498	0.025	0.049	-1.333	0.098
教代会对校长权力的约束	6 596	-0.004	0.030	-1.328	0.060
是否参与学校决定	9 407	0.590	0.025	-0.652	0.050
学校对意见采纳情况	4 708	-0.015	0.036	-0.676	0.071
对参与决定范围的满意程度	4 756	-0.376	0.036	-0.047	0.071
对参与决定方式的满意程度	4 751	-0.360	0.036	-0.009	0.071
是否参与教育行政决策	9 040	2.281	0.026	4.545	0.052
意见被上级采纳程度	1 610	-0.477	0.061	-0.448	0.122
对参与决策范围是否满意	1 637	-0.444	0.060	-0.014	0.121
对参与决策方式是否满意	1 635	-0.460	0.061	0.063	0.121
解决纠纷方式的满意度	1 391	-0.080	0.066	-0.800	0.131
期待的年收入	9 724	-1.712	0.025	3.295	0.050
2008年的年收入	9 599	0.233	0.025	-0.597	0.050
是否被欠发过工资	9 779	1.256	0.025	0.827	0.050
工作量与收入相符与否	9 723	3.404	0.025	11.921	0.050
是否了解教师专业权利	9 827	-0.131	0.025	-0.760	0.049
是否认同教师需要专业知识技能	9 792	-1.751	0.025	2.886	0.049
是否认同教师开展教改实验的权利	9 818	-1.245	0.025	1.635	0.049
是否认同教师惩戒学生	9 822	-0.347	0.025	-0.953	0.049
是否认同教师从事教育科研	9 817	-1.146	0.025	1.495	0.049
是否认同教师自主评价学生	9 808	-0.918	0.025	0.584	0.049
是否认同教师参加职业培训	9 816	-1.495	0.025	2.539	0.049
对自主教改的做法	9 659	0.003	0.025	-0.111	0.050
是否参与教育学术会议	9 698	0.007	0.025	-0.165	0.050

续表

指标	N 统计量	偏度 统计量	偏度 标准误	峰度 统计量	峰度 标准误
校本培训	6 176	22.445	0.031	702.453	0.062
区县培训	6 135	24.136	0.031	699.947	0.063
地市级培训	6 158	39.594	0.031	2 139.073	0.062
省级培训	6 132	23.898	0.031	986.998	0.063
国家级培训	6 131	30.223	0.031	1 247.857	0.063
是否满意享有的教改实验权利	9 707	−0.272	0.025	−0.179	0.050
是否满意指导评价学生的权利	9 679	−0.427	0.025	−0.025	0.050
是否满意科研权利	9 651	−0.277	0.025	0.015	0.050
是否满意教学知识技能	9 724	−0.716	0.025	0.405	0.050
是否满意参与的培训	9 685	−0.289	0.025	−0.361	0.050
是否了解中小学教师职业道德规范	9 739	−0.668	0.025	0.432	0.050
是否认为教师应具有高度奉献精神	9 745	−0.630	0.025	−0.201	0.050
是否认为汶川地震中不顾学生安危的教师是不称职的教师	9 714	−0.529	0.025	−0.763	0.050
是否认同学生评价应当以考试成绩为主要依据	9 710	0.626	0.025	−0.144	0.050
是否认同教师应严于律己	9 709	−1.648	0.025	3.540	0.050
是否总将工作做到最好	9 704	−1.056	0.025	1.631	0.050
是否总耐心教育帮助课堂上调皮捣蛋的学生	9 659	−0.932	0.025	1.448	0.050
是否总根据考试成绩评价学生	9 689	0.726	0.025	0.207	0.050
是否上课从来不迟到早退	9 693	−1.610	0.025	2.697	0.050
有效的N（列表状态）	0				

（二）方差齐性检验

将正态性检验结果中近正态分布的22题，以"区域""城乡""性别""重点校与非重点校"为分组变量，进行组间方差齐性检验。

1. 区域间方差齐性检验（见表3-9）

表3-9　　　　区域间方差齐性检验

指标	Levene 统计量	df1	df2	显著性
年龄	53.934	2	9 763	0.000
职称	4.510	2	8 474	0.011
教龄	35.556	2	9 666	0.000
是否参与学校决定	0.331	2	9 404	0.718
意见采纳情况	6.071	2	4 705	0.002
对参与决定范围的满意程度	3.759	2	4 753	0.023
对参与决定方式的满意程度	1.211	2	4 748	0.298
意见被上级采纳程度	6.007	2	1 607	0.003
对参与决策范围是否满意	6.604	2	1 634	0.001
对参与决策方式是否满意	4.107	2	1 632	0.017
2008年的年收入	66.080	2	9 596	0.000
对自主教改的做法	79.335	2	9 656	0.000
参与教育学术会议的情况	0.850	2	9 695	0.427
是否满意享有的教改实验权利	8.080	2	9 704	0.000
是否满意指导评价学生的权利	1.152	2	9 676	0.316
是否满意科研权利	3.588	2	9 648	0.028
是否满意参与的培训	9.819	2	9 682	0.000
是否了解中小学教师职业道德规范	7.483	2	9 736	0.001
是否认为教师应具有高度奉献精神	24.685	2	9 742	0.000
是否认为汶川地震中不顾学生安危的教师是不称职的教师	23.963	2	9 711	0.000
是否认同学生评价应当以考试成绩为主要依据	22.765	2	9 707	0.000
是否总根据考试成绩评价学生	30.858	2	9 686	0.000

2. 城乡间方差齐性检验（见表3-10）

表3-10　　　　城乡间方差齐性检验

指标	Levene 统计量	df1	df2	显著性
年龄	8.643	1	9 719	0.003
职称	9.941	1	8 468	0.002

续表

指标	Levene 统计量	df1	df2	显著性
教龄	9.887	1	9 622	0.002
是否参与学校事务决定活动	1.680	1	9 364	0.195
意见采纳情况	15.517	1	4 680	0.000
对参与决定范围的满意程度	1.091	1	4 727	0.296
对参与决定方式的满意程度	6.398	1	4 722	0.011
意见被上级采纳程度	0.912	1	1 604	0.340
对参与决策范围是否满意	2.252	1	1 631	0.134
对参与决策方式是否满意	2.229	1	1 629	0.136
2008 年的年收入	167.846	1	9 556	0.000
对自主教改的做法	3.438	1	9 612	0.064
是否参与教育学术会议	68.449	1	9 652	0.000
是否满意享有的教改实验权利	0.013	1	9 660	0.910
是否满意指导评价学生的权利	0.907	1	9 632	0.341
是否满意科研权利	0.302	1	9 605	0.583
是否满意参与的培训	9.035	1	9 641	0.003
是否了解中小学教师职业道德规范	9.976	1	9 693	0.002
是否认为教师应具有高度奉献精神	0.232	1	9 699	0.630
是否认为汶川地震中不顾学生安危的教师是不称职的教师	35.648	1	9 668	0.000
是否认同学生评价应当以考试成绩为主要依据	38.948	1	9 664	0.000
是否总根据考试成绩评价学生	64.172	1	9 643	0.000

3. 性别间方差齐性检验（见表 3 – 11）

表 3 – 11　　　　　　性别间方差齐性检验

指标	Levene 统计量	df1	df2	显著性
年龄	24.313	1	9 709	0.000
职称	5.270	1	8 425	0.022
教龄	33.991	1	9 605	0.000
是否参与学校事务决定活动	2.352	1	9 341	0.125
意见采纳情况	13.641	1	4 674	0.000

续表

指标	Levene 统计量	df1	df2	显著性
对参与决定范围的满意程度	5.971	1	4 721	0.015
对参与决定方式的满意程度	1.485	1	4 715	0.223
意见被上级采纳程度	0.037	1	1 594	0.847
对参与决策范围是否满意	0.123	1	1 623	0.726
对参与决策方式是否满意	0.578	1	1 619	0.447
2008 年的年收入	10.523	1	9 529	0.001
对自主教改的做法	2.177	1	9 591	0.140
是否参与教育学术会议	14.631	1	9 631	0.000
是否满意享有的教改实验权利	25.107	1	9 640	0.000
是否满意指导评价学生的权利	3.947	1	9 612	0.047
是否满意科研权利	7.786	1	9 583	0.005
是否满意参与的培训	1.623	1	9 618	0.203
是否了解中小学教师职业道德规范	22.773	1	9 671	0.000
是否认为教师应具有高度奉献精神	36.887	1	9 678	0.000
是否认为汶川地震中不顾学生安危的教师是不称职的教师	8.470	1	9 647	0.004
是否认同学生评价应当以考试成绩为主要依据	161.862	1	9 645	0.000
是否总根据考试成绩评价学生	156.864	1	9 622	0.000

4. 重点校与非重点校间方差齐性检验（见表 3 – 12）

表 3 – 12　　　　　重点校与非重点校间方差齐性检验

指标	Levene 统计量	df1	df2	显著性
年龄	4.977	3	2 450	0.002
职称	3.859	3	2 141	0.009
教龄	4.083	3	2 420	0.007
是否参与学校决定	0.220	3	2 365	0.882
意见采纳情况	1.006	3	1 049	0.389
对参与决定范围的满意程度	1.023	3	1 054	0.381
对参与决定方式的满意程度	0.448	3	1 059	0.719
意见被上级采纳程度	1.761	3	394	0.154

续表

指标	Levene 统计量	df1	df2	显著性
对参与决策范围是否满意	0.201	3	397	0.896
对参与决策方式是否满意	1.529	3	401	0.206
2008 年的年收入	3.516	3	2 409	0.015
对自主教改的做法	1.383	3	2 413	0.246
是否参与教育学术会议	0.945	3	2 439	0.418
是否满意享有的教改实验权利	9.178	3	2 440	0.000
是否满意指导评价学生的权利	5.647	3	2 425	0.001
是否满意科研权利	9.672	3	2 434	0.000
是否满意参与的培训	5.969	3	2 442	0.000
是否了解中小学教师职业道德规范	5.331	3	2 451	0.001
是否认为教师应具有高度奉献精神	2.428	3	2 451	0.064
是否认为汶川地震中不顾学生安危的教师是不称职的教师	3.438	3	2 437	0.016
是否认同学生评价应当以考试成绩为主要依据	2.657	3	2 435	0.047
是否总根据考试成绩评价学生	14.200	3	2 429	0.000

5. 方差齐性检验结果

方差齐性检验显示：

第一，当以"区域"为分组变量时，在"是否参与学校决定"（p = 0.718）、"对参与学校决定的方式的满意度"（p = 0.298）、"参与教育学术会议的情况"（p = 0.427）、"是否满意指导评价学生的权利"（p = 0.316）这 4 类数据上，存在组间齐性（p > 0.05），而其他各类数据的方差非齐性。

第二，当以"城乡"为分组变量时，在"是否参与学校事务决定活动"（p = 0.195）、"对参与决定范围的满意程度"（p = 0.296）、"意见被上级采纳程度"（p = 0.34）、"对参与决策的范围是否满意"（p = 134）、"对参与决策的方式是否满意"（p = 0.136）、"对自主教改的做法"（p = 0.064）、"是否满意享有的教改实验权利"（p = 0.910）、"是否满意指导评价学生的权利"（p = 0.341）、"是否满意科研权利"（p = 0.583）、"是否认为教师应当具有高度奉献精神"（p = 0.630）这 10 类数据上，存在组间齐性（p > 0.05），而其他各类数据的方差非齐性。

第三，当以"性别"为分组变量时，在"是否参与学校事务决定活动"（p =

0.125)、"对参与决定方式的满意程度"(p = 0.223)、"意见被上级采纳程度"(p = 8.847)、"对参与决策范围是否满意"(p = 0.726)、"对参与决策方式是否满意"(p = 0.447)、"对自主教改的做法"(p = 0.140)、"是否满意参与的培训"(p = 0.203)这8类数据上,存在组间齐性(p > 0.05),而其他各类数据的方差非齐性。

第四,当以"重点校与非重点校"为分组变量时,在"是否参与学校决定"(p = 0.882)、"意见采纳情况"(p = 0.389)、"对参与决定范围的满意程度"(p = 0.381)、"对参与决定方式的满意程度"(p = 0.719)、"意见被上级采纳程度"(p = 0.154)、"对参与决策范围是否满意"(p = 0.896)、"对参与决策方式是否满意"(p = 0.206)、"对自主教改的做法"(p = 0.246)、"是否参与教育学术会议"(p = 0.418)、"是否认为教师具有高度奉献精神"(p = 0.064)这10类数据上,存在组间齐性(p > 0.05),而其他各类数据的方差非齐性。

(三) 显著性差异统计表

在上述正态性检验和方差齐性检验的基础上,研究以区域、城乡、性别和是否重点高中为变量分组,对组间差异进行显著性检验。当各组样本来自正态总体,并且方差齐性时,采用单因素方差分析判断不同群体间是否存在显著性差异,并采用LSD法比较各组间差异;当样本来自正态总体,而方差非齐性时,采用Robust等均值检验(计算Welth和Brown – Forsythe统计量),并采用Tamhane's T2比较各组间差异。当样本非正态分布,或样本数据类型为名义变量,采用非参数检验。多选题以进行卡方检验。统计结果整理为下列"显著性差异统计表",表内"*"表示存在显著性差异(p < 0.05),"**"表示存在极其显著性差异(p < 0.01),空白处表示在该指标上不存在显著性差异(见表3 – 13)。

表3 – 13 显著性差异统计

指标			区域	城乡	性别	是否重点校
年龄			**	**	**	**
教龄				**	**	**
学校类型				**	**	**
政治地位	政治权利	教代会	有否教代会	**	**		
			教代会如何产生	**	**	**	**
			教代会对校长权力的约束程度	**	**	**	**

续表

指标			区域	城乡	性别	是否重点校
政治地位	政治权利	与学校纠纷及其解决	在工作中是否与学校发生过纠纷	**	**	**	
			与学校发生纠纷时用以维护自身权益的途径			**	*
			在与学校的纠纷中，对解决纠纷的方式是否满意	**		**	**
	政治参与	参与学校事务情况	是否参与过学校事务的决定活动		**	**	**
			参与学校事务的内容	**	*	**	**
			以何种方式参与学校事务决定	**	**	**	**
			意见被学校采纳的程度	*		**	**
			哪些因素决定意见是否被学校采纳	**	**	**	**
			对所参与的决定的范围是否满意	**		**	**
			对所参与的决定的方式是否满意	**		**	**
		参与上级教育行政部门决策情况	是否参与过上级教育行政决策	**			
			参与上级教育行政决策的内容	**	**	**	*
			以何种方式参与教育决策	**	*	*	
			意见被教育行政部门采纳的程度	**	**		**
			哪些因素决定是否被行政部门采纳	**		**	
			对参与决策的范围是否满意	**			**
			对参与决策的方式是否满意			*	**
经济地位	收入情况		期望的教师职业的年收入	**	**		**
			2008年从事教师职业获得的年收入	**	**	**	**
	工资发放情况		是否被欠发过工资	**	*	**	**
			所在区县是否按时发工资	**	**		**
	认为所承担的工作量与获得的收入是否成正比			**		**	*
	如何看待教师加班费的主张			**	**		**
专业地位	专业自主权	教育教学活动权	是否了解《教师法》规定的教师专业权利	**	**	**	**
			是否认同教师需要掌握与教育教学相关的知识技能	*	**	**	
			对自己的教学知识和技能的满意度	**			
		教育教学改革实验权	是否认同教师可以开展教学改革和试验	**	**	**	
			如果想进行教学方法的改革，采取何种做法	**			
			对自己实际享有的教改实验权利的满意度	*	*	**	

续表

指标			区域	城乡	性别	是否重点校
专业地位	专业自主权	教育教学管理权	是否认同教师可以为了维持教学秩序惩戒学生	**	**	**	
			如何对待学生扰乱正常课堂教学秩序的行为	**	*	**	**
		科学研究权	是否认同教师可以从事与教育教学活动相关的科研	**		**	*
			是否参与了与教育教学活动相关的学术团体	**			**
			是否参加过与教育教学活动相关的学术会议	**	**	**	
			对自己实际享有的参与科学研究的权利的满意度	**		*	
		指导评价权	是否认同教师可以根据学生的实际表现自主评定学生的品行				**
			如何评定学生的品行	**	**		
			是否认同学生评价应当以考试成绩为主要依据	**	**	**	
			是否总根据考试成绩的高低评价学生	**		**	**
			对自己实际享有的评价指导学生的权利的满意度			**	*
		进修培训权	是否认同教师可以根据教学的需要参加各种培训		*	**	
			对自己参与的培训满足教育教学需要的满意度	**			*
	专业知识能力水平	受教育程度	初始学历	**	**	**	**
			当前学历	**	**	*	**
		专业知识技能	上一年参与何种层次的培训	**	**	**	
			上一年参加校本培训课时数	**	**	**	
			上一年参加区县级培训课时数	**	**	**	**
			上一年参加地市级培训课时数	**	**		*
			上一年参加省级培训课时数	**	**		*
			上一年参加国家级培训课时数		**	*	
			职称	**	**	**	**
	职业道德规范		是否了解《中小学教师职业道德规范》		**	**	*
			是否认同教师应当甘为人梯、具有高度奉献精神	**		**	
			是否认为汶川地震中不顾学生安危的教师是不称职的教师	**			
			是否认同教师应当严于律己、以身作则	**	**	**	
			是否总将工作做到最好	**	**	**	

续表

指标			区域	城乡	性别	是否重点校
专业地位	职业道德规范	是否总是耐心帮助课上调皮捣蛋的学生	**		**	*
		是否上课从来不迟到早退	**	**	**	
		如何看待教师有偿家教的行为	**	**		
附加指标	关于教师公务员制度的态度	是否同意教师成为公务员		**	**	*
		同意教师成为公务员的理由	**	**	**	
		不同意教师成为公务员的理由	**			*
	认为教师招聘应采取什么形式		*	**	**	**
	关于教师流动的看法		*		**	*

二、教师社会经济地位的区域间差异

本次调查收集到来自广东、广西、山东、浙江、湖南、河南、山西、黑龙江、甘肃、四川十个省区的数据。研究根据国家统计年鉴的区域划分标准，将十个省区归纳为东部（广东、山东、浙江）、中部（湖南、河南、山西、黑龙江）和西部（甘肃、四川、广西）三个地区，就三个地区间教师社会经济地位的差异进行了进一步分析。综合政治地位、经济地位和专业地位的情况看，东部地区教师的社会经济地位总体高于中部和西部地区；中部地区教师的经济地位和专业地位高于西部地区，但政治地位或因为其较为突出的集权化问题而稍逊于西部地区；西部教师的经济地位和专业地位的提升需求最为急迫，政治地位也需要更进一步的制度建设予以巩固。

（一）教师师资结构的区域间差异

方差分析显示，中小学教师的年龄与其工作区域间存在极其显著性差异。该差异主要集中在西部地区与东中部地区之间（$p = 0.001$，< 0.01）。从表 3-14 中可见，相比东部和中部地区，西部地区有更高比例的教师年龄，在 40~50 岁和 50 岁以上。换言之，西部地区的教师队伍相对东中部地区更为老化。与此同时，三个区域之间教师的教龄并不存在显著性差异。一般来说，教师的教龄结构往往与其年龄结构相一致。二者在本书中出现了并不匹配的情况，由此可以推测，整体而言，东部和中部地区教师开始从教的年龄或早于西部地区。

表 3-14　　　　　　　　　年龄段

项目		西部地区	中部地区	东部地区	合计
年龄段	30 岁以下 人数（人）	1 061	947	1 126	3 134
	区域中的比率（%）	33.0	35.1	29.3	32.1
	30~40 岁 人数（人）	1 211	1 079	1 817	4 107
	区域中的比率（%）	37.6	40.0	47.2	42.1
	40~50 岁 人数（人）	760	546	782	2 088
	区域中的比率（%）	23.6	20.2	20.3	21.4
	50 岁以上 人数（人）	186	127	124	437
	区域中的比率（%）	5.8	4.7	3.2	4.4
合计	人数（人）	3 218	2 699	3 849	9 766
	区域中的比率（%）	100.0	100.0	100.0	100.0

当分析教师学历与所在区域间关系时，卡方检验显示，教师的入职学历和当前学历都存在极其显著的区域间差异（p=0.000，<0.01）。

入职学历方面，区域间差异主要集中在东部地区和中西部地区之间。从表 3-15 中可知，东部地区教师入职时学历在大学本科及以上者占 41.3%，入职学历为中专中师者占 21.6%，为高中者仅占 2.6%；在中部地区，入职时学历在本科以上者占 39.8%，为中专中师者占 26.8%；在西部地区，入职时学历在本科以上者仅有 37.0%，为中专中师者有 22.4%，而入职学历仅为高中者达到了 5%。相比而言，东部地区教师的入职学历显著高于中部和西部地区。

表 3-15　　　　　　　　　入职学历

项目			区域			合计
			西部地区	中部地区	东部地区	
入职学历	高中	人数（人）	162	82	103	347
		区域中的比率（%）	5.0	3.0	2.6	3.5
	中专中师	人数（人）	731	736	842	2 309
		区域中的比率（%）	22.4	26.8	21.6	23.3
	大专	人数（人）	1 157	830	1 337	3 324
		区域中的比率（%）	35.4	30.2	34.3	33.6
	本科	人数（人）	1 185	1 061	1 562	3 808
		区域中的比率（%）	36.3	38.7	40.1	38.4

续表

项目			区域			合计
			西部地区	中部地区	东部地区	
入职学历	研究生	人数（人）	23	31	46	100
		区域中的比率（%）	0.7	1.1	1.2	1.0
	其他	人数（人）	9	5	3	17
		区域中的比率（%）	0.3	0.2	0.1	0.2
合计		人数（人）	3 267	2 745	3 893	9 905
		区域中的比率（%）	100.0	100.0	100.0	100.0

东部地区教师入职时的学历优势在工作中进一步延续。数据显示，虽然三个地区都有不少教师通过继续教育的方式提升了学历，但是就调研时的情况看，教师的当前学历依然存在极其显著的区域间差异（p＝0.000，＜0.01）。分析调研时的教师当前学历状况，可以看到，在东部地区，教师学历在大专及以下者仅占15.8%，这一数据在中部地区为21.8%，而在西部地区高达28.8%（见表3－16）。

表3－16 当前学历

项目			区域			合计
			西部地区	中部地区	东部地区	
当前学历	中师中专	人数（人）	119	60	60	239
		区域中的比率（%）	3.6	2.2	1.5	2.4
	大专	人数（人）	824	538	557	1 919
		区域中的比率（%）	25.2	19.6	14.3	19.4
	本科	人数（人）	2 120	1 996	3 091	7 207
		区域中的比率（%）	64.9	72.8	79.5	72.8
	研究生	人数（人）	155	97	104	356
		区域中的比率（%）	4.7	3.5	2.7	3.6
	教育硕士	人数（人）	27	49	75	151
		区域中的比率（%）	0.8	1.8	1.9	1.5
	其他	人数（人）	22	3	3	28
		区域中的比率（%）	0.7	0.1	0.1	0.3
合计		人数（人）	3 267	2 743	3 890	9 900
		区域中的比率（%）	100.0	100.0	100.0	100.0

在职称方面，Tamhane's T2 非参数检验显示，东部地区和中部、西部地区之间存在极其显著性差异（p = 0.000，＜0.01）。具体分析数据，从表 3-17 中可知，东部地区的应答者中拥有中级（49.9%）和高职职称（16.2%）的教师比例显著地高于中西部地区；中部地区拥有高级职称的教师比例（12.5%）又明显高于西部地区（10.6%）；西部地区应答者中初级职称的教师比例（41.9%）高于中部地区（40.9%），更显著高于东部地区（34.0%）。

表 3-17　　　　　　　　　　　　职称

项目			区域			合计
			西部地区	中部地区	东部地区	
职称	初级职称	人数（人）	1 131	961	1 164	3 256
		区域中的比率（%）	41.9	40.9	34.0	38.4
	中级职称	人数（人）	1 283	1 093	1 709	4 085
		区域中的比率（%）	47.5	46.6	49.9	48.2
	高级职称	人数（人）	287	294	555	1 136
		区域中的比率（%）	10.6	12.5	16.2	13.4
合计		人数（人）	2 701	2 348	3 428	8 477
		区域中的比率（%）	100.0	100.0	100.0	100.0

综合教师年龄、教龄、学历和职称的区域间差异情况，可以看到，东中西部地区存在梯队式的师资力量差距。整体而言，东部地区优于中部地区，中部地区优于西部地区。在这一师资队伍区域差异的基础上，本书就东中西部教师的社会经济地位的异同进行了具体分析。

（二）教师政治地位的区域间差异

从政治权利和政治参与两方面考察不同区域间教师政治地位的异同，具有如下特点：在政治权利的享有方面，东部地区教师的状况明显优于中西部地区，中部地区教师的政治权利保障制度建设最为薄弱，西部地区教师的维权机制及其满意度最需完善；在政治参与方面，东部地区教师在教育系统内进行政治参与的公开和规范程度最高、教师态度更为积极、参与内容与教师专业联系最紧密、参与的满意度最高，西部地区教师政治参与的影响最明显，中部地区的政治参与率、参与信心和参与满意度都最低。整体而言，中小学教师的政治地位，在相对民主化和注重教师专业影响的东部地区，或高于政治权利与政治参与情况都尚待进一步发展的中西部地区。中部地区体现了较为突出的科层制和集权化特点，或对其教师政治地位具有消极影响。

1. 政治权利

（1）教代会情况。在中小学教师政治权利的保障制度方面，以教代会为代表进行分析，卡方检验显示，三个地区两两之间皆存在极其显著（p=0.000，<0.01）的区域间差异。东部地区有84.7%的教师表示所在学校建立了教代会，西部地区有68.1%的教师表示所在学校建立了教代会，这一数值在中部地区仅为64.3%（见表3-18）。

表3-18　　　　　　　　　　有否教代会

项目			区域			合计
			西部地区	中部地区	东部地区	
有否教代会	有	人数（人）	2 166	1 678	3 227	7 071
		区域中的比率（%）	68.1	64.3	84.7	73.7
	没有	人数（人）	1 013	932	582	2 527
		区域中的比率（%）	31.9	35.7	15.3	26.3
合计		人数（人）	3 179	2 610	3 809	9 598
		区域中的比率（%）	100.0	100.0	100.0	100.0

教代会的产生方式上也存在极其显著（p=0.000，<0.01）的区域间差异。东部地区的教师中有87.4%的教师表示所在学校的教代会是由选举或教师群体推荐产生，这一比例在中部地区为81%，在西部地区仅为76.8%。而明确表示教代会是由校长指定的情况中，东部地区有6.8%，中部有9.4%，西部达到14.7%。这一区域间差异表现出与三个地区间总体的经济发展和法治化程度相应的态度（见表3-19）。

表3-19　　　　　　　　　　教代会的产生方式

项目			区域			合计
			西部地区	中部地区	东部地区	
教代会的产生方式	选举或教师群体推荐	人数（人）	1 674	1 338	2 805	5 817
		区域中的比率（%）	76.8	81.0	87.4	82.6
	校长指定	人数（人）	320	156	218	694
		区域中的比率（%）	14.7	9.4	6.8	9.9
	其他	人数（人）	185	157	188	530
		区域中的比率（%）	8.5	9.5	5.9	7.5

续表

项目		区域			合计
		西部地区	中部地区	东部地区	
合计	人数（人）	2 179	1 651	3 211	7 041
	区域中的比率（%）	100.0	100.0	100.0	100.0

当问及"您认为教代会对校长权力是否有约束"时，卡方检验显示，东部和中西部地区之间同样表现出了极其显著（p=0.000，<0.01）的差异。从表3-20中可知，仅有25.6%的东部地区教师认为教代会对校长权力"无约束力"，在西部地区则有30.1%的教师这样认为，在中部地区这一比例达到33.4%。总体而言，东部地区的教师更倾向于肯定教代会对于校长权力的约束力（见表3-20）。

表3-20　　　　　　　　教代会对校长权力的约束

项目			区域			合计
			西部地区	中部地区	东部地区	
教代会对校长权力的约束	完全	人数（人）	124	123	248	495
		区域中的比率（%）	6.0	8.0	8.4	7.5
	多数	人数（人）	597	360	865	1 822
		区域中的比率（%）	28.6	23.3	29.2	27.6
	少数	人数（人）	456	330	669	1 455
		区域中的比率（%）	21.9	21.4	22.5	22.1
	偶尔	人数（人）	279	216	425	920
		区域中的比率（%）	13.4	14.0	14.3	13.9
	无约束力	人数（人）	628	516	760	1 904
		区域中的比率（%）	30.1	33.4	25.6	28.9
合计		人数（人）	2 084	1 545	2 967	6 596
		区域中的比率（%）	100.0	100.0	100.0	100.0

综合是否建立教代会制度、如何建立教代会制度以及教代会对校长权力的约束力等信息可知，东部地区中小学教师的政治权利保障制度相较中西部地区建设得更为成熟，中部地区最为薄弱。

（2）教师维权机制。在政治权利的保障机制方面，研究以"与学校发生纠纷时的维权途径"为考察点进行分析。结果显示，东中西部地区间的区域差异同样明显。

当问及"在工作中是否与学校发生过纠纷"时,卡方检验显示,西部地区的情况与东中部地区存在极其显著差异(p=0.000,<0.01)。相比东部(12.7%)和中部(15.0%)地区,西部地区明显有更高比例(18.4%)的教师在工作中与学校发生过纠纷(见表3-21)。考虑到西部地区教代会的普及度和民主化程度低于东中部地区,该区域教师利益的保障制度可能整体弱于东中部地区,从而,发生权益纠纷的可能性更大。

表3-21　　　　　　　　　工作中有否与学校发生纠纷

项目			区域			合计
			西部地区	中部地区	东部地区	
工作中有否与学校发生纠纷	有	人数(人)	567	376	449	1 392
		区域中的比率(%)	18.4	15.0	12.7	15.3
	没有	人数(人)	2 510	2 132	3 079	7 721
		区域中的比率(%)	81.6	85.0	87.3	84.7
合计		人数(人)	3 077	2 508	3 528	9 113
		区域中的比率(%)	100.0	100.0	100.0	100.0

虽然三个区域的教师在与学校发生纠纷时用以维护自身权益的途径不存在显著性差异,都更倾向于在校内解决问题,但是东西部地区之间对于纠纷解决情况的满意程度存在极其显著(p=0.000,<0.01)的差异,东中部地区之间也存在显著(p=0.026,<0.05)差异。东部地区的满意度高于中部地区,更显著地高于西部地区。由此可知,在发生纠纷时,东部地区的教师权利救济更为有力(见表3-22)。

表3-22　　　　　　　　　解决纠纷方式的满意度

项目			区域			合计
			西部地区	中部地区	东部地区	
解决纠纷方式的满意度	完全不满意	人数(人)	108	48	53	209
		区域中的比率(%)	19.0	12.8	11.8	15.0
	不太满意	人数(人)	136	103	90	329
		区域中的比率(%)	23.9	27.5	20.0	23.7
	一般	人数(人)	184	123	165	472
		区域中的比率(%)	32.4	32.9	36.7	33.9

续表

项目			区域			合计
			西部地区	中部地区	东部地区	
解决纠纷方式的满意度	比较满意	人数（人）	128	86	116	330
		区域中的比率（%）	22.5	23.0	25.8	23.7
	非常满意	人数（人）	12	14	25	51
		区域中的比率（%）	2.1	3.7	5.6	3.7
合计		人数（人）	568	374	449	1 391
		区域中的比率（%）	100.0	100.0	100.0	100.0

2. 政治参与

（1）教师参与学校事务情况。东中西部三个区域之间，教师在"是否参与过学校事务的决策""参与学校事务的内容""以何种方式参与学校事务决定""哪些因素决定意见是否被学校采纳""对参与决定的范围是否满意""对参与决策的方式是否满意"六个方面存在极其显著差异，在"意见被学校采纳的程度"上存在显著差异。整体而言，东部地区教师的参与度最高，参与的内容和影响与专业关系最密切，参与方式最为公开民主，满意度也最高；中部地区教师参与学校决策的比例最低，最关心待遇问题，更看重资历和与领导关系，满意度最低，西部地区则最偏向于以传统个别交流的方式参与学校事务。具体情况如下：

在"是否参与过学校事务的决策"一题的回答上，方差分析显示，东、中、西部三个区域两两间皆存在极其显著性差异（$p=0.000$，<0.01）。东部地区教师参与学校决策的概率与频率显著地高于其余两个地区，中部地区教师在这一方面的参与度最低。考虑到中部地区教师反馈未建立教代会且认为教代会不能约束校长权力的比例最高，可知中部地区教师的政治参与最缺乏制度基础（见表3-23）。

表3-23　　　　　　　　　是否参与过学校事务的决策

项目			区域			合计
			西部地区	中部地区	东部地区	
是否参与学校决定	从不参与	人数（人）	1 525	1 378	1 609	4 512
		区域中的比率（%）	49.0	54.0	43.0	48.0
	有时参与	人数（人）	1 306	972	1 727	4 005
		区域中的比率（%）	42.0	38.1	46.2	42.6
	经常参与	人数（人）	281	204	405	890
		区域中的比率（%）	9.0	8.0	10.8	9.5

续表

项目		区域			合计
		西部地区	中部地区	东部地区	
合计	人数（人）	3 112	2 554	3 741	9 407
	区域中的比率（%）	100.0	100.0	100.0	100.0

在"参与学校事务的内容"方面，教师的回答中，应选率最高的两项活动分别为"评优"和"评职称"，这两项活动都是对专业资格能力进行评价的活动，属于教师专业事务。在东部地区，教师参与这两项活动的比率分别为"评优" 40.2%，"评职称" 28.9%。中西部地区这两项活动的应选率低于东部地区，中部地区"评优"占 36.4%、"评职称"占 24.6%；西部地区，"评优"占 37.2%、"评职称"占 22.3%。相比之下，东部地区教师参与学校事务时更倾向聚焦于教师专业事务，西部地区教师对"学校发展规划"最为热心（应选比率 21.3%），中部地区教师相比其他两个地区更关心"奖金和福利的分配"（应选比率 16.1%）（见表 3 – 24）。

表 3 – 24　　　　　　　参与学校事务决策的内容

项目		区域					
		西部地区		中部地区		东部地区	
		人数（人）	响应（%）	人数（人）	响应（%）	人数（人）	响应（%）
参与何种决定	学校发展规划	564	21.3	381	18.7	575	15.2
	评优	985	37.2	744	36.4	1 520	40.2
	评职称	591	22.3	502	24.6	1 094	28.9
	奖金和福利的分配	413	15.6	328	16.1	474	12.5
	其他	97	3.7	87	4.3	122	3.2

在"参与学校事务决策的方式"方面，东部、中部、西部三个地区对于"召开会议"这种公开表达的方式的偏好递减，但是对于"个别交流"方式的偏好递增。这种现象再次体现了三个地区在信息公开与决策民主化方面的区域差异（见表 3 – 25）。

表 3-25　　　　　　　　参与学校事务决策的方式

项目		区域					
		西部地区		中部地区		东部地区	
		人数（人）	响应（%）	人数（人）	响应（%）	人数（人）	响应（%）
参与学校事务决策的方式	召开会议	1 163	48.2	863	49.6	1 673	51.5
	公示	737	30.5	512	29.4	1 115	34.3
	个别交流	514	21.3	364	20.9	458	14.1

在"意见被学校采纳的程度"方面，等均值检验显示三个地区整体存在显著性差异（$p = 0.043$，< 0.05），但进一步多重比较发现，三个区域两两之间并不存在显著性差异。但是决定意见是否被学校采纳的因素，则存在极其显著的区域间差异（$p = 0.000$，< 0.01）。在三个区域中，东部地区的教师中认为意见合理程度是最主要因素的比例最高，中部地区教师认为"教师资历"和"与领导关系"具有最主要影响的比率在三个区域中最高，西部地区教师相比东中部地区教师更看重教师"职务"和"学历"的影响（见表 3-26）。

表 3-26　　　　　　　　哪些因素决定意见是否被学校采纳

项目		区域					
		西部地区		中部地区		东部地区	
		人数（人）	响应（%）	人数（人）	响应（%）	人数（人）	响应（%）
学校意见采纳的影响因素	教师资历	288	14.2	215	14.4	367	14.1
	职务	305	15.1	215	14.4	364	14.0
	学历	91	4.5	51	3.4	67	2.6
	与领导关系	183	9.1	151	10.1	178	6.9
	意见合理程度	1 155	57.1	859	57.6	1 620	62.4

在"对参与决定的范围是否满意"方面，等均值检验显示三个地区整体存在极其显著性差异（$p = 0.000$，< 0.01），进一步的多重比较发现，三个区域两两之间存在显著性差异（东部与西部地区间 $p = 0.031$，东部与中部地区间 $p = 0.034$，中部与西部地区间 $p = 0.036$，均 < 0.05）。从具体的比率来看，三个区域中，东部地区教师表示"非常满意"的比例最高，达到 10.4%，而中部地区为 6.0%，西部为 5.9%；西部地区教师更倾向做出"一般"（38.5%）和"较为满意"（39%）的评价，中部地区教师中明确给出"不太满意"和"完全不满

意"的比例最高,"差评率"达到 20.3%(见表 3-27)。

表 3-27 对参与决定范围的满意程度

项目			区域			合计
			西部地区	中部地区	东部地区	
对参与决定范围的满意程度	完全不满意	人数(人)	54	47	79	180
		区域中的比率(%)	3.5	4.0	3.8	3.8
	不太满意	人数(人)	199	190	233	622
		区域中的比率(%)	13.0	16.3	11.3	13.1
	一般	人数(人)	588	449	775	1 812
		区域中的比率(%)	38.5	38.6	37.5	38.1
	比较满意	人数(人)	595	407	765	1 767
		区域中的比率(%)	39.0	35.0	37.0	37.2
	非常满意	人数(人)	90	70	215	375
		区域中的比率(%)	5.9	6.0	10.4	7.9
合计		人数(人)	1 526	1 163	2 067	4 756
		区域中的比率(%)	100.0	100.0	100.0	100.0

在"对参与决定的方式是否满意"方面,方差分析显示,三个地区两两之间存在极其显著性差异(东部与西部地区间 $p=0.001$,东部与中部地区间 $p=0.000$,中部与西部地区间 $p=0.009$,均 <0.05)。三个区域中,东部地区的满意度最高,达到 48.4%,中部地区的满意度最低(满意者比例最低,占 41.4%;不满者比例最高,占 20%),西部地区教师对满意度的评价相对中立(见表 3-28)。

表 3-28 对参与决定方式的满意程度

项目			区域			合计
			西部地区	中部地区	东部地区	
对参与决定方式的满意程度	完全不满意	人数(人)	61	57	68	186
		区域中的比率(%)	4.0	4.9	3.3	3.9
	不太满意	人数(人)	182	175	216	573
		区域中的比率(%)	12.0	15.1	10.4	12.1
	一般	人数(人)	615	449	784	1 848
		区域中的比率(%)	40.4	38.6	37.9	38.9

续表

项目			区域			合计
			西部地区	中部地区	东部地区	
对参与决定方式的满意程度	比较满意	人数（人）	540	414	762	1 716
		区域中的比率（%）	35.5	35.6	36.9	36.1
	非常满意	人数（人）	124	67	237	428
		区域中的比率（%）	8.1	5.8	11.5	9.0
合计		人数（人）	1 522	1 162	2 067	4 751
		区域中的比率（%）	100.0	100.0	100.0	100.0

（2）教师参与上级教育行政部门决策情况。在参与上级教育行政部门决策的概率、内容、方式、影响程度、影响因素、满意度等各个维度上，东、中、西部三个区域均存在极其显著的差异。参与的概率和满意度以东部、西部、中部的顺序递减；参与的内容方面，东部地区教师更关心教师专业事务，西部地区教师比其他地区更关注教育发展规划和经费；参与的方式上，东部地区相比中西部地区教师有更多通过"正式渠道"表达意见的机会，西部地区教师更倾向个别交流意见，中部地区教师更积极地使用网络；影响程度上，西部地区教师的意见更经常地为上级教育行政部门所采纳；影响因素上，中部地区教师更加看重与领导的关系。具体情况如下：

当问及"是否参与过上级教育行政部门决策"时，卡方检验显示，中部和东西部地区之间存在极其显著的差异（$p = 0.000$，< 0.01）。中部地区的"从未参与"过上级教育行政部门决策的比例最高，达86.8%，这一数值在东部地区为81.8%，在西部地区为80.5%（见表3 – 29）。

表3 – 29　　　　　　　是否参与过上级教育行政部门决策

项目			区域			合计
			西部地区	中部地区	东部地区	
是否参与教育行政决策	从未参与	人数（人）	2 388	2 175	2 919	7 482
		区域中的比率（%）	80.5	86.8	81.8	82.8
	有时参与	人数（人）	488	299	535	1 322
		区域中的比率（%）	16.5	11.9	15.0	14.6
	经常参与	人数（人）	90	33	113	236
		区域中的比率（%）	3.0	1.3	3.2	2.6

续表

项目		区域			合计
		西部地区	中部地区	东部地区	
合计	人数（人）	2 966	2 507	3 567	9 040
	区域中的比率（%）	100.0	100.0	100.0	100.0

在参与上级教育行政决策的内容方面，卡方检验 $p=0.000$（<0.01），差异极其显著。三个地区中，东部地区教师有更高比例参与到"县级以上先进集体或个人的评选"这种专业活动中，西部地区教师更为关心"教育发展规划"和"教育经费问题"（见表3-30）。

表3-30　　　　　　参与上级教育行政决策的内容

项目		区域					
		西部地区		中部地区		东部地区	
		人数（人）	列响应（%）	人数（人）	列响应（%）	人数（人）	列响应（%）
参与何种教育决策	教育发展规划	243	27.3	103	22.2	171	18.9
	评选县级先进集体或个人	298	33.5	155	33.3	335	37.0
	教育经费问题	83	9.3	31	6.7	56	6.2
	教师福利待遇问题	202	22.7	110	23.7	248	27.4
	其他	64	7.2	66	14.2	96	10.6

在何种方式参与决策的内容方面，卡方检验显示，东部地区与中部地区间存在显著差异（$p=0.023$，<0.05），东部地区与西部地区间存在极其显著差异（$p=0.000$，<0.01）。三个区域之间，东部地区教师更倾向于在"上级教育行政部门组织会议或者征求意见"的情况下参与，西部地区教师更倾向于"自发向上级教育行政部门提出意见"，中部地区教师则比另外两个区域的教师更愿意"通过网络发表意见"。中西部地区教师的这两种选择，可能是因为相应区域尚未建立系统的教育决策意见征集机制，从而缺乏"官方"的公开正式渠道表达意见（见表3-31）。

表 3-31　　　　　　　　　何种方式参与决策　　　　　　　　单位：人数

项目		区域			合计
		西部地区	中部地区	东部地区	
何种方式参与决策	上级教育行政部门组织会议或者征求意见	289	209	447	945
	自发向上级教育行政部门提出意见	145	57	86	288
	通过网络发表意见	91	61	94	246
合计		525	327	627	1 479

Tamhane's T2 非参数检验表明，中部地区在采纳教师向上级教育行政部门提出的意见时，和东部地区间存在显著差异（p = 0.017，＜0.05），和西部地区（p = 0.000，＜0.01）间存在极其显著差异。从具体数据看，中部地区教师向上级教育行政部门提出意见时未被采纳的比例在三个区域中最高，这可能与中部地区教师中有较高比例的人群是通过网络这一匿名渠道发表意见密切相关。西部地区教师的意见被上级教育行政部门采纳的比例最高，合理推测这与其倾向通过个人自发向上级教育行政部门个别沟通意见有关（见表 3-32）。

表 3-32　　　　　　　　　意见被上级采纳程度

项目			区域			合计
			西部地区	中部地区	东部地区	
意见被上级采纳程度	每次都被采纳	人数（人）	16	5	21	42
		区域中的比率（%）	2.8	1.4	3.1	2.6
	多次被采纳	人数（人）	123	53	137	313
		区域中的比率（%）	21.3	14.6	20.4	19.4
	1~2次被采纳	人数（人）	279	159	275	713
		区域中的比率（%）	48.3	43.9	41.0	44.3
	从未被采纳	人数（人）	160	145	237	542
		区域中的比率（%）	27.7	40.1	35.4	33.7
合计		人数（人）	578	362	670	1 610
		区域中的比率（%）	100.0	100.0	100.0	100.0

当问及"哪些因素决定意见是否被教育行政部门采纳"时，卡方检验显示，三个区域的教师所给出的反馈存在极其显著差异（p = 0.000，＜0.01）。虽然三个区域的教师都认为教师资历和职务是最主要的两个影响因素，但是西部地区教

师极其显著地更为重视学历的影响，中部地区教师相比其他两个地区的教师更为看重"与领导的关系"（见表3-33）。

表3-33　　哪些因素决定意见是否被教育行政部门采纳

项目		区域					
		西部地区		中部地区		东部地区	
		人数（人）	列响应（%）	人数（人）	列响应（%）	人数（人）	列响应（%）
哪些因素决定意见是否被教育行政部门采纳	教师资历	309	39.7	198	43.6	377	43.5
	职务	218	28.0	143	31.5	300	34.6
	学历	157	20.2	42	9.3	85	9.8
	与领导关系	94	12.1	71	15.6	105	12.1

在对参与决策的范围的满意度上，Tamhane's T2 非参数检验显示，中部地区和东部地区（$p = 0.000$，< 0.01）、西部地区（$p = 0.003$，< 0.01）之间皆存在极其显著的差异。从数据上看，中部地区教师对参与上级教育行政部门决策范围表示满意的比例最低，但是表示不满意的比例最高。这一区域差异，与教师对参与学校事务决策范围的满意度分布情况相似（见表3-34）。

表3-34　　　　　　　对参与决定范围的满意程度

项目			区域			合计
			西部地区	中部地区	东部地区	
对参与决定范围的满意程度	完全不满意	人数（人）	54	47	79	180
		区域中的比率（%）	3.5	4.0	3.8	3.8
	不太满意	人数（人）	199	190	233	622
		区域中的比率（%）	13.0	16.3	11.3	13.1
	一般	人数（人）	588	449	775	1 812
		区域中的比率（%）	38.5	38.6	37.5	38.1
	比较满意	人数（人）	595	407	765	1 767
		区域中的比率（%）	39.0	35.0	37.0	37.2
	非常满意	人数（人）	90	70	215	375
		区域中的比率（%）	5.9	6.0	10.4	7.9
合计		人数（人）	1 526	1 163	2 067	4 756
		区域中的比率（%）	100.0	100.0	100.0	100.0

三个区域间在对参与决策方式的满意度上也表现出同样的特点：Tamhane's T2 非参数检验显示，中部地区和东部地区（p = 0.000，<0.01）、西部地区（p = 0.000，<0.01）之间皆存在极其显著的差异。满意度以东部、西部、中部的顺序递减，不满意的比例则反之递增（见表 3-35）。

表 3-35　　　　　　　　　　对参与决定方式的满意度

项目			区域			合计
			西部地区	中部地区	东部地区	
对参与决定方式的满意程度	完全不满意	人数（人）	61	57	68	186
		区域中的比率（%）	4.0	4.9	3.3	3.9
	不太满意	人数（人）	182	175	216	573
		区域中的比率（%）	12.0	15.1	10.4	12.1
	一般	人数（人）	615	449	784	1 848
		区域中的比率（%）	40.4	38.6	37.9	38.9
	比较满意	人数（人）	540	414	762	1 716
		区域中的比率（%）	35.5	35.6	36.9	36.1
	非常满意	人数（人）	124	67	237	428
		区域中的比率（%）	8.1	5.8	11.5	9.0
合计		人数（人）	1 522	1 162	2 067	4 751
		区域中的比率（%）	100.0	100.0	100.0	100.0

归纳三个区域的教师在参与学校事务的决策和参与上级教育行政部门决策的差异，可以发现，东部地区教师在教育系统内的政治参与更加公开、制度化，与教师专业工作的联系更密切，对参与的满意度也更高；中部地区教师参与各级教育决策的比例最低，更愿意通过网络表达意见，更看重"和领导关系"在教师意见是否被采纳时的影响，参与的满意度最低；西部地区教师更愿意通过个人私下沟通的方式表达对学校和教育行政部门的意见，更看重学历在教师意见是否被采纳时的影响，对参与的满意度中等。

（三）教师经济地位的区域间差异

研究分析了东、中、西部地区教师的收入和工资发放情况，发现存在显著的区域间差异：教师的实际收入、预期收入、工资按时发放与否和对是否应当为教师支付加班费的认识都与区域经济发展水平紧密相关，教师的实际收入、预期收入和对教师加班费的支持度由东至西逐渐减少，工资拖欠现象则由西至东更加罕见。整体而言，教师的经济地位由东向西略呈递减趋势。

1. 教师收入的区域间差异

等均值检验显示，东部教师、中部教师和西部教师三个群体两两之间的年收入存在极其显著差异（p＝0.000，＜0.01）。进一步分析具体数据，可见教师收入由东往西呈递减趋势。三个区域中，年收入在 36 000 元以上者的比例按照东、中、西部递减，年收入在 18 000～36 000 元之间者的比例以中部地区最高，年收入在 18 000 元以下者的比例按照东、中、西部递增。考虑到教师工资的组成结构，可以合理推断，区域间教师收入的极其显著差异，很大程度上是由于地方经济水平的差距引起的。这一推断也可以由教师们期待的年收入的显著差异得到印证：当问及"期待的年收入"时，东部教师和中部教师、西部教师的期望存在极其显著差异（p＝0.000，＜0.01），中部教师和西部教师的期待间存在显著差异（p＝0.019，＜0.05），整体而言，东中西部地区教师对于收入的期待递减（见表 3－36 和表 3－37）。

表 3－36 2008 年的年收入

项目			区域			合计
			西部地区	中部地区	东部地区	
2008 年的年收入	12 000 元以下	人数（人）	443	241	154	838
		区域中的比率（%）	14.1	9.1	4.1	8.7
	12 000～18 000 元	人数（人）	1 017	628	628	2 273
		区域中的比率（%）	32.3	23.7	16.5	23.7
	18 000～24 000 元	人数（人）	830	820	953	2 603
		区域中的比率（%）	26.3	31.0	25.1	27.1
	24 000～36 000 元	人数（人）	603	692	988	2 283
		区域中的比率（%）	19.1	26.2	26.0	23.8
	36 000～60 000 元	人数（人）	216	211	688	1 115
		区域中的比率（%）	6.9	8.0	18.1	11.6
	60 000 元以上	人数（人）	43	54	390	487
		区域中的比率（%）	1.4	2.0	10.3	5.1
合计		人数（人）	3 152	2 646	3 801	9 599
		区域中的比率（%）	100.0	100.0	100.0	100.0

表 3-37　　　　　　　　　　期待的年收入

项目			区域			合计
			西部地区	中部地区	东部地区	
期待的年收入	12 000 元以下	人数（人）	59	19	21	99
		区域中的比率（%）	1.8	0.7	0.5	1.0
	12 000~18 000 元	人数（人）	104	53	46	203
		区域中的比率（%）	3.2	2.0	1.2	2.1
	18 000~24 000 元	人数（人）	168	99	62	329
		区域中的比率（%）	5.2	3.7	1.6	3.4
	24 000~36 000 元	人数（人）	415	366	209	990
		区域中的比率（%）	12.9	13.6	5.5	10.2
	36 000~60 000 元	人数（人）	1 143	1 015	1 084	3 242
		区域中的比率（%）	35.6	37.8	28.3	33.3
	60 000 元以上	人数（人）	1 321	1 131	2 409	4 861
		区域中的比率（%）	41.2	42.2	62.9	50.0
合计		人数（人）	3 210	2 683	3 831	9 724
		区域中的比率（%）	100.0	100.0	100.0	100.0

2. 教师工资欠发情况的区域差异

卡方检验显示，教师工资的发放情况存在极其显著的区域间差异。当问及"是否被欠发过工资"时和"所在区县是否按时发工资"时，东、中、西部地区两两之间的差异极其显著（p=0.000，<0.01），欠发情况从东向西逐渐增多（见表 3-38 和表 3-39）。

表 3-38　　　　　　　　　　是否被欠发过工资

项目			区域			合计
			西部地区	中部地区	东部地区	
是否被欠发过工资	从来没有	人数（人）	1 402	1 390	2 438	5 230
		区域中的比率（%）	43.6	51.5	63.1	53.5
	偶尔被欠发	人数（人）	1 295	882	961	3 138
		区域中的比率（%）	40.2	32.7	24.9	32.1
	经常欠发	人数（人）	289	229	277	795
		区域中的比率（%）	9.0	8.5	7.2	8.1

续表

项目			区域			合计
			西部地区	中部地区	东部地区	
是否被欠发过工资	不清楚	人数（人）	233	198	185	616
		区域中的比率（%）	7.2	7.3	4.8	6.3
合计		人数（人）	3 219	2 699	3 861	9 779
		区域中的比率（%）	100.0	100.0	100.0	100.0

表3-39　　　　　　　　所在区县是否按时发工资

项目			区域			合计
			西部地区	中部地区	东部地区	
所在区县是否按时发工资	是	人数（人）	1 877	1 738	3 122	6 737
		区域中的比率（%）	58.2	64.9	80.9	69.0
	否	人数（人）	687	314	306	1 307
		区域中的比率（%）	21.3	11.7	7.9	13.4
	不清楚	人数（人）	661	625	431	1 717
		区域中的比率（%）	20.5	23.3	11.2	17.6
合计		人数（人）	3 225	2 677	3 859	9 761
		区域中的比率（%）	100.0	100.0	100.0	100.0

3. 教师对于收入合理性认识的区域差异

卡方检验显示，三个区域的教师对于"自身所承担的工作量与获得的收入是否成正比"的认识相对一致，但是西部和中东部地区教师对于"是否应该支付教师加班费"的认识存在极其显著的差异（$p = 0.004$，< 0.01）。进一步分析显示，西部地区有更高比例的教师认为不应该为教师支付加班费。这种观念差异，或许也与三地间市场化程度的差异有关（见表3-40）。

表3-40　　　　　　　　如何看待教师加班费

项目			区域			合计
			西部地区	中部地区	东部地区	
如何看待教师加班费	不应有	人数（人）	179	104	161	444
		区域中的比率（%）	5.6	3.9	4.3	4.6
	应有	人数（人）	3 003	2 540	3 597	9 140
		区域中的比率（%）	94.4	96.1	95.7	95.4

续表

项目		区域			合计
		西部地区	中部地区	东部地区	
合计	人数（人）	3 182	2 644	3 758	9 584
	区域中的比率（%）	100.0	100.0	100.0	100.0

（四）教师专业地位的区域间差异

从专业自主权、专业知识能力和职业道德规范三个维度考察教师专业地位的区域间差异。在东中西三个区域中，东部地区教师的专业自主权、专业知识能力和职业道德规范水平都最为理想，表现出较强的专业性，与教师作为"从事教育教学活动的专业工作人员"的专业地位较为契合；西部地区教师最需要提升专业自主权的权利能力和专业知识能力水平，其职业道德规范水平也有综合提升的必要；中部地区教师的专业知识能力和职业道德规范水平居于中等位置，但专业自主权的行使最容易受到教育外部因素的干扰，这一情况在一定程度上会为该区域教师专业地位带来消极影响。

1. 教师专业自主权的区域差异

总体而言，东部地区教师在各类专业自主权的认同和行使上都比中西部地区教师更为积极，满意度也更高。西部地区教师虽然对自身掌握教师专业自主权相关知识的情况最有信心，但是在教育教学权、教育科研权、教育教学管理权、指导评价权等专业自主权的具体认知和行使上表现都最为薄弱，实际上最需要学习提升专业自主权的权利能力。中部地区教师在行使教师专业自主权时，较易受到教育外部因素的干扰。专业自主权的上述权利能力差异，或在一定程度上影响三个区域中小学教师的专业地位。具体情况如下：

（1）对教师专业自主权认知的区域差异。卡方检验显示，东中西三个区域的教师群体两两之间对于《教师法》规定的教师专业权利的了解情况存在极其显著差异（$p=0.000$，<0.01）。三个区域中，西部地区教师中明确表示了解教师法定专业权利的比例最高，达48.9%；东部地区其次，为39.7%；中部地区最低，为37.4%。而明确表示不了解教师法定专业权利的情况中，中部地区的比例最高（32.8%），东部地区其次（28.8%），西部地区最低（24.9%）。从教师的自述来看，虽然三个区域的教师对自身专业权利的认识程度都还需大力提升，但是西部地区教师认为自己对相关知识的掌握最为理想（见表3-41）。

表 3-41　　　　　　　　　　是否了解教师专业权利

项目			区域			合计
			西部地区	中部地区	东部地区	
是否了解教师专业权利	完全不了解	人数（人）	114	118	144	376
		区域中的比率（%）	3.5	4.3	3.7	3.8
	不太了解	人数（人）	694	772	972	2 438
		区域中的比率（%）	21.4	28.5	25.1	24.8
	一般	人数（人）	853	810	1 215	2 878
		区域中的比率（%）	26.3	29.9	31.4	29.3
	比较了解	人数（人）	1 280	832	1 282	3 394
		区域中的比率（%）	39.4	30.7	33.2	34.5
	非常了解	人数（人）	307	181	253	741
		区域中的比率（%）	9.5	6.7	6.5	7.5
合计		人数（人）	3 248	2 713	3 866	9 827
		区域中的比率（%）	100.0	100.0	100.0	100.0

（2）教师教育教学权的区域差异。卡方检验显示，东部地区教师和中西部地区教师对于依据自身教学知识和技能开展的教育教学活动的满意度存在极其显著的区域间差异（p=0.000，<0.01），而中西部地区教师之间在这一方面则不存在显著差异。进一步数据分析显示，东部地区教师对于自身教育教学知识技能明确表示满意的比例（66.2%）明显高于中部（60.1%）和西部地区（61.9%），明确表示不满意的比例（7.5%）则明显低于中部（12.2%）和西部地区（13.1%）。考虑到东部地区教师学历状况相比中西部地区有明显优势，对自身教育教学知识技能满意度的区域差异在一定程度上可能是由教育教学能力水平的区域间差异造成的（见表3-42）。

表 3-42　　　　　　　　　　是否满意教学知识技能

项目			区域			合计
			西部地区	中部地区	东部地区	
是否满意教学知识技能	完全不满意	人数（人）	54	22	23	99
		区域中的比率（%）	1.7	0.8	0.6	1.0
	不太满意	人数（人）	367	305	266	938
		区域中的比率（%）	11.4	11.4	6.9	9.6

续表

项目			区域			合计
			西部地区	中部地区	东部地区	
是否满意教学知识技能	一般	人数（人）	802	740	1 007	2 549
		区域中的比率（%）	25.0	27.6	26.2	26.2
	比较满意	人数（人）	1 765	1 434	2 221	5 420
		区域中的比率（%）	55.1	53.5	57.8	55.7
	非常满意	人数（人）	218	177	323	718
		区域中的比率（%）	6.8	6.6	8.4	7.4
合计		人数（人）	3 206	2 678	3 840	9 724
		区域中的比率（%）	100.0	100.0	100.0	100.0

卡方检验显示，中部地区和东西部地区教师对于教育教学改革和实验权的认知存在极其显著差异（中部地区与西部地区间 $p=0.000$，<0.01；中部地区与东部地区间 $p=0.002$，<0.01），而东西部地区教师间则不存在显著性差异。从进一步数据分析可见，在肯定教师具有教改实验权利的情形中，中部地区的比例最高（83.3%），东部地区（79.8%）其次，西部地区（76.6%）最低；而明确否定教师具有教改实验权利的情形中，西部地区的比例（8.7%）则明显高于中部（6.8%）和东部地区（7.0%）。由此可见，中部地区教师对于自身具有教改实验权利的认同度最高，西部地区则最低（见表 3-43）。

表 3-43　　　　　是否认同教师开展教改实验的权利

项目			区域			合计
			西部地区	中部地区	东部地区	
是否认同教师开展教改实验的权利	完全不认同	人数（人）	136	92	130	358
		区域中的比率（%）	4.2	3.4	3.4	3.6
	不太认同	人数（人）	145	92	140	377
		区域中的比率（%）	4.5	3.4	3.6	3.8
	一般	人数（人）	479	267	512	1 258
		区域中的比率（%）	14.7	9.9	13.3	12.8
	比较认同	人数（人）	1 421	1 316	1 833	4 570
		区域中的比率（%）	43.7	48.6	47.5	46.5
	非常认同	人数（人）	1 068	939	1 248	3 255
		区域中的比率（%）	32.9	34.7	32.3	33.2

续表

项目		区域			合计
		西部地区	中部地区	东部地区	
合计	人数（人）	3 249	2 706	3 863	9 818
	区域中的比率（%）	100.0	100.0	100.0	100.0

当进一步追问"如果想进行教学方法的改革，采取何种做法"时，东部地区和中西部地区表现出了极其显著的差异（p=0.000，<0.01），而中西部地区之间并不存在显著差异。相比中部（64.1%）和西部（60.4%）地区，东部地区有更高比例（70.7%）的教师选择"向学校领导请示获批后再进行"，而中部和西部地区选择"按照自己的想法进行"和"因担心学校领导反对而不敢进行"的比例则明显高于东部地区。相比之下，东部地区教师在行使自身教改实验权利方面显得更加"温和而坚定"，坚持自身的专业判断又顾及学校的整体教学安排（见表3-44）。

表3-44　　　　　　　　　　对自主教改的做法

项目			区域			合计
			西部地区	中部地区	东部地区	
对自主教改的做法	因担心学校领导反对而不敢进行	人数（人）	364	266	357	987
		区域中的比率（%）	11.4	10.0	9.4	10.2
	向学校领导请示获批后再进行	人数（人）	1 929	1 708	2 688	6 325
		区域中的比率（%）	60.4	64.1	70.7	65.5
	按照自己的想法进行	人数（人）	900	691	756	2 347
		区域中的比率（%）	28.2	25.9	19.9	24.3
合计		人数（人）	3 193	2 665	3 801	9 659
		区域中的比率（%）	100.0	100.0	100.0	100.0

（3）教师教育教学管理权的区域差异。当问及"是否认同教师可以为了维持教学秩序惩戒学生"时，卡方检验显示，西部和东中部地区教师的认识存在极其显著差异（p=0.000，<0.01），东部和中部地区教师间的认识则不存在显著差异。虽然整体而言，各区域中小学教师们对于自身是否具有以及在什么情况下具有惩戒权都尚未有明确统一的认识，但是西部地区的教师（34.5%）中，不认同教师为了维持教学秩序而惩戒学生的比例显著高于中部（28.1%）和东部（27.7%）地区（见表3-45）。

表 3-45　　　　　　　　　　是否认同教师惩戒学生

项目			区域			合计
			西部地区	中部地区	东部地区	
是否认同教师惩戒学生	完全不认同	人数（人）	424	257	338	1 019
		区域中的比率（％）	13.1	9.5	8.7	10.4
	不太认同	人数（人）	694	505	734	1 933
		区域中的比率（％）	21.4	18.6	19.0	19.7
	一般	人数（人）	599	507	713	1 819
		区域中的比率（％）	18.5	18.7	18.4	18.5
	比较认同	人数（人）	1 106	1 005	1 391	3 502
		区域中的比率（％）	34.1	37.1	36.0	35.7
	非常认同	人数（人）	421	436	692	1 549
		区域中的比率（％）	13.0	16.1	17.9	15.8
合计		人数（人）	3 244	2 710	3 868	9 822
		区域中的比率（％）	100.0	100.0	100.0	100.0

进一步追问"您如何对待学生扰乱正常课堂教学秩序的行为"时，卡方检验表明，三地之间存在极其显著的组间差异（$p = 0.000$，< 0.01）。相比东西部地区，中部地区教师中有更高比例的应答者选择"对学生进行批评教育"；在"如果批评无效，我将请班主任或校领导将其领出课堂"的选项上，东部地区的应选率在三个区域中最高；在"为了减少不必要的麻烦视而不见"的选项上，西部地区的应选率在区域间最高（见表 3-46）。

表 3-46　　　　如何对待学生扰乱正常课堂教学秩序的行为

项目		区域					
		西部地区		中部地区		东部地区	
		人数（人）	列响应（％）	人数（人）	列响应（％）	人数（人）	列响应（％）
如何处理学生扰乱课堂的行为	为了减少不必要的麻烦视而不见	215	5.2	145	4.3	161	3.2
	对该学生进行批评教育	2 977	72.6	2 566	76.4	3 642	72.9
	如果批评无效，将请班主任或校领导将其领出课堂	906	22.1	646	19.2	1 194	23.9

西部地区教师不认同教师惩戒扰乱课堂秩序学生的比例和选择"视而不见"的比例在三个区域中皆为最高，或可推断，在三个区域中，西部地区教师对于教师具有的教育教学管理权的理论认识和实际行使相对东部和中部地区略显薄弱。

（4）教师科学研究权的区域差异。在教师的科学研究权方面，东中西部地区教师也存在相对显著的区域差异。从教师自诉的情况分析，西部教师对于这项权利的认知度最低，但对此项权利的实际行使比东中部地区更为普遍；中部地区对自身实际享有的教育科研权利的满意度最低。

当问及"是否认同教师从事与教育教学活动相关的科研"时，虽然三个区域中绝大多数教师都表示了肯定，但是相关数据在西部地区和东部、中部地区之间仍然存在统计学意义上的极其显著差异（东西部区域间 $p = 0.005$，< 0.01；中西部区域间 $p = 0.002$，< 0.01）。相比东部（5.7%）和中部（5.8%）地区，西部地区（7.8%）有更高比例的应答者不认同教师从事教育科研。虽然在三个地区中，不认同教师具有教育科研权利的教师都是极少数人群，但这一差异也确实反映了西部地区有更多教师对于教师具有的这项专业权利处于无知状态（见表 3–47）。

表 3–47　　　　　　　　是否认同教师从事教育科研

项目			区域			合计
			西部地区	中部地区	东部地区	
是否认同教师从事教育科研	完全不认同	人数（人）	96	65	105	266
		区域中的比率（%）	3.0	2.4	2.7	2.7
	不太认同	人数（人）	157	91	115	363
		区域中的比率（%）	4.8	3.4	3.0	3.7
	一般	人数（人）	513	350	552	1 415
		区域中的比率（%）	15.8	12.9	14.3	14.4
	比较认同	人数（人）	1 426	1 290	1 793	4 509
		区域中的比率（%）	44.0	47.7	46.4	45.9
	非常认同	人数（人）	1 052	911	1 301	3 264
		区域中的比率（%）	32.4	33.7	33.7	33.2
合计		人数（人）	3 244	2 707	3 866	9 817
		区域中的比率（%）	100.0	100.0	100.0	100.0

在教育科研权利的实际行使方面，区域间差异表现出了与对教育科研权利的认识相左的状况。当问及"是否参与了与教育教学活动相关的学术团体"和"是否参加过与教育教学相关的学术会议"时，卡方检验显示，西部和东中部地区的反馈

存在极其显著的差异（东西部区域间 p = 0.000，<0.01；中西部区域间 p = 0.000，<0.01），东部和中部地区间则不存在显著性差异；与对教育科研权利的认识相反，西部教师表示参与学术团体的比例（49.6%）明显高于东部（41.8%）和中部（41.4%）地区；西部地区教师表示经常参加学术会议的比例（13.7%）也明显高于东部（8.4%）和中部（7.6%）地区，从未参加过学术会议的比例（23.6%）则低于东部（26.4%）和中部（25.7%）（见表 3 – 48 和表 3 – 49）。

表 3 – 48　　　　　　　　　　是否参与教育学术团体

项目			区域			合计
			西部地区	中部地区	东部地区	
是否参与教育学术团体	是	人数（人）	1 582	1 106	1 598	4 286
		区域中的比率（%）	49.6	41.4	41.8	44.3
	否	人数（人）	1 610	1 565	2 222	5 397
		区域中的比率（%）	50.4	58.6	58.2	55.7
合计		人数（人）	3 192	2 671	3 820	9 683
		区域中的比率（%）	100.0	100.0	100.0	100.0

表 3 – 49　　　　　　　　　　是否参与教育学术会议

项目			区域			合计
			西部地区	中部地区	东部地区	
是否参与教育学术会议	从未参加	人数（人）	753	690	1 010	2 453
		区域中的比率（%）	23.6	25.7	26.4	25.3
	偶尔参加	人数（人）	2 004	1 788	2 492	6 284
		区域中的比率（%）	62.7	66.7	65.2	64.8
	经常参加	人数（人）	438	203	320	961
		区域中的比率（%）	13.7	7.6	8.4	9.9
合计		人数（人）	3 195	2 681	3 822	9 698
		区域中的比率（%）	100.0	100.0	100.0	100.0

在对自己实际享有的参与科学研究的权利的满意度方面，Tamhane's T2 非参数检验显示，东部和中部区域间存在极其显著差异（p = 0.000，<0.01），东部和西部、中部和西部区域之间则不存在统计学意义上的显著性差异。进一步分析数据，中部地区对于这一权利的实际享有状况的满意度在三个区域中最低，其

中，表示"不太满意"的比例（19.5%）显著高于东部地区（15.7%）；东部地区表示满意的比例（34.2%）则显著高于中部地区（30.6%）（见表3-50）。

表3-50 是否满意科研权利

项目			区域			合计
			西部地区	中部地区	东部地区	
是否满意科研权利	完全不满意	人数（人）	149	89	143	381
		区域中的比率（%）	4.7	3.4	3.7	3.9
	不太满意	人数（人）	494	518	598	1 610
		区域中的比率（%）	15.5	19.5	15.7	16.7
	一般	人数（人）	1 478	1 237	1 769	4 484
		区域中的比率（%）	46.5	46.6	46.3	46.5
	比较满意	人数（人）	935	734	1 176	2 845
		区域中的比率（%）	29.4	27.7	30.8	29.5
	非常满意	人数（人）	124	76	131	331
		区域中的比率（%）	3.9	2.9	3.4	3.4
合计		人数（人）	3 180	2 654	3 817	9 651
		区域中的比率（%）	100.0	100.0	100.0	100.0

（5）教师指导评价权的区域差异。方差分析显示，教师们对于"是否认同教师自主评价学生品行"和对自己实际享有的指导评价权的满意度不存在显著的区域间差异，整体而言，我国教师在教师指导评价权的认知和行使上的特点较为一致。而不同之处在学生评价的具体标准和操作方式上，东中西部三个区域间存在差异。相对而言，东部地区教师在教师指导评价权这一专业权利的行使上具有更强的权利能力。

当问及"是否认同学生评价应当以考试成绩为主要依据"时，等均值检验显示存在极其显著的区域间差异（$p=0.000$，<0.01）。进一步多重比较表明，在这一问题的看法上，东西部地区教师之间存在显著性差异（$p=0.029$，<0.05），东中部地区教师之间存在显著性差异（$p=0.014$，<0.05），中西部地区教师之间则存在极其显著性差异（$p=0.000$，<0.01）：虽然三个区域的教师大多倾向于对学生进行全面评价，具有行使这一专业权利的能力，但是相比东部（63.9%）和西部（62.7%）地区，中部地区有更高比例（68.8%）的教师在不同程度上不认同以成绩为主评价学生；西部地区教师对此观点的认同度在三个区域中最高，达到18.2%，东部地区为14.1%，中部地区仅有13.3%；相比中西部地区，东部地区教师中对此观点持中立态度的比例最高（见表3-51）。

表 3－51　　是否认同学生评价应当以考试成绩为主要依据

项目			区域			合计
			西部地区	中部地区	东部地区	
是否认同学生评价应当以考试成绩为主要依据	完全不认同	人数（人）	381	347	470	1 198
		区域中的比率（%）	11.8	13.0	12.3	12.3
	不太认同	人数（人）	1 642	1 488	1 969	5 099
		区域中的比率（%）	50.9	55.8	51.6	52.5
	一般	人数（人）	614	478	838	1 930
		区域中的比率（%）	19.1	17.9	21.9	19.9
	比较认同	人数（人）	542	324	494	1 360
		区域中的比率（%）	16.8	12.1	12.9	14.0
	非常认同	人数（人）	44	32	47	123
		区域中的比率（%）	1.4	1.2	1.2	1.3
合计		人数（人）	3 223	2 669	3 818	9 710
		区域中的比率（%）	100.0	100.0	100.0	100.0

当进一步追问"是否总根据考试成绩的高低评价学生"时，Tamhane's T2 非参数检验显示，西部地区教师和东部、中部地区教师的倾向存在极其显著差异（东西部区域间 $p=0.002$，<0.01；中西部区域间 $p=0.000$，<0.01）。西部地区对问题做出肯定回答的教师比例（15.3%）显著高于东部（11.0%）和中部（10.4%）地区。从观点到态度，西部地区教师在学生评价方面都表现出片面强调考试成绩的倾向性，由此或可推测，整体而言，相比东部和中部地区，西部地区教师对学生进行全面评价的权利能力有更大的提升空间（见表 3－52）。

表 3－52　　是否总根据考试成绩评价学生

项目			区域			合计
			西部地区	中部地区	东部地区	
是否总根据考试成绩评价学生	完全不符合	人数（人）	544	476	651	1 671
		区域中的比率（%）	16.9	17.9	17.1	17.2
	不太符合	人数（人）	1 606	1 426	1 996	5 028
		区域中的比率（%）	50.0	53.5	52.4	51.9
	一般	人数（人）	575	487	743	1 805
		区域中的比率（%）	17.9	18.3	19.5	18.6

续表

项目			区域			合计
			西部地区	中部地区	东部地区	
是否总根据考试成绩评价学生	比较符合	人数（人）	423	242	367	1 032
		区域中的比率（%）	13.2	9.1	9.6	10.7
	非常符合	人数（人）	66	35	52	153
		区域中的比率（%）	2.1	1.3	1.4	1.6
合计		人数（人）	3 214	2 666	3 809	9 689
		区域中的比率（%）	100.0	100.0	100.0	100.0

在学生品行评定时的具体操作方式上，中部地区教师的选择和东部、西部地区之间存在极其显著的差异（p＝0.000，＜0.01）：相比东部和西部地区，中部地区有更高比例的应答教师倾向于选择"综合学校需要、家长喜好和学生的实际表现进行评定"和"顺应家长的喜好进行评定"，而不是仅仅"根据学生的实际表现进行评定"或者"考虑学校的需要进行评定"。家长喜好这一外在于学生个人表现乃至学校教育系统运行之外的因素，在中部地区的影响比东西部地区更为突出。换一个角度来看，可以认为，在中部地区，教师在行使指导评价权时可能受到了更多外在因素的制约（见表3－53）。

表3－53　　　　　　　　如何评定学生品行

项目			区域			合计
			西部地区	中部地区	东部地区	
如何评定学生品行	考虑学校的需要进行评定	人数（人）	74	45	79	198
		区域中的比率（%）	2.3	1.7	2.1	2.1
	顺应家长的喜好进行评定	人数（人）	28	32	26	86
		区域中的比率（%）	0.9	1.2	0.7	0.9
	根据学生的实际表现进行评定	人数（人）	2 568	2 059	3 104	7 731
		区域中的比率（%）	81.1	77.6	81.5	80.3
	综合学校需要、家长喜好和学生的实际表现进行评定	人数（人）	496	518	599	1 613
		区域中的比率（%）	15.7	19.5	15.7	16.8
合计		人数（人）	3 166	2 654	3 808	9 628
		区域中的比率（%）	100.0	100.0	100.0	100.0

（6）教师进修培训权的区域间差异。东、中、西部教师对于教师进修培训权的认知较为一致，不存在统计学意义上的显著差异。但是在对自己实际享有的进修培训权的满意度上，东部地区和中部、西部地区之间存在极其显著的差异（p = 0.000，<0.01）。进一步进行数据分析，可从表 3-54 中看出，东部教师对于实际享有的进修培训权的满意度显著地高于中部和西部地区。

表 3-54　　　　　　　　　　是否满意参与的培训

项目			区域			合计
			西部地区	中部地区	东部地区	
是否满意参与的培训	完全不满意	人数（人）	148	97	122	367
		区域中的比率（%）	4.6	3.6	3.2	3.8
	不太满意	人数（人）	672	586	635	1 893
		区域中的比率（%）	21.1	22.0	16.6	19.5
	一般	人数（人）	1 168	1 045	1 528	3 741
		区域中的比率（%）	36.6	39.2	39.9	38.6
	比较满意	人数（人）	1 051	860	1 398	3 309
		区域中的比率（%）	32.9	32.3	36.5	34.2
	非常满意	人数（人）	152	78	145	375
		区域中的比率（%）	4.8	2.9	3.8	3.9
合计		人数（人）	3 191	2 666	3 828	9 685
		区域中的比率（%）	100.0	100.0	100.0	100.0

2. 教师专业知识能力的区域差异

前面对教师学历和职称的区域间差异分析表明，东中西部地区教师的入职学历、当前学历和职称水平存在阶梯式的差距：东部地区优于中部地区，中部地区优于西部地区。鉴于学历和职称等外在"符号"并不能完全等价于教师的专业知识能力，为更准确的了解中小学教师专业知识能力的区域差异，本书就教师对专业知识技能的理解和接受专业培训情况的区域差异进行了进一步分析。

当问及"是否认同教师需要掌握与教育教学相关的知识技能"时，卡方检验显示，中部地区教师的反馈和东部、西部地区存在显著性差异（中西部区域间 $p = 0.019$，<0.05；中东部区域间 $p = 0.016$，<0.05）。进一步分析具体数据，可知相比东部和西部地区，中部地区有更高比例的教师认同需要专业知识技能，而认为教师不需要专业知识技能的比例也显著更低。换言之中部地区教师对于教师职业所具有的专业性认同度相对更高（见表 3-55）。

表3-55　　　　　　　是否认同教师需要专业知识技能

项目			区域			合计
			西部地区	中部地区	东部地区	
是否认同教师需要专业知识技能	完全不认同	人数（人）	190	132	217	539
		区域中的比率（%）	5.9	4.9	5.6	5.5
	不太认同	人数（人）	68	43	47	158
		区域中的比率（%）	2.1	1.6	1.2	1.6
	一般	人数（人）	213	168	274	655
		区域中的比率（%）	6.6	6.2	7.1	6.7
	比较认同	人数（人）	1 237	1 017	1 376	3 630
		区域中的比率（%）	38.2	37.6	35.7	37.1
	非常认同	人数（人）	1 527	1 345	1 938	4 810
		区域中的比率（%）	47.2	49.7	50.3	49.1
合计		人数（人）	3 235	2 705	3 852	9 792
		区域中的比率（%）	100.0	100.0	100.0	100.0

当问及"上一年度参加过哪种层次的培训"时，卡方检验显示，区域差异极其显著（p=0.000，<0.01）。从具体数据来看，在三个区域间进行比较，东部地区有更高比例的教师参加了省级教师培训，中部地区教师参加过校本培训、地市级培训和没有参加过培训的比例都最高，西部地区教师参加过区县级培训的比例最高，中西部地区参与过国家级培训的教师比例相等并高于东部地区（见表3-56）。

表3-56　　　　　　　上一年参加何种层次的培训

项目		区域					
		西部地区		中部地区		东部地区	
		人数（人）	列响应（%）	人数（人）	列响应（%）	人数（人）	列响应（%）
上一年参与何种层次的培训	没有参加培训	541	10.8	438	11.3	509	8.2
	校本教师培训	2 011	40.0	1 565	40.5	2 439	39.4
	区县级培训	1 317	26.2	701	18.2	1 318	21.3
	地市级教师培训	746	14.9	725	18.8	1 058	17.1
	省级教师培训	272	5.4	328	8.5	755	12.2
	国家级培训	136	2.7	103	2.7	116	1.9

为更深入地了解各级培训的程度与效果，本书就教师参加各级培训的课时数进行了区域分析，结果显示，除在国家级培训的层级上不存在显著性差异之外，其余各级培训的课时数都存在极其显著的区域间差异。整体而言，东部区域各级各类教师培训的组织频率和覆盖面都较中部和西部地区更为理想；中部地区的区县层级教师培训的组织工作相对另外两个区域更薄弱；西部地区的地市层级和省级教师培训的组织工作相比另外两个区域亟待加强。

在校本培训层级上，卡方检验显示，西部地区和东部、中部地区的次数都存在极其显著的差异（$p=0.000$，<0.01）。上一年度参加40次以上校本培训的西部地区教师比例（17.3%）显著高于东部（9.3%）和中部（9.7%）地区。未参加过校本培训的比例，则属中部地区最高（33.2%）。在教师反馈真实的前提下，或可推断，西部地区学校组织校本培训的积极性最高（见表3-57）。

表3-57　　　　　　　　　校本培训次数分段

项目			区域			合计
			西部地区	中部地区	东部地区	
校本培训次数分段	0次	人数（人）	636	510	748	1 894
		区域中的比率（%）	28.3	33.2	31.3	30.7
	1~20次	人数（人）	991	705	1 147	2 843
		区域中的比率（%）	44.1	45.9	47.9	46.0
	21~40次	人数（人）	232	171	274	677
		区域中的比率（%）	10.3	11.1	11.5	11.0
	41~60次	人数（人）	224	64	120	408
		区域中的比率（%）	10.0	4.2	5.0	6.6
	60次以上	人数（人）	165	85	104	354
		区域中的比率（%）	7.3	5.5	4.3	5.7
合计		人数（人）	2 248	1 535	2 393	6 176
		区域中的比率（%）	100.0	100.0	100.0	100.0

在区县级培训层级上，卡方检验显示，中部地区和东部、西部地区之间的次数都存在极其显著的差异（$p=0.000$，<0.01）。中部地区教师未参加过区县级教师培训的比例（68.6%）显著高于东部（56.8%）和西部（53.9%）地区。在教师反馈真实的前提下，或可推断，在中部地区，区县层级教师培训的组织工作相对薄弱（见表3-58）。

表 3-58　　　　　　　　　　区县培训次数分段

项目			区域			合计
			西部地区	中部地区	东部地区	
区县培训次数分段	0 次	人数（人）	1 215	1 061	1 326	3 602
		区域中的比率（%）	53.9	68.6	56.8	58.7
	1~20 次	人数（人）	671	331	595	1 597
		区域中的比率（%）	29.8	21.4	25.5	26.0
	21~40 次	人数（人）	214	69	254	537
		区域中的比率（%）	9.5	4.5	10.9	8.8
	41~60 次	人数（人）	122	60	105	287
		区域中的比率（%）	5.4	3.9	4.5	4.7
	60 次以上	人数（人）	32	25	55	112
		区域中的比率（%）	1.4	1.6	2.4	1.8
合计		人数（人）	2 254	1 546	2 335	6 135
		区域中的比率（%）	100.0	100.0	100.0	100.0

在地市级培训层级上，卡方检验显示，西部地区和东部、中部地区之间的次数存在极其显著的差异（$p = 0.000$，< 0.01）。西部地区教师未参加过地市级教师培训的比例（74.7%）显著高于东部（67.6%）和中部（67.1%）地区。在教师反馈真实的前提下，或可推断，在西部地区，地市层级教师培训的组织工作亟待加强（见表 3-59）。

表 3-59　　　　　　　　　　地市级培训次数分段

项目			区域			合计
			西部地区	中部地区	东部地区	
地市级培训次数分段	0 次	人数（人）	1 684	1 038	1 592	4 314
		区域中的比率（%）	74.7	67.1	67.6	70.1
	1~20 次	人数（人）	391	323	541	1 255
		区域中的比率（%）	17.3	20.9	23.0	20.4
	21~40 次	人数（人）	77	85	96	258
		区域中的比率（%）	3.4	5.5	4.1	4.2
	41~60 次	人数（人）	66	53	65	184
		区域中的比率（%）	2.9	3.4	2.8	3.0

续表

项目			区域			合计
			西部地区	中部地区	东部地区	
地市级培训次数分段	60次以上	人数（人）	36	49	62	147
		区域中的比率（%）	1.6	3.2	2.6	2.4
合计		人数（人）	2 254	1 548	2 356	6 158
		区域中的比率（%）	100.0	100.0	100.0	100.0

在省级培训层级上，卡方检验显示，东、中、西部三个区域两两之间的次数皆存在极其显著的差异（p = 0.000，< 0.01）。三个区域中，教师未参加过省级教师培训的比例由东向西呈阶梯式递增：东部75.8%、中部85.6%、西部91.5%，而参加过不同频数段省级教师培训的人数比例则总体上由西向东递增。在教师反馈真实的前提下，或可推断，整体而言，东部地区组织省级教师培训的力度强于中部地区，中部地区则强于西部地区（见表3-60）。

表3-60　　　　　　　　省级培训次数分段

项目			区域			合计
			西部地区	中部地区	东部地区	
省级培训次数分段	0次	人数（人）	2 062	1 328	1 764	5 154
		区域中的比率（%）	91.5	85.6	75.8	84.1
	1~20次	人数（人）	125	137	196	458
		区域中的比率（%）	5.5	8.8	8.4	7.5
	21~40次	人数（人）	31	32	82	145
		区域中的比率（%）	1.4	2.1	3.5	2.4
	41~60次	人数（人）	22	26	103	151
		区域中的比率（%）	1.0	1.7	4.4	2.5
	60次以上	人数（人）	14	29	181	224
		区域中的比率（%）	0.6	1.9	7.8	3.7
合计		人数（人）	2 254	1 552	2 326	6 132
		区域中的比率（%）	100.0	100.0	100.0	100.0

3. 教师职业道德规范的区域差异

在对职业道德规范的认识上，三个区域间的差异相对显著。整体而言，我国教师对中小学教师职业道德规范的认识水平和践行状况呈现自东向西逐级递减的样态，其中西部地区和东部、中部地区的差距相对明显。但也需要认识到，西部地区教师对教师职业道德规范的认同和实践情况，有其社会经济和知识能力背景，毕竟西部地区教师收入和专业知识状况在三个区域中都相对薄弱。在缺乏相关知识并且缺乏充分物质基础上，一味要求教师"高度奉献"并不实际。

（1）对职业道德规范相关政策了解情况的区域差异。Tamhane's T2 非参数检验显示，东部地区和中部地区教师对于《中小学教师职业道德规范》的了解存在极其显著的差异（p = 0.003，< 0.01）。具体分析数据可知，东部地区明确表示"了解"该规范的教师比例（66.5%）高于中部地区（63.8%），明确表示"不了解"该规范的比例（8.3%）则低于中部地区（11.1%）。从数据上看，东部地区教师对《中小学教师职业道德规范》的认知程度更高（见表 3 - 61）。

表 3 - 61　　　　　　　　是否了解中小学教师职业道德规范

项目			区域			合计
			西部地区	中部地区	东部地区	
是否了解中小学教师职业道德规范	完全不了解	人数（人）	60	50	48	158
		区域中的比率（%）	1.9	1.9	1.2	1.6
	不太了解	人数（人）	256	248	274	778
		区域中的比率（%）	8.0	9.2	7.1	8.0
	一般	人数（人）	738	672	966	2 376
		区域中的比率（%）	23.0	25.0	25.1	24.4
	比较了解	人数（人）	1 681	1 341	1 965	4 987
		区域中的比率（%）	52.3	49.9	51.2	51.2
	非常了解	人数（人）	478	374	588	1 440
		区域中的比率（%）	14.9	13.9	15.3	14.8
合计		人数（人）	3 213	2 685	3 841	9 739
		区域中的比率（%）	100.0	100.0	100.0	100.0

（2）爱岗敬业情况的区域差异。虽然我国中小学教师整体上都能够兢兢业业勤奋工作，但是在对教师奉献精神的理解和实际工作态度上还是存在一定的区域间差异。教师的奉献意愿和工作态度呈现自东向西递减的态势。

当问及"是否认同教师应当甘为人梯、具有高度奉献精神"时，Tamhane's T2 非参数检验显示，西部地区和东部、中部地区之间存在极其显著的差异（p = 0.000，< 0.01）。从表 3 - 62 的具体数据中可知，西部地区教师对此观点的认同

度显著低于东部和中部地区：西部地区对此观点明确表示认同的比例为60.1%，而在中部为66.3%，东部为64.9%；同时西部地区有19.1%的教师对此明确表示"不认同"，该数据在中部地区为14.3%，在东部地区为13.6%。

表3-62　　　　　　　　是否认为教师应具有高度奉献精神

项目			区域			合计
			西部地区	中部地区	东部地区	
是否认为教师应具有高度奉献精神	完全不认同	人数（人）	126	67	121	314
		区域中的比率（%）	3.9	2.5	3.1	3.2
	不太认同	人数（人）	489	318	404	1 211
		区域中的比率（%）	15.2	11.8	10.5	12.4
	一般	人数（人）	666	519	823	2 008
		区域中的比率（%）	20.7	19.3	21.4	20.6
	比较认同	人数（人）	1 329	1 199	1 708	4 236
		区域中的比率（%）	41.3	44.6	44.4	43.5
	非常认同	人数（人）	605	583	788	1 976
		区域中的比率（%）	18.8	21.7	20.5	20.3
合计		人数（人）	3 215	2 686	3 844	9 745
		区域中的比率（%）	100.0	100.0	100.0	100.0

在理解了职业道德标准与从业者收入及专业能力之间关系的前提下，当看到西部地区教师在"是否总将工作做到最好"一题上的反馈和东部、中部地区存在的极其显著性差异（卡方检验，$p=0.000$，<0.01）也就不足为奇。数据表明，西部地区教师中明确表示自己在工作中的实际情况符合这一描述的教师有74.9%，中部地区则有81.2%，东部地区更高达83.3%；而明确表示自己情况不符合这一描述的西部教师有10.7%，这一数据在中部仅为5.9%，东部仅为5.0%（见表3-63）。

表3-63　　　　　　　　　　是否总将工作做到最好

项目			区域			合计
			西部地区	中部地区	东部地区	
是否总将工作做到最好	完全不符合	人数（人）	59	31	52	142
		区域中的比率（%）	1.8	1.2	1.4	1.5

续表

项目			区域			合计
			西部地区	中部地区	东部地区	
是否总将工作做到最好	不太符合	人数（人）	288	126	136	550
		区域中的比率（%）	8.9	4.7	3.6	5.7
	一般	人数（人）	461	345	450	1 256
		区域中的比率（%）	14.3	12.9	11.8	12.9
	比较符合	人数（人）	1 780	1 598	2 330	5 708
		区域中的比率（%）	55.3	59.8	61.1	58.8
	非常符合	人数（人）	632	571	845	2 048
		区域中的比率（%）	19.6	21.4	22.2	21.1
合计		人数（人）	3 220	2 671	3 813	9 704
		区域中的比率（%）	100.0	100.0	100.0	100.0

当问及"是否上课从来不迟到早退"时，卡方检验显示，西部地区教师的反馈和东部、中部之间存在极其显著差异（$p=0.000$，<0.01），东西部地区教师之间也存在显著差异（$p=0.027$，<0.05）。西部地区教师中表示这一描述符合其个人情况的比例为83.3%，低于中部地区的86.9%，并显著低于东部地区的88.0%（见表3-64）。

表3-64　　　　　　　　　是否上课从来不迟到早退

项目			区域			合计
			西部地区	中部地区	东部地区	
是否上课从来不迟到早退	完全不符合	人数（人）	109	90	109	308
		区域中的比率（%）	3.4	3.4	2.9	3.2
	不太符合	人数（人）	170	80	84	334
		区域中的比率（%）	5.3	3.0	2.2	3.4
	一般	人数（人）	257	179	227	663
		区域中的比率（%）	8.0	6.7	6.0	6.8
	比较符合	人数（人）	1 464	984	1 406	3 854
		区域中的比率（%）	45.5	36.9	36.9	39.8
	非常符合	人数（人）	1 216	1 332	1 986	4 534
		区域中的比率（%）	37.8	50.0	52.1	46.8

续表

项目		区域			合计
		西部地区	中部地区	东部地区	
合计	人数（人）	3 216	2 665	3 812	9 693
	区域中的比率（%）	100.0	100.0	100.0	100.0

（3）关爱学生情况的区域差异。以"是否认为汶川地震中不顾学生安危的教师是不称职的教师"为考察点，分析不同区域中小学教师在关爱学生方面的态度，Tamhane's T2 非参数检验显示，东部地区和中部、西部地区之间存在极其显著的差异（东中部之间 $p=0.004$，<0.01，东西部之间 $p=0.001$，<0.01）。东部地区对此观点明确表示"认同"的比例（62.4%）高于中部（59.9%）和西部（59.9%）地区；表示"不认同"的比例（20.6%）则明显低于中部（23.6%）和西部（26.0%）地区（见表3-65）。

表3-65 是否认为汶川地震中不顾学生安危的教师是不称职的教师

项目			区域			合计
			西部地区	中部地区	东部地区	
是否认为汶川地震中不顾学生安危的教师是不称职的教师	完全不认同	人数（人）	229	133	189	551
		区域中的比率（%）	7.1	5.0	4.9	5.7
	不太认同	人数（人）	609	498	600	1 707
		区域中的比率（%）	18.9	18.6	15.7	17.6
	一般	人数（人）	454	442	646	1 542
		区域中的比率（%）	14.1	16.5	16.9	15.9
	比较认同	人数（人）	1 101	1 003	1 388	3 492
		区域中的比率（%）	34.2	37.6	36.3	35.9
	非常认同	人数（人）	829	595	998	2 422
		区域中的比率（%）	25.7	22.3	26.1	24.9
合计		人数（人）	3 222	2 671	3 821	9 714
		区域中的比率（%）	100.0	100.0	100.0	100.0

（4）为人师表情况的区域差异。从"是否认同教师应当严于律己"和"如何看待有偿家教"两方面考察中小学教师为人师表的状况，在进行区域间比较时发现，对这两个问题的看法都存在显著的区域间差异。

卡方检验显示，西部地区教师在对"是否认同教师应当严于律己"的回答上和东部、中部地区存在极其显著的差异（p=0.002，<0.01），而东中部地区教师的态度上不存在显著性差异。西部地区对此观点做出中立表态的教师比例（9.0%）显著高于东部（6.0%）和中部（6.9%）地区，东部教师对此观点的认同比例（89.9%）相对中部（88.3%）和西部（86.3%）地区稍高（见表3-66）。

表3-66　　　　　　　　　是否认同教师应严于律己

项目		区域			合计
		西部地区	中部地区	东部地区	
是否认同教师应严于律己	完全不认同 人数（人）	98	79	98	275
	完全不认同 区域中的比率（%）	3.0	3.0	2.6	2.8
	不太认同 人数（人）	55	51	59	165
	不太认同 区域中的比率（%）	1.7	1.9	1.5	1.7
	一般 人数（人）	289	183	230	702
	一般 区域中的比率（%）	9.0	6.9	6.0	7.2
	比较认同 人数（人）	1 446	1 148	1 762	4 356
	比较认同 区域中的比率（%）	44.9	43.0	46.2	44.9
	非常认同 人数（人）	1 336	1 209	1 666	4 211
	非常认同 区域中的比率（%）	41.4	45.3	43.7	43.4
合计	人数（人）	3 224	2 670	3 815	9 709
	区域中的比率（%）	100.0	100.0	100.0	100.0

在对有偿家教的看法上，卡方检验显示，中部地区和东部、西部地区之间存在极其显著差异（中东部之间 p=0.003，<0.01；中西部之间 p=0.000，<0.01）。从具体数据来看，中部地区教师对于有偿家教表现得更为宽容，有80.1%的中部教师认为"只要不影响本职，可以允许"，这一比例在社会市场化程度更高的东部为77.0%，在市场化程度更低的西部为75.2%。这种"中部塌陷"的现象，或需要结合中部地区社会经济发展的宏观背景进一步进行调查解释（见表3-67）。

表 3-67　　　　　　　　　　如何看待教师有偿家教

项目			区域			合计
			西部地区	中部地区	东部地区	
如何看待教师有偿家教	应严格禁止	人数（人）	786	524	862	2 172
		区域中的比率（%）	24.8	19.9	23.0	22.7
	只要不影响本职工作，可以允许	人数（人）	2 380	2 110	2 887	7 377
		区域中的比率（%）	75.2	80.1	77.0	77.3
合计		人数（人）	3 166	2 634	3 749	9 549
		区域中的比率（%）	100.0	100.0	100.0	100.0

（5）教书育人情况的区域差异。当问及"是否总是耐心帮助课上调皮捣蛋的学生"时，虽然大多数教师都表示自己能够做到，但是不同区域之间还是存在一定差异。卡方检验显示，在此问题的回答上，西部地区和东部、中部地区存在极其显著差异（$p=0.000$，<0.01），东部和中部地区之间也存在显著差异（$p=0.034$，<0.05）。相比东部（81.0%）和中部（79.6%）地区，西部地区表示这一描述与自身情况"符合"的比例（74.0%）明显更低。相对而言，东部地区教师倾向于这么做的教师比例最高（见表 3-68）。

表 3-68　　　　　　　是否总耐心帮助课上调皮捣蛋的学生

项目			区域			合计
			西部地区	中部地区	东部地区	
是否总耐心教育帮助课堂上调皮捣蛋的学生	完全不符合	人数（人）	46	31	38	115
		区域中的比率（%）	1.4	1.2	1.0	1.2
	不太符合	人数（人）	221	112	132	465
		区域中的比率（%）	6.9	4.2	3.5	4.8
	一般	人数（人）	566	399	550	1 515
		区域中的比率（%）	17.7	15.0	14.5	15.7
	比较符合	人数（人）	1 746	1 590	2 252	5 588
		区域中的比率（%）	54.5	59.8	59.3	57.9
	非常符合	人数（人）	626	527	823	1 976
		区域中的比率（%）	19.5	19.8	21.7	20.5
合计		人数（人）	3 205	2 659	3 795	9 659
		区域中的比率（%）	100.0	100.0	100.0	100.0

(五) 对教师公务员制度和教师流动看法的区域差异

东中西部地区教师在对教师公务员制度和教师流动问题上的看法也存在区域性差异。相比东部和中部地区，西部地区教师相对更支持由政府高度掌握教师的人事权。具体情况如下：

1. 对教师公务员制度看法的区域差异

卡方检验显示，虽然在问及"是否同意教师成为公务员"时，东中西三个区域间不存在显著性差异，但是不同区域的教师们表达出相应观点时依据的理由则各有侧重。

在同意教师成为公务员的理由上，西部地区和东部、中部地区之间存在极其显著性差异（$p=0.000$，<0.01），东部和中部地区之间也存在显著差异（$p=0.027$，<0.05）。相比东部（14.3%）和中部（15.6%）地区，西部地区教师选择"公务员经济待遇好"的比例（23.7%）明显更高；中部地区（7.5%）教师显得比西部（6.5%）和东部（6.1%）地区更在意"公务员社会地位高"；与中部（76.9%）、西部（69.8%）地区相比，东部地区（79.5%）教师则更在意"教师成为公务员更能体现政府的教育责任"。三个区域在此事由上表现出的倾向性，与西部地区教师收入相对更低，中部地区科层化更突出，东部地区教师整体社会经济地位更理想密切相关（见表3-69）。

表3-69　　　　　　　　　同意教师成为公务员的理由

项目		区域			合计
		西部地区	中部地区	东部地区	
同意教师成为公务员的理由	公务员经济待遇好				
	人数（人）	641	343	469	1 453
	区域中的比率（%）	23.7	15.6	14.3	17.8
	公务员社会地位高				
	人数（人）	175	165	200	540
	区域中的比率（%）	6.5	7.5	6.1	6.6
	教师成为公务员更能体现政府的教育责任				
	人数（人）	1 889	1 692	2 602	6 183
	区域中的比率（%）	69.8	76.9	79.5	75.6
合计	人数（人）	2 705	2 200	3 271	8 176
	区域中的比率（%）	100.0	100.0	100.0	100.0

在不同意教师成为公务员的理由方面，西部地区和东部、中部地区之间存在极其显著差异（东西部之间 $p=0.010$；中西部之间 $p=0.008$，<0.01），东部和中部地区之间的差异不显著。西部地区明显有更高比例（40.2%）的教师担心

"成为公务员将降低职业的自主性和自由度",这一比例在东部地区为 20.4%,在中部地区为 23.3%;东部地区认为"公务员的待遇虽好,但责任太大"的比例(16.8%)高于中部地区(13.4%),更显著高于西部地区(11.3%);相比其他两个地区,中部地区教师更为担心"成为公务员会助长学校管理的行政化和官僚化倾向"(见表 3-70)。

表 3-70　　　　　　　　不同意教师成为公务员的理由

项目		区域			合计
		西部地区	中部地区	东部地区	
不同意教师成为公务员的理由	公务员的待遇虽好,但责任太大				
	人数(人)	59	23	47	129
	区域中的比率(%)	11.3	13.4	16.8	13.2
	成为公务员将降低职业的自主性和自由度				
	人数(人)	210	40	57	307
	区域中的比率(%)	40.2	23.3	20.4	31.5
	成为公务员会助长学校管理的行政化和官僚化倾向				
	人数(人)	253	109	176	538
	区域中的比率(%)	48.5	63.4	62.9	55.2
合计	人数(人)	522	172	280	974
	区域中的比率(%)	100.0	100.0	100.0	100.0

当问及"认为以哪种形式进行教师招聘更为合理",卡方检验显示,中部地区与西部地区之间存在极其显著性差异($p = 0.007$,< 0.01),中东部地区、东西部地区之间则不存在显著差异。西部地区教师对"国家或地方政府统一招聘"的支持度(73.1%)比东部地区(71.9%)和中部地区(69.9%)更高。由此可知,虽然在对教师成为国家公务员的支持度上并不存在区域间差异,但西部地区教师整体来说更倾向于将教育事务直接交付政府操办(见表 3-71)。

表 3-71　　　　　　　　认为教师招聘应采取何种方式

项目		区域			合计
		西部地区	中部地区	东部地区	
认为教师招聘应采取何种方式	国家或地方政府统一招聘				
	人数(人)	2 317	1 824	2 675	6 816
	区域中的比率(%)	73.1	69.9	71.9	71.8
	由各个学校单独招聘				
	人数(人)	852	786	1 044	2 682
	区域中的比率(%)	26.9	30.1	28.1	28.2

续表

项目		区域			合计
		西部地区	中部地区	东部地区	
合计	人数（人）	3 169	2 610	3 719	9 498
	区域中的比率（%）	100.0	100.0	100.0	100.0

2. 对教师流动的看法的区域间差异

卡方检验显示，在教师流动问题上，西部地区与东部、中部地区之间存在显著性差异（中西部地区间 $p = 0.012$，<0.05；东西部地区间 $p = 0.019$，<0.05）。与对教师招聘权归属的看法相应，相比东部（50.6%）和中部（50.2%）地区，西部地区（53.5%）教师更倾向认为教师"应服从政府部门的调配"而非自由流动（见表 3 – 72）。

表 3 – 72   如何看待教师流动

项目			区域			合计
			西部地区	中部地区	东部地区	
如何看待教师流动	应服从政府部门的调配	人数（人）	1 694	1 313	1 894	4 901
		区域中的比率（%）	53.5	50.2	50.6	51.5
	教师应自由流动	人数（人）	1 474	1 304	1 846	4 624
		区域中的比率（%）	46.5	49.8	49.4	48.5
合计		人数（人）	3 168	2 617	3 740	9 525
		区域中的比率（%）	100.0	100.0	100.0	100.0

三、城乡差异显著性检验结果

本书就城乡教师社会经济地位的差异进行了分析。虽然城乡教师的社会经济地位总体上都与教师作为"从事教育教学工作的专业人员"的法律定位相契合，但是城市教师的政治地位、经济地位和专业地位三个维度下的多项具体指标都略优于农村教师，可以认为城市教师的社会经济地位高于农村教师。具体情况如下。

（一）教师师资结构的城乡差异

城乡教师的年龄结构存在极其显著性差异（$p = 0.000$，<0.01）。50 岁以上

的年龄段，城乡教师的比例相当；30~50岁之间，城市地区中年教师的比例（65.9%）高于农村地区（59.3%），而30岁以下的青年教师比例则是农村地区（36.1%）高于城市地区（29.7%）。这种情况或是因为，我国过去较长历史时期内城乡教育严重失衡，而近十年来通过系列制度性优惠和农村教师专项计划为农村地区大力引进新的师资（见表3-73）。

表3-73　　　　　　　　　　年龄段

项目			城乡		合计
			农村	城市	
年龄段	30岁以下	人数（人）	1 345	1 782	3 127
		城乡中的比率（%）	36.1	29.7	32.2
	30~40岁	人数（人）	1 467	2 622	4 089
		城乡中的比率（%）	39.4	43.7	42.1
	40~50岁	人数（人）	742	1 329	2 071
		城乡中的比率（%）	19.9	22.2	21.3
	50岁以上	人数（人）	170	264	434
		城乡中的比率（%）	4.6	4.4	4.5
合计		人数（人）	3 724	5 997	9 721
		城乡中的比率（%）	100.0	100.0	100.0

与年龄结构相应，城乡教师的教龄也存在极其显著性差异（p=0.002，<0.01）。农村地区教龄5年以下的新手教师的比例为23.1%，显著高于城市教师（19.2%）；5~10年教龄的情况中城乡比例差异不大；11~20年教龄的城市教师比例（39.1%）高于农村教师（36.3%）（见表3-74）。

表3-74　　　　　　　　　　教龄段

项目			城乡		合计
			农村	城市	
教龄段	5年以下	人数（人）	849	1 139	1 988
		城乡中的比率（%）	23.1	19.2	20.7
	5~10年	人数（人）	702	1 188	1 890
		城乡中的比率（%）	19.1	20.0	19.6
	11~15年	人数（人）	747	1 159	1 906
		城乡中的比率（%）	20.3	19.5	19.8

续表

项目			城乡		合计
			农村	城市	
教龄段	15~20年	人数（人）	588	1 164	1 752
		城乡中的比率（%）	16.0	19.6	18.2
	20~25年	人数（人）	402	674	1 076
		城乡中的比率（%）	10.9	11.3	11.2
	25年以上	人数（人）	393	615	1 008
		城乡中的比率（%）	10.7	10.4	10.5
合计		人数（人）	3 681	5 939	9 620
		城乡中的比率（%）	100.0	100.0	100.0

受教育程度方面，Mann-Whitney非参数检验显示，城乡教师的初始学历和问卷调查时的学历都存在极其显著的组间差异（p=0.000，<0.01）。在初始学历方面，城市教师中46.7%的教师入职时学历在大学本科及以上，而农村地区只有28.3%达到这一水平；同时农村教师中有35.6%的教师入职学历为中专中师甚至高中，而城市中同等入职学历者仅有21.1%（见表3-75）。在调查时的当前学历方面，分析具体数据可知，虽然城乡都有大量教师通过继续学习提升了学历水平，但是极其显著的差异依然存在：问卷发放时，虽然农村教师学历在大学本科及以上者大幅度提升至68.6%，但是仍然显著地低于城市地区的84.3%（见表3-76）。

表3-75　　　　　　　　　　　　入职学历

项目			城乡		合计
			农村	城市	
入职学历	高中	人数（人）	201	121	322
		城乡中的比率（%）	5.3	2.0	3.3
	中专中师	人数（人）	1 145	1 160	2 305
		城乡中的比率（%）	30.3	19.1	23.4
	大专	人数（人）	1 356	1 954	3 310
		城乡中的比率（%）	35.9	32.1	33.6
	本科	人数（人）	1 041	2 767	3 808
		城乡中的比率（%）	27.6	45.5	38.6

续表

项目			城乡		合计
			农村	城市	
入职学历	研究生	人数（人）	25	75	100
		城乡中的比率（%）	0.7	1.2	1.0
	其他	人数（人）	5	10	15
		城乡中的比率（%）	0.1	0.2	0.2
	合计	人数（人）	3 773	6 087	9 860
		城乡中的比率（%）	100.0	100.0	100.0

表 3-76　　当前学历

项目			城乡		合计
			农村	城市	
当前学历	中师中专	人数（人）	158	74	232
		城乡中的比率（%）	4.2	1.2	2.4
	大专	人数（人）	1 013	877	1 890
		城乡中的比率（%）	26.9	14.4	19.2
	本科	人数（人）	2 491	4 716	7 207
		城乡中的比率（%）	66.1	77.5	73.1
	研究生	人数（人）	63	293	356
		城乡中的比率（%）	1.7	4.8	3.6
	教育硕士	人数（人）	31	119	150
		城乡中的比率（%）	0.8	2.0	1.5
	其他	人数（人）	14	8	22
		城乡中的比率（%）	0.4	0.1	0.2
	合计	人数（人）	3 770	6 087	9 857
		城乡中的比率（%）	100.0	100.0	100.0

职称方面，Robust 等均值检验显示，城乡教师间差异极其显著（$p=0.000$，<0.01）。虽然农村在中级职称教师的比例上比城市高了 1.9%，但是在高级职称的比例上比城市低了 10.2%，同时农村初级职称的教师比例比城市高 8.3%。农村初级职称教师的比例更高，或与农村拥有更高比例的年轻教师有关，但是从高级职称教师的比例来看，整体而言，农村教师的职称水平逊于城市（见表 3-77）。

表3-77　　　　　　　　　　职称

项目			城乡		合计
			农村	城市	
职称	初级职称	人数（人）	1 405	1 845	3 250
		城乡中的比率（%）	43.5	35.2	38.4
	中级职称	人数（人）	1 597	2 487	4 084
		城乡中的比率（%）	49.4	47.5	48.2
	高级职称	人数（人）	230	906	1 136
		城乡中的比率（%）	7.1	17.3	13.4
合计		人数（人）	3 232	5 238	8 470
		城乡中的比率（%）	100.0	100.0	100.0

综合教师年龄、教龄、学历和职称的城乡差异情况，可以看到，城市教师队伍的整体专业素质优于农村。在这一师资队伍区域差异的基础上，本书就城乡教师社会经济地位的具体差异进行深入分析。

（二）教师政治地位的城乡差异

本书从政治权利和政治参与两方面考察城乡间教师政治地位的情况，具有如下特点：城市教师的政治权利的保障制度和救济机制均比农村教师更为完善，城市教师的政治参与力度及其影响力也比农村教师更为突出。整体而言，城市教师的政治地位略高于农村教师。

1. 政治权利的城乡差异

（1）教代会情况。非参数检验显示，从城乡教师的反馈来看，城乡学校建立教代会的情况存在极其显著差异（$p = 0.000$，< 0.05）。城市教师中，有81.0%的受访者反馈所在学校建立了教代会，这一比例在农村仅为62.2%。教代会这一基础性的教师组织的缺失，可能使得农村地区教师权利的行使和救济缺乏制度基础。相比城市地区，农村地区需要大力加强教师权利的保障制度建设（见表3-78）。

表3-78　　　　　　　　　有否教代会

项目			城乡		合计
			农村	城市	
有否教代会	有	人数（人）	2 257	4 801	7 058
		城乡中的比率（%）	62.2	81.0	73.9

续表

项目			城乡		合计
			农村	城市	
有否教代会	没有	人数（人）	1 369	1 129	2 498
		城乡中的比率（%）	37.8	19.0	26.1
合计		人数（人）	3 626	5 930	9 556
		城乡中的比率（%）	100.0	100.0	100.0

在组建了教代会的情况下，城乡教代会的产生方式依然存在极其显著的组间差异（p=0.000，<0.05）。虽然城乡教代会大多数情况下都是由"选举或教师群体推荐"产生，但是农村地区教代会由"校长指定"的比例（13.6%）还是显著高于城市地区（8.0%）。由此反映出，农村学校相比城市学校的民主管理程度更低，农村教师在教育系统内享有的政治权利在一定程度上低于城市教师（见表3-79）。

表3-79　　　　　　　　　教代会的产生方式

项目			城乡		合计
			农村	城市	
教代会的产生方式	选举或教师群体推荐	人数（人）	1 777	4 034	5 811
		城乡中的比率（%）	78.5	84.7	82.7
	校长指定	人数（人）	308	379	687
		城乡中的比率（%）	13.6	8.0	9.8
	其他	人数（人）	178	351	529
		城乡中的比率（%）	7.9	7.4	7.5
合计		人数（人）	2 263	4 764	7 027
		城乡中的比率（%）	100.0	100.0	100.0

对教代会影响力的城乡差异分析进一步验证了上述判断。城乡教师对于"教代会对校长权力的约束程度"的判断存在极其显著的差异（p=0.000，<0.05）。从表3-80中可知，整体而言，相比城市教师，农村教师对于"教代会对校长权力的约束程度"更不乐观。认为教代会对校长权力"偶尔有约束"甚至"完全无约束"的农村教师达到47.4%，这一比例在城市教师中仅为40.5%。

表 3–80　　　　　　　　教代会对校长权力的约束

项目			城乡		合计
			农村	城市	
教代会对校长权力的约束	完全	人数（人）	124	369	493
		城乡中的比率（%）	5.8	8.3	7.5
	多数	人数（人）	531	1 291	1 822
		城乡中的比率（%）	24.9	29.0	27.7
	少数	人数（人）	464	988	1 452
		城乡中的比率（%）	21.8	22.2	22.1
	偶尔	人数（人）	328	590	918
		城乡中的比率（%）	15.4	13.2	13.9
	无约束力	人数（人）	682	1 216	1 898
		城乡中的比率（%）	32.0	27.3	28.8
合计		人数（人）	2 129	4 454	6 583
		城乡中的比率（%）	100.0	100.0	100.0

（2）教师维权机制。在政治权利的保障机制方面，本书以"与学校发生纠纷时的维权途径"为考察点分析城乡情况。结果显示，虽然在与学校发生纠纷时的维权途径和对纠纷解决方式的满意度上城乡之间具有一致性，但是纠纷发生的概率存在极其显著的城乡差异（p = 0.000，< 0.05）：在工作中曾经与学校发生过纠纷的农村教师比例（17.0%）明显高于城市教师（14.1%）。这种情况，或与农村缺乏教师权利保障制度和教师意见表达机制有着密切关系（见表 3–81）。

表 3–81　　　　　　　　工作中有否与学校发生纠纷

项目			城乡		合计
			农村	城市	
工作中有否与学校发生纠纷	有	人数（人）	596	783	1 379
		城乡中的比率（%）	17.0	14.1	15.2
	没有	人数（人）	2 905	4 786	7 691
		城乡中的比率（%）	83.0	85.9	84.8
合计		人数（人）	3 501	5 569	9 070
		城乡中的比率（%）	100.0	100.0	100.0

2. 政治参与的城乡差异

（1）教师参与学校事务情况的城乡差异。虽然城乡教师对于参与学校事务的范围和方式的满意度具有一致性，但是在教师参与学校事务决策的概率、内容、方式和意见采纳与否的影响因素上，城乡之间都存在差异。相比农村地区，城市教师参与学校事务决策的概率更高、参与内容与教师专业关系更密切、参与方式更为正式，在对意见采纳与否的归因上更加重视意见的合理性。

当问及"是否参与过学校事务的决策活动"时，方差分析显示，城乡间差异极其显著（$p=0.000$，<0.01）：农村教师中有53.1%"从未参与"过，而城市教师中只有44.9%；表示"经常参与"的农村教师比例为7.8%，而城市教师则达到10.5%。相比城市教师，农村教师对于学校决策的参与率更低。这种情况可能由两方面原因导致：第一，农村教师的参与意愿更低；第二，农村教师缺乏正式的参与渠道。要做出具体归因，还需更进一步分析。但无论原因是什么，显然都能够表明农村教师相比城市教师在学校组织内的政治参与更为弱势（见表3-82）。

表3-82　　　　　　　是否参与过学校事务的决策活动

项目			城乡		合计
			农村	城市	
是否参与学校决定	从不参与	人数（人）	1 875	2 619	4 494
		城乡中的比率（%）	53.1	44.9	48.0
	有时参与	人数（人）	1 379	2 607	3 986
		城乡中的比率（%）	39.1	44.7	42.6
	经常参与	人数（人）	275	611	886
		城乡中的比率（%）	7.8	10.5	9.5
合计		人数（人）	3 529	5 837	9 366
		城乡中的比率（%）	100.0	100.0	100.0

在参与学校事务的内容方面，卡方检验显示，城乡之间存在显著差异（$p=0.023$，<0.05）。从具体数据来看，在"学校发展规划""评优"和"奖金福利分配"等事宜的参与率相当的情况下，农村教师选择"评职称"的比例较城市教师少1.1%，选择"其他"这一选项的比例较城市教师多0.9%。评职称是对教师的专业能力水平进行官方评定的活动，应当以专业性为其基础，因此，作为相应资质能力的教师理应具有话语权。农村教师在这项活动上的参与率略低，或许与城乡教师的职称结构差异相关（见表3-83）。

表 3-83　　　　　　　　　　参与学校决策的内容

项目		城乡			
		农村		城市	
		人数（人）	列响应（%）	人数（人）	列响应（%）
参与何种决定	学校发展规划	488	17.8	1 022	17.9
	评优	1 047	38.3	2 189	38.4
	评职称	688	25.1	1 494	26.2
	奖金和福利的分配	397	14.5	814	14.3
	其他	116	4.2	187	3.3

在参与学校决策的方式上，卡方检验显示城乡间存在极其显著差异（p = 0.000，<0.01）。农村教师中反馈主要以"个别交流"这种非正式途径参与学校事务的比例比城市教师高出 3.9%，城市教师中表示以"召开会议"和"公示"的"官方渠道"参与的比例则相应高于农村地区。这一情况反映出，相比城市，农村地区教师政治参与的制度建设亟待加强（见表 3-84）。

表 3-84　　　　　　　　　　以何种方式参与学校事务

项目		城乡			
		农村		城市	
		人数（人）	列响应（%）	人数（人）	列响应（%）
学校征求意见方式	召开会议	1 156	48.7	2 526	50.6
	公示	730	30.7	1 630	32.7
	个别交流	489	20.6	836	16.7

虽然 Robust 等均值检验显示，城乡之间教师意见被学校采纳的程度不存在显著差异，但是卡方检验表明，决定意见是否被学校采纳的因素却极其显著地不同（p = 0.000，<0.01）。相比农村教师，城市教师中有更高比例的应答者认为"教师资历"和"意见合理程度"这两个与意见"含金量"密切相关的因素是决定意见是否被采纳的影响因素；农村教师则在"职务""学历""与领导关系"上出现比城市教师更高的应选率（见表 3-85）。

表 3-85　　哪些因素决定意见是否被学校采纳

项目		城乡			
		农村		城市	
		人数（人）	列响应（%）	人数（人）	列响应（%）
学校意见采纳的影响因素	教师资历	266	12.7	603	15.1
	职务	322	15.3	560	14.0
	学历	91	4.3	118	3.0
	与领导关系	214	10.2	298	7.5
	意见合理程度	1 205	57.4	2 408	60.4

（2）教师参与上级教育行政部门事务情况的城乡差异。分析显示，在教师参与上级教育行政部门决策方面，城乡教师在参与概率、对意见采纳与否的归因和参与满意度上具有一致性，在参与的内容和意见被采纳程度上存在极其显著差异，在参与方式上存在显著差异。整体而言，农村教师对上级教育行政部门决策的影响力弱于城市教师。

在参与的内容上，卡方检验表明，城乡差异极其显著（$p = 0.000$，< 0.01）。城市教师参与"教育发展规划"和"教师福利待遇问题"的比例高于农村；农村教师参与"评选县级先进集体或个人""教育经费问题""其他情况"的比例高于城市教师（见表 3-86）。

表 3-86　　参与上级教育行政决策的内容

项目		城乡			
		农村		城市	
		人数（人）	列响应（%）	人数（人）	列响应（%）
参与何种教育决策	教育发展规划	157	19.3	357	24.8
	评选县级先进集体或个人	323	39.8	463	32.2
	教育经费问题	65	8.0	104	7.2
	教师福利待遇问题	172	21.2	386	26.8
	其他	95	11.7	129	9.0

在参与方式上，城乡差异显著（$p = 0.011$，< 0.05）。城市教师中以"上级教育行政部门组织会议或者征求意见"参与相关决策的比例（66.4%）高于农村教师（59.5%），农村教师采取"个人自发提出意见"和"通过网络发表意

见"这两种私人表达方式的比例则高于城市教师。比较可知，相比农村教师，城市教师能够更容易地通过官方渠道向教育行政部门表达自身对于教育事务的意见，从而，城市教师的意见也更容易为教育行政部门了解和采纳。无论这种情况是由地缘因素还是由对于农村教师专业能力的疑虑，或者由于其他因素引起的，其客观上造成了农村教师在政治参与上相比城市教师更加弱势的状况（见表3-87）。

表3-87　　　　　　　　　　何种方式参与决策

项目			城乡		合计
			农村	城市	
何种方式参与决策	上级教育行政部门组织会议或者征求意见	人数（人）	323	619	942
		城乡中的比率（%）	59.5	66.4	63.9
	个人自发向上级教育行政部门提出意见	人数（人）	120	167	287
		城乡中的比率（%）	22.1	17.9	19.5
	通过网络发表意见	人数（人）	100	146	246
		城乡中的比率（%）	18.4	15.7	16.7
合计		人数（人）	543	932	1 475
		城乡中的比率（%）	100.0	100.0	100.0

农村教师在以意见表达为代表的政治参与中的相对弱势，也可以通过城乡教师"意见被上级教育行政部门采纳的程度"的极其显著差异（方差分析，$p=0.000$，<0.01）得到佐证。农村教师中表示"意见从未被采纳"的比例（36.6%）比城市教师（32.1%）多4.5%；表示意见"多次被采纳"的比例（16.3%）比城市教师（21.4%）少5.1%；表示意见"每次都被采纳"的比例（0.8%）比城市教师（3.7%）少了2.9%（见表3-88）。

表3-88　　　　　　　　　　意见被上级采纳程度

项目			城乡		合计
			农村	城市	
意见被上级采纳程度	每次都被采纳	人数（人）	5	37	42
		城乡中的比率（%）	0.8	3.7	2.6
	多次被采纳	人数（人）	97	216	313
		城乡中的比率（%）	16.3	21.4	19.5

续表

项目			城乡		合计
			农村	城市	
意见被上级采纳程度	1~2次被采纳	人数（人）	276	433	709
		城乡中的比率（%）	46.3	42.9	44.1
	从未被采纳	人数（人）	218	324	542
		城乡中的比率（%）	36.6	32.1	33.7
合计		人数（人）	596	1 010	1 606
		城乡中的比率（%）	100.0	100.0	100.0

（三）教师经济地位的城乡差异

从工作收入、工资发放情况和对教师工资的看法三个方面考察城乡教师的经济地位，可以发现存在相当程度的城乡差异：城市教师的实际工资收入和预期工资收入都显著地高于农村教师，农村拖欠教师工资的情况比城市更严重。总体而言，农村教师的经济地位低于城市教师。具体情况如下：

1. 教师工资收入的城乡差异

Robust 等均值检验显示，以 2008 年的年收入为代表进行分析，城乡教师工资收入存在极其显著的差异（$p = 0.000$，< 0.01）。城市教师收入显著地高于农村教师：以年收入 24 000 元为分界线，年收入在 24 000 元以上的城市教师占其总数的 49.7%，农村教师占其总数的 26.0%，并且在 24 000 元以上的各档中，城市教师比例均高于农村教师；年收入在 24 000 元以下的城市教师占其总数的 50.2%，农村教师占其总数的 73.9%，并且在 24 000 元以下的各档中，农村教师比例均高于城市教师（见表 3-89）。

表 3-89　　　　　　　　　　2008 年的年收入

项目			城乡		合计
			农村	城市	
2008 年的年收入	12 000 元以下	人数（人）	404	396	800
		城乡中的比率（%）	11.0	6.7	8.4
	12 000~18 000 元	人数（人）	1 172	1 099	2 271
		城乡中的比率（%）	32.0	18.6	23.8
	18 000~24 000 元	人数（人）	1 132	1 470	2 602
		城乡中的比率（%）	30.9	24.9	27.2

续表

项目			城乡		合计
			农村	城市	
2008年的年收入	24 000~36 000元	人数（人）	676	1 607	2 283
		城乡中的比率（%）	18.5	27.2	23.9
	36 000~60 000元	人数（人）	195	920	1 115
		城乡中的比率（%）	5.3	15.6	11.7
	60 000元以上	人数（人）	79	408	487
		城乡中的比率（%）	2.2	6.9	5.1
合计		人数（人）	3 658	5 900	9 558
		城乡中的比率（%）	100.0	100.0	100.0

在对教师职业收入的期待上，城乡之间的差异同样极其显著（$p = 0.000$，<0.01）。城市教师对于薪资数额的期待显著地高于农村教师：有57.8%的城市教师期待年收入在60 000元以上，而仅有37.9%的农村教师有同样的期待（见表3-90）。

表3-90　　　　　　　　　　期待的年收入

项目			城乡		合计
			农村	城市	
期待的年收入	12 000元以下	人数（人）	39	53	92
		城乡中的比率（%）	1.1	0.9	1.0
	12 000~18 000元	人数（人）	89	106	195
		城乡中的比率（%）	2.4	1.8	2.0
	18 000~24 000元	人数（人）	189	128	317
		城乡中的比率（%）	5.1	2.1	3.3
	24 000~36 000元	人数（人）	579	404	983
		城乡中的比率（%）	15.7	6.8	10.2
	36 000~60 000元	人数（人）	1 400	1 834	3 234
		城乡中的比率（%）	37.9	30.7	33.4
	60 000元以上	人数（人）	1 402	3 458	4 860
		城乡中的比率（%）	37.9	57.8	50.2
合计		人数（人）	3 698	5 983	9 681
		城乡中的比率（%）	100.0	100.0	100.0

2. 教师工资拖欠情况的城乡差异

为进一步了解教师经济地位的城乡差异，本书对教师工资是否按时发放进行了城乡间对比分析。结果显示，农村地区的教师工资拖欠情况相比城市严重得多。按时足额获得工资是劳动者的基本职业权利，也是所从事的职业具有相对稳定和体面的经济地位的标志。拖欠教师工资在一定程度上对当地教师的经济地位造成了消极影响。这也导致了农村教师的经济地位进一步低于城市教师。

当问及"是否被欠发过工资"时，Mann - Whitney 非参数检验显示城乡教师的反馈具有极其显著差异（$p=0.000$，<0.01）。城市教师中有高于六成（60.6%）的应答者表示"从未有过"，而农村教师中仅有 42.1% 的应答者做出这一反馈（见表 3-91）。

表 3-91　　　　　　　　　　是否被欠发过工资

项目			城乡		合计
			农村	城市	
是否被欠发过工资	从来没有	人数（人）	1 566	3 646	5 212
		城乡中的比率（%）	42.1	60.6	53.5
	偶尔被欠发	人数（人）	1 579	1 539	3 118
		城乡中的比率（%）	42.4	25.6	32.0
	经常欠发	人数（人）	310	478	788
		城乡中的比率（%）	8.3	7.9	8.1
	不清楚	人数（人）	266	350	616
		城乡中的比率（%）	7.1	5.8	6.3
合计		人数（人）	3 721	6 013	9 734
		城乡中的比率（%）	100.0	100.0	100.0

当问及"所在区县当前是否按时发工资"时，Mann - Whitney 非参数检验表明城乡教师间的差异同样极其显著（$p=0.000$，<0.01）。农村教师中做出肯定回答的比例（65.2%）比城市教师（71.4%）少了 6.2%（见表 3-92）。

表 3-92　　　　　　　　　所在区县是否按时发工资

项目			城乡		合计
			农村	城市	
所在区县是否按时发工资	是	人数（人）	2 418	4 289	6 707
		城乡中的比率（%）	65.2	71.4	69.0

续表

项目			城乡		合计
			农村	城市	
所在区县是否按时发工资	否	人数（人）	634	665	1 299
		城乡中的比率（%）	17.1	11.1	13.4
	不清楚	人数（人）	658	1 053	1 711
		城乡中的比率（%）	17.7	17.5	17.6
合计		人数（人）	3 710	6 007	9 717
		城乡中的比率（%）	100.0	100.0	100.0

3. 对教师工资看法的城乡差异

Mann-Whitney 非参数检验显示，城乡教师对于"所承担的工作量与获得的收入是否成正比"的认识不存在显著差异，但对于教师加班费的看法则存在极其显著性的差异（$p=0.001$，<0.01）：虽然整体上农村教师收入较城市教师更低，但是认为"不应该有教师加班费"农村教师比例（5.5%）比城市教师（4.0%）高 1.5%（见表 3-93）。这种现象或与农村社会的市场化程度普遍低于城市社会有关。

表 3-93　　　　　　　　　　如何看待教师加班费

项目			城乡		合计
			农村	城市	
如何看待教师加班费	不应有	人数（人）	200	237	437
		城乡中的比率（%）	5.5	4.0	4.6
	应有	人数（人）	3 434	5 669	9 103
		城乡中的比率（%）	94.5	96.0	95.4
合计		人数（人）	3 634	5 906	9 540
		城乡中的比率（%）	100.0	100.0	100.0

（四）专业地位

研究从专业自主权、专业知识能力和职业道德规范三个维度考察教师专业地位的城乡间差异。在专业自主权方面，虽然从教师自诉来看，城市教师对法定教师专业权利的了解水平略逊于农村教师，但是城市教师在教育教学权、教育教学管理权、科学研究权和指导评价权等具体的教师专业权利的认知或者行使上都不同程度地优于农村教师。在专业知识能力方面，城市教师在学历和职称整体显著高于农村教师的同时，还有更多机会通过参与较高层级的专业培训不断提升专业知识能力水平。在职业道德规范方面，虽然农村教师群体相对更自信自己对于《中小学教师职业道德规范》的了解，但是在爱岗敬业和为人师表维度上城市教师的表现略好。综合判断，城市教师的专业地位与教师作为从事教育教学工作的专业人员的法律定位更为契合，农村教师的专业地位逊于城市教师。

1. 教师专业自主权的城乡差异

（1）对教师专业自主权的认知情况。Mann–Whitney 非参数检验显示，城乡教师对于《教师法》所规定的教师专业权利的认知存在极其显著差异（p = 0.001，<0.01）。进一步分析数据，可以发现，农村教师中自认为了解法定教师专业权利的比例（45.8%）比城市教师（39.6%）高 6.2%，明确表示自己不了解教师专业权利的比例（26.1%）比城市教师（30.3%）低了 4.2%（见表 3–94）。

表 3–94　　　　　　　　　是否了解教师专业权利

项目			城乡		合计
			农村	城市	
是否了解教师专业权利	完全不了解	人数（人）	137	234	371
		城乡中的比率（%）	3.7	3.9	3.8
	不太了解	人数（人）	836	1 599	2 435
		城乡中的比率（%）	22.4	26.4	24.9
	一般	人数（人）	1 050	1 817	2 867
		城乡中的比率（%）	28.1	30.0	29.3
	比较了解	人数（人）	1 367	2 002	3 369
		城乡中的比率（%）	36.6	33.1	34.4
	非常了解	人数（人）	345	395	740
		城乡中的比率（%）	9.2	6.5	7.6
合计		人数（人）	3 735	6 047	9 782
		城乡中的比率（%）	100.0	100.0	100.0

（2）教育教学权。城乡教师对于行使教育教学权所开展的教育教学活动的满意度相对一致，但是对于教师教改试验权利的认识和对自身享有的教改试验权的满意度有较大差异。城市教师对于该权利的认同度和满意度都略高于农村教师。或可推测，城市教师行使此项权利的外部支持优于农村教师。

当问及"是否认同教师可以开展教学改革和试验"时，Mann–Whitney 非参数检验显示,城乡教师的态度存在极其显著性差异(p=0.008,<0.01)。对教师具有这一权利表示"非常认同"的城市教师比例为34.1%,而农村教师仅31.7%。城市教师对于教师这一专业权利的认同程度更高(见表3-95)。

表3-95　　　　　　是否认同教师开展教改实验的权利

项目			城乡		合计
			农村	城市	
是否认同教师开展教改实验的权利	完全不认同	人数(人)	139	215	354
		城乡中的比率(%)	3.7	3.6	3.6
	不太认同	人数(人)	143	234	377
		城乡中的比率(%)	3.8	3.9	3.9
	一般	人数(人)	518	738	1 256
		城乡中的比率(%)	13.9	12.2	12.9
	比较认同	人数(人)	1 747	2 797	4 544
		城乡中的比率(%)	46.8	46.3	46.5
	非常认同	人数(人)	1 184	2 058	3 242
		城乡中的比率(%)	31.7	34.1	33.2
合计		人数(人)	3 731	6 042	9 773
		城乡中的比率(%)	100.0	100.0	100.0

当问及对自己实际享有的教改实验权利的满意度时,方差分析显示,城乡之间存在显著性差异(p=0.013,<0.05)。农村教师表示不满意的比例为24.7%,比城市教师(21.8%)多2.9%(见表3-96)。由此或可推测,农村教师自主行使教改实验权进行教学改革的环境相比城市教师有所不足。

表3-96　　　　　　是否满意享有的教改实验权利

项目			城乡		合计
			农村	城市	
是否满意享有的教改实验权利	完全不满意	人数(人)	136	231	367
		城乡中的比率(%)	3.7	3.9	3.8
	不太满意	人数(人)	772	1 071	1 843
		城乡中的比率(%)	21.0	17.9	19.1
	一般	人数(人)	1 602	2 695	4 297
		城乡中的比率(%)	43.6	45.0	44.5

续表

项目			城乡		合计
			农村	城市	
是否满意享有的教改实验权利	比较满意	人数（人）	1 065	1 829	2 894
		城乡中的比率（%）	29.0	30.5	30.0
	非常满意	人数（人）	98	163	261
		城乡中的比率（%）	2.7	2.7	2.7
合计		人数（人）	3 673	5 989	9 662
		城乡中的比率（%）	100.0	100.0	100.0

（3）教育教学管理权。在教育教学管理权上，城市教师对于教师惩戒权的认同度略高于农村教师，对于教育教学管理权的行使也比农村教师略为坚定。

Mann-Whitney非参数检验显示，城乡教师对"是否认同教师可以为了维持教学秩序惩戒学生"的认识存在极其显著的差异（p=0.000，<0.01）。农村教师中明确表示不认同的比例（32.5%）高于城市教师（28.3%），而城市教师认同教师在此情况下拥有惩戒权的比例（52.3%）则略高于农村教师（50.2%）（见表3-97）。

表3-97　是否认同教师可以为了维持教学秩序惩戒学生

项目			城乡		合计
			农村	城市	
是否认同教师惩戒学生	完全不认同	人数（人）	441	569	1 010
		城乡中的比率（%）	11.8	9.4	10.3
	不太认同	人数（人）	774	1 145	1 919
		城乡中的比率（%）	20.7	18.9	19.6
	一般	人数（人）	645	1 170	1 815
		城乡中的比率（%）	17.3	19.4	18.6
	比较认同	人数（人）	1 347	2 140	3 487
		城乡中的比率（%）	36.1	35.4	35.7
	非常认同	人数（人）	528	1 020	1 548
		城乡中的比率（%）	14.1	16.9	15.8
合计		人数（人）	3 735	6 044	9 779
		城乡中的比率（%）	100.0	100.0	100.0

当问及"如何对待学生扰乱正常课堂教学秩序的行为"时,卡方检验显示,城乡教师间也存在显著性差异($p=0.022$,<0.05)。虽然总体上城乡教师都倾向选择积极行使其教育教学管理权,但城市教师中选择"对该学生进行批评教育"的比例(74.4%)高于农村教师(72.7%),农村教师中选择"为减少不必要的麻烦视而不见"的比例(4.7%)高于城市教师(3.9%)。相对来说,城市教师对于自身所拥有的这项专业权利的行使更加坚定(见表3-98)。

表 3-98 如何对待学生扰乱正常课堂教学秩序的行为

项目		城乡			
		农村		城市	
		人数(人)	列响应(%)	人数(人)	列响应(%)
如何处理学生扰乱课堂的行为	为了减少不必要的麻烦视而不见	222	4.7	298	3.9
	对该学生进行批评教育	3 463	72.7	5 677	74.4
	如果批评无效,将请班主任或校领导将其领出课堂	1 077	22.6	1 658	21.7

(4)科学研究权。教师的科学研究权方面,除了参加学术会议的情况之外,城乡教师之间不存在显著性差异。稳健(Robust)等均值检验显示,城乡教师参加教育学术会议的频率存在极其显著性差异($p=0.000$,<0.01)。农村教师中表示"从未参加"过学术会议的比例(29.8%)比城市教师(22.4%)多了7.4%。可以推断,农村学校较少组织学术讨论会并且农村教师较难获得参加校外教育学术会议的机会(见表3-99)。

表 3-99 是否参与教育学术会议

项目			城乡		合计
			农村	城市	
是否参与教育学术会议	从未参加	人数(人)	1 092	1 339	2 431
		城乡中的比率(%)	29.8	22.4	25.2
	偶尔参加	人数(人)	2 293	3 971	6 264
		城乡中的比率(%)	62.5	66.3	64.9
	经常参加	人数(人)	281	678	959
		城乡中的比率(%)	7.7	11.3	9.9
合计		人数(人)	3 666	5 988	9 654
		城乡中的比率(%)	100.0	100.0	100.0

(5) 指导评价权。指导评价权方面，Mann–Whitney 非参数检验显示，城乡教师对学生品行进行评定时依据的标准存在极其显著性差异（$p = 0.007$，< 0.01）。农村教师选择"根据学生的实际表现进行评定"的比例（81.3%）高于城市教师（79.6%），城市教师选择"综合学校需要、家长喜好和学生的实际表现进行评定"的比例（17.6%）高于农村教师（15.5%）。由此可推测，农村教师在学生评价权的行使上比城市教师略为独立，略少受到外部环境因素的干扰（见表3–100）。

表3–100　　　　　　　　如何评定学生品行

项目			城乡		合计
			农村	城市	
如何评定学生品行	考虑学校的需要进行评定	人数（人）	76	122	198
		城乡中的比率（%）	2.1	2.0	2.1
	顺应家长的喜好进行评定	人数（人）	39	47	86
		城乡中的比率（%）	1.1	0.8	0.9
	根据学生的实际表现进行评定	人数（人）	2 948	4 741	7 689
		城乡中的比率（%）	81.3	79.6	80.2
	综合学校需要、家长喜好和学生的实际表现进行评定	人数（人）	563	1 047	1 610
		城乡中的比率（%）	15.5	17.6	16.8
合计		人数（人）	3 626	5 957	9 583
		城乡中的比率（%）	100.0	100.0	100.0

当问及"是否认同学生评价应当以考试成绩为主要依据"时，Robust 等均值检验显示，城乡差异极其显著（$p = 0.000$，< 0.01）：农村教师中，表示"认同"的比例（17.5%）明显高于城市教师（13.8%），而表示"不认同"者（62.9%）则明显低于城市教师（66.1%）。可见相对城市教师，农村教师的学生发展观略为保守片面，可能对其指导评价权的恰当行使带来一定负面影响（见表3–101）。

表3–101　　　是否认同学生评价应当以考试成绩为主要依据

项目			城乡		合计
			农村	城市	
是否认同学生评价应当以考试成绩为主要依据	完全不认同	人数（人）	454	740	1 194
		城乡中的比率（%）	12.3	12.4	12.4

续表

项目			城乡		合计
			农村	城市	
是否认同学生评价应当以考试成绩为主要依据	不太认同	人数（人）	1 867	3 207	5 074
		城乡中的比率（%）	50.6	53.7	52.5
	一般	人数（人）	724	1 202	1 926
		城乡中的比率（%）	19.6	20.1	19.9
	比较认同	人数（人）	592	758	1 350
		城乡中的比率（%）	16.0	12.7	14.0
	非常认同	人数（人）	55	67	122
		城乡中的比率（%）	1.5	1.1	1.3
合计		人数（人）	3 692	5 974	9 666
		城乡中的比率（%）	100.0	100.0	100.0

观念的差异造成了城乡教师教育实践中评价行为的极其显著差异（Robust 等均值检验；p＝0.000，＜0.01）。在回答"是否总根据考试成绩评价学生"一问时，农村教师中有 15.2% 的教师明确表示"符合"，而城市教师中这一比例仅为 10.2%（见表 3－102）。

表 3－102　　　　　是否总根据考试成绩评价学生

项目			城乡		合计
			农村	城市	
是否总根据考试成绩评价学生	完全不符合	人数（人）	545	1 121	1 666
		城乡中的比率（%）	14.8	18.8	17.3
	不太符合	人数（人）	1 893	3 116	5 009
		城乡中的比率（%）	51.3	52.3	51.9
	一般	人数（人）	688	1 111	1 799
		城乡中的比率（%）	18.7	18.6	18.7
	比较符合	人数（人）	481	538	1 019
		城乡中的比率（%）	13.0	9.0	10.6
	非常符合	人数（人）	80	72	152
		城乡中的比率（%）	2.2	1.2	1.6
合计		人数（人）	3 687	5 958	9 645
		城乡中的比率（%）	100.0	100.0	100.0

(6) 进修培训权。在进修培训权方面，Mann–Whitney 非参数检验显示，城乡教师对教师培训的认同度存在显著性差异（$p=0.029$，<0.05）。有 5.6% 的城市教师对此表示"不认同"，而只有 4.5% 的农村教师做出这一表态（见表 3–103）。

表 3–103　　　　　　　　是否认同教师参加职业培训

项目			城乡		合计
			农村	城市	
是否认同教师参加职业培训	完全不认同	人数（人）	94	161	255
		城乡中的比率（%）	2.5	2.7	2.6
	不太认同	人数（人）	74	177	251
		城乡中的比率（%）	2.0	2.9	2.6
	一般	人数（人）	403	529	932
		城乡中的比率（%）	10.8	8.8	9.5
	比较认同	人数（人）	1 516	2 371	3 887
		城乡中的比率（%）	40.7	39.2	39.8
	非常认同	人数（人）	1 640	2 806	4 446
		城乡中的比率（%）	44.0	46.4	45.5
合计		人数（人）	3 727	6 044	9 771
		城乡中的比率（%）	100.0	100.0	100.0

2. 教师专业知识能力水平的城乡差异

在前面分析过的城市教师学历和职称水平整体显著高于农村教师的同时，城乡教师对于教师专业知识技能的认识和参与各层级教师专业知识技能培训的情况也存在显著的差异，城市教师有更多机会通过参与较高层级的专业培训不断提升专业知识能力水平。

Mann–Whitney 检验显示，在"是否认同教师需要掌握与教育教学相关的知识技能"一题的回答上，城乡教师间存在极其显著的差异（$p=0.004$，<0.01）。城市教师的态度相比农村教师略显极端：对此观点"非常认同"的城市教师有 50.9%，农村教师则有 46.3%；"完全不认同"的城市教师有 6.0%，农村教师只有 4.7%（见表 3–104）。

表 3-104　是否认同教师需要掌握与教育教学相关的知识技能

项目			城乡		合计
			农村	城市	
是否认同教师需要专业知识技能	完全不认同	人数（人）	174	361	535
		城乡中的比率（%）	4.7	6.0	5.5
	不太认同	人数（人）	66	91	157
		城乡中的比率（%）	1.8	1.5	1.6
	一般	人数（人）	239	414	653
		城乡中的比率（%）	6.4	6.9	6.7
	比较认同	人数（人）	1 520	2 090	3 610
		城乡中的比率（%）	40.8	34.7	37.0
	非常认同	人数（人）	1 723	3 069	4 792
		城乡中的比率（%）	46.3	50.9	49.2
合计		人数（人）	3 722	6 025	9 747
		城乡中的比率（%）	100.0	100.0	100.0

在参与培训方面，城市教师的机会明显多于农村教师。当问及"上一年参加过何种层次的培训"时，卡方检验显示，城乡教师的反馈存在极其显著差异（p = 0.000，<0.01）。城市教师参与过地市级以上培训的比例（29.6%）显著高于农村教师（19.4%），没有参加过培训的比例（9.2%）则低于农村教师（10.7%）（见表 3-105）。

表 3-105　上一年参与何种层次的培训

项目		城乡			
		农村		城市	
		人数（人）	列响应（%）	人数（人）	列响应（%）
上一年参与何种层次的培训	没有参加培训	586	10.7	876	9.2
	校本教师培训	2 308	42.1	3 691	38.6
	区县级培训	1 453	26.5	1 876	19.6
	地市级教师培训	688	12.6	1 840	19.3
	省级教师培训	372	6.8	983	10.3
	国家级培训	70	1.3	284	3.0

在上一年参加校本培训的次数方面，Mann-Whitney 检验显示，城乡教师的差异极其显著（p=0.000，<0.01）。表示上一年度从未参加过校本培训的城市教师比例（32.8%）比农村教师（27.3%）高5.5%。结合城市教师"没有参加"各类培训的比例低于农村教师来看，可推测，在有较多机会获得教育行政部门组织的各级各类培训的情况下，部分城市学校可能放松了校本培训的组织工作（见表3-106）。

表3-106　　　　　　　　　校本培训次数分段

项目			城乡		合计
			农村	城市	
校本培训次数分段	0次	人数（人）	646	1 246	1 892
		城乡中的比率（%）	27.3	32.8	30.7
	1~20次	人数（人）	1 091	1 741	2 832
		城乡中的比率（%）	46.2	45.8	46.0
	21~40次	人数（人）	255	421	676
		城乡中的比率（%）	10.8	11.1	11.0
	41~60次	人数（人）	191	217	408
		城乡中的比率（%）	8.1	5.7	6.6
	60次以上	人数（人）	181	173	354
		城乡中的比率（%）	7.7	4.6	5.7
合计		人数（人）	2 364	3 798	6 162
		城乡中的比率（%）	100.0	100.0	100.0

在上一年参加区县级培训的次数方面，城乡之间的极其显著性差异（Mann-Whitney 检验，p=0.000，<0.01）与参加校本培训的课时数情况类似：城市教师在上一年中未参加过区县培训的比例（61.4%）高于农村教师（54.4%）（见表3-107）。

表3-107　　　　　　　　　区县培训次数分段

项目			城乡		合计
			农村	城市	
区县培训次数分段	0次	人数（人）	1 268	2 324	3 592
		城乡中的比率（%）	54.4	61.4	58.7

续表

项目			城乡		合计
			农村	城市	
区县培训次数分段	1~20次	人数（人）	673	920	1 593
		城乡中的比率（%）	28.8	24.3	26.0
	21~40次	人数（人）	223	314	537
		城乡中的比率（%）	9.6	8.3	8.8
	41~60次	人数（人）	120	167	287
		城乡中的比率（%）	5.1	4.4	4.7
	60次以上	人数（人）	49	63	112
		城乡中的比率（%）	2.1	1.7	1.8
合计		人数（人）	2 333	3 788	6 121
		城乡中的比率（%）	100.0	100.0	100.0

上一年参加地市级培训的次数方面，虽然根据 Mann–Whitney 检验可见城乡之间依然存在极其显著的差异（$p=0.000$，<0.01），但具体原因与前两者相反：农村教师中没参加过地市级培训的比例（77.7%）高于城市教师（65.3%）（见表3–108）。

表3–108　　　　　　　　　地市级培训次数分段

项目			城乡		合计
			农村	城市	
地市级培训次数分段	0次	人数（人）	1 809	2 491	4 300
		城乡中的比率（%）	77.7	65.3	70.0
	1~20次	人数（人）	336	918	1 254
		城乡中的比率（%）	14.4	24.1	20.4
	21~40次	人数（人）	78	180	258
		城乡中的比率（%）	3.4	4.7	4.2
	41~60次	人数（人）	60	124	184
		城乡中的比率（%）	2.6	3.2	3.0
	60次以上	人数（人）	44	103	147
		城乡中的比率（%）	1.9	2.7	2.4
合计		人数（人）	2 327	3 816	6 143
		城乡中的比率（%）	100.0	100.0	100.0

在省级培训的次数方面，城乡间极其显著差异（Mann-Whitney检验，$p=0.000$，<0.01）的原因与地市级层面相似：农村中没有参与过该层级培训的教师比例（89.3%）显著高于城市（80.7%）（见表3-109）。

表3-109　　　　　　　　　省级培训次数分段

项目			城乡		合计
			农村	城市	
省级培训次数分段	0次	人数（人）	2 081	3 058	5 139
		城乡中的比率（%）	89.3	80.7	84.0
	1~20次	人数（人）	117	341	458
		城乡中的比率（%）	5.0	9.0	7.5
	21~40次	人数（人）	44	101	145
		城乡中的比率（%）	1.9	2.7	2.4
	41~60次	人数（人）	46	105	151
		城乡中的比率（%）	2.0	2.8	2.5
	60次以上	人数（人）	42	182	224
		城乡中的比率（%）	1.8	4.8	3.7
合计		人数（人）	2 330	3 787	6 117
		城乡中的比率（%）	100.0	100.0	100.0

在参加国家级培训的次数方面，城乡间极其显著差异（Mann-Whitney检验，$p=0.000$，<0.01）的原因与前两者相似：城市教师中表示上一年参与次数为"0次"的比例为94.0%，农村则为97.5%。农村教师的参与率低且参加的课时数相对更少（见表3-110）。

表3-110　　　　　　　　　国家级培训次数分段

项目			城乡		合计
			农村	城市	
国家级培训次数分段	0次	人数（人）	2 270	3 561	5 831
		城乡中的比率（%）	97.5	94.0	95.3
	1~20次	人数（人）	28	82	110
		城乡中的比率（%）	1.2	2.2	1.8
	21~40次	人数（人）	10	36	46
		城乡中的比率（%）	0.4	1.0	0.8

续表

项目			城乡		合计
			农村	城市	
国家级培训次数分段	41~60次	人数（人）	6	36	42
		城乡中的比率（%）	0.3	1.0	0.7
	60次以上	人数（人）	14	73	87
		城乡中的比率（%）	0.6	1.9	1.4
合计		人数（人）	2 328	3 788	6 116
		城乡中的比率（%）	100.0	100.0	100.0

3. 教师职业道德规范的区域差异

在职业道德规范方面，虽然城乡教师在关爱学生、教书育人等维度上的反馈较为一致，农村教师群体相对更自信自己对《中小学教师职业道德规范》的了解，但是在爱岗敬业和为人师表维度上，城市教师的表现略好于农村教师。

Robust 等均值检验显示，城乡教师对于教育部颁布的《中小学教师职业道德规范》的了解存在极其显著性差异（$p=0.000$，<0.01）。相对于城市教师，农村教师更自信于自身对《中小学教师职业道德规范》的了解：认为自己"了解"该规范的农村教师比例为 68.6%，城市教师为 64.4%（见表 3-111）。

表 3-111　　是否了解中小学教师职业道德规范

项目			城乡		合计
			农村	城市	
是否了解《中小学教师职业道德规范》	完全不了解	人数（人）	65	93	158
		城乡中的比率（%）	1.8	1.5	1.6
	不太了解	人数（人）	262	511	773
		城乡中的比率（%）	7.1	8.5	8.0
	一般	人数（人）	827	1 537	2 364
		城乡中的比率（%）	22.5	25.6	24.4
	比较了解	人数（人）	1 953	3 015	4 968
		城乡中的比率（%）	53.0	50.1	51.2
	非常了解	人数（人）	575	857	1 432
		城乡中的比率（%）	15.6	14.3	14.8
合计		人数（人）	3 682	6 013	9 695
		城乡中的比率（%）	100.0	100.0	100.0

在"爱岗敬业"的考察点"是否总将工作做到最好"和"是否上课从来不迟到早退"上,城乡教师的差异都极其显著($p=0.000$,<0.01)。进一步数据分析显示,城市教师中认为自己"符合""总将工作做到最好"的比例为81.5%,农村教师为77.4%;农村教师中认为自己的做法"不符合"这一描述的比例为8.6%,比城市教师的比例6.2%高了2.4%(见表3-112)。同时,城市教师中认为自己"符合""上课从来不迟到早退"的比例(87.8%)比农村教师的比例(84.4%)高了3.4%,农村教师坦言自己的情况与此描述"不符合"的比例(7.9%)比城市教师(5.8%)高了2.1%(见表3-113)。综合来看,城市教师在"爱岗敬业"方面的表现略好于农村教师。

表3-112　　　　　　　　　是否总将工作做到最好

项目			城乡		合计
			农村	城市	
是否总将工作做到最好	完全不符合	人数（人）	52	89	141
		城乡中的比率（%）	1.4	1.5	1.5
	不太符合	人数（人）	266	281	547
		城乡中的比率（%）	7.2	4.7	5.7
	一般	人数（人）	518	733	1 251
		城乡中的比率（%）	14.0	12.3	12.9
	比较符合	人数（人）	2 106	3 581	5 687
		城乡中的比率（%）	57.0	60.0	58.9
	非常符合	人数（人）	755	1 280	2 035
		城乡中的比率（%）	20.4	21.5	21.1
合计		人数（人）	3 697	5 964	9 661
		城乡中的比率（%）	100.0	100.0	100.0

表3-113　　　　　　　　是否上课从来不迟到早退

项目			城乡		合计
			农村	城市	
是否上课从来不迟到早退	完全不符合	人数（人）	105	202	307
		城乡中的比率（%）	2.8	3.4	3.2
	不太符合	人数（人）	188	144	332
		城乡中的比率（%）	5.1	2.4	3.4

续表

项目			城乡		合计
			农村	城市	
是否上课从来不迟到早退	一般	人数（人）	283	378	661
		城乡中的比率（%）	7.7	6.3	6.9
	比较符合	人数（人）	1 557	2 276	3 833
		城乡中的比率（%）	42.2	38.2	39.7
	非常符合	人数（人）	1 559	2 957	4 516
		城乡中的比率（%）	42.2	49.6	46.8
合计		人数（人）	3 692	5 957	9 649
		城乡中的比率（%）	100.0	100.0	100.0

在"为人师表"的考察点"是否认同教师应该严于律己"和"如何看待教师有偿家教"上，Mann–Whitney 检验显示，城乡教师存在极其显著差异（前者 $p=0.001$，<0.01；后者 $p=0.002$，<0.01）。城市教师对于"教师应当严于律己"表示"非常认同"的比例（44.6%）高于农村教师（41.1%），农村教师对此表示"比较认同"的比例（46.5%）高于城市教师（44.0%）（见表 3–114）。整体来说，城市教师更倾向于认同这一观点。在对有偿家教的态度上，农村教师相对城市教师更为宽容一些：农村教师认为"应该禁止"的比例为 21.0%，比城市教师的比例 23.8% 少了 2.8%（见表 3–115）。

表 3–114　　　　　　　　是否认同教师应严于律己

项目			城乡		合计
			农村	城市	
是否认同教师应严于律己	完全不认同	人数（人）	100	173	273
		城乡中的比率（%）	2.7	2.9	2.8
	不太认同	人数（人）	65	100	165
		城乡中的比率（%）	1.8	1.7	1.7
	一般	人数（人）	292	408	700
		城乡中的比率（%）	7.9	6.8	7.2
	比较认同	人数（人）	1 719	2 625	4 344
		城乡中的比率（%）	46.5	44.0	44.9
	非常认同	人数（人）	1 518	2 665	4 183
		城乡中的比率（%）	41.1	44.6	43.3

续表

项目		城乡		合计
		农村	城市	
合计	人数（人）	3 694	5 971	9 665
	城乡中的比率（%）	100.0	100.0	100.0

表 3–115　　　　　　　　　如何看待教师有偿家教

项目			城乡		合计
			农村	城市	
如何看待教师有偿家教	应严格禁止	人数（人）	762	1 398	2160
		城乡中的比率（%）	21.0	23.8	22.7
	只要不影响本职工作，可以允许	人数（人）	2 863	4 482	7 345
		城乡中的比率（%）	79.0	76.2	77.3
合计		人数（人）	3 625	5 880	9 505
		城乡中的比率（%）	100.0	100.0	100.0

4. 对教师公务员制度看法的城乡差异

在对教师公务员制度的看法上，城乡教师的态度存在较大不同。

当问及"是否同意教师成为公务员"时，Mann–Whitney 检验显示城乡教师的态度差异极其显著（p=0.000，<0.01）。相比农村教师的比例（92.6%），城市教师中有更高比例的人群（94.6%）表示同意教师成为公务员（见表 3–116）。这种差异或与两方面因素相关：第一，城市教师对中小学教育的强公共性及相应的政府责任有更高的认同度，因此从教师职业的法律定位和工作性质的匹配度出发支持教师成为公务员。第二，城市的职业分工和社会关系网络比乡镇复杂许多，城市教师相比农村教师有更多的机会感受到公务员相比事业单位工作人员在收入、保障和社会地位等各个方面具有的优势，因此也更偏好这一身份。

表 3–116　　　　　　　　　是否同意教师成为公务员

项目			城乡		合计
			农村	城市	
是否同意教师成为公务员	同意	人数（人）	3 393	5 593	8 986
		城乡中的比率（%）	92.6	94.6	93.9
	不同意	人数（人）	271	317	588
		城乡中的比率（%）	7.4	5.4	6.1

续表

项目		城乡		合计
		农村	城市	
合计	人数（人）	3 664	5 910	9 574
	城乡中的比率（%）	100.0	100.0	100.0

从同意教师成为公务员的理由上看，城乡教师之间的显著差异（Mann - Whitney 检验，p = 0.000，<0.01）表明城市教师之所以比农村教师更倾向于同意教师成为公务员，更有可能是出于对于中小学教师职业性质的认知。79.9% 的城市教师同意教师成为公务员的理由是"更能体现政府的教育责任"，这一比例比农村教师的比例（68.4%）高了 11.5%。同时，选择"公务员经济待遇好"和"公务员社会地位高"的城市教师比例均显著地低于农村教师（见表 3 - 117）。

表 3 - 117　　　　　　　同意教师成为公务员的理由

项目			城乡		合计
			农村	城市	
同意教师成为公务员的理由	公务员经济待遇好	人数（人）	679	764	1 443
		城乡中的比率（%）	22.4	15.0	17.7
	公务员社会地位高	人数（人）	277	261	538
		城乡中的比率（%）	9.1	5.1	6.6
	更能体现政府的教育责任	人数（人）	2 072	4 082	6 154
		城乡中的比率（%）	68.4	79.9	75.6
合计		人数（人）	3 028	5 107	8 135
		城乡中的比率（%）	100.0	100.0	100.0

值得关注的是，虽然同意教师成为公务员的农村教师比例低于城市教师，但是希望教师招聘权归属于政府而非学校的农村教师比例极其显著地（Mann - Whitney 检验，p = 0.000，<0.01）高于城市教师：75.4% 的农村教师希望教师招聘由政府负责，比城市教师（69.4%）高了 6%（见表 3 - 118）。这看似前后矛盾的现象，可能是由于城乡社会法治化程度的差异导致的。农村社会总体上更大程度地保留了中国传统的差序格局，招聘权下放至学校，或更容易导致人情关系对教师招聘这一专业活动的干扰。农村教师更倾向于政府统一招聘，可能是出于对这一现实问题的顾虑。

表3-118　　　　　　　认为教师招聘应采取何种方式

项目			城乡	
			农村	城市
认为教师招聘应采取何种方式	由国家或地方政府统一招聘	人数（人）	2 726	4 055
		城乡中的比率（%）	75.4	69.4
	由各个学校单独招聘	人数（人）	889	1 784
		城乡中的比率（%）	24.6	30.6
合计		人数（人）	3 615	5 839
		城乡中的比率（%）	100.0	100.0

四、教师社会经济地位的性别差异

本次调查收集的数据中，男性教师3 578人，占35.6%；女性教师6 302人，占62.7%。教师社会经济地位在性别变量上的差异情况较为复杂，总体而言，男性教师的社会经济地位高于女性教师；在经济地位上，男性教师的优势明显；在专业地位上，女性教师专业认同度高于男性教师，但专业发展优势低于男性教师。

（一）教师师资结构的性别差异

1. 不同性别教师的年龄比较

总体上看，女性教师在40岁以下的概率高于男性，而男性教师在40岁以上的概率高于女性教师（$p=0.000$，<0.01）。教师年龄和性别的交叉表显示，男性教师在30岁以下的比例为29.0%，而女性教师比例为33.9%；男性教师在30~40岁以下的比例为41.3%，女性为42.6%；男性教师在40~50岁的比例为23.5%，而女性教师为20.1%；男性教师在50岁以上的比例为6.2%，而女性教师的比例为3.5%（见表3-119）。

表3-119　　　　　　　　　　　年龄段

项目			男	女	合计
年龄段	30岁以下	人数（人）	1 021	2 097	3 118
		性别中的比率（%）	29.0	33.9	32.1
	30~40岁	人数（人）	1 453	2 635	4 088
		性别中的比率（%）	41.3	42.6	42.1

续表

项目			男	女	合计
年龄段	40~50岁	人数（人）	829	1 242	2 071
		性别中的比率（%）	23.5	20.1	21.3
	50岁以上	人数（人）	218	216	434
		性别中的比率（%）	6.2	3.5	4.5
合计		人数（人）	3 521	6 190	9 711
		性别中的比率（%）	100.0	100.0	100.0

2. 不同性别教师的教龄比较

与教师的年龄一样，由于被调查教师的教龄在性别分组上存在组间非齐性，因此，使用 Robust 等均值检验不同性别教师的教龄差异（p = 0.000，< 0.01）。总体上看，女性教师的教龄在 5~20 年的概率高于男性教师，而男性教师的教龄在 5 年以下和 20 年以上的概率高于女性教师。教师教龄与性别的交叉表显示：教龄 5 年以下的男性教师占男性教师总数的 20.8%，而该教龄组女性教师占比为 20.5%；教龄 20~25 年的男性教师占男性教师总数的 11.8%，而该教龄组女性教师占比 11.0%；25 年以上教龄的男性教师占男性教师总数的 12.2%，而该教龄组女性教师的占比为 9.5%；教龄 5~10 年的女性教师占女性教师总数的 19.9%，而该教龄组男性教师占比 19.1%；教龄 11~15 年女性教师占女性教师总数的 20.7%，而该教龄组男性教师占比 18.1%；教龄 15~20 年的女性教师占女性教师总数 18.5%。而该教龄组男性教师占比 17.9%（见表 3 - 120）。

表 3 - 120　　　　　　　　　教龄段

项目			男	女	合计
教龄段	5 年以下	人数（人）	720	1 262	1 982
		性别中的比率（%）	20.8	20.5	20.6
	5~10 年	人数（人）	661	1 222	1 883
		性别中的比率（%）	19.1	19.9	19.6
	11~15 年	人数（人）	626	1 272	1 898
		性别中的比率（%）	18.1	20.7	19.8
	15~20 年	人数（人）	620	1 134	1 754
		性别中的比率（%）	17.9	18.5	18.3
	20~25 年	人数（人）	408	675	1 083
		性别中的比率（%）	11.8	11.0	11.3

续表

项目			男	女	合计
教龄段	25年以上	人数（人）	422	581	1 003
		性别中的比率（%）	12.2	9.5	10.4
合计		人数（人）	3 457	6 146	9 603
		性别中的比率（%）	100.0	100.0	100.0

3. 不同性别教师所在学校类型比较

在分析不同性别教师所在学校类型的差异时，对分组数据进行 Mann – Whitney 检验，结果显示不同性别教师所在学校类型存在显著差异（$p = 0.000$，< 0.01）。只有在小学教师中，女性教师占女性教师总数的比例高于男性占比，女性教师占比36.2%，男性教师占比16.4%，其他各种学校类型中，男性教师占男性教师总数的比例都高于女性教师，其中男性教师在初中任教的比例为31.5%，女性教师为26.3%；男性教师在普通高中任教的比例为21.3%，女性教师为14.7%；男性教师在完全中学中任教的比例为12.1%，女性教师比例为9.5%；男性教师在职业高中任教的比例为18.7%，女性教师为13.3%（见表3–121）。

表3–121　　　　　　　　　学校类型

项目			男	女	合计
学校类型	小学	人数（人）	580	2 259	2 839
		性别中的比率（%）	16.4	36.2	29.1
	初中	人数（人）	1 113	1 640	2 753
		性别中的比率（%）	31.5	26.3	28.2
	普通高中	人数（人）	752	915	1 667
		性别中的比率（%）	21.3	14.7	17.1
	完全中学	人数（人）	429	590	1 019
		性别中的比率（%）	12.1	9.5	10.4
	职业高中	人数（人）	660	828	1 488
		性别中的比率（%）	18.7	13.3	15.2
合计		人数（人）	3 534	6 232	9 766
		性别中的比率（%）	100.0	100.0	100.0

(二) 教师政治地位的性别差异

从政治权利和政治参与两个方面考察不同性别教师政治地位的异同，具有如下特点：在政治权利的享有方面，女性教师对权利保障机制的程序性设置更为认可，更倾向于寻求校内的维权机制并获得更高的满意度；在政治参与方面，男性教师更加倾向参与管理层面的校内决定或上级教育管理部门决策，方式更加积极，但满意度更低。整体而言，中小学教师的政治地位在性别变量上的差异显得复杂。

1. 政治权利

差异性检验显示，教师政治权利维度下存在性别差异的指标包括：教代会产生的方式及其对校长权力的约束程度；教师是否与学校在工作中发生纠纷、发生纠纷时维权的途径以及满意程度。

（1）教代会情况。我们首先调查了教师学校是否有教师代表大会，73.7%的被调查教师反映他们所在的学校有教代会，在这一点上，差异性检验显示不存在性别差异（$p=0.192$，>0.05）。但是，在教代会的产生方式及其对校长权力的约束程度的认知上存在性别差异。

第一，不同性别教师所在学校教代会产生方式。

Mann-Whitney 检验显示，不同性别的分组在教代会的产生方式上存在差异（$p=0.001$，<0.01）。总体上看，女性教师认为教代会通过选举或教师群体推荐产生的概率高于男性教师，而男性教师认为教代会由校长指定或其他方式产生的概率高于女性教师。具体表现为：女性教师认为学校通过选举或教师群体推荐而产生教代会的比例为83.9%，高于男性教师的80.5%；而男性教师认为学校通过校长指定的方式产生教代会的比例为11.9%，高于女性比例8.7%；男性教师认为学校通过其他方式产生教代会的比例7.6%也略高于女性的7.5%（见表3-122）。

表3-122　　　　　　　　　教代会的产生方式

	项目		男	女	合计
教代会的产生方式	选举或教师群体推荐	人数（人）	2 043	3 736	5 779
		性别中的比率（%）	80.5	83.9	82.6
	校长指定	人数（人）	303	386	689
		性别中的比率（%）	11.9	8.7	9.9
	其他	人数（人）	193	332	525
		性别中的比率（%）	7.6	7.5	7.5

续表

项目		男	女	合计
合计	人数（人）	2 539	4 454	6 993
	性别中的比率（%）	100.0	100.0	100.0

第二，不同性别教师所在学校教代会对校长权力的约束程度。

Mann-Whitney 检验显示，不同性别教师对教代会之于校长权力的约束程度存在差异（p=0.009，<0.01）。男性教师认为学校教代会对校长权力构成"完全"约束的比例为 7.8%，高于女性教师所在学校的 7.4%；同时，男性教师所在学校教代会对校长权力程度为"少数"和"无约束力"情况下的比例都高于女性教师所在学校，男性教师占比分别为 22.5% 和 30.6%，而女性教师占比分别为 21.8% 和 27.8%；女性教师认为学校教代会对校长权力约束程度为"多数"和"偶尔"这些居中情况的比例高于男性教师的比例，女性教师的比例分别为 29.1% 和 14.0%，而男性教师比例分别为 25.3% 和 13.9%（见表 3-123）。

表 3-123　　　　　　　　教代会对校长权力的约束

项目			男	女	合计
教代会对校长权力的约束	完全	人数（人）	188	304	492
		性别中的比率（%）	7.8	7.4	7.5
	多数	人数（人）	612	1 201	1813
		性别中的比率（%）	25.3	29.1	27.7
	少数	人数（人）	545	901	1 446
		性别中的比率（%）	22.5	21.8	22.1
	偶尔	人数（人）	337	576	913
		性别中的比率（%）	13.9	14.0	13.9
	无约束力	人数（人）	740	1 147	1 887
		性别中的比率（%）	30.6	27.8	28.8
合计		人数（人）	2 422	4 129	6 551
		性别中的比率（%）	100.0	100.0	100.0

由此，我们发现男女教师对于教代会性质的认知差异情况比较复杂，总体表现为女性教师对于教代会产生的程序性设置认可程度更高，而男性教师对于教代会的实质性权利保障认可程度呈现极端化倾向。

（2）教师维权机制。对不同性别分组的教师在与学校发生纠纷时维权情况的各项指标的差异性检验发现，教师与学校发生纠纷的概率、解决方式及其满意程度上均存在显著的性别差异。

第一，不同性别教师在工作中与学校发生纠纷的情况。

Mann – Whitney 检验显示，不同性别教师在工作中与学校发生纠纷的情况存在显著差异（p = 0.000，<0.01）：男性教师更有可能在工作中与学校发生纠纷。表3 – 124 显示，男性教师在工作中与学校发生纠纷的比例为20.7%，高于女性教师的比例12.2%；男性教师在工作中没有与学校发生纠纷的比例为79.3%低于女性教师的87.8%（见表3 – 124）。

表3 – 124　　　　　　　　工作中有否与学校发生纠纷

项目			男	女	合计
工作中有否与学校发生纠纷	有	人数（人）	677	705	1 382
		性别中的比率（%）	20.7	12.2	15.3
	没有	人数（人）	2 593	5 074	7 667
		性别中的比率（%）	79.3	87.8	84.7
合计		人数（人）	3 270	5 779	9 049
		性别中的比率（%）	100.0	100.0	100.0

第二，不同性别教师维权途径的差异。

Mann – Whitney 检验显示，不同性别教师与学校发生纠纷时用以维护自身权益的途径存在显著差异（p = 0.002，<0.01）。维权途径与性别的交叉表显示，女性教师更加倾向于"向校领导反映情况"这种校内解决途径进行维权，有85.6%的女性教师选择了这一选项，而选择此途径的男性教师比例为78.9%。尽管从总体上看被调查教师都不愿意通过诉讼的途径解决纠纷，但是从性别差异来看，男性教师选择"向法院提起诉讼"的比例还是显著高于女性教师（见表3 – 125）。

表3 – 125　　　　　　　　维权途径

项目			男	女	合计
维权途径	向学校领导反映情况	人数（人）	528	593	1 121
		性别中的比率（%）	78.9	85.6	82.3
	向教育行政部门申诉	人数（人）	93	60	153
		性别中的比率（%）	13.9	8.7	11.2

续表

项目			男	女	合计
维权途径	向上级行政部门提起行政复议	人数（人）	20	22	42
		性别中的比率（%）	3.0	3.2	3.1
	申请人事仲裁	人数（人）	7	9	16
		性别中的比率（%）	1.0	1.3	1.2
	向法院提起诉讼	人数（人）	21	9	30
		性别中的比率（%）	3.1	1.3	2.2
合计		人数（人）	669	693	1 362
		性别中的比率（%）	100.0	100.0	100.0

第三，不同性别教师对纠纷解决方式的满意程度差异。

Mann-Whitney检验显示，不同性别教师对纠纷解决方式的满意程度存在显著差异（p=0.005，<0.01）。总体看来，女性教师对纠纷解决方式的满意度高于男性教师。尽管在"非常满意"选项上，男性教师的比例为3.8%，略高于女性教师的3.4%，但是在"一般"和"比较满意"两个选项上，女性教师的比例都大幅度的高于男性教师。而在"完全不满意"和"不太满意"选项上，男性教师的比例都大幅度高于女性教师的比例（见表3-126）。

表3-126　　　　　　　解决纠纷方式的满意度

项目			男	女	合计
解决纠纷方式的满意度	完全不满意	人数（人）	108	100	208
		性别中的比率（%）	15.9	14.3	15.1
	不太满意	人数（人）	182	143	325
		性别中的比率（%）	26.8	20.4	23.6
	一般	人数（人）	223	246	469
		性别中的比率（%）	32.8	35.1	34.0
	比较满意	人数（人）	140	187	327
		性别中的比率（%）	20.6	26.7	23.7
	非常满意	人数（人）	26	24	50
		性别中的比率（%）	3.8	3.4	3.6
合计		人数（人）	679	700	1 379
		性别中的比率（%）	100.0	100.0	100.0

结合纠纷解决方式及其满意度的性别差异分析,我们可以推断,在维权机制上,当遇上纠纷时,女性教师更有可能通过校内途径解决纠纷并产生更高的满意度。

2. 政治参与

差异性检验结果显示,教师政治参与的两个维度,即"参与学校事务情况"与"参与上级教育行政部门决策情况"的各项指标在性别分组上均存在显著差异。

(1)教师参与学校事务情况。差异性检验显示,不同性别教师参与学校事务决定活动的频率、内容、方式、意见被采纳程度及其影响因素、对参与决定的范围和方式的满意度上均存在显著差异。总体而言,男性教师参与学校事物决定活动的频率更高,更有可能参与学校管理层面的活动,参与方式更加倾向于私下"个别交流",意见被采纳的可能性更高,更加倾向于权力关系来解释意见被采纳。但是,他们对参与决定的范围和参与决定的方式更不满意。具体情况如下:

第一,不同性别教师参与学校事务决定活动的频率差异。

尽管仅有9.5%的被调查教师表示"经常参与"学校事务的决定活动,但是方差分析的结果显示(p=0.008,<0.01),其中有更高比例的男性教师表示"经常参与",比例为11.4%,而仅有8.4%的女性教师表示"经常参与"。48.0%被调查教师表示"从不参与"学校事务的决定活动,与男性教师相比,有更高比例的女性教师表示"从不参与"学校事务的决定活动:女性教师的比例为50.1%,男性教师的比例为44.2%(见表3–127)。

表 3–127　　　　　　　　　是否参与学校决定

项目			男	女	合计
是否参与学校决定	从不参与	人数(人)	1 501	2 979	4 480
		性别中的比率(%)	44.2	50.1	48.0
	有时参与	人数(人)	1 511	2 466	3 977
		性别中的比率(%)	44.5	41.5	42.6
	经常参与	人数(人)	386	500	886
		性别中的比率(%)	11.4	8.4	9.5
合计		人数(人)	3 398	5 945	9 343
		性别中的比率(%)	100.0	100.0	100.0

第二,不同性别教师参与学校事务决定活动的内容差异。

卡方检验显示,不同性别教师参与学校事务决定活动的内容存在显著差异(p=0.000,<0.01),具体表现为男性教师更有可能参与学校管理层面决定,而

女性教师更有可能参与个体专业相关的决定活动。参与"学校发展规划"和"奖金和福利的分配"的学校管理层面的决定活动中，男性教师的比例分别为19.6%和16.0%，而在这些活动中女性教师的比例分别为16.9%和13.3%；参与"评优"和"评职称"这些与个体专业更加密切的活动中，女性教师的比例分别为39.5%和27.1%，而对应的男性教师的比例分别为36.3%和23.7%（见表3-128）。

表3-128　不同性别教师参与学校事务决定活动的内容差异

项目		男		女	
		人数（人）	列响应（%）	人数（人）	列响应（%）
参与何种决定	学校发展规划	636	19.6	877	16.9
	评优	1 176	36.3	2 053	39.5
	评职称	768	23.7	1 409	27.1
	奖金和福利的分配	519	16.0	689	13.3
	其他	138	4.3	165	3.2

第三，不同性别教师参与学校事务决定活动的方式差异。

卡方检验结果显示，不同性别教师参与学校事务决定活动的方式存在显著差异（$p=0.000$，<0.01）。调查显示，最高比例的受调查教师表示，学校以"召开会议"的方式征求意见，其次是"公示"，最后是"个别交流"。其中有更高比例的女性教师表示学校征求意见的方式是"召开会议"和"公示"，比例分别为51.5%和32.3%，而在这两项上男性教师的比例分别为47.6%和31.3%。关于学校以"个别交流"的方式征求意见，21.1%的男性教师表示参与过，高于女性教师的比例，女性教师以这种方式参与的比例为16.2%（见表3-129）。

表3-129　不同性别教师参与学校事务决定活动的方式差异

项目		男		女	
		人数（人）	列响应（%）	人数（人）	列响应（%）
学校征求意见方式	召开会议	1 349	47.6	2 327	51.5
	公示	889	31.3	1 461	32.3
	个别交流	599	21.1	730	16.2

第四，不同性别教师意见被学校采纳程度差异。

Robust等均值检验的结果显示，男性教师意见被学校采纳的可能性高于女性教师。(p=0.000，<0.01)。30.2%的被调查教师表示他们的意见"多次被采纳"，其中男性教师的比例为33.8%，高于女性教师的比例27.9%；19.7%的被调查教师表示他们的意见"从未被采纳"，其中女性教师的比例为20.8%，高于男性的18.0%（见表3-130）。

表3-130　　　　　　　　　　　意见采纳情况

项目			男	女	合计
意见采纳情况	每次都被采纳	人数（人）	31	41	72
		性别中的比率（%）	1.7	1.4	1.5
	多次被采纳	人数（人）	620	794	1 414
		性别中的比率（%）	33.8	27.9	30.2
	1~2次被采纳	人数（人）	852	1 416	2 268
		性别中的比率（%）	46.5	49.8	48.5
	从未被采纳	人数（人）	331	591	922
		性别中的比率（%）	18.0	20.8	19.7
合计		人数（人）	1 834	2 842	4 676
		性别中的比率（%）	100.0	100.0	100.0

第五，不同性别教师意见采纳的影响因素差异。

卡方检验显示，男性教师更加倾向于从权力关系来解释意见采纳（p=0.000，<0.01）。有更高比例的男性教师选择"职务""教师资历""与领导关系"这些代表权力关系差异的因素来解释教师意见被采纳的原因。而女性教师更加倾向于选择"意见合理程度"是影响意见采纳与否的因素（见表3-131）。

表3-131　　　　　不同性别教师意见采纳的影响因素差异

项目		男		女	
		人数（人）	列响应（%）	人数（人）	列响应（%）
学校意见采纳的影响因素	教师资历	354	14.5	510	14.0
	职务	381	15.6	497	13.7
	学历	106	4.4	101	2.8
	与领导关系	246	10.1	261	7.2
	意见合理程度	1 348	55.4	2 264	62.3

第六，不同性别教师对所参与的决定的范围满意程度差异。

Robust等均值检验的结果显示，男性教师更不满意参与决定的范围（p=

0.003，<0.01）。3.8%的受调查教师对参与决定的范围"完全不满意"，其中男性教师的比率高于女性教师：5.0%的男性教师"完全不满意"而女性教师的比率为3.0%；13.0%的受调查教师对参与决定范围"不太满意"，其中有更高比例的男性教师"不太满意"：14.5%的男性教师的满意程度为"不太满意"，这女性教师的这一比例为12.0%；7.9%的受调查教师对参与决定范围"非常满意"，其中女性教师的比例高于男性教师：有8.6%的女性教师"非常满意"，而男性教师的比例为6.8%（见表3-132）。

表3-132　　　　　　　　对参与决定范围的满意程度

项目		男	女	合计
对参与决定范围的满意程度	完全不满意 人数（人）	92	87	179
	性别中的比率（%）	5.0	3.0	3.8
	不太满意 人数（人）	269	345	614
	性别中的比率（%）	14.5	12.0	13.0
	一般 人数（人）	654	1 142	1 796
	性别中的比率（%）	35.4	39.7	38.0
	比较满意 人数（人）	708	1 053	1 761
	性别中的比率（%）	38.3	36.6	37.3
	非常满意 人数（人）	126	247	373
	性别中的比率（%）	6.8	8.6	7.9
合计	人数（人）	1 849	2 874	4 723
	性别中的比率（%）	100.0	100.0	100.0

第七，不同性别教师对参与决定方式的满意程度差异。

方差分析结果显示，对于参与决定的方式男性教师比女性教师显得更不满意（p=0.008，<0.01）。有3.9%的受调查教师对参与决定方式"完全不满意"，其中男性教师的比率高于女性教师：4.8%的男性教师表示"完全不满意"，而女性教师的比率为3.4%；11.9%的受调查教师对参与决定方式"不太满意"，其中男性教师的比率高于女性教师：13.1%的男性教师表示"不太满意"，而女性教师的比率为11.1%；9.0%的受调查教师对参与决定方式"非常满意"，其中女性教师的比率高于男性教师的比率：9.8%的女性教师表示"非常满意"，而男性教师的比率为7.9%（见表3-133）。

表 3 – 133　　　　　　　对参与决定方式的满意程度

项目			男	女	合计
对参与决定方式的满意程度	完全不满意	人数（人）	88	97	185
		性别中的比率（%）	4.8	3.4	3.9
	不太满意	人数（人）	243	319	562
		性别中的比率（%）	13.1	11.1	11.9
	一般	人数（人）	691	1 147	1 838
		性别中的比率（%）	37.4	40.0	39.0
	比较满意	人数（人）	681	1 025	1 706
		性别中的比率（%）	36.8	35.7	36.2
	非常满意	人数（人）	146	280	426
		性别中的比率（%）	7.9	9.8	9.0
合计		人数（人）	1 849	2 868	4 717
		性别中的比率（%）	100.0	100.0	100.0

（2）不同性别教师参与上级教育行政部门决策情况。差异性检验显示，不同性别教师参与上级教育行政部门决策的频率、内容、方式、意见被采纳程度的影响因素、对参与决定方式的满意度上均存在显著差异。具体表现为男性教师更有可能参与上级教育行政部门决策，尤其是教育管理层面的决策参与，参与方式也更加主动，更加倾向于从"与领导关系"角度解释意见采纳，参与决策方式的满意程度更低。

第一，不同性别教师参与上级教育行政部门决策的频率差异。

Mann – Whitney 检验结果显示，男性教师更有可能参与上级教育行政部门决策（$p = 0.000$，< 0.01）。84.6% 的女性表示"从不参与"上级教育行政部门的决策，而男性教师的比率为 79.7%；仅有 2.6% 的受调查教师表示"经常参与"上级教育行政部门的决策，其中男性教师的比率略高于女性教师的比率：2.7% 男性教师表示"经常参与"上级教育行政部门的决策，而女性教师的比率为 2.5%（见表 3 – 134）。

表 3 – 134　　　　　　　是否参与教育行政决策

项目			男	女	合计
是否参与教育行政决策	从不参与	人数（人）	2 587	4 850	7 437
		性别中的比率（%）	79.7	84.6	82.8

续表

项目			男	女	合计
是否参与教育行政决策	有时参与	人数（人）	569	742	1 311
		性别中的比率（%）	17.5	12.9	14.6
	经常参与	人数（人）	89	142	231
		性别中的比率（%）	2.7	2.5	2.6
合计		人数（人）	3 245	5 734	8 979
		性别中的比率（%）	100.0	100.0	100.0

第二，不同性别教师参与上级教育行政部门决策的内容差异。

卡方检验显示，在参与上级教育行政部门的内容上，男性教师更有可能参与宏观教育管理方面的决策，女性教师更有可能参与个体利益相关的决策（p = 0.000，<0.01）。"教育发展规划""教育经费问题""教师福利待遇问题"这些偏向宏观教育管理层面的决策中有更高比例的男性教师表示参与，而"评选县级先进集体或个人"的决策中有更高比例的女性教师表示参与其中（见表3－135）。

表3－135　不同性别教师参与上级教育行政部门决策的内容差异

项目		男		女	
		人数（人）	列响应（%）	人数（人）	列响应（%）
参与何种教育决策	教育发展规划	236	24.2	276	21.8
	评选县级先进集体或个人	318	32.6	464	36.7
	教育经费问题	97	9.9	72	5.7
	教师福利待遇问题	238	24.4	319	25.2
	其他	87	8.9	135	10.7

第三，不同性别教师参与上级教育行政部门决策的方式差异。

Mann－Whitney检验结果显示，男性教师参与上级教育行政部门的方式更加主动（p = 0.037，<0.05）。有更高比例的男性教师选择了"个人自发向上级教育行政部门提出意见""通过网络发表意见"这样更加主动的方式参与上级教育行政部门决策，具体比例分别为22.0%和17.5%，而对应的女性教师比例分别为17.5%和16.1%。而选择"上级教育行政部门组织会议或者征求意见"这样略显被动的方式参与上级教育行政部门决策的女性教师比例更高（见表3－136）。

表 3-136　　何种方式参与决策

项目			男	女	合计
何种方式参与决策	上级教育行政部门组织会议或者征求意见	人数（人）	378	559	937
		性别中的比率（%）	60.6	66.5	64.0
	个人自发向上级教育行政部门提出意见	人数（人）	137	147	284
		性别中的比率（%）	22.0	17.5	19.4
	通过网络发表意见	人数（人）	109	135	244
		性别中的比率（%）	17.5	16.1	16.7
合计		人数（人）	624	841	1 465
		性别中的比率（%）	100.0	100.0	100.0

第四，不同性别教师认为影响教育行政部门意见采纳的因素差异。

卡方检验显示，男性教师更加倾向于从"与领导的关系"和"职务"来解释意见采纳，而女性教师更加倾向于从"教师资历"和"职务"上对此解释（p = 0.007，<0.01）。

首先，在被调查教师中认为"教师资历"是影响教育行政部门意见采纳比例最高的因素，其中女性教师的比率高于男性教师：44.1%的女性教师认同这一影响因素，而男性教师的比率为39.9%；其次，有许多被调查教师认为"职务"是影响上级教育行政部门意见采纳的因素，其中女性教师的比率高于男性教师：32.3%的女性教师认同这一影响因素，而男性教师的比率为30.5%；再次，男性教师认为"学历"更有可能是影响教育行政部门意见采纳的因素：14.9%的男性教师认同这一影响因素，而女性教师的比率为12.2%；最后，男性教师更有可能认为"与领导的关系"是教育行政部门意见采纳的影响因素：14.8%的男性教师认同这一影响因素，而11.4%的女性教师持这一观点（见表3-137）。

表 3-137　　不同性别教师认为影响教育行政部门意见采纳的因素差异

项目		男		女	
		人数（人）	列响应（%）	人数（人）	列响应（%）
哪些因素决定意见是否被教育行政部门采纳	教师资历	365	39.9	513	44.1
	职务	279	30.5	376	32.3
	学历	136	14.9	142	12.2
	与领导关系	135	14.8	133	11.4

第五，不同性别教师对参与上级教育行政部门教育决策方式的满意程度差异。

方差分析结果显示，男性教师对参与上级教育行政部门教育决策方式的满意程度更低（$p=0.034$，<0.05）。5.1%的受调查教师"完全不满意"参与决策的方式，其中男性教师的比率高于女性教师：6.6%男性教师表示"完全不满意"，而女性教师的比率为4.0%；12.5%的受调查教师"不太满意"参与决策方式，其中男性教师比率略高于女性教师：12.9%的男性教师"不太满意"参与决策的方式，而女性教师的比率为12.1%；6%的受调查教师表示"非常满意"参与决策的方式，其中女性教师的比率略高于男性教师的比率：6.2%的女性教师"非常满意"参与决策的方式，而男性教师的比率为5.9%；36.3%的被调查教师"比较满意"参与教育决策方式，其中女性教师的比率高于男性教师：37.7%的女性教师表示"比较满意"，而男性教师的比率为34.3%（见表3-138）。

表3-138　　　　　　　　　　对参与决策方式是否满意

项目			男	女	合计
对参与决策方式是否满意	完全不满意	人数（人）	46	37	83
		性别中的比率（%）	6.6	4.0	5.1
	不太满意	人数（人）	90	112	202
		性别中的比率（%）	12.9	12.1	12.5
	一般	人数（人）	282	368	650
		性别中的比率（%）	40.3	39.9	40.1
	比较满意	人数（人）	240	348	588
		性别中的比率（%）	34.3	37.7	36.3
	非常满意	人数（人）	41	57	98
		性别中的比率（%）	5.9	6.2	6.0
合计		人数（人）	699	922	1 621
		性别中的比率（%）	100.0	100.0	100.0

（三）教师经济地位的性别差异

总体看来，女性教师的经济地位低于男性教师，具体表现在收入差异、工资拖欠状况以及对工作量与工资收入关系的主观认知三个方面。

1. 不同性别教师在2008年职业收入的差异

Robust等均值检验结果显示，男性教师在2008年的职业收入高于女性教师。（$p=0.000$，<0.01）。42.7%的男性教师2008年的职业收入在24 000以上，而

女性教师的比例为39.1%。而2008年的职业收入在24 000以下的比例则呈现相反的性别特征（见表3－139）。

表3－139　　　　　　　　　2008年的年收入

项目			男	女	合计
2008年的年收入	12 000元以下	人数（人）	289	541	830
		性别中的比率（%）	8.4	8.9	8.7
	12 000~18 000元	人数（人）	779	1 476	2 255
		性别中的比率（%）	22.5	24.3	23.7
	18 000~24 000元	人数（人）	911	1 678	2 589
		性别中的比率（%）	26.3	27.6	27.2
	24 000~36 000元	人数（人）	848	1 418	2 266
		性别中的比率（%）	24.5	23.3	23.8
	36 000~60 000元	人数（人）	420	690	1 110
		性别中的比率（%）	12.1	11.4	11.6
	60 000元以上	人数（人）	211	270	481
		性别中的比率（%）	6.1	4.4	5.0
合计		人数（人）	3 458	6 073	9 531
		性别中的比率（%）	100.0	100.0	100.0

2. 不同性别教师遭遇拖欠工资的情况差异

Mann－Whitney 检验结果显示，不同性别教师遭遇拖欠工资的情况存在显著差异（$p = 0.018$，< 0.01）。其中"从来没有"和"经常欠发"工资的情况中，女性教师回应的比例都高于男性教师。而表示"偶尔被欠发"工资的教师中，男性教师的比例高于女性教师（见表3－140）。

表3－140　　　　　　　　　是否被欠发过工资

项目			男	女	合计
是否被欠发过工资	从来没有	人数（人）	1 791	3 404	5 195
		性别中的比率（%）	51.0	54.9	53.5
	偶尔被欠发	人数（人）	1 255	1 868	3 123
		性别中的比率（%）	35.7	30.1	32.2
	经常欠发	人数（人）	262	526	788
		性别中的比率（%）	7.5	8.5	8.1

续表

项目			男	女	合计
是否被欠发过工资	不清楚	人数（人）	205	401	606
		性别中的比率（%）	5.8	6.5	6.2
合计		人数（人）	3 513	6 199	9 712
		性别中的比率（%）	100.0	100.0	100.0

3. 不同性别教师对工作量与工资关系的主观认知差异

Mann – Whitney 检验结果显示，女性教师对于工资与工作量不成比例的主观认知高于男性教师（p = 0.000，< 0.01）。88.8% 的被调查教师认为"工作量较大，但收入较少"，其中女性教师的比率高于男性教师：90.6% 的女性教师持该观点，而男性教师的比率为 85.7%；7.4% 的被调查教师认为"工作量较大，收入较多"，其中男性教师的比率高于女性教师：9.8% 的男性教师持此种观点，而女性教师的比率为 6.1%；3.2% 的被调查教师认为"工作量较小，收入较少"，其中男性教师的比率高于女性教师：3.7% 的男性教师持此种观点，而女性教师的比率为 2.9%；仅有 0.6% 的被调查教师认为"工作量较小，收入较多"，其中男性教师比率为 0.9%，略高于女性教师的 0.4%（见表 3 – 141）。

表 3 – 141　　　　　　　　工作量与收入相符与否

项目			男	女	合计
工作量与收入相符与否	工作量较大，但收入较少	人数（人）	3 002	5 572	8 574
		性别中的比率（%）	85.7	90.6	88.8
	工作量较大，收入较多	人数（人）	342	374	716
		性别中的比率（%）	9.8	6.1	7.4
	工作量较小，收入较少	人数（人）	129	179	308
		性别中的比率（%）	3.7	2.9	3.2
	工作量较小，收入较多	人数（人）	30	27	57
		性别中的比率（%）	0.9	0.4	0.6
合计		人数（人）	3 503	6 152	9 655
		性别中的比率（%）	100.0	100.0	100.0

（四）教师专业地位的性别差异

教师的社会经济地位还包括教师群体的专业地位，其中包括专业自主权、专业知识能力水平、职业道德规范三个维度。我们重点报告将性别作为分组变量进行差异性检验时具有显著差异的各个指标。

1. 教师专业自主权的性别差异

差异性检验结果显示，不同性别教师在专业自主权的各个维度，其中包括对教师专业权利的了解程度、专业教育教学活动权、教育教学改革实验权、教育教学管理权、科学研究权、指导批评权和进修培训权都存在显著差异。下面我们重点报告各个维度中具有显著性差异的指标。

（1）对教师专业自主权认知的性别差异。Mann–Whitney 检验结果显示，男性教师对于《教师法》规定的教师专业权利了解程度高于女性教师（p = 0.000，<0.01）。具体表现为对于教师专业权利"非常了解"和"比较了解"的被调查教师中，男性教师的比例分别为 8.2% 和 37.7%，而女性教师相对应的比例分别为 7.2% 和 32.7%。尽管有 4.0% 的男性教师表示"完全不了解"略高于女性教师的 3.7%，但是，选择"不太了解"的男性教师比例为 21.3%，而对应的女性教师比例为 26.9%。可见，从教师的自述来看，男性教师的专业自主权的认知程度高于女性教师（见表 3–142）。

表 3–142　　　　　　　　是否了解教师专业权利

	项目		男	女	合计
是否了解教师专业权利	完全不了解	人数（人）	143	229	372
		性别中的比率（%）	4.0	3.7	3.8
	不太了解	人数（人）	753	1 676	2 429
		性别中的比率（%）	21.3	26.9	24.9
	一般	人数（人）	1 019	1 836	2 855
		性别中的比率（%）	28.8	29.5	29.3
	比较了解	人数（人）	1 332	2 034	3 366
		性别中的比率（%）	37.7	32.7	34.5
	非常了解	人数（人）	290	447	737
		性别中的比率（%）	8.2	7.2	7.6
合计		人数（人）	3 537	6 222	9 759
		性别中的比率（%）	100.0	100.0	100.0

（2）教师教育教学权的性别差异。关于教师教育教学活动权，我们通过"是否认同教师需要掌握与教育教学相关的知识技能"和"对自己的教学知识和技能的满意度"两个指标进行测量。差异性分析结果显示，不同性别教师教育教

学权的差异主要在"是否认同教师需要掌握与教育教学相关的知识技能"方面。（p=0.000，<0.01）

对于这一指标，49.1%的被调查对象表示"非常认同"，其中女性认同的比率高于男性：50.7%的女性教师表示"非常认同"，而男性教师的比率为46.5%；37.0%的被调查教师对这一指标表示"比较认同"，其中女性教师的认同比率高于男性教师：37.3%的女性教师表示"比较认同"而男性的比率为36.5%；5.5%的被调查教师"完全不认同"这一指标，其中男性教师的比率高于女性教师：6.7%的男性教师表示"完全不认同"，而女性教师的比率为4.8%；仅有1.6%的被调查教师对这一指标表示"不太认同"，其中男性教师的比率高于女性教师：2.4%的男性教师表示"不太认同"，而女性教师的比率为1.2%。由此可见，在教师的教育教学权方面，女性教师更为认同教师需要专业知识技能（见表3-143）。

表3-143 是否认同教师需要掌握与教育教学相关的知识技能

项目			男	女	合计
是否认同教师需要专业知识技能	完全不认同	人数（人）	235	301	536
		性别中的比率（%）	6.7	4.8	5.5
	不太认同	人数（人）	83	75	158
		性别中的比率（%）	2.4	1.2	1.6
	一般	人数（人）	280	370	650
		性别中的比率（%）	8.0	6.0	6.7
	比较认同	人数（人）	1 282	2 320	3 602
		性别中的比率（%）	36.5	37.3	37.0
	非常认同	人数（人）	1 632	3 147	4 779
		性别中的比率（%）	46.5	50.7	49.1
合计		人数（人）	3 512	6 213	9 725
		性别中的比率（%）	100.0	100.0	100.0

（3）教师教育教学改革实验权的性别差异。差异性检验的结果反映，不同性别教师教育教学改革实验权差异主要体现在不同性别教师对教育教学改革实验权认同度和满意度的差异。

第一，不同性别教师对教师拥有教育教学改革实验权的认同度差异。Mann-Whitney检验结果显示，女性教师对教师拥有教育教学改革实验权的认同度高于男性教师（p=0.005，<0.01）。具体表现为对于"教师开展教改实

验权利"中"完全不认同"和"不太认同"的男性教师比例为9.9%,而对应的女性教师比例为6.1%;而对此表示"比较认同"和"非常认同"的男性教师比例为76.1%,对应的女性教师比例为81.8%(见表3-144)。

表3-144　　　　　是否认同教师开展教改实验的权利

项目			男	女	合计
是否认同教师开展教改实验的权利	完全不认同	人数（人）	184	168	352
		性别中的比率（%）	5.2	2.7	3.6
	不太认同	人数（人）	166	210	376
		性别中的比率（%）	4.7	3.4	3.9
	一般	人数（人）	493	756	1 249
		性别中的比率（%）	14.0	12.2	12.8
	比较认同	人数（人）	1 492	3 050	4 542
		性别中的比率（%）	42.2	49.1	46.6
	非常认同	人数（人）	1 199	2 033	3 232
		性别中的比率（%）	33.9	32.7	33.1
合计		人数（人）	3 534	6 217	9 751
		性别中的比率（%）	100.0	100.0	100.0

第二,不同性别教师为了实现教育教学改革权采用做法的差异。

方差分析结果显示,不同性别教师为了实现教育教学改革权采用做法存在显著差异(p=0.000,<0.01)。65.5%的被调查教师采用的做法是"向学校领导请示获批后再进行",其中女性教师采用这一做法的比率高于男性教师:66.7%女性教师采用这一做法,而采用这一做法的男性教师比率为63.4%;24.3%的被调查教师采用的做法是"按照自己的想法进行",其中女性教师采用这一做法的比率略微高于男性教师:24.5%的女性教师采用这一方式,而采用这一方式的男性教师的比率为24.0%;仅有10.2%的被调查教师"因担心学校领导反对而不敢进行",其中男性教师有这种想法的比率高于女性教师:12.6%的男性教师持有这种观点,而持有这种观点的女性教师的比例为8.9%。可见,在教育教学改革权的实现方式上,男性教师显得相对"保守"(见表3-145)。

表 3-145　　　　　　　　对自主教改的做法

项目			男	女	合计
对自主教改的做法	因担心学校领导反对而不敢进行	人数（人）	438	542	980
		性别中的比率（%）	12.6	8.9	10.2
	向学校领导请示获批后再进行	人数（人）	2 199	4 081	6 280
		性别中的比率（%）	63.4	66.7	65.5
	按照自己的想法进行	人数（人）	833	1 500	2 333
		性别中的比率（%）	24.0	24.5	24.3
合计		人数（人）	3 470	6 123	9 593
		性别中的比率（%）	100.0	100.0	100.0

第三，不同性别教师对自身实际拥有教育教学改革实验权满意度差异。

Robust 等均值检验结果显示，男性教师对自身实际拥有的教育教学改革实验权的满意度比女性教师低（p＝0.003，＜0.01）。22.9%的被调查教师对自身享有的教改实验权表示"完全不满意"或"不太满意"，其中男性教师的比例为25.3%，高于女性教师的21.4%。30.0%的被调查教师"比较满意"实际拥有的教育教学改革实验权，其中女性教师"比较满意"的概率略微高于男性教师：30.1%女性教师"比较满意"，而"比较满意"的男性教师比率为29.9%。仅有2.7%被调查教师表示"非常满意"实际拥有的教育教学改革实验权，其中男性教师"非常满意"的概率高于女性教师：3.2%男性教师持有这种观点，而持有这种观点的女性教师比率为2.4%（见表3-146）。

表 3-146　　　　　　　是否满意享有的教改实验权利

项目			男	女	合计
是否满意享有的教改实验权利	完全不满意	人数（人）	193	171	364
		性别中的比率（%）	5.5	2.8	3.8
	不太满意	人数（人）	691	1 147	1 838
		性别中的比率（%）	19.8	18.6	19.1
	一般	人数（人）	1 449	2 833	4 282
		性别中的比率（%）	41.6	46.0	44.4
	比较满意	人数（人）	1 041	1 856	2 897
		性别中的比率（%）	29.9	30.1	30.0
	非常满意	人数（人）	111	150	261
		性别中的比率（%）	3.2	2.4	2.7

续表

项目		男	女	合计
合计	人数（人）	3 485	6 157	9 642
	性别中的比率（%）	100.0	100.0	100.0

（4）不同性别教师教育教学管理权差异。差异性检验结果显示，不同性别教师教育教学管理权差异主要体现在以下两个指标的差异："是否认同教师可以为了维持教学秩序惩戒学生""如何对待学生扰乱正常课堂教学秩序的行为"。

第一，不同性别教师对于教师惩戒学生认同程度的差异。

Mann-Whitney 检验结果显示，男性教师对于教师惩戒学生的认同程度高于女性教师（$p=0.000$，<0.01）。51.5% 的被调查教师"比较认同"或"非常认同""教师为了维持教学秩序可以惩戒学生"，其中有 55.3% 的男性教师持有此态度，而女性教师的比例为 49.2%。而对此"完全不认同"或"不太认同"的男性教师比例为 27.6%，女性教师比例为 31.4%（见表 3-147）。

表 3-147　　　　　　　　是否认同教师惩戒学生

项目			男	女	合计
是否认同教师惩戒学生	完全不认同	人数（人）	358	649	1 007
		性别中的比率（%）	10.1	10.4	10.3
	不太认同	人数（人）	617	1 308	1 925
		性别中的比率（%）	17.5	21.0	19.7
	一般	人数（人）	600	1 203	1 803
		性别中的比率（%）	17.0	19.3	18.5
	比较认同	人数（人）	1 290	2 191	3 481
		性别中的比率（%）	36.5	35.2	35.7
	非常认同	人数（人）	665	873	1 538
		性别中的比率（%）	18.8	14.0	15.8
合计		人数（人）	3 530	6 224	9 754
		性别中的比率（%）	100.0	100.0	100.0

第二，不同性别教师对待扰乱课堂秩序学生的方式差异。

卡方检验显示，不同性别教师对待扰乱课堂秩序学生的方式存在显著差异（$p=0.000$，<0.01）。表 3-148 显示，大部分教师会选择"对该学生进行批评教

育,其中女教师选择这种方式应对扰乱课堂秩序的学生概率高于男性教师:75.0%的女性教师会选择此种方式,而选择此种方式的男性教师比率为71.7%;其次,部分教师会选择"如果批判无效,将请班主任或校领导将其领出课堂",其中男性教师选择这种做法的概率高于女性教师:23.0%的男性教师选择此种方式,而女性教师选择此种做法的概率为21.5%;最后,有少部分教师会选择"为了减少不必要的麻烦视而不见",其中男性教师选择此种做法的概率高于女性教师:5.3%男性教师选择此种做法,而选择此种做法的女性教师比率为3.5%(见表3-148)。

表3-148　不同性别教师对待扰乱课堂秩序学生的方式差异

项目		男		女	
		人数（人）	列响应（%）	人数（人）	列响应（%）
如何处理学生扰乱课堂的行为	为了减少不必要的麻烦视而不见	239	5.3	277	3.5
	对该学生进行批评教育	3 224	71.7	5 900	75.0
	如果批评无效,将请班主任或校领导将其领出课堂	1 035	23.0	1 692	21.5

(5)教师科学研究权的性别差异。差异性检验结果显示,教师科学研究权的性别差异可以从以下三个指标中得以体现:对教师科学研究权的认同程度差异;参加与教育教学活动相关的学术会议的情况差异;对实际享有的科学研究权的满意度差异。

第一,不同性别教师对教师科学研究权的认同程度差异。

Mann-Whitney检验结果显示,不同性别教师对教师拥有科学研究权的认同程度存在显著差异（$p = 0.001$,< 0.01）。总体上,女性教师更认同教师可以从事与教育教学相关的科研。具体表现:45.9%被调查教师"比较认同"教师可以从事与教育教学活动相关的科研,其中女性教师"比较认同"的概率高于男性教师:47.1%的女性教师"比较认同",而男性教师"比较认同"的概率为43.7%;33.3%的被调查教师"非常认同"教师从事与教育教学相关的科研,其中女性教师"非常认同"的概率高于男性教师:33.6%的女性教师"非常认同",而32.9%的男性教师持此种态度;14.4%的被调查教师对待教师从事科研的态度为"一般",其中男性教师持这种观点的概率高于女性教师:15.3%男性教师的态度为"一般",而13.9%的女性教师持此种态度;3.7%的被调查教师"不太认同"教师从事科研,其中男性教师持这种观点概率为4.7%,高于女性教师的比率3.2%;仅有2.7%的被调查教师"完全不认同"教师可以从事与教

育教学相关的科研,其中男性教师"完全不认同"的比率为 3.4%,高于持有这种态度的女性教师 2.3%(见表 3 - 149)。

表 3 - 149　　　　　　　　　是否认同教师从事教育科研

项目			男	女	合计
是否认同教师从事教育科研	完全不认同	人数(人)	121	140	261
		性别中的比率(%)	3.4	2.3	2.7
	不太认同	人数(人)	167	196	363
		性别中的比率(%)	4.7	3.2	3.7
	一般	人数(人)	541	866	1 407
		性别中的比率(%)	15.3	13.9	14.4
	比较认同	人数(人)	1 541	2 931	4 472
		性别中的比率(%)	43.7	47.1	45.9
	非常认同	人数(人)	1 160	2 087	3 247
		性别中的比率(%)	32.9	33.6	33.3
合计		人数(人)	3 530	6 220	9 750
		性别中的比率(%)	100.0	100.0	100.0

第二,不同性别教师参加与教育教学活动相关的学术会议的情况差异。

Robust 等均值检验结果显示,不同性别教师参加与教育教学相关的学术会议情况存在显著差异($p = 0.000$,< 0.01)。男性教师参加学术会议的频率总体上比女性教师高。具体表现为:64.9% 的被调查教师表示"偶尔参加"学术会议,其中男性教师"偶尔参加"的概率高于女性教师:65.7% 的男性教师"偶尔参加"学术会议,而女性教师的比率为 64.4%;9.8% 的被调查教师表示"经常参加"学术会议,其中 11.1% 的男性教师"经常参加",而"经常参加"学术会议的女性教师比率为 9.1%;有 25.3% 的被调查教师表示"从未参加"学术会议,其中 26.5% 的女性教师"从未参加"学术会议,高于男性教师的比率 23.1%(见表 3 - 150)。

表 3 - 150　　　　　　　　　是否参与教育学术会议

项目			男	女	合计
是否参与教育学术会议	从未参加	人数(人)	806	1 631	2 437
		性别中的比率(%)	23.1	26.5	25.3

续表

项目			男	女	合计
是否参与教育学术会议	偶尔参加	人数（人）	2 289	3 959	6 248
		性别中的比率（%）	65.7	64.4	64.9
	经常参加	人数（人）	387	561	948
		性别中的比率（%）	11.1	9.1	9.8
合计		人数（人）	3 482	6 151	9 633
		性别中的比率（%）	100.0	100.0	100.0

第三，不同性别教师对实际享有的科学研究权的满意度差异。

Robust等均值检验结果显示，不同性别教师对实际享有的科学研究权满意度存在显著差异（p=0.011，<0.05）。29.5%的被调查教师"比较满意"科研权利，其中女性教师"比较满意"的概率略高于男性教师：29.8%的女性教师"比较满意"科研权利，而男性教师比率为29.0%；16.7%的被调查教师"不太满意"科研权利，其中男性教师"不太满意"的概率高于女性教师：17.2%的男性教师"不太满意"科研权利，而女性教师不太满意的概率为16.3%；3.9%的被调查教师"完全不满意"科研权利，其中男性教师"完全不满意"的概率高于女性教师：5.2%的男性教师对科研权利"完全不满意"，而女性教师的比率为3.2%；仅有3.4%的被调查对象对科研权利"非常满意"，其中男性教师"非常满意"的概率高于女性教师：3.7%的男性教师"非常满意"科研权利，而只有3.2%的女性教师"非常满意"科研权利（见表3-151）。

表3-151　　　　　　　是否满意科研权利

项目			男	女	合计
是否满意科研权利	完全不满意	人数（人）	180	197	377
		性别中的比率（%）	5.2	3.2	3.9
	不太满意	人数（人）	597	1 000	1 597
		性别中的比率（%）	17.2	16.3	16.7
	一般	人数（人）	1 557	2 897	4 454
		性别中的比率（%）	44.9	47.4	46.5
	比较满意	人数（人）	1 006	1 825	2 831
		性别中的比率（%）	29.0	29.8	29.5
	非常满意	人数（人）	128	198	326
		性别中的比率（%）	3.7	3.2	3.4

续表

项目		男	女	合计
合计	人数（人）	3 468	6 117	9 585
	性别中的比率（%）	100.0	100.0	100.0

（6）教师指导评价权的性别差异。根据差异性检验结果，教师指导评价权的性别差异主要在以下几个指标上显著："是否认同学生评价应当以考试成绩为主要依据""是否总根据考试成绩评价学生"；"对自己实际享有的评价指导学生的权利的满意度"。

第一，不同性别教师对通过考试成绩评价学生的认同度差异。

Robust 等均值检验结果显示，不同性别教师对通过考试成绩评价学生的认同度存在显著差异（p = 0.000，< 0.01）。总体上看，男性教师更有可能认同通过考试成绩评价学生。具体表现：52.5% 的被调查教师"不太认同"学生评价应当以考试成绩为主要依据，其中女性教师持有这种态度的概率高于男性教师：55.8% 的女性教师"不太认同"此种观点，而持有"不太认同"态度的男性教师比率为 46.9%；14% 的被调查教师"比较认同"通过考试成绩评价学生，其中男性教师更有可能"比较认同"：18.0% 的男性教师持"比较认同"的态度，而女性教师的比率为 11.7%；12.3% 的被调查教师"完全不认同"此种评价学生的方式，其中女性教师的比率略高于男性教师：12.5% 女性教师"完全不认同"此种评价方式，而男性教师的比率为 12.1%；仅有 1.2% 的被调查教师"非常认同"此种评价学生的方式，其中男性教师的比率高于女性教师：1.8% 的男性教师"非常认同"，而女性教师比率为 0.9%（见表 3 – 152）。

表 3 – 152　　是否认同学生评价应当以考试成绩为主要依据

项目			男	女	合计
是否认同学生评价应当以考试成绩为主要依据	完全不认同	人数（人）	423	768	1 191
		性别中的比率（%）	12.1	12.5	12.3
	不太认同	人数（人）	1 641	3 426	5 067
		性别中的比率（%）	46.9	55.8	52.5
	一般	人数（人）	745	1 175	1 920
		性别中的比率（%）	21.3	19.1	19.9
	比较认同	人数（人）	631	718	1 349
		性别中的比率（%）	18.0	11.7	14.0

续表

项目			男	女	合计
是否认同学生评价应当以考试成绩为主要依据	非常认同	人数（人）	62	58	120
		性别中的比率（%）	1.8	0.9	1.2
合计		人数（人）	3 502	6 145	9 647
		性别中的比率（%）	100.0	100.0	100.0

第二，不同性别教师依据考试成绩评价学生的频率差异。

Robust 等均值检验结果显示，不同性别教师依据考试成绩评价学生的频率存在显著差异（p = 0.000，< 0.01）。总体上看，男性教师更有可能总是依据考试成绩评价学生。具体表现为：52.0% 的被调查教师表示自己的情况"不太符合"总是根据考试成绩评价学生，其中女性教师的概率高于男性教师：54.8% 的女性教师认为"不太符合"，而男性教师认为"不太符合"的比率为 47.1%；17.2% 的被调查教师认为该描述"完全不符合"，其中女性教师持有此种态度的概率高于男性教师：17.9% 的女性教师认为该描述"完全不符合"，而男性教师的比率为 16.2%；10.6% 的被调查教师认为自己"比较符合"总是根据考试成绩评价学生，其中属于这种情况的男性教师概率高于女性教师：13.9% 的男性教师认为该描述"比较符合"，而只有 8.8% 的女性教师认为描述"比较符合"；仅有 1.5% 的被调查教师认为该描述"非常符合"，其中男性教师的比率高于女性教师：2.0% 的男性教师持有这种观点，而持有这种观点的女性教师比率为 1.3%（见表 3-153）。

表 3-153　　　　　　是否总根据考试成绩评价学生

项目			男	女	合计
是否总根据考试成绩评价学生	完全不符合	人数（人）	565	1 095	1 660
		性别中的比率（%）	16.2	17.9	17.2
	不太符合	人数（人）	1 645	3 358	5 003
		性别中的比率（%）	47.1	54.8	52.0
	一般	人数（人）	729	1 063	1 792
		性别中的比率（%）	20.9	17.3	18.6
	比较符合	人数（人）	484	537	1 021
		性别中的比率（%）	13.9	8.8	10.6

续表

项目			男	女	合计
是否总根据考试成绩评价学生	非常符合	人数（人）	71	77	148
		性别中的比率（%）	2.0	1.3	1.5
合计		人数（人）	3 494	6 130	9 624
		性别中的比率（%）	100.0	100.0	100.0

第三，不同性别教师对指导评价权的满意度差异。

Robust 等均值检验结果显示，不同性别教师对指导评价权的满意度存在显著差异（$p=0.000$，<0.01）。总体上看，女性教师更有可能对指导评价权满意。具体表现在：39.0%的被调查教师"比较满意"指导评价权，其中女性教师"比较满意"的概率高于男性教师：40.3%的女性教师持有这种态度，而男性教师的比率为36.8%；14.1%的被调查教师对指导评价权"不太满意"，其中男性教师比率高于女性教师：14.7%男性教师"不太满意"，而女性教师的比率为13.8%；3.7%的被调查教师表示"非常满意"，其中男性教师比率略高于女性教师：4.0%的男性教师表示"非常满意"，而女性教师比率为3.5%；仅有2.5%的被调查教师表示"完全不满意"，其中男性教师比率高于女性教师：3.5%的男性教师表示"完全不满意"，而女性教师比率为1.9%（见表3-154）。

表3-154　　　　　　　　是否满意指导评价学生的权利

项目			男	女	合计
是否满意指导评价学生的权利	完全不满意	人数（人）	121	119	240
		性别中的比率（%）	3.5	1.9	2.5
	不太满意	人数（人）	510	845	1 355
		性别中的比率（%）	14.7	13.8	14.1
	一般	人数（人）	1 427	2 488	3 915
		性别中的比率（%）	41.1	40.5	40.7
	比较满意	人数（人）	1 276	2 473	3 749
		性别中的比率（%）	36.8	40.3	39.0
	非常满意	人数（人）	138	217	355
		性别中的比率（%）	4.0	3.5	3.7
合计		人数（人）	3 472	6 142	9 614
		性别中的比率（%）	100.0	100.0	100.0

（7）教师进修权的性别差异。根据差异性检验结果，教师进修权维度下只有一项指标，即"是否认同教师可以根据教学的需要参加各种培训"在性别分组上存在显著性差异。

Mann – Whitney 检验结果显示，不同性别教师对于教师有权参与进修培训的认同度存在显著差异（$p = 0.000$，< 0.01）。总体上看，女性教师更有可能认同教师可以根据教学的需要参加各种培训。具体表现为：45.6%的受调查教师"非常认同"教师应该有进修培训权，其中女性教师的比率高于男性教师：46.8%的女性教师"非常认同"，43.5%的男性教师持这种态度；39.8%的被调查教师"比较认同"进修培训权，其中女性教师的比率高于男性教师：40.0%女性教师"比较认同"，男性教师的比率为39.5%；2.6%的被调查教师"完全不认同"教师参加职业培训，其中男性教师的比率高于女性教师：3.4%的男性教师"完全不认同"，2.1%的女性教师持有此种态度；仅有2.5%的被调查教师"不太认同"教师的进修培训权，其中男性教师的比率为2.8%，女性教师的比率为2.3%（见表3 – 155）。

表3 – 155　　　　　　　　　是否认同教师参加职业培训

项目			男	女	合计
是否认同教师参加职业培训	完全不认同	人数（人）	120	133	253
		性别中的比率（%）	3.4	2.1	2.6
	不太认同	人数（人）	100	146	246
		性别中的比率（%）	2.8	2.3	2.5
	一般	人数（人）	381	548	929
		性别中的比率（%）	10.8	8.8	9.5
	比较认同	人数（人）	1 394	2 485	3 879
		性别中的比率（%）	39.5	40.0	39.8
	非常认同	人数（人）	1 533	2 908	4 441
		性别中的比率（%）	43.5	46.8	45.6
合计		人数（人）	3 528	6 220	9 748
		性别中的比率（%）	100.0	100.0	100.0

2. 教师专业知识能力的性别差异

本书从教师的受教育程度和专业知识技能两个维度来测量教师的专业知识能力水平。差异性检验结果显示，两个维度均存在性别的差异性。我们重点报告每个维度下在以性别为变量进行分组时具有显著性差异的各项指标。

（1）不同性别教师受教育程度差异。差异性检验结果显示，不同性别受教育程度差异具体体现在初始学历和当前学历上的差异。

第一，不同性别教师初始学历差异。

Mann – Whitney 检验结果显示，不同性别教师的初始学历存在显著差异（$p = 0.000$，<0.01）。总体上看，女性教师拥有中专中师、研究生学历的可能性更高，男性教师拥有高中、大专和本科学历的可能性更大。具体表现：38.4%的被调查教师入职时拥有本科学历，其中 42.6%的男性教师有本科学历，拥有本科学历的女性教师比率为 36.1%；33.5%的被调查教师拥有大专学历，其中 34.5%的男性教师拥有大专学历，33.0%女性教师拥有大专学历；23.3%的被调查教师拥有中专中师学历，其中 26.5%的女性教师拥有中专中师学历，17.7%的男性教师拥有中专中师学历；3.5%的被调查教师拥有高中学历，其中 4.0%的男性教师拥有高中学历，3.2%的女性教师拥有高中学历；仅有 1.0%的教师拥有研究生学历，其中 1.1%的女性教师有研究生学历，而只有 0.9%的男性教师拥有研究生学历。可见，教师的初始学历呈现女性占据两端，男性居于中间的"纺锤状"（见表 3 – 156）。

表 3 – 156　　　　　　　　　　入职学历

项目			男	女	合计
入职学历	高中	人数（人）	141	203	344
		性别中的比率（%）	4.0	3.2	3.5
	中专中师	人数（人）	630	1 666	2 296
		性别中的比率（%）	17.7	26.5	23.3
	大专	人数（人）	1 229	2 072	3 301
		性别中的比率（%）	34.5	33.0	33.5
	本科	人数（人）	1 516	2 267	3 783
		性别中的比率（%）	42.6	36.1	38.4
	研究生	人数（人）	31	69	100
		性别中的比率（%）	0.9	1.1	1.0
	其他	人数（人）	12	5	17
		性别中的比率（%）	0.3	0.1	0.2
合计		人数（人）	3 559	6 282	9 841
		性别中的比率（%）	100.0	100.0	100.0

第二，不同性别教师当前学历差异。

Mann – Whitney 检验结果显示，不同性别教师的当前学历存在显著差异（p = 0.020，<0.05）。总体上看，男性教师的当前学历更有可能是本科、研究生和教育硕士，而女性教师的当前学历更有可能是大专。具体表现为：72.8% 的被调查教师拥有本科学历，其中 73.5% 的男性教师拥有本科学历，72.5% 的女性教师拥有本科学历；19.4% 的被调查教师拥有大专学历，其中 20.0% 的女性教师拥有大专学历，18.2% 的男性教师拥有大专学历；3.6% 的被调查教师拥有研究生学历，其中 3.9% 的男性教师拥有研究生学历，而女性教师的比率为 3.4%；1.5% 的被调查教师拥有教育硕士学历，其中 1.6% 的男性教师拥有教育硕士学历，而拥有教育硕士学历的女性教师比率为 1.5%。由此可以推断，在职业发展中男性教师提高学历层次的可能性高于女性教师（见表 3 – 157）。

表 3 – 157　　　　　　　　当前学历

项目		男	女	合计
当前学历	中师中专 人数（人）	86	150	236
	性别中的比率（%）	2.4	2.4	2.4
	大专 人数（人）	650	1 255	1 905
	性别中的比率（%）	18.2	20.0	19.4
	本科 人数（人）	2 620	4 543	7 163
	性别中的比率（%）	73.5	72.5	72.8
	研究生 人数（人）	138	214	352
	性别中的比率（%）	3.9	3.4	3.6
	教育硕士 人数（人）	57	94	151
	性别中的比率（%）	1.6	1.5	1.5
	其他 人数（人）	14	14	28
	性别中的比率（%）	0.4	0.2	0.3
合计	人数（人）	3 565	6 270	9 835
	性别中的比率（%）	100.0	100.0	100.0

（2）不同性别教师专业知识技能差异。差异性检验结果显示，教师专业知识技能在性别分组上的差异在以下几个指标上显著："上一年度参与何种层次的培训""上一年度参加区县级培训次数""上一年度参加国家级培训次数"以及"职称"四个方面。

第一，不同性别教师上一年度参与培训的差异。

卡方检验结果显示，不同性别教师上一年度参与培训课的层次存在显著差异（p=0.000，<0.01）。总体上看，男性教师更有可能参加地市级以上的培训，而女性教师更有可能参加区县级以下的培训课程。具体表现为：一是最高比例的被调查教师参与"校本教师培训"，其中40.8%的女性教师上一年度参加过此类培训，38.3%的男性教师参加过此类培训；二是关于参与"区县级培训"，22.5%的女性教师上一年度参与过，21.5%的男性教师参与过；三是参与"地市级教师培训"的教师中，男性教师参加的概率高于女性教师：17.6%的男性教师上一年度参加过此类培训，而参与过此类培训的女性教师比率为16.4%；四是参与"省级教师培训"的教师中，男性教师参加的概率高于女性教师：9.8%的男性教师上一年度参加过此类培训，而女性教师的比率为8.5%；五是参与"国家级培训"的教师中，男性教师参加的概率高于女性教师：2.6%的男性教师参与过次级别的培训，而女性教师比率为2.2%（见表3-158）。

表3-158　　　　不同性别教师上一年度参与培训的差异

项目		男		女	
		人数（人）	列响应（%）	人数（人）	列响应（%）
上一年度参与何种层次的培训	没有参加培训	549	10.3	924	9.6
	校本教师培训	2 046	38.3	3 936	40.8
	区县级培训	1 148	21.5	2 173	22.5
	地市级教师培训	938	17.6	1 576	16.4
	省级教师培训	524	9.8	816	8.5
	国家级培训	138	2.6	214	2.2

第二，不同性别教师上一年度参与区县级培训次数的差异。

Mann-Whitney检验结果显示，不同性别教师上一年度参与区县级培训的课时数存在显著差异（p=0.001，<0.01）。总体上看，参与区县培训次数在21次以上的人数中女性教师的比例更高，而参与区县培训次数在20次以下的人数中，男性教师比例更高（见表3-159）。

表3-159　　　　　　区县培训次数分段

项目			男	女	合计
区县培训次数分段	0次	人数（人）	1 387	2 191	3 578
		性别中的比率（%）	60.5	57.5	58.6

续表

项目			男	女	合计
区县培训次数分段	1~20次	人数（人）	619	972	1 591
		性别中的比率（%）	27.0	25.5	26.1
	21~40次	人数（人）	160	373	533
		性别中的比率（%）	7.0	9.8	8.7
	41~60次	人数（人）	90	197	287
		性别中的比率（%）	3.9	5.2	4.7
	60次以上	人数（人）	35	77	112
		性别中的比率（%）	1.5	2.0	1.8
合计		人数（人）	2 291	3 810	6 101
		性别中的比率（%）	100.0	100.0	100.0

第三，不同性别教师上一年度参与国家级培训次数差异。

Mann–Whitney 检验结果显示，不同性别教师上一年度参与国家级培训的次数存在显著差异（$p=0.047$，<0.05）。总体上看，男性教师更有可能参与国家级培训课程，且课时数在 21~40 次或 60 次以上的概率比女性教师高。具体表现：95.3% 的被调查教师上一年度没有参加过国家级培训，其中 95.7% 的女性教师没有参加过国家级培训，而男性教师的比率为 94.6%；在参与国家级培训次数在 21~40 次的教师中，男性教师的概率略微高于女性教师：0.9% 男性教师参与国家级培训课程次数在 21~40 次，而女性教师的比率为 0.6%；1.4% 的教师参与国家级培训次数为 60 次以上，其中 1.9% 男性教师上一年度参与国家级培训次数在 60 次以上，而女性教师的比率为 1.2%（见表 3–160）。

表 3–160   国家级培训次数分段

项目			男	女	合计
国家级培训次数分段	0次	人数（人）	2 156	3 655	5 811
		性别中的比率（%）	94.6	95.7	95.3
	1~20次	人数（人）	41	69	110
		性别中的比率（%）	1.8	1.8	1.8
	21~40次	人数（人）	21	24	45
		性别中的比率（%）	0.9	0.6	0.7
	41~60次	人数（人）	17	25	42
		性别中的比率（%）	0.7	0.7	0.7

续表

项目			男	女	合计
国家级培训次数分段	60 次以上	人数（人）	43	45	88
		性别中的比率（%）	1.9	1.2	1.4
合计		人数（人）	2 278	3 818	6 096
		性别中的比率（%）	100.0	100.0	100.0

第四，不同性别教师的职称差异。

Robust 等均值检验结果显示，不同性别教师的职称存在显著差异（$p = 0.001$，<0.01）。总体上看，女性教师拥有初级和中级职称的可能性更高，而男性教师拥有高级职称的可能性更高。具体表现为：48.2% 的被调查教师拥有中级职称，其中女性教师拥有中级职称的概率高于男性教师：49.1% 的女性教师拥有中级职称，而男性教师的比率为 46.7%；38.4% 的被调查教师拥有初级职称，其中女性教师拥有初级职称的概率高于男性教师：38.9% 的女性教师拥有初级职称，而拥有初级职称的男性教师比率为 37.5%；13.4% 的被调查教师拥有高级职称，其中男性教师拥有高级职称的概率高于女性教师：15.7% 的男性教师拥有高级职称，而女性教师的比率为 12.0%（见表 3 – 161）。

表 3 – 161　　　　　　　　　　职称

项目			男	女	合计
职称	初级职称	人数（人）	1 161	2 075	3 236
		性别中的比率（%）	37.5	38.9	38.4
	中级职称	人数（人）	1 446	2 618	4 064
		性别中的比率（%）	46.7	49.1	48.2
	高级职称	人数（人）	487	640	1 127
		性别中的比率（%）	15.7	12.0	13.4
合计		人数（人）	3 094	5 333	8 427
		性别中的比率（%）	100.0	100.0	100.0

3. 不同性别教师职业道德规范差异

根据差异性检验结果，被调查教师的职业道德规范在性别分组中的差异性体现在以下几个指标上："是否了解《中小学教师职业道德规范》""是否认同教师应当甘为人梯、具有高度奉献精神""是否认同教师应当严于律己、以身作则"

"是否总将工作做到最好""是否总是耐心帮助课上调皮捣蛋的学生""是否上课从来不迟到早退"。

（1）不同性别教师对《中小学教师职业道德规范》的认知差异。Robust 等均值检验结果显示，不同性别教师对《中小学职业道德规范》的认知存在显著差异（p=0.000，<0.01）。总体上看，对《中小学教师职业道德规范》女性教师更有可能了解的程度高。具体表现为：51.2% 的被调查教师对《中小学教师职业道德规范》"比较了解"，其中女性教师"比较了解"的概率高于男性教师：51.5% 的女性教师了解程度为"比较了解"，而男性教师的比率为 50.7%；14.8% 的被调查教师的了解程度为"非常了解"，其中女性教师的概率高于男性教师：15.7% 的女性教师了解程度为"非常了解"，而男性教师的比率为 13.2%；有 7.9% 的被调查教师表示"不太了解"，其中 8.5% 的男性教师表示"不太了解"，持有这种态度的女性教师比率为 7.7%；仅有 1.6% 的被调查教师表示"完全不了解"，其中 2.5% 的男性教师表示"完全不了解"，而女性教师的比率为 1.1%（见表 3-162）。

表 3-162　　　　　　　　是否了解中小学教师职业道德规范

项目			男	女	合计
是否了解中小学教师职业道德规范	完全不了解	人数（人）	88	68	156
		性别中的比率（%）	2.5	1.1	1.6
	不太了解	人数（人）	296	473	769
		性别中的比率（%）	8.5	7.7	7.9
	一般	人数（人）	880	1 480	2 360
		性别中的比率（%）	25.1	24.0	24.4
	比较了解	人数（人）	1 773	3 181	4 954
		性别中的比率（%）	50.7	51.5	51.2
	非常了解	人数（人）	463	971	1 434
		性别中的比率（%）	13.2	15.7	14.8
合计		人数（人）	3 500	6 173	9 673
		性别中的比率（%）	100.0	100.0	100.0

（2）不同性别教师对"教师应当甘为人梯、具有高度奉献精神"的认同差异。Robust 等均值检验结果显示，不同性别教师对"教师应当甘为人梯、具有高度奉献精神"的认同存在显著差异（p=0.000，<0.01）。总体上看，女性教师更有可能对此观点表示认同。具体表现在：43.5% 的被调查教师表示"比较认

同"教师的奉献精神,其中44.0%的女性教师"比较认同",而男性教师"比较认同"的概率为42.6%;20.3%的被调查教师表示"非常认同"此观点,其中20.6%的女性教师"非常认同",而男性教师的比率为19.8%;12.4%的被调查教师表示"不太认同"这种观点,其中12.9%的男性教师表示"不太认同",而女性教师的比率为12.0%;仅有3.2%的被调查教师表示"完全不认同",其中4.7%的男性教师表示"完全不认同",而女性教师的比率为2.4%(见表3-163)。

表3-163　　　　　　是否认为教师应具有高度奉献精神

项目			男	女	合计
是否认为教师应具有高度奉献精神	完全不认同	人数（人）	164	146	310
		性别中的比率（%）	4.7	2.4	3.2
	不太认同	人数（人）	451	745	1 196
		性别中的比率（%）	12.9	12.0	12.4
	一般	人数（人）	698	1 298	1 996
		性别中的比率（%）	20.0	21.0	20.6
	比较认同	人数（人）	1 491	2 721	4 212
		性别中的比率（%）	42.6	44.0	43.5
	非常认同	人数（人）	692	1 274	1 966
		性别中的比率（%）	19.8	20.6	20.3
合计		人数（人）	3 496	6 184	9 680
		性别中的比率（%）	100.0	100.0	100.0

（3）不同性别教师对"教师应当严于律己、以身作则"的认同差异。Mann - Whitney检验结果显示,不同教师对"教师应当严于律己、以身作则"的认同存在显著差异（p = 0.000，< 0.01）。总体上看,女性教师更有可能对教师以身作则的观点表示认同。具体表现:44.9%的被调查教师对此表示"比较认同",其中女性教师对此"比较认同"的概率高于男性教师的概率:45.2%的女性教师"比较认同",而男性教师"比较认同"的概率为44.3%;43.4%的被调查教师对此观点表示"非常认同",其中女性教师对此"非常认同"的概率高于男性教师:45.2%的女性教师"非常认同",而男性教师的比率为40.2%;2.8%的被调查教师对这种观点表示"完全不认同",其中男性教师"完全不认同"的概率高于女性教师:3.9%的男性教师表示"完全不认同",而女性教师的比率为2.2%;仅有1.7%的被调查教师表示"不太认同",其中男性教师表示"不太认同"的概率高于女性教师:2.5%的男性教师表示"不太认同",而女性教师的

比率为 1.2%（见表 3-164）。

表 3-164　　　　　　　是否认同教师应严于律己

项目			男	女	合计
是否认同教师应严于律己	完全不认同	人数（人）	135	134	269
		性别中的比率（%）	3.9	2.2	2.8
	不太认同	人数（人）	88	76	164
		性别中的比率（%）	2.5	1.2	1.7
	一般	人数（人）	319	378	697
		性别中的比率（%）	9.1	6.1	7.2
	比较认同	人数（人）	1 549	2 780	4 329
		性别中的比率（%）	44.3	45.2	44.9
	非常认同	人数（人）	1 405	2 781	4 186
		性别中的比率（%）	40.2	45.2	43.4
合计		人数（人）	3 496	6 149	9 645
		性别中的比率（%）	100.0	100.0	100.0

（4）不同性别教师工作完成程度的差异。Mann-Whitney 检验结果显示，不同性别教师对工作完成程度存在显著差异（p=0.000，<0.01）。总体上看，女性教师更有可能"总将工作做到最好"。具体表现在：分别有 21.1% 和 58.8% 的被调查教师对"总是把工作做到最好"这一表述表示"非常符合"和"比较符合"，其中女性教师表示"非常符合"和"比较符合"的概率更高，分别为 23.1% 和 60.4%，而男性教师的比率分别为 17.6% 和 56.1%；仅有 1.4% 和 5.7% 的被调查对象表示对"总把工作做到最好"这一表述表示"完全不符合"和"不太符合"，其中男性教师的比率分别为 1.9% 和 7.7%，而对应的女性教师的比率分别为 1.2% 和 4.5%（见表 3-165）。

表 3-165　　　　　　　是否总将工作做到最好

项目			男	女	合计
是否总将工作做到最好	完全不符合	人数（人）	65	74	139
		性别中的比率（%）	1.9	1.2	1.4
	不太符合	人数（人）	269	277	546
		性别中的比率（%）	7.7	4.5	5.7

续表

项目			男	女	合计
是否总将工作做到最好	一般	人数（人）	583	666	1 249
		性别中的比率（%）	16.7	10.8	13.0
	比较符合	人数（人）	1 962	3 708	5 670
		性别中的比率（%）	56.1	60.4	58.8
	非常符合	人数（人）	617	1 418	2 035
		性别中的比率（%）	17.6	23.1	21.1
合计		人数（人）	3 496	6 143	9 639
		性别中的比率（%）	100.0	100.0	100.0

（5）不同性别教师对于帮助上课调皮捣蛋学生的耐心程度差异。Mann - Whitney检验结果显示，不同性别教师对于帮助上课调皮捣蛋学生的耐心程度存在显著差异（$p = 0.000$，< 0.01）。总体上看，女性教师在对待调皮捣蛋的学生上更可能有耐心。具体表现，对于"是否有耐心教育帮助课堂上调皮捣蛋的学生"，分别有57.9%和20.4%的被调查教师表示"比较符合"和"非常符合"，其中女性教师持有这种态度的概率高于男性教师：分别有59.3%和22.7%的女性教师表示"比较符合"和"非常符合"，而与此对应的男性教师比率分别为55.4%和16.4%；而仅有1.2%和4.8%的被调查教师对此表示"完全不符合"和"不太符合"，其中男性教师持有此态度的概率高于女性教师的概率：分别有1.5%和6.9%的男性教师对此表示"完全不符合"和"不太符合"，而与此对应的女性教师比率分别为1.0%和3.7%（见表3-166）。

表3-166　是否总耐心教育帮助课堂上调皮捣蛋的学生

项目			男	女	合计
是否总耐心教育帮助课堂上调皮捣蛋的学生	完全不符合	人数（人）	51	63	114
		性别中的比率（%）	1.5	1.0	1.2
	不太符合	人数（人）	239	224	463
		性别中的比率（%）	6.9	3.7	4.8
	一般	人数（人）	687	816	1 503
		性别中的比率（%）	19.8	13.3	15.7
	比较符合	人数（人）	1 926	3 627	5 553
		性别中的比率（%）	55.4	59.3	57.9

续表

项目			男	女	合计
是否总耐心教育帮助课堂上调皮捣蛋的学生	非常符合	人数（人）	571	1 391	1 962
		性别中的比率（%）	16.4	22.7	20.4
合计		人数（人）	3 474	6 121	9 595
		性别中的比率（%）	100.0	100.0	100.0

（6）不同性别教师上课守时程度差异。Mann – Whitney 检验结果显示，不同性别教师上课守时程度存在显著差异（p = 0.000）。总体上看，女性教师上课守时的程度更可能高。具体表现为：对于"是否上课从来不迟到早退"这一表述，有 46.8% 的被调查教师表示"非常符合"，其中女性教师表示"非常符合"的概率高于男性教师：50.3% 的女性教师对此表示"非常符合"，而男性教师的比率为 40.7%；而对此表示"比较符合""一般""不太符合"和"完全不符合"的情况中均是男性教师的概率高于女性教师，男性教师的概率分别为 41.7%、9.2%、4.7% 和 3.7%，与此对应的女性教师的概率分别为 38.7%、5.5%、2.7% 和 2.9%（见表 3 – 167）。

表 3 – 167　　　　　　是否上课从来不迟到早退

项目			男	女	合计
是否上课从来不迟到早退	完全不符合	人数（人）	131	176	307
		性别中的比率（%）	3.7	2.9	3.2
	不太符合	人数（人）	165	166	331
		性别中的比率（%）	4.7	2.7	3.4
	一般	人数（人）	321	336	657
		性别中的比率（%）	9.2	5.5	6.8
	比较符合	人数（人）	1 458	2 372	3 830
		性别中的比率（%）	41.7	38.7	39.8
	非常符合	人数（人）	1 423	3 082	4 505
		性别中的比率（%）	40.7	50.3	46.8
合计		人数（人）	3 498	6 132	9 630
		性别中的比率（%）	100.0	100.0	100.0

（五）对教师公务员制度和教师流动态度的性别差异

1. 不同性别教师对教师公务员制度的态度差异

差异性检验结果显示，不同性别教师对教师公务员制度的态度差异具体在两项指标上存在显著差异："是否同意教师成为公务员"和"同意教师成为公务员的理由"。

（1）不同性别教师对于教师成为公务员的同意程度差异。Mann – Whitney 检验结果显示，不同性别教师对于教师成为公务员的同意程度存在显著差异（$p = 0.000$，< 0.01）。总体上看，女性教师更有可能同意教师成为公务员。具体表现为：93.8%的被调查教师同意教师成为公务员，其中女性教师同意的概率高于男性教师：95.2%的女性教师对教师成为公务员表示同意，而男性教师的比率为91.5%；仅有6.2%的被调查教师对此表示"不同意"，其中男性教师对此表示"不同意"的概率高于女性教师：8.5%的男性教师表示"不同意"，而女性教师的比率为4.8%（见表3 – 168）。

表3 – 168　　　　　　　　是否同意教师成为公务员

项目			男	女	合计
是否同意教师成为公务员	同意	人数（人）	3 156	5 809	8 965
		性别中的比率（%）	91.5	95.2	93.8
	不同意	人数（人）	292	296	588
		性别中的比率（%）	8.5	4.8	6.2
合计		人数（人）	3 448	6 105	9 553
		性别中的比率（%）	100.0	100.0	100.0

（2）不同性别教师对于教师成为公务员的理由差异。Mann – Whitney 检验结果显示，不同性别教师对于同意教师成为公务员的理由存在显著差异（$p = 0.000$，< 0.01）。总体上看，男性教师同意教师成为公务员更有可能是因为"公务员经济待遇好"和"公务员社会地位高"，而女性教师同意教师成为公务员的理由更有可能是因为"教师成为公务员更能体现政府的教育责任"。具体表现为：75.7%的被调查教师表示同意教师成为公务员的理由是"教师成为公务员更能体现政府的教育责任"，其中78.7%的女性教师持这种观点，而男性教师的比率为70.1%；分别有17.7%和6.6%的被调查教师同意教师成为公务员是因为"公务员的经济待遇好"和"公务员的社会地位高"，其中男性教师持有这些观点的概率分别为20.4%和9.4%，而女性教师持有这些观点的概率分别为16.2%和

5.1%（见表 3-169）。

表 3-169   同意教师成为公务员的理由

	项目		男	女	合计
同意教师成为公务员的理由	公务员经济待遇好	人数（人）	587	852	1 439
		性别中的比率（%）	20.4	16.2	17.7
	公务员社会地位高	人数（人）	271	266	537
		性别中的比率（%）	9.4	5.1	6.6
	教师成为公务员更能体现政府的教育责任	人数（人）	2 015	4 126	6 141
		性别中的比率（%）	70.1	78.7	75.7
合计		人数（人）	2 873	5 244	8 117
		性别中的比率（%）	100.0	100.0	100.0

2. 不同性别教师关于教师招聘形式的观点差异

Mann-Whitney 检验结果显示，不同性别教师对于教师招聘形式的观点存在显著差异（p=0.001，<0.01）。总体上看，关于"由国家或地方政府同意招聘"，女性教师支持此种观点的可能性更大，而关于"由各个学校单独招聘"男性教师支持此种观点的可能性更大。具体表现为：71.7%的被调查教师都认为教师招聘应该"由国家或地方政府统一招聘"，其中有72.9的女性教师持有这种观点，而持有这种观点的男性教师比例为69.8%；仅有28.3的被调查教师支持"由各个学校单独招聘"，其中有30.2%的男性教师持有此种观点，而持有此种观点的女性教师概率为27.1%（见表 3-170）。

表 3-170   认为教师招聘应采取何种方式

	项目		男	女	合计
认为教师招聘应采取何种方式	由国家或地方政府统一招聘	人数（人）	2 389	4 378	6 767
		性别中的比率（%）	69.8	72.9	71.7
	由各个学校单独招聘	人数（人）	1 035	1 631	2 666
		性别中的比率（%）	30.2	27.1	28.3
合计		人数（人）	3 424	6 009	9 433
		性别中的比率（%）	100.0	100.0	100.0

3. 不同性别教师对于教师流动的态度差异

Mann-Whitney 检验结果显示，不同性别教师对于教师流动的态度存在显著差异（p=0.000，<0.01）。总体上看，认为教师流动"应服从政府部门调配"的教师中，女性教师的可能性更高，而认为"教师应自由流动"的教师中，男性教师的可能性更高。具体表现为：51.4%认为教师"应该服从政府部门的调配"，其中有55.0%的女性教师持有这种观点，而只有45.1%的男性教师持有这种观点；有48.6%的被调查教师认为"教师应自由流动"，其中有54.9%的男性教师持有这种观点，而持有这种观点的女性教师比率为45.0%（见表3-171）。

表3-171　　　　　　　　　如何看待教师流动

项目			男	女	合计
如何看待教师流动	应服从政府部门的调配	人数（人）	1 549	3 316	4 865
		性别中的比率（%）	45.1	55.0	51.4
	教师应自由流动	人数（人）	1 885	2 710	4 595
		性别中的比率（%）	54.9	45.0	48.6
合计		人数（人）	3 434	6 026	9 460
		性别中的比率（%）	100.0	100.0	100.0

五、教师社会经济地位在是否重点学校间的差异

我国义务教育阶段不允许设重点学校和重点班级，但是，基于中考成绩，面对高考竞争，处于非义务教育阶段的高中教育在现实中形成了重点学校和非重点学校的区分。因此，本书关注高中教师的社会经济地位与所处学校类型的关系。综合教师的政治地位、经济地位和专业地位在是否重点学校间的差异情况来看，重点学校尤其是国家级示范性普通高中教师的社会经济地位较高；在重点学校内部，教师社会经济地位也呈现了从国家级到省级再到市级依次递减的状态；非示范性普通高中教师社会经济地位与重点学校教师差距较大，处于不利地位；

（一）教师师资结构在是否重点学校间的差异

1. 是否重点校间教师年龄差异

Robust等均值检验结果显示，重点校与非重点校间教师的年龄存在显著差异（p=0.000）。多重比较结果显示：国家级示范性普通高中的教师年龄比省级示范普通高中均值差低2.818个单位（SD=0.838，p=0.007），比市级示范性普通高中低4.789个单位（SD=0.853，p=0.000），比非示范性普通高中低3.863个单位（SD=0.850，p=0.000）。具体表现为：40.2%的被调查教师年龄在30~40

岁，第一为市级示范性普通高中教师年龄在 30～40 岁的概率最高，比率为 47.2%。第二为省级示范性普通高中概率为 39.5%。第三为非示范性普通高中，概率为 36.8%。第四为国家级示范性普通高中，概率为 27.0%；年龄在 30 岁以下的教师占比为 36.9%，第一为国家级示范性普通高中教师年龄在 30 岁以下的概率最高，比率为 60.8%。第二为省级示范性普通高中，概率为 41.2%。第三为非示范性普通高中，概率为 37.3%。第四为市级示范性普通高中，概率为 27.0%；年龄在 40～50 岁的教师占被调查教师总数的 20.7%，第一为非示范性普通高中教师年龄在 40～50 岁概率最高，概率为 23.2%。第二为市级示范性高中，概率为 23.0%。第三为省级示范性普通高中，概率为 18.0%。第四为国家级示范性普通高中，概率为 12.2%；年龄在 50 岁以上的教师占被调查教师总数的 2.1%，首先市级示范性普通高中教师年龄在 50 岁以上的概率最高，概率为 2.9%。其次是非示范性普通高中，概率为 2.7%。最后是省级示范性普通高中，概率为 1.3%。被调查的国家级示范性普通高中没有年龄在 50 岁以上的教师（见表 3-172）。

表 3-172   年龄段

项目			国家级示范性普通高中	省级示范性普通高中	市级示范性普通高中	非示范性普通高中	合计
年龄段	30 岁以下	人数（人）	45	398	168	295	906
		是否重点校中的比率（%）	60.8	41.2	27.0	37.3	36.9
	30～40 岁	人数（人）	20	382	294	291	987
		是否重点校中的比率（%）	27.0	39.5	47.2	36.8	40.2
	40～50 岁	人数（人）	9	174	143	183	509
		是否重点校中的比率（%）	12.2	18.0	23.0	23.2	20.7
	50 岁以上	人数（人）	0	13	18	21	52
		是否重点校中的比率（%）	0	1.3	2.9	2.7	2.1
合计		人数（人）	74	967	623	790	2 454
		是否重点校中的比率（%）	100.0	100.0	100.0	100.0	100.0

2. 是否重点校间教师教龄的差异

Robust 等均值检验结果显示，是否重点校间教师的教龄存在显著差异（$p = 0.000$，< 0.01）。多重比较结果显示：国家级示范性普通高中的教师教龄比省级示范性普通高中均值差低 2.733 个单位（$SD = 0.984$，$p = 0.041$），比市级示范性普通高中低 4.918 个单位（$SD = 0.999$，$p = 0.000$），比非示范性普通高中低

4.062 个单位（SD=0.996，p=0.001）。具体表现为：教师教龄为 5 年以下的教师占被调查教师总数的 25.4%，第一是国家级示范性普通高中教师教龄在 5 年以下的概率最高，概率为 52.9%。第二是省级示范性普通高中，概率为 29.6%。第三为非示范性普通高中，概率为 23.7%。第四为市级示范性普通高中，概率为 17.9%；教龄为 5~10 年的教师占被调查教师总数的 23.8%，第一是省级示范性普通高中和非示范性普通高中教师教龄在 5~10 年的概率最高，概率均有 24.7%。第二是市级示范性普通高中，概率为 21.5%。第三为国家级示范性普通高中，概率为 20.6%；教龄为 11~15 年的教师占被调查教师总数的 17.5%，第一是市级示范性普通高中教师教龄在 11~15 年的概率最高，概率为 23.5%。第二是省级示范性普通高中，概率为 16.3%。第三是非示范性普通高中，概率为 15.4%。第四是国家级示范性普通高中，概率为 7.4%；教龄为 15~20 年的教师占被调查教师总数的 17%，第一是非示范性普通高中教师教龄在 15~20 年的概率最高，概率为 19.0%。第二是市级示范性普通高中，概率为 18.9%。第三为省级示范性普通高中，概率为 14.8%。第四为国家级示范性普通高中，概率为 8.8%；教龄在 20~25 年的教师占被调查教师总数的 9.8%，第一是市级示范性普通高中教师教龄在 20~25 年的概率最高，概率为 11.6%，第二是省级示范性普通高中，概率为 9.8%。第三为非示范性普通高中，概率为 9.1%。第四是国家级示范性普通高中，概率为 2.9%；教龄在 25 年以上的教师占被调查教师总数的 6.4%，第一是非示范性普通高中的教师教龄在 25 年以上的概率最高，概率为 8.1%。第二是国家级示范性普通高中，概率为 7.4%。第三是市级示范性普通高中，概率为 6.7%。第四是省级示范性普通高中，概率为 4.9%（见表 3-173）。

表 3-173　　　　　　　　教龄段

	项目		国家级示范性普通高中	省级示范性普通高中	市级示范性普通高中	非示范性普通高中	合计
教龄段	5 年以下	人数（人）	36	284	110	185	615
		是否重点校中的比率（%）	52.9	29.6	17.9	23.7	25.4
	5~10 年	人数（人）	14	237	132	193	576
		是否重点校中的比率（%）	20.6	24.7	21.5	24.7	23.8
	11~15 年	人数（人）	5	156	144	120	425
		是否重点校中的比率（%）	7.4	16.3	23.5	15.4	17.5
	15~20 年	人数（人）	6	142	116	148	412
		是否重点校中的比率（%）	8.8	14.8	18.9	19.0	17.0

续表

项目			国家级示范性普通高中	省级示范性普通高中	市级示范性普通高中	非示范性普通高中	合计
教龄段	20~25年	人数（人）	2	94	71	71	238
		是否重点校中的比率（%）	2.9	9.8	11.6	9.1	9.8
	25年以上	人数（人）	5	47	41	63	156
		是否重点校中的比率（%）	7.4	4.9	6.7	8.1	6.4
合计		人数（人）	68	960	614	780	2 422
		是否重点校中的比率（%）	100.0	100.0	100.0	100.0	100.0

（二）教师政治地位在是否重点学校间的差异

根据差异性检验结果，重点校间教师政治地位是否存在显著差异，具体包括政治权利和政治参与两个维度。政治权利保障方面，国家级示范性高中相对最有保障，但是省级示范性高中教师对政治权利保障的满意度最高，非示范性高中教师的政治权利保障情况最为薄弱；政治参与方面，国家级示范性高中教师的参与情况最好，满意度最高，非示范性高中教师政治参与情况最不理想。

1. 政治权利

（1）是否重点校间教代会对校长权力的约束程度差异。Kruskal – Wallis 检验结果显示是否重点校间教代会对校长权力的约束程度存在显著差异（$p = 0.000$，< 0.01）。总体看来，国家级示范性普通高中教代会对校长权力的约束程度要高于其他类型重点校及非重点校。具体表现：表示教代会对校长权力的约束程度为"完全"和"多数"的教师数量分别占被调查教师总数的 5.0% 和 19.6%，其中国家级示范性普通高中的教师认为教代会对校长权力具有"完全"或"多数"的约束力的概率远高于其他类型学校，概率分别为 33.9% 和 28.6%。第二是省级示范性普通高中，概率分别为 4.4% 和 21.5%。第三是市级示范性普通高中，概率分别为 4.1% 和 16.1%。第四是非示范性普通高中，概率为 3.6% 和 19.6%；表示教代会对校长权力的约束程度为"少数""偶尔"和"无约束力"的教师占被调查教师总数的百分比分别为 22.9%、16.4% 和 36.0%，其中国家级示范性普通高中教师认为教代会对校长权力的约束程度为"少数""偶尔"和"无约束力"的概率最低，分别为 14.3%、14.3% 和 8.9%；省级示范性普通高中教师认为教代会对校长权力的约束程度为"偶尔"的概率最高，为 16.8%；市级示范性普通高中教师认为教代会对校长权力的约束程度为"少数"的概率最高，为 29.0%；非示范性普通高中教师认为教代会对校长权力约束力为"无约束力"的

概率最高，为41.2%（见表3-174）。

表3-174　　　　　　　教代会对校长权力的约束

项目			国家级示范性普通高中	省级示范性普通高中	市级示范性普通高中	非示范性普通高中	合计
教代会对校长权力的约束	完全	人数（人）	19	30	21	21	91
		是否重点校中的比率（%）	33.9	4.4	4.1	3.6	5.0
	多数	人数（人）	16	146	82	115	359
		是否重点校中的比率（%）	28.6	21.5	16.1	19.6	19.6
	少数	人数（人）	8	152	148	112	420
		是否重点校中的比率（%）	14.3	22.4	29.0	19.1	22.9
	偶尔	人数（人）	8	114	82	97	301
		是否重点校中的比率（%）	14.3	16.8	16.1	16.5	16.4
	无约束力	人数（人）	5	236	177	242	660
		是否重点校中的比率（%）	8.9	34.8	34.7	41.2	36.0
合计		人数（人）	56	678	510	587	1 831
		是否重点校中的比率（%）	100.0	100.0	100.0	100.0	100.0

（2）是否重点学校间教师与学校发生纠纷时的维权途径差异。

第一，是否重点学校间教师与学校发生纠纷时用以维护自身权益的途径差异。

Kruskal-Wallis检验结果显示，是否重点学校的教师在与学校发生纠纷时的维权途径存在显著差异（$p=0.039$，<0.05）。Mann-Whitney检验结果显示，教师维权途径在是否重点学校分组上的差异主要体现在国家级示范性普通高中教师与非示范性普通高中之间（$p=0.041$，<0.05）以及省级示范性普通高中与非示范性普通高中之间（$p=0.012$，<0.05）。具体表现为：非示范性普通高中教师"向学校领导反映情况"的比例为85.4%，显著高于国家级示范性普通高中教师的70.0%和省级示范性普通高中教师的75.8%；采用"向教育行政部门申诉"的维权途径的教师中，有25.0%的国家级示范性普通高中教师，显著高于非示范性普通高中教师的比例为8.3%。而有16.4%省级示范性普通高中教师采用"向教育行政部门申诉"的维权途径，该比例也显著高于非示范性普通高中教师的这一比例（见表3-175）。

表 3-175　　　　　　　　　　　维权途径

	项目		国家级示范性普通高中	省级示范性普通高中	市级示范性普通高中	非示范性普通高中	合计
维权途径	向学校领导反映情况	人数（人）	14	97	88	116	315
		是否重点校中的比率（%）	70.0	75.8	85.4	87.9	82.2
	向教育行政部门申诉	人数（人）	5	21	6	11	43
		是否重点校中的比率（%）	25.0	16.4	5.8	8.3	11.2
	向上级行政部门提起行政复议	人数（人）	0	6	3	2	11
		是否重点校中的比率（%）	0	4.7	2.9	1.5	2.9
	申请人事仲裁	人数（人）	1	2	2	1	6
		是否重点校中的比率（%）	5.0	1.6	1.9	0.8	1.6
	向法院提起诉讼	人数（人）	0	2	4	2	8
		是否重点校中的比率（%）	0	1.6	3.9	1.5	2.1
合计		人数（人）	20	128	510	132	383
		是否重点校中的比率（%）	100.0	100.0	100.0	100.0	100.0

第二，是否重点学校间教师对纠纷解决方式的满意度差异。

Kruskal-Wallis 检验结果显示，是否重点学校间教师对纠纷解决方式的满意度存在显著差异（$p=0.000$，<0.01）。Mann-Whitney 检验结果显示，是否重点学校间教师对纠纷解决方式的满意度差异主要体现在省级示范性普通高中教师与市级示范性普通高中（$p=0.034$，<0.05）和非示范性普通高中（$p=0.000$，<0.01）之间，以及市级示范性普通高中教师与非示范性普通高中教师之间（$p=0.050$）。总体来看，省级示范性普通高中教师的满意度高于市级示范性普通高中教师和非示范性普通高中教师的满意度。具体表现在有 21.6% 的省级示范性普通高中教师表示"比较满意"，显著高于市级示范性普通高中教师和非示范性普通高中教师的 11.3% 和 10.1%；10.8% 的省级示范普通高中教师表示"完全不满意"，显著低于市级示范性普通高中教师和非示范性普通高中教师的 17.0% 和 34.9%（见表 3-176）。

表 3-176　　　　　　　　　　　维权途径

项目			国家级示范性普通高中	省级示范性普通高中	市级示范性普通高中	非示范性普通高中	合计
解决纠纷方式的满意度	完全不满意	人数（人）	4	15	18	45	82
		是否重点校中的比率（%）	20.0	10.8	17.0	34.9	20.8
	不太满意	人数（人）	4	35	35	25	99
		是否重点校中的比率（%）	20.0	25.2	33.0	19.4	25.1
	一般	人数（人）	6	57	36	44	143
		是否重点校中的比率（%）	30.0	41.0	34.0	34.1	36.3
	比较满意	人数（人）	6	30	12	13	61
		是否重点校中的比率（%）	30.0	21.6	11.3	10.1	15.5
	非常满意	人数（人）	0	2	5	2	9
		是否重点校中的比率（%）	0	1.4	4.7	1.6	2.3
合计		人数（人）	20	139	106	129	394
		是否重点校中的比率（%）	100.0	100.0	100.0	100.0	100.0

2. 政治参与情况

差异性检验结果显示，教师的政治参与情况包括参与学校事务与参与上级教育行政部门决策两个维度在是否是重点学校分组上均存在显著差异。

（1）是否重点学校间教师参与学校事务情况差异。差异性检验结果显示，教师参与学校事务的情况差异在是否重点学校分组上存在显著性的差异指标包括：参与学校事务决定活动的频次、内容、方式、意见被采纳的程度及其影响因素、对于参与决定的范围和方式的满意度。

第一，是否重点学校间的教师参与学校事务决定活动的频次差异。

方差分析结果显示，是否重点学校的教师参与学校事务决定的活动频次存在显著差异（$p=0.000$，<0.01）。总体上看，国家级示范性普通高中教师参与学校事务决定活动的频次高于其他重点学校和非重点学校。多重比较的结果显示，国家级示范性普通高中教师参与学校事务决定活动的频次比省级示范性普通高中高 0.428 个单位（$SD=0.076$，$p=0.000$），比市级示范性高中高 0.405 个单位（$SD=0.077$，$p=0.000$），比非示范性普通高中高 0.379 个单位（$SD=0.076$，$p=0.000$）。表 3-177 显示，表示"从不参与"学校事务决定活动的教师占被调查教师总数的 54.4%，其中国家级示范性普通高中的概率最低为 29.6%，而省级示范性普通高中的概率最高，概率为 57.8%，市级示范性普通高中和非示范性普

通高中的概率分别为 55.0% 和 52.0%；表示"有时参与"的教师占被调查教师总数的 39.0%，其中 49.3% 的国家级示范性普通高中教师表示"有时参与"，非示范性普通高中教师的概率为 42.4%，市级示范性普通高中教师的概率为 38.9%，省级示范性普通高中教师的概率为 35.6%；表示"经常参与"学校事务决定活动的教师占被调查教师总数的 6.6%，其中 21.1% 的国家级示范性普通高中表示"经常参与"学校事务决定活动，远远高于其他类型中学教师的频率。省级示范性普通高中、市级示范性普通高中与非示范性普通高中教师"经常参与"学校事务决定活动的概率分别为 6.6%、6.1% 和 5.7%。

表 3-177　　　　　　　　　是否参与学校决定

项目			国家级示范性普通高中	省级示范性普通高中	市级示范性普通高中	非示范性普通高中	合计
是否参与学校决定	从不参与	人数（人）	21	537	335	395	1 288
		是否重点校中的比率（%）	29.6	57.8	55.0	52.0	54.4
	有时参与	人数（人）	35	331	237	322	925
		是否重点校中的比率（%）	49.3	35.6	38.9	42.4	39.0
	经常参与	人数（人）	15	61	37	43	156
		是否重点校中的比率（%）	21.1	6.6	6.1	5.7	6.6
合计		人数（人）	71	929	609	760	2 369
		是否重点校中的比率（%）	100.0	100.0	100.0	100.0	100.0

第二，是否重点学校间教师参与学校事务的内容差异。

卡方检验结果显示，是否重点学校教师参与学校事务的内容存在显著差异（$p=0.000$，<0.01）。国家级示范性普通高中教师参与"学校发展规划"和"奖金和福利的分配"涉及宏观教育管理层面决策的概率高于其他类型中学教师，分别有 26.4% 和 19.5% 的国家级示范性普通高中教师参与过这两项学校事务决定；省级示范性普通高中教师参与"评优"和"评职称"的概率高于其他类型学校，分别有 40.2% 和 27.9% 的省级示范性普通高中教师参与过这两项学校事务决定；国家级示范性普通高中教师参与"评职称"的概率低于其他类型学校，仅有 13.8% 的国家级示范性普通高中教师参与该项学校事务决定活动；省级示范性普通高中教师参与"学校发展规划"和"奖金和福利的分配"的概率低于其他类型学校，分别有 14.2% 和 13.3% 的省级示范性普通高中教师参与这两项学校事务决定活动；市级示范性普通高中教师参与"评优"活动的

概率低于其他类型学校，仅有36.5%的市级示范性普通高中教师参与该项学校事务（见表3-178）。

表3-178　　是否重点学校间教师参与学校事务的内容差异

项目		国家级示范性普通高中		省级示范性普通高中		市级示范性普通高中		非示范性普通高中	
		人数（人）	列响应（%）	人数（人）	列响应（%）	人数（人）	列响应（%）	人数（人）	列响应（%）
参与何种决定	学校发展规划	23	26.4	80	14.2	66	15.3	89	15.5
	评优	34	39.1	226	40.2	157	36.5	228	39.6
	评职称	12	13.8	157	27.9	116	27.0	134	23.3
	奖金和福利的分配	17	19.5	75	13.3	62	14.4	98	17.0
	其他	1	1.1	24	4.3	29	6.7	27	4.7

第三，是否重点学校间教师参与学校事务决定的方式差异。

卡方检验结果显示，是否重点学校间教师参与学校事务决定方式存在显著性差异（$p=0.002$，<0.01）。国家级示范性普通高中的教师表示学校通过"公示"的方式征求意见的概率高于其他类型高中，46.9%的国家级示范性普通高中教师表示学校通过"公示"的方式征求意见，而省级示范性普通高中教师的概率为35.7%，市级示范性普通高中教师的概率是31.6%，非示范性普通高中教师的概率是29.6%；非示范性普通中学教师表示学校通过"召开会议"的方式征求意见的概率高于其他类型学校，54.6%的非示范性普通高中教师表示学校通过"召开会议"的方式征求意见，而国家级示范性普通高中教师的概率为40.6%，省级示范性普通高中教师的概率为48.7%，市级示范性普通高中教师的概率为51.4%；市级示范性高中教师表示学校通过"个别交流"的方式征求意见的概率最高，有17%的市级示范性高中教师表示学校通过"个别交流"征求意见，而国家级示范性普通高中教师的概率是12.5%，省级示范性普通高中教师的概率是15.6%，非示范性普通高中教师的概率为15.8%（见表3-179）。

表3-179　是否重点学校间教师参与学校事务决定的方式差异

项目		国家级示范性普通高中		省级示范性普通高中		市级示范性普通高中		非示范性普通高中	
		人数（人）	列响应（%）	人数（人）	列响应（%）	人数（人）	列响应（%）	人数（人）	列响应（%）
学校征求意见方式	召开会议	26	40.6	274	48.7	200	51.4	260	54.6
	公示	30	46.9	201	35.7	123	31.6	141	29.6
	个别交流	8	12.5	88	15.6	66	17.0	75	15.8

第四，是否重点校学校间教师意见被学校采纳的程度差异。

方差分析结果显示，是否重点校间教师意见被学校采纳程度存在显著差异（$p=0.003$，<0.01）。多重比较结果显示，国家级示范性普通高中教师意见被采纳程度的均值比省级示范性普通高中低0.408个单位（$SD=0.119$，$p=0.001$，<0.01），比市级示范性普通高中低0.414个单位（$SD=0.122$，$p=0.001$，<0.01），比非示范性普通高中低0.449个单位（$SD=0.120$，$p=0.000$）（数值由1～4代表"每次都被采纳""多次被采纳""1～2次被采纳"和"从未被采纳"）。分别有2.4%和23.1%的被调查教师表示意见"每次都被采纳"和"多次被采纳"，其中国家级示范性普通高中教师的概率都高于其他类型学校：分别有6.1%和40.8%的国家级示范性普通高中教师表示意见"每次都被采纳"和"多次被采纳"；省级示范性普通高中的概率分别是2.6%和23.3%；市级示范性普通高中的概率分别为2.2%和22.7%；非示范性普通高中教师的概率分别是1.7%和20.6%。有45.1%的被调查教师表示意见被采纳的频率为"1～2次"，其中有47.5%的非示范性普通高中教师表示意见被采纳"1～2次"，市级示范性普通高中教师的概率为45.4%，省级示范性普通高中教师的概率为43.6%，国家级示范性普通高中教师的概率为38.8%。有29.4%的被调查教师表示意见"从未被采纳"，其中仅有14.3%的国家级示范性普通高中教师表示"从未被采纳"，而有30.5%的省级示范性普通高中教师、30.1%的非示范性普通高中教师以及29.7%的市级示范性普通高中教师表示意见"从未被采纳"（见表3-180）。

表 3 – 180　　　　　　　　　意见采纳情况

项目		国家级示范性普通高中	省级示范性普通高中	市级示范性普通高中	非示范性普通高中	合计
意见采纳情况	每次都被采纳 人数（人）	3	10	6	6	25
	是否重点校中的比率（%）	6.1	2.6	2.2	1.7	2.4
	多次被采纳 人数（人）	20	91	61	71	243
	是否重点校中的比率（%）	40.8	23.3	22.7	20.6	23.1
	1~2次被采纳 人数（人）	19	170	122	164	475
	是否重点校中的比率（%）	38.8	43.6	45.4	47.5	45.1
	从未被采纳 人数（人）	7	119	80	104	310
	是否重点校中的比率（%）	14.3	30.5	29.7	30.1	29.4
合计	人数（人）	49	390	269	345	1 053
	是否重点校中的比率（%）	100.0	100.0	100.0	100.0	100.0

第五，是否重点学校间教师对意见被学校采纳的认知差异。

卡方检验结果显示，是否重点学校间教师对意见被学校采纳的认知存在显著差异（$p = 0.001$，< 0.01）。相对于其他类型高中，国家级示范性普通高中教师认为"教师资历"和"学历"是影响学校意见采纳的影响因素的概率最高，分别有22.4%和9.0%的国家级示范性普通高中教师持这种观点，而省级示范性普通高中、市级示范性普通高中以及非示范性普通高中的教师概率分别为17.8%和2.0%、17.2%和2.7%、14.8%和2.5%；省级示范性普通高中教师认为影响因素为"意见的合理程度"的概率最高，52.0%的省级示范性普通高中教师持这种观点，而国家级示范性普通高中、市级示范性普通高中和非示范性普通高中教师的概率分别为38.8%、46.5%和52.1%；认为"与领导关系"是影响学校意见采纳的因素中，非示范性普通高中教师的比率最高：15.8%的非示范性普通高中教师持这种观点，而持这种观点的市级示范性普通高中、省级示范性普通高中与国家示范性普通高中教师的比率分别为14.8%、10.2%和13.4%（见表3 – 181）。

表 3-181　是否重点学校间教师对意见被学校采纳的认知差异

项目		国家级示范性普通高中		省级示范性普通高中		市级示范性普通高中		非示范性普通高中	
		人数（人）	列响应（%）	人数（人）	列响应（%）	人数（人）	列响应（%）	人数（人）	列响应（%）
学校意见采纳的影响因素	教师资历	15	22.4	96	17.8	64	17.2	65	14.8
	职务	11	16.4	96	17.8	70	18.8	65	14.8
	学历	6	9.0	11	2.0	10	2.7	11	2.5
	与领导关系	9	13.4	55	10.2	55	14.8	69	15.8
	意见合理程度	26	38.8	280	52.0	173	46.5	228	52.1

第六，是否重点学校间教师对参与决定的范围满意度差异。

方差分析结果显示，是否重点学校间教师对参与决定范围的满意度存在显著差异（$p = 0.000$，< 0.01）。多重比较结果显示，国家级示范性普通高中教师对参与决定范围的满意程度比省级示范性普通高中教师的满意度高出 0.513 个单位（$SD = 0.137$，$p = 0.000$），比市级示范性普通高中教师的满意度高出 0.595 个单位（$SD = 0.140$，$p = 0.000$），比非示范性普通高中教师的满意度高出 0.634 个单位（$SD = 0.138$，$p = 0.000$）。表 3-182 结果显示，对参与决策范围持"比较满意"和"非常满意"态度的国家级示范性普通高中教师的概率最高，分别有 45.8% 和 14.6% 国家级示范性普通高中教师表示"比较满意"和"非常满意"，而省级示范性普通高中、市级示范性普通高中以及非示范性普通高中教师持有这两种态度的比率分别为 32.3% 和 3.8%、24.1% 和 4.4%、30.1% 和 2.3%。对参与决策范围持有"完全不满意"的省级示范性普通高中教师的概率最高，有 5.4% 的省级示范性普通高中教师对参与决策范围表示"完全不满意"，持有此态度的国家级示范性普通高中教师、市级示范性普通高中教师以及非示范性普通高中教师的概率分别为 2.1%、2.9% 和 4.3%。对参与决策范围持有"不太满意"的非示范性普通高中教师概率最高，有 24.9% 的非示范性普通高中教师表示"不太满意"，而国家级示范性普通高中教师、省级示范性普通高中教师以及市级示范性普通高中教师概率分别为 6.3%、15.9% 和 21.9%。对参与决策范围满意度为"一般"的市级示范性普通高中教师的概率最高，有 46.7% 的市级示范性普通高中教师对参与决定范围的满意度为"一般"，而持有此态度的国家级示范性普通高中、省级示范性普通高中以及非示范性普通高中教师的概率分别为 31.3%、42.6% 和 38.4%。

表 3-182　　　　　　　　对参与决定范围的满意程度

项目			国家级示范性普通高中	省级示范性普通高中	市级示范性普通高中	非示范性普通高中	合计
对参与决定范围的满意程度	完全不满意	人数（人）	1	21	8	15	45
		是否重点校中的比率（%）	2.1	5.4	2.9	4.3	4.3
	不太满意	人数（人）	3	62	60	86	211
		是否重点校中的比率（%）	6.3	15.9	21.9	24.9	19.9
	一般	人数（人）	15	166	128	133	442
		是否重点校中的比率（%）	31.3	42.6	46.7	38.4	41.8
	比较满意	人数（人）	22	126	66	104	318
		是否重点校中的比率（%）	45.8	32.3	24.1	30.1	30.1
	非常满意	人数（人）	7	15	12	8	42
		是否重点校中的比率（%）	14.6	3.8	4.4	2.3	4.0
合计		人数（人）	48	390	274	346	1 058
		是否重点校中的比率（%）	100.0	100.0	100.0	100.0	100.0

第七，是否重点学校间教师对参与决定的方式满意度差异。

方差分析结果显示，是否重点学校间教师对参与决定方式满意度存在显著差异（$p=0.001$，<0.01）。多重比较结果显示，国家级示范性普通高中教师对参与决定方式的满意程度比省级示范性普通高中教师的满意度高出 0.468 个单位（$SD=0.141$，$p=0.001$）、比市级示范性普通高中教师的满意度高出 0.536 个单位（$SD=0.144$，$p=0.000$）、比非示范性普通高中教师满意度高出 0.558（$SD=0.141$，$p=0.000$）。对参与决定的方式表示"非常满意"和"比较满意"的教师中，国家级示范性普通高中教师的概率高于其他类型其他类型学校教师，分别有 14.3% 和 44.9% 的国家级示范性普通高中教师表示"非常满意"和"比较满意"，而持有这两种态度的省级示范性普通高中、市级示范性普通高中以及非示范性普通高中教师的概率分别为 4.1% 和 31.9%、5.1% 和 26.4%、6.3% 和 25.8%。对参与决定的方式表示"完全不满意"的教师中，省级示范性普通高中教师的概率高于其他类型学校教师的概率：5.1% 的省级示范性普通高中教师表示"完全不满意"，持有这种态度的国家级示范性普通高中教师、市级示范性普通高中教师以及非示范性普通高中教师的概率分别为 2.0%、3.6% 和 4.6%。对参与方式满意度为"不太满意"的教师中非示范性普通高中教师的概率高于其他类型教师：有 23.8% 的非示范性普通高中教师表示"不太满意"，而国家级示范

性普通高中教师、省级示范性普通高中教师以及市级示范性普通高中教师的概率分别为 8.2%、15.4% 和 21.7%（见表 3-183）。

表 3-183　　　　　　　对参与决定方式的满意程度

项目			国家级示范性普通高中	省级示范性普通高中	市级示范性普通高中	非示范性普通高中	合计
对参与决定方式的满意程度	完全不满意	人数（人）	1	20	10	16	47
		是否重点校中的比率（%）	2.0	5.1	3.6	4.6	4.4
	不太满意	人数（人）	4	60	60	83	207
		是否重点校中的比率（%）	8.2	15.4	21.7	23.8	19.5
	一般	人数（人）	15	169	119	138	441
		是否重点校中的比率（%）	30.6	43.4	43.1	39.5	41.5
	比较满意	人数（人）	22	124	73	90	309
		是否重点校中的比率（%）	44.9	31.9	26.4	25.8	29.1
	非常满意	人数（人）	7	16	14	22	59
		是否重点校中的比率（%）	14.3	4.1	5.1	6.3	5.6
合计		人数（人）	49	389	276	349	1 063
		是否重点校中的比率（%）	100.0	100.0	100.0	100.0	100.0

（2）是否重点学校间教师参与上级教育行政部门决策情况差异。差异性检验结果显示，教师参与上级教育行政部门决策的情况在是否重点学校的分组上有显著差异的指标包括：参与上级教育行政部门决策的频率、内容、意见被采纳程度、对参与决策的范围和方式的满意程度。

第一，是否重点学校间教师参与上级教育行政决策的频率差异。

Kruskal – Wallis 检验结果显示，是否重点学校间教师参与上级教育行政决策的频率存在显著差异（$p = 0.000$，< 0.01）。83.7% 的被调查教师表示"从不参与"上级教育行政决策，其中非示范性普通高中教师的概率高于其他类型学校教师的概率：86.6% 的非示范性普通高中教师表示"从不参与"，84.0% 的省级示范性普通高中教师、83.8% 的市级示范性普通高中教师以及 50.0% 的国家级示范性普通教师表示"从不参与"；有 14.0% 和 2.3% 的被调查教师表示"有时参与"和"经常参与"教育行政决策，其中国家级示范性普通高中教师的概率高于其他类型学校；有 33.8% 和 16.2% 的国家级示范性普通高中教师表示"有时参与"和"经常参与"教育行政决策，而持有这两种态度的省级示范性普通高

中、市级示范性普通高中以及非示范性普通高中教师的概率分别为14.0%和2.0%、14.4%和1.9%、11.8%和1.6%（见表3-184）。

表3-184　　　　　　　　是否参与教育行政决策

项目			国家级示范性普通高中	省级示范性普通高中	市级示范性普通高中	非示范性普通高中	合计
是否参与教育行政决策	从不参与	人数（人）	34	743	495	639	1 911
		是否重点校中的比率（%）	50.0	84.0	83.8	86.6	83.7
	有时参与	人数（人）	23	124	85	87	319
		是否重点校中的比率（%）	33.8	14.0	14.4	11.8	14.0
	经常参与	人数（人）	11	18	11	12	52
		是否重点校中的比率（%）	16.2	2.0	1.9	1.6	2.3
合计		人数（人）	68	885	591	738	2 282
		是否重点校中的比率（%）	100.0	100.0	100.0	100.0	100.0

第二，是否重点学校间教师参与上级教育行政决策的内容差异。

卡方检验结果显示，是否重点学校间教师参与上级教育行政决策的内容存在显著差异（p=0.026，<0.05）。关于参与过"评选县级先进集体或个人"，国家级示范性普通高中教师的概率高于其他类型高中：44.4%的国家级示范性普通高中教师参与过此类决策，而省级示范性普通高中、市级示范性普通高中和非示范性普通高中的教师概率分别为38.8%、31.2%和33.6%；关于参与过"教师福利待遇问题"的决策，市级示范性普通高中和非示范性普通高中教师的概率高于其他类型学校：均有27.0%的市级示范性普通高中和非示范性普通高中教师参与过此类决策，而参与此类决策的国家级示范性普通高中和省级示范性普通高中的概率分别为20.4%和23.6%；关于参与"教育发展规划"决策，国家级示范性普通高中教师的参与概率高于其他类型学校：24.1%的国家级示范性普通高中教师参与此类决策，而参与此类决策的省级示范性普通高中、市级示范性普通高中和非示范性普通高中教师的概率分别为18.5%、23.4%和20.4%。此外，国家级示范性普通高中教师参与"教育经费问题"决策的概率也高于其他类型学校：11.1%的国家级示范性普通高中教师参与过此类决策，而参与此类决策的省级示范性普通高中、市级示范性普通高中以及非示范性普通高中教师的概率分别为6.2%、7.1%和10.5%（见表3-185）。

表3-185　　是否重点学校间教师参与上级教育行政决策的内容差异

项目		国家级示范性普通高中		省级示范性普通高中		市级示范性普通高中		非示范性普通高中	
		人数（人）	列响应（%）	人数（人）	列响应（%）	人数（人）	列响应（%）	人数（人）	列响应（%）
参与何种教育决策	教育发展规划	13	24.1	33	18.5	33	23.4	31	20.4
	评选县级先进集体或个人	24	44.4	69	38.8	44	31.2	51	33.6
	教育经费问题	6	11.1	11	6.2	10	7.1	16	10.5
	教师福利待遇问题	11	20.4	42	23.6	38	27.0	41	27.0
	其他	0	0	23	12.9	16	11.3	13	8.6

第三，是否重点学校间教师意见被教育行政部门采纳程度差异。

方差分析结果显示是否重点学校间教师意见被教育行政部门采纳的程度存在显著差异（$p=0.002$，<0.01）。多重比较结果显示，国家级示范性普通高中教师意见被采纳程度比省级示范性普通高中低0.489个单位（$SD=0.151$，$p=0.001$）、比市级示范性普通高中教师低0.583个单位（$SD=0.157$，$p=0.000$）、比非示范性普通高中教师低0.552个单位（$SD=0.157$，$p=0.000$）（数值由1~4代表"每次都被采纳""多次被采纳""1~2次被采纳"和"从未被采纳"）。表3-186结果显示，表示意见"从未被采纳"的国家级示范性普通高中教师的概率为8.8%，而省级示范性普通高中、市级示范性普通高中以及非示范性普通高中教师意见"从未被采纳"的概率分别为43.0%、41.7%和43.8%；表示意见"多次被采纳"和"1~2次被采纳"的国家级示范性普通高中教师的概率均高于其他类型学校教师的概率：分别有35.3%和52.9%的国家级示范性普通高中教师表示意见被"多次采纳"和"1~2次被采纳"，而省级示范性普通高中、市级示范性普通高中以及非示范性普通高中对应的概率分别为19.9%和33.8%、12.0%和44.4%、19.0%和36.2%；省级示范性普通高中教师表示意见"每次被采纳"的概率高于其他类型学校教师的概率：3.3%的省级示范性普通高中教师表示意见"每次被采纳"，而国家示范性普通高中教师的概率是2.9%，市级示范性普通高中教师的概率是1.9%，非示范性普通高中教师的概率为1.0%。

表 3-186　　意见被上级采纳程度

项目			国家级示范性普通高中	省级示范性普通高中	市级示范性普通高中	非示范性普通高中	合计
意见被上级采纳程度	每次都被采纳	人数（人）	1	5	2	1	9
		是否重点校中的比率（%）	2.9	3.3	1.9	1.0	2.3
	多次被采纳	人数（人）	12	30	13	20	75
		是否重点校中的比率（%）	35.3	19.9	12.0	19.0	18.8
	1~2次被采纳	人数（人）	18	51	48	38	155
		是否重点校中的比率（%）	52.9	33.8	44.4	36.2	38.9
	从未被采纳	人数（人）	3	65	45	46	159
		是否重点校中的比率（%）	8.8	43.0	41.7	43.8	39.9
合计		人数（人）	34	151	108	105	398
		是否重点校中的比率（%）	100.0	100.0	100.0	100.0	100.0

第四，是否重点学校间教师对参与决策的范围满意度差异。

方差分析结果显示，是否重点学校间教师对参与决策范围的满意度存在显著差异（$F=5.574$，$df=3$，$p=0.001$）。多重比较结果显示，国家级示范性普通高中教师对参与决策范围的满意度比省级示范性普通高中教师的满意度高出 0.716 个单位（$SD=0.181$，$p=0.000$）、比市级示范性普通高中教师的满意度高出 0.695 个单位（$SD=0.188$，$p=0.000$）、比非示范性普通高中教师高出 0.594 个单位（$SD=0.187$，$p=0.002$）。表 3-187 结果显示，国家级示范性普通高中教师对参与决策范围表示"比较满意"和"非常满意"的概率高于其他类型学校：分别有 44.1% 和 17.6% 的国家级示范性普通高中教师表示"比较满意"和"非常满意"，而持有相对应态度的省级示范性普通高中、市级示范性普通高中以及非示范性普通高中教师的概率分别为 25.7% 和 2.6%、21.7% 和 6.6%、33.0% 和 2.8%；国家级示范性普通高中教师对参与决策范围表示"完全不满意"和"不太满意"的概率低于其他类型学校：国家级示范性普通高中教师表示"完全不满意"并且持有"不太满意"态度的概率为 0 和 11.8%，而持有此态度的省级示范性普通高中、市级示范性普通高中以及非示范性普通高中教师的概率分别为 8.6% 和 17.8%、5.7% 和 25.5%、7.3% 和 15.6%。

表 3-187　　对参与决策范围是否满意

项目			国家级示范性普通高中	省级示范性普通高中	市级示范性普通高中	非示范性普通高中	合计
对参与决策范围是否满意	完全不满意	人数（人）	0	13	6	8	27
		是否重点校中的比率（%）	0	8.6	5.7	7.3	6.7
	不太满意	人数（人）	4	27	27	17	75
		是否重点校中的比率（%）	11.8	17.8	25.5	15.6	18.7
	一般	人数（人）	9	69	43	45	166
		是否重点校中的比率（%）	26.5	45.4	40.6	41.3	41.4
	比较满意	人数（人）	15	39	23	36	113
		是否重点校中的比率（%）	44.1	25.7	21.7	33.0	28.2
	非常满意	人数（人）	6	4	7	3	20
		是否重点校中的比率（%）	17.6	2.6	6.6	2.8	5.0
合计		人数（人）	34	152	106	109	401
		是否重点校中的比率（%）	100.0	100.0	100.0	100.0	100.0

第五，是否重点学校间教师对参与决策的方式满意度差异。

方差分析的结果显示，是否重点学校间教师对参与决策方式的满意度存在显著差异（p=0.001，<0.01）。多重比较结果显示，国家级示范性普通高中教师对参与决策方式的满意度比省级示范性普通高中教师的满意度高出 0.714 个单位（SD=0.173，p=0.000）、比市级示范性普通高中教师的满意度高出 0.685 个单位（SD=0.180，p=0.000）、比非示范性普通高中教师的满意度高出 0.578 个单位（SD=0.179，p=0.001）。表 3-188 结果显示，国家级示范性普通高中教师对参与决策方式表示"比较满意"和"非常满意"的概率高于其他类型学校：分别有 52.8% 和 16.7% 的国家级示范性普通高中教师表示"比较满意"和"非常满意"，而持有相对应态度的省级示范性普通高中、市级示范性普通高中以及非示范性普通高中教师的概率分别为 25.3% 和 2.0%、23.4% 和 4.7%、32.1% 和 5.4%；国家级示范性普通高中教师对参与决策方式表示"完全不满意"和"不太满意"的概率低于其他类型学校：分别有 2.8% 和 11.1% 国家级示范性普通高中教师表示"完全不满意"和"不太满意"，而持有此态度的省级示范性普通高中、市级示范性普通高中以及非示范性普通高中教师的概率分别为 6.7% 和 18.0%、2.8% 和 26.2%、8.9% 和 13.4%。

表 3-188　　　　　　　对参与决策方式是否满意

项目			国家级示范性普通高中	省级示范性普通高中	市级示范性普通高中	非示范性普通高中	合计
对参与决策方式是否满意	完全不满意	人数（人）	1	10	3	10	24
		是否重点校中的比率（%）	2.8	6.7	2.8	8.9	5.9
	不太满意	人数（人）	4	27	28	15	74
		是否重点校中的比率（%）	11.1	18.0	26.2	13.4	18.3
	一般	人数（人）	6	72	46	45	169
		是否重点校中的比率（%）	16.7	48.0	43.0	40.2	41.7
	比较满意	人数（人）	19	38	25	36	118
		是否重点校中的比率（%）	52.8	25.3	23.4	32.1	29.1
	非常满意	人数（人）	6	3	5	6	20
		是否重点校中的比率（%）	16.7	2.0	4.7	5.4	4.9
合计		人数（人）	36	150	107	112	405
		是否重点校中的比率（%）	100.0	100.0	100.0	100.0	100.0

（三）教师经济地位在是否重点学校间的差异

经济地位是教师社会经济地位测量的另一重要维度，主要从收入情况、工资发放情况以及教师对工作量与收入关系、加班费的主观认知四个维度测量。总体看来，从收入情况来看，教师收入从国家级示范性普通高中向非示范性普通高中依次递减；省级和市级示范性普通高中教师期待较高收入的愿望最为强烈；从工资发放情况来看，国家级示范性普通高中情况最好，市级示范性普通高中情况最不容乐观。

1. 收入情况

（1）是否重点学校间教师期望的年收入差异。Kruskal-Wallis 检验结果显示，是否重点学校间教师期望的年收入存在显著差异（$p = 0.000$，< 0.01）。Mann-Whitney 检验结果显示差异主要体现在省级示范性普通高中教师与非示范性普通高中教师之间（$p = 0.000$）以及市级示范性普通高中教师与非示范性普通高中教师之间（$p = 0.000$）。总体看来，相对于非示范性普通高中教师而言，有更高比例的省级示范性普通高中教师（58.6%）和市级示范性普通高中教师（58.2%）期待年收入在 60 000 以上；而同时，省级示范性普通高中教师和市级示范性普通高中教师期待年收入在 60 000 元以下的比例总体上显著低于非示范

性普通高中教师的比例（见表 3-189）。

表 3-189　　期待的年收入

项目		国家级示范性普通高中	省级示范性普通高中	市级示范性普通高中	非示范性普通高中	合计
期待的年收入	12 000 元以下 人数（人）	1	8	4	12	25
	是否重点校中的比率（%）	1.40	0.80	0.60	1.50	1.00
	12 000~18 000 元 人数（人）	4	20	14	9	47
	是否重点校中的比率（%）	5.40	2.00	2.30	1.20	1.90
	18 000~24 000 元 人数（人）	4	26	14	22	66
	是否重点校中的比率（%）	5.40	2.70	2.30	2.80	2.70
	24 000~36 000 元 人数（人）	5	59	47	83	194
	是否重点校中的比率（%）	6.80	6.00	7.60	10.60	7.90
	36 000~60 000 元 人数（人）	22	291	180	281	774
	是否重点校中的比率（%）	29.70	29.80	29.00	36.00	31.60
	60 000 元以上 人数（人）	38	573	361	373	1 345
	是否重点校中的比率（%）	51.40	58.60	58.20	47.80	54.90
合计	人数（人）	74	977	620	780	2 451
	是否重点校中的比率（%）	100.00	100.00	100.00	100.00	100.00

（2）是否重点学校间教师 2008 年职业收入差异。Robust 等均值检验结果显示，是否重点学校间教师 2008 年职业收入存在显著差异（p=0.000）。多重比较结果显示，省级示范性普通高中教师的收入比非示范性普通高中教师的收入高出 0.279 个单位（SD=0.061，p=0.000），市级示范性普通高中教师收入比非示范性普通高中教师的收入高 0.240 个单位（SD=0.070，p=0.004）。表 3-190 结果显示，收入在 60 000 元以上的被调查教师中，国家级示范性普通高中教师的概率高于其他类型学校：6.8% 的国家级示范性普通高中教师的年收入在 60 000 元以上，而省级示范性普通高中、市级示范性普通高中以及非示范性普通高中教师的概率分别是 4.5%、5.5% 和 5.9%；收入在 36 000~60 000 元的被调查教师中，市级示范性普通高中教师的概率高于其他类型学校：17% 的市级示范性普通高中教师收入在 36 000~60 000 元，而此收入段的国家级示范性普通高中、省级示范性普通高中以及非示范性普通高中教师的比率分别为 12.2%、14.9% 和 10.0%；收入在 24 000~36 000 元的被调查教师中，省级示范性普通高中教师的

概率高于其他类型学校：31.4%的省级示范性普通高中教师收入在 24 000 ~ 36 000 元，而此收入段的国家级示范性普通高中、市级示范性普通高中以及非示范性普通高中教师的概率分别为 23.0%、25.3% 和 20.6%（见表 3 – 190）。

表 3 – 190　　　　　　　　　　2008 年的年收入

项目			国家级示范性普通高中	省级示范性普通高中	市级示范性普通高中	非示范性普通高中	合计
2008 年的年收入	12 000 元以下	人数（人）	14	66	35	60	175
		是否重点校中的比率（%）	18.9	6.9	5.7	7.9	7.3
	12 000 ~ 18 000 元	人数（人）	10	142	138	185	475
		是否重点校中的比率（%）	13.5	14.8	22.4	24.3	19.7
	18 000 ~ 24 000 元	人数（人）	19	265	148	239	671
		是否重点校中的比率（%）	25.7	27.6	24.0	31.4	27.8
	24 000 ~ 36 000 元	人数（人）	17	302	156	157	632
		是否重点校中的比率（%）	23.0	31.4	25.3	20.6	26.2
	36 000 ~ 60 000 元	人数（人）	9	143	105	76	333
		是否重点校中的比率（%）	12.2	14.9	17.0	10.0	13.8
	60 000 元以上	人数（人）	5	43	34	45	127
		是否重点校中的比率（%）	6.8	4.5	5.5	5.9	5.3
合计		人数（人）	74	961	616	762	2 413
		是否重点校中的比率（%）	100.0	100.0	100.0	100.0	100.0

2. 工资发放情况

（1）是否重点学校间教师被欠发工资情况差异。Kruskal – Wallis 检验结果显示，是否重点学校间教师被欠发工资情况存在显著差异（p = 0.000）。总体上看，国家示范性普通高中教师表示了最少可能的欠发工资情况。具体表现为：有 51.0% 的被调查教师表示"从来没有"被欠发工资，其中国家示范性普通高中教师表示"从来没有"被欠发工资的概率最高，有 73.0% 的国家级示范性普通高中教师这样表示，而省级示范性普通高中、市级示范性普通高中以及非示范性普通高中教师的概率分别为 48.2%、48.6% 和 54.3%；有 32.9% 的被调查教师表示"偶尔被欠发"工资，其中国家级示范性普通高中教师表示"偶尔被欠发"工资的概率最低，18.9% 的被调查教师这样表示，而省级示范性普通高中、市级示范性普通高中以及非示范性普通高中教师的概率分别为 34.4%、31.0% 和

33.9%；9.6%的被调查教师表示"经常被欠发"工资，其中市级示范性普通高中教师的概率最高，达到14.2%，国家级示范性普通高中教师的概率最低，仅有1.4%的国家级示范性普通高中教师表示"经常被欠发"工资（见表3-191）。

表3-191　　　　　　　　　是否被欠发过工资

项目			国家级示范性普通高中	省级示范性普通高中	市级示范性普通高中	非示范性普通高中	合计
是否被欠发过工资	从来没有	人数（人）	54	470	304	424	1 252
		是否重点校中的比率（%）	73.0	48.2	48.6	54.3	51.0
	偶尔被欠发	人数（人）	14	336	194	265	809
		是否重点校中的比率（%）	18.9	34.4	31.0	33.9	32.9
	经常欠发	人数（人）	1	106	89	41	237
		是否重点校中的比率（%）	1.4	10.9	14.2	5.2	9.6
	不清楚	人数（人）	5	64	39	51	159
		是否重点校中的比率（%）	6.8	6.6	6.2	6.5	6.5
合计		人数（人）	74	976	626	781	2 457
		是否重点校中的比率（%）	100.0	100.0	100.0	100.0	100.0

（2）是否重点学校间教师所在区县按时发工资情况差异。Kruskal-Wallis 检验结果显示，是否重点学校间教师按时发资情况存在显著差异（$p = 0.000$）。总体上看，首先是国家示范性普通高中教师表示了最好的按时发工资情况，其次是非示范性普通高中，再次是省级示范性普通高中，最后是市级示范性普通高中。具体表现为：66.0%的被调查教师表示所在区县按时发工资，其中有82.4%的国家级示范性普通高中教师这样表示，而非示范性普通高中、省级示范性普通高中，以及市级示范性普通高中这样表示的概率依次是68.8%、66.4%和59.9%（见表3-192）。

表3-192　　　　　　　　　所在区县是否按时发工资

项目			国家级示范性普通高中	省级示范性普通高中	市级示范性普通高中	非示范性普通高中	合计
所在区县是否按时发工资	是	人数（人）	61	647	375	539	1 622
		是否重点校中的比率（%）	82.4	66.4	59.9	68.8	66.0
	否	人数（人）	4	118	114	102	338
		是否重点校中的比率（%）	5.4	12.1	18.2	13.0	13.8

续表

项目			国家级示范性普通高中	省级示范性普通高中	市级示范性普通高中	非示范性普通高中	合计
所在区县是否按时发工资	不清楚	人数（人）	9	209	137	142	497
		是否重点校中的比率（%）	12.2	21.5	21.9	18.1	20.2
合计		人数（人）	74	974	626	783	2 457
		是否重点校中的比率（%）	100.0	100.0	100.0	100.0	100.0

3. 是否重点学校间教师对工作量与工资关系的主观认知差异

Kruskal – Wallis 检验显示是否重点学校间教师对工作量与工资关系的主观认知存在显著差异（卡方值 = 10.331，df = 3，p = 0.016）。而 Mann – Whitney 检验结果显示，组间的显著差异主要集中体现在国家级示范性普通高中与省级示范性普通高中（p = 0.009）、与市级示范性普通高中（p = 0.001）以及与非示范性普通高中（p = 0.008）。总体上看，最大比例的市级示范性普通高中教师认为"工作量较大，但收入较少"（91.1%），最大比例的非示范性普通高中教师认为"工作量较大，收入较多"（8.1%），最大比例的国家级示范性普通高中教师认为"工作量较小，收入较少"（13.5%）以及"工作量较小，收入较多"（1.4%）（见表 3 – 193）。

表 3 – 193　　　　　　　　工作量与收入相符与否

项目			国家级示范性普通高中	省级示范性普通高中	市级示范性普通高中	非示范性普通高中	合计
工作量与收入相符与否	工作量较大，但收入较少	人数（人）	59	871	566	693	2 189
		是否重点校中的比率（%）	79.7	89.2	91.1	89.1	89.4
	工作量较大，收入较多	人数（人）	4	57	31	63	155
		是否重点校中的比率（%）	5.4	5.8	5.0	8.1	6.3
	工作量较小，收入较少	人数（人）	10	38	23	17	88
		是否重点校中的比率（%）	13.5	3.9	3.7	2.2	3.6
	工作量较小，收入较多	人数（人）	1	10	1	5	17
		是否重点校中的比率（%）	1.4	1.0	0.2	0.6	0.7
合计		人数（人）	74	976	621	778	2 449
		是否重点校中的比率（%）	100.0	100.0	100.0	100.0	100.0

4. 是否重点学校间教师对加班费的认知差异

Kruskal – Wallis 检验结果显示，是否重点学校间教师在加班费的认知上存在显著差异（p=0.000）。总体上看，首先是省级示范性普通高中教师认为应该有加班费的比例最高，达到 97.9%，其次是市级示范性普通高中教师，比例为 95.7%，再次是非示范性普通高中教师，比例为 95.5%，最后是国家级示范性普通高中教师，比例为 87.3%（见表 3 – 194）。

表 3 – 194　　　　　　　　如何看待教师加班费

项目			国家级示范性普通高中	省级示范性普通高中	市级示范性普通高中	非示范性普通高中	合计
如何看待教师加班费	不应有	人数（人）	9	20	26	35	90
		是否重点校中的比率（%）	12.7	2.1	4.3	4.5	3.7
	应有	人数（人）	62	924	585	748	2 319
		是否重点校中的比率（%）	87.3	97.9	95.7	95.5	96.3
合计		人数（人）	71	944	611	783	2 409
		是否重点校中的比率（%）	100.0	100.0	100.0	100.0	100.0

（四）专业地位

教师的社会经济地位还包括教师群体的专业地位，其中包括专业自主权、专业知识能力水平、职业道德规范三个维度。综合三个维度来看，包括国家级、省级和市级示范性普通高中在内的重点中学教师的专业地位显著高于非示范性普通高中；在专业自主权上，重点中学教师尤其是国家级示范性普通高中教师地位较高，而非示范性普通高中教师相对缺乏专业自主权，集中表现在对通过成绩评价学生的认同度上；专业知识能力水平方面，重点中学教师在学历水平和发展机会上都优于非示范性普通高中教师，其中国家级示范性普通高中教师显示了较大的发展空间；职业道德规范方面，重点中学教师也显著优于非示范性普通高中教师，其中市级示范性普通高中教师在学生处置的耐心程度上表现最优。

1. 教师专业自主权在是否重点校间的差异

差异性检验结果显示，不同重点学校教师在专业自主权的各个维度，其中包括对教师专业权利的了解程度、教育教学管理权、科学研究权、指导批评权和进修培训权都存在显著差异。下面我们重点报告各个维度中具有显著性差异的指标。

（1）是否重点学校间教师对《教师法》规定的专业权利的了解差异。Kruskal – Wallis 检验结果显示，是否重点学校间教师对《教师法》规定的专业权利的了解程度存在显著差异（p=0.000）。总体上看，国家级示范性普通高中教师对教师的专业权利了解程度高于其他类型学校教师。具体表现为：分别有 20.3% 和 35.1% 的国家级示范性普通高中教师表示对教师专业权利"非常了解"和"比较了解"，而达到这两种了解程度的省级示范性普通高中、市级示范性普通高中以及非示范性普通高中教师的比例分别为 4.7% 和 20.7%、4.9% 和 27.1%、4.6% 和 32.6%（见表 3-195）。

表 3-195　　　　　　　　　是否了解教师专业权利

		项目	国家级示范性普通高中	省级示范性普通高中	市级示范性普通高中	非示范性普通高中	合计
是否了解教师专业权利	完全不了解	人数（人）	6	49	26	48	129
		是否重点校中的比率（%）	8.1	5.0	4.1	6.1	5.2
	不太了解	人数（人）	9	334	191	206	740
		是否重点校中的比率（%）	12.2	34.1	30.4	26.0	29.9
	一般	人数（人）	18	348	210	243	819
		是否重点校中的比率（%）	24.3	35.5	33.4	30.7	33.1
	比较了解	人数（人）	26	203	170	258	657
		是否重点校中的比率（%）	35.1	20.7	27.1	32.6	26.6
	非常了解	人数（人）	15	46	31	36	128
		是否重点校中的比率（%）	20.3	4.7	4.9	4.6	5.2
合计		人数（人）	74	980	628	791	2 473

（2）是否重点学校间教师教育教学管理权差异。教师教育教学管理权在是否重点学校分组中的差异显著性主要体现在"如何对待学生扰乱正常课堂教学秩序的行为"指标上的差异（p=0.002，<0.01）。省级示范性普通高中和市级示范性普通高中教师采用"对学生进行批评教育"的方式处理学生扰乱课堂行为的概率（72.0%）高于其他类型学校；国家级示范性普通高中教师采用"如果批评无效，将请班主任或校领导将其领出课堂"的概率高于其他类型学校，有 25.3% 的国家级示范性普通高中教师采用这种做法；非示范性普通高中教师采用"为了减少不必要的麻烦而视而不见"的措施的概率为 7.0%，高于市级示范性普通高中的 4.6%、省级示范性普通高中的 6.3%、国家级示范性普通高中的 6.9%（见表 3-196）。

表 3-196　　是否重点学校间教师教育教学管理权差异

项目		为了减少不必要的麻烦视而不见		对该学生进行批评教育		如果批评无效，将请班主任或校领导将其领出课堂	
		人数（人）	行响应（%）	人数（人）	行响应（%）	人数（人）	行响应（%）
是否重点校	国家级示范性普通高中	6	6.9	59	67.8	22	25.3
	省级示范性普通高中	79	6.3	907	72.0	274	21.7
	市级示范性普通高中	37	4.6	577	72.0	187	23.3
	非示范性普通高中	73	7.0	718	68.8	253	24.2

（3）是否重点学校间教师科学研究权差异。差异性检验结果显示教师科学研究权在是否重点学校分组中的差异主要体现在对科学研究权认同度和参与学术团体程度的显著性差异。

第一，是否重点学校间教师对教师科学研究权认同度差异。

Kruskal-Wallis 检验结果显示是否重点学校间教师对教师科学研究权认同度存在显著性差异（p=0.038，<0.05）。Mann-Whitney 检验结果显示，对教师科学研究权认同度的差异主要体现在国家级示范性普通高中与省级示范性普通高中（p=0.022，<0.05）、与市级示范性普通高中（p=0.034，<0.05）的差异以及省级示范性普通高中与非示范性普通高中的差异（p=0.050）。总体看来，国家级示范性普通高中教师对教师从事科学研究的认同度不如其他类型学校。表 3-197 显示，分别有 28.4% 和 35.1% 的国家级示范性普通高中教师对教师从事教育科研活动表示"非常认同"和"比较认同"，而表示"非常认同"和"比较认同"的省级示范性普通高中、市级示范性普通高中以及非示范性普通高中对应的比例分别为 33.8% 和 43.4%、31.1% 和 47.9%、28.7% 和 47.0%；同时，国家级示范性普通高中教师对教师从事科学研究活动"完全不认同"和"不太认同"的比例又高于其他类型学校：分别有 6.8% 和 9.5% 的国家级示范性普通高中教师对此表示"完全不认同"和"不太认同"，而持有此态度的省级示范性普通高中、市级示范性普通高中以及非示范性普通高中对应的比例分别为 2.0% 和 3.7%、1.9% 和 4.3%、2.8% 和 3.8%。

表 3-197　　　　　　　　是否认同教师从事教育科研

项目			国家级示范性普通高中	省级示范性普通高中	市级示范性普通高中	非示范性普通高中	合计
是否认同教师从事教育科研	完全不认同	人数（人）	5	20	12	22	59
		是否重点校中的比率（%）	6.8	2.0	1.9	2.8	2.4
	不太认同	人数（人）	7	36	27	30	100
		是否重点校中的比率（%）	9.5	3.7	4.3	3.8	4.0
	一般	人数（人）	15	167	93	140	415
		是否重点校中的比率（%）	20.3	17.1	14.8	17.7	16.8
	比较认同	人数（人）	26	425	301	371	1 123
		是否重点校中的比率（%）	35.1	43.4	47.9	47.0	45.4
	非常认同	人数（人）	21	331	195	227	774
		是否重点校中的比率（%）	28.4	33.8	31.1	28.7	31.3
合计		人数（人）	74	979	628	790	2 471
		是否重点校中的比率（%）	100.0	100.0	100.0	100.0	100.0

第二，是否重点学校间教师参与学术团体情况差异。

Kruskal – Wallis 检验结果显示是否重点学校间教师参与学术团体的情况存在显著差异（$p=0.001$，<0.01）。Mann – Whitney 检验结果显示，差异主要体现在国家级示范性普通高中教师与省级示范性普通高中（$p=0.001$，<0.01）、市级示范性普通高中（$p=0.013$，<0.05）、非示范性普通高中（$p=0.001$，<0.01），省级示范性普通高中与市级示范性普通高中（$p=0.035$，<0.05），市级示范性普通高中与非示范性普通高中（$p=0.044$）。具体来看，首先是国家级示范性普通高中教师参与学术团体的概率最高，为 61.6%。其次是市级示范性普通高中教师，概率为 46.4%。省级示范性普通高中与非示范性普通高中教师参与教育学术团体的概率均有 41.0%（见表 3-198）。

表 3-198　　　　　　　　是否参与教育学术团体

项目			国家级示范性普通高中	省级示范性普通高中	市级示范性普通高中	非示范性普通高中	合计
是否参与教育学术团体	是	人数（人）	45	395	286	320	1 046
		是否重点校中的比率（%）	61.6	41.0	46.4	41.0	43.0

续表

项目			国家级示范性普通高中	省级示范性普通高中	市级示范性普通高中	非示范性普通高中	合计
是否参与教育学术团体	否	人数（人）	28	569	331	461	1 389
		是否重点校中的比率（%）	38.4	59.0	53.6	59.0	57.0
合计		人数（人）	73	964	617	781	2 435
		是否重点校中的比率（%）	100.0	100.0	100.0	100.0	100.0

（4）是否重点学校间教师指导批评权差异。

第一，是否重点学校间教师对教师自主评价学生的认同度差异。

Kruskal – Wallis 检验结果显示，是否重点学校间教师在回答"是否认同教师可以根据学生的实际表现自主评定学生的品行"问题上存在显著差异（$p=0.001$，<0.01）。Mann – Whitney 检验结果显示，国家级示范性普通高中教师对教师自主评价学生的认同度低于省级示范性普通高中（$p=0.050$）、市级示范性普通高中（$p=0.002$，<0.05）和非示范性普通高中（$p=0.018$，<0.05）。具体表现为，国家级示范性普通高中教师对教师自主评价学生表示"非常认同"和"比较认同"的比例分别为 21.9% 和 35.6%，低于其他各类型学校教师的比例。省级示范性普通高中、市级示范性普通高中以及非示范性普通高中教师表示"非常认同"和"比较认同"的概率分别为 24.4% 和 46.0%、29.1% 和 48.9%、22.9% 和 52.4%。与此同时，国家级示范性普通高中教师对教师自主评价学生"完全不认同"和"不太认同"的比例分别为 5.5% 和 12.3%，高于其他各类型学校教师的比例。省级示范性普通高中、市级示范性普通高中以及非示范性普通高中教师表示"完全不认同"和"不太认同"的概率分别为 2.0% 和 7.2%、2.1% 和 7.0%、1.7% 和 6.9%（见表 3 – 199）。

表 3 – 199　　　　是否认同教师自主评价学生

项目			国家级示范性普通高中	省级示范性普通高中	市级示范性普通高中	非示范性普通高中	合计
是否认同教师自主评价学生	完全不认同	人数（人）	4	20	13	13	50
		是否重点校中的比率（%）	5.5	2.0	2.1	1.7	2.0
	不太认同	人数（人）	9	71	44	54	178
		是否重点校中的比率（%）	12.3	7.2	7.0	6.9	7.2

续表

项目			国家级示范性普通高中	省级示范性普通高中	市级示范性普通高中	非示范性普通高中	合计
是否认同教师自主评价学生	一般	人数（人）	18	200	81	127	426
		是否重点校中的比率（%）	24.7	20.4	12.9	16.2	17.3
	比较认同	人数（人）	26	451	306	412	1 195
		是否重点校中的比率（%）	35.6	46.0	48.9	52.4	48.5
	非常认同	人数（人）	16	239	182	180	617
		是否重点校中的比率（%）	21.9	24.4	29.1	22.9	25.0
合计		人数（人）	73	981	626	786	2 466
		是否重点校中的比率（%）	100.0	100.0	100.0	100.0	100.0

第二，是否重点学校间教师根据成绩评价学生的程度差异。

Robust 等均值检验结果显示是否重点学校间教师根据学生成绩评价学生的程度存在显著差异（Welch 统计 $p = 0.004$，Brown-Forsythe 统计 $p = 0.010$）。多重比较显示，非示范性普通高中教师对根据成绩评价学生的认同度显著高于省级示范性普通高中教师（$SD = 0.044$，$p = 0.003$）。具体表现为分别有 1.5% 和 13.1% 的非示范性普通高中教师对"是否总是根据考试成绩评价学生"表示"非常符合"和"比较符合"，而仅有 1.3% 和 7.4% 的省级示范性普通高中教师持有相应态度（见表 3-200）。

表 3-200　　　　　　　　是否总根据考试成绩评价学生

项目			国家级示范性普通高中	省级示范性普通高中	市级示范性普通高中	非示范性普通高中	合计
是否总根据考试成绩评价学生	完全不符合	人数（人）	16	171	107	131	425
		是否重点校中的比率（%）	22.2	17.9	17.3	16.7	17.5
	不太符合	人数（人）	30	516	306	372	1 224
		是否重点校中的比率（%）	41.7	54.0	49.4	47.3	50.3
	一般	人数（人）	10	186	137	168	501
		是否重点校中的比率（%）	13.9	19.5	22.1	21.4	20.6
	比较符合	人数（人）	12	71	58	103	244
		是否重点校中的比率（%）	16.7	7.4	9.4	13.1	10.0
	非常符合	人数（人）	4	12	11	12	39
		是否重点校中的比率（%）	5.6	1.3	1.8	1.5	1.6

续表

项目		国家级示范性普通高中	省级示范性普通高中	市级示范性普通高中	非示范性普通高中	合计
合计	人数（人）	72	956	619	786	2 433
	是否重点校中的比率（%）	100.0	100.0	100.0	100.0	100.0

第三，是否重点学校间教师对指导批评权满意度差异。

Robust 等均值检验结果显示是否重点学校间教师对指导批评权满意度存在显著差异（Welch 统计 p = 0.041，Brown - Forsythe 统计 p = 0.014）。多重比较结果显示，国家级示范性普通高中教师对指导批评权的满意度高于省级示范性普通高中 0.388 个单位（SD = 0.124），比非示范性普通高中教师高出 0.364 个单位（SD = 0.126，p = 0.029）。具体表现为：分别有 47.2% 和 9.7% 的国家级示范性普通高中教师对指导评价权表示"比较满意"和"非常满意"，省级示范性普通高中和非示范性普通高中教师相应的比例分别为 29.2% 和 1.5%、28.7% 和 2.8%（见表 3 - 201）。

表 3 - 201　　　　　　　是否满意指导评价学生的权利

项目			国家级示范性普通高中	省级示范性普通高中	市级示范性普通高中	非示范性普通高中	合计
是否满意指导评价学生的权利	完全不满意	人数（人）	5	29	14	39	87
		是否重点校中的比率（%）	6.9	3.0	2.3	5.0	3.6
	不太满意	人数（人）	7	162	121	137	427
		是否重点校中的比率（%）	9.7	16.8	19.5	17.7	17.6
	一般	人数（人）	19	476	287	355	1 137
		是否重点校中的比率（%）	26.4	49.5	46.4	45.7	46.8
	比较满意	人数（人）	34	281	184	223	722
		是否重点校中的比率（%）	47.2	29.2	29.7	28.7	29.7
	非常满意	人数（人）	7	14	13	22	56
		是否重点校中的比率（%）	9.7	1.5	2.1	2.8	2.3
合计		人数（人）	72	962	619	776	2 429
		是否重点校中的比率（%）	100.0	100.0	100.0	100.0	100.0

（5）是否重点学校间教师进修培训权差异。差异性检验结果显示，教师进修培训权在是否重点学校间分组存在的显著性差异主要体现在"对自己参与的培训满足教育教学需要的满意度"（Robust 检验：Welch 统计 p = 0.036，< 0.05；Brown – Forsythe 统计 p = 0.019，< 0.05）。总体看来，国家级示范性普通高中教师对进修培训的满意度高于其他类型学校教师。具体表现为：13.7% 和 34.2% 的国家级示范性普通高中教师对参与的培训表示"非常满意"和"比较满意"，而省级示范性普通高中、市级示范性普通高中以及非示范性普通高中教师持相应态度的比例分别为 2.2% 和 27.2%、3.2% 和 29.9%、2.6% 和 28.1%（见表 3 – 202）。

表 3 – 202　　　　　　　　　是否满意参与的培训

项目		国家级示范性普通高中	省级示范性普通高中	市级示范性普通高中	非示范性普通高中	合计
是否满意参与的培训	完全不满意 人数（人）	4	33	26	38	101
	是否重点校中的比率（%）	5.5	3.4	4.2	4.9	4.1
	不太满意 人数（人）	12	222	130	187	551
	是否重点校中的比率（%）	16.4	22.9	20.9	23.9	22.5
	一般 人数（人）	22	429	260	318	1 029
	是否重点校中的比率（%）	30.1	44.3	41.8	40.6	42.1
	比较满意 人数（人）	25	263	186	220	694
	是否重点校中的比率（%）	34.2	27.2	29.9	28.1	28.4
	非常满意 人数（人）	10	21	20	20	71
	是否重点校中的比率（%）	13.7	2.2	3.2	2.6	2.9
合计	人数（人）	73	968	622	783	2 446
	是否重点校中的比率（%）	100.0	100.0	100.0	100.0	100.0

2. 教师的专业知识能力水平在是否重点学校间的差异

教师的专业知识能力水平在是否重点学校分组间的差异在受教育程度和专业知识技能两个维度的大部分指标上均有所体现。

（1）是否重点学校间教师受教育程度差异。

第一，是否重点学校间教师初始学历差异。

Kruskal – Wallis 检验结果显示，是否重点学校间教师的初始学历存在显著差异（p = 0.000）。Mann – Whitney 检验结果显示，教师的初始学历差异主要体现在国家级示范性普通高中与市级示范性普通高中（p = 0.002，< 0.01）和非示范

性普通高中（p=0.000）之间，省级示范性普通高中与市级示范性普通高中（p=0.000）和非示范性普通高中（p=0.000）之间。总体看来，国家级示范性普通高中和省级示范性普通高中教师初始学历为本科和研究生的比例高于市级示范性普通高中与非示范性普通高中。具体表现为：分别有81.1%和2.7%的国家级示范性普通高中教师以及72.5%和2.7%的省级示范性普通高中教师拥有本科和研究生学历，而市级示范性普通高中和非示范性普通高中教师的相应比例为61.9%和2.2%、60.3%和0.8%（见表3-203）。

表3-203　　　　　　　　　　入职学历

项目			国家级示范性普通高中	省级示范性普通高中	市级示范性普通高中	非示范性普通高中	合计
入职学历	高中	人数（人）	1	6	5	9	21
		是否重点校中的比率（%）	1.4	0.6	0.8	1.1	0.8
	中专中师	人数（人）	2	21	33	51	107
		是否重点校中的比率（%）	2.7	2.1	5.2	6.4	4.3
	大专	人数（人）	9	214	189	250	662
		是否重点校中的比率（%）	12.2	21.7	29.9	31.3	26.6
	本科	人数（人）	60	716	391	482	1 649
		是否重点校中的比率（%）	81.1	72.5	61.9	60.3	66.2
	研究生	人数（人）	2	27	14	6	49
		是否重点校中的比率（%）	2.7	2.7	2.2	0.8	2.0
	其他	人数（人）	0	3	0	1	4
		是否重点校中的比率（%）	0	0.3	0	0.1	0.2
合计		人数（人）	74	987	632	799	2 492
		是否重点校中的比率（%）	100.0	100.0	100.0	100.0	100.0

第二，是否重点学校间教师当前学历差异。

Kruskal-Wallis检验结果显示，是否重点学校间教师的当前学历存在显著差异（p=0.000）。Mann-Whitney检验结果显示，教师的当前学历差异主要体现在国家级示范性普通高中与非示范性普通高中（p=0.041）之间，省级示范性普通高中与非示范性普通高中（p=0.000）之间，市级示范性普通高中与非示范性普通高中（p=0.000）之间。具体来看，国家级示范性普通高中教师拥有研究生和教育硕士的比例（6.7%和4.0%）和省级示范性普通高中教师拥有研究生和教育硕士的比例（6.9%和4.6%）高于非示范性普通高中的相应比例（3.3%和0.8%）；市级示范性普通高中教师拥有本科、研究生和教育硕士的比例（90.0、4.4和4.3%）高于非示范性普通高中的相应比例（88.8%、3.3%和0.8%）（见表3-204）。

表3-204　　　　　　　　　　　　当前学历

项目			国家级示范性普通高中	省级示范性普通高中	市级示范性普通高中	非示范性普通高中	合计
当前学历	中师中专	人数（人）	1	2	0	3	6
		是否重点校中的比率（%）	1.3	0.2	0	0.4	0.2
	大专	人数（人）	3	21	8	54	86
		是否重点校中的比率（%）	4.0	2.1	1.3	6.8	3.5
	本科	人数（人）	63	849	567	708	2 187
		是否重点校中的比率（%）	84.0	85.9	90.0	88.8	87.8
	研究生	人数（人）	5	68	28	26	127
		是否重点校中的比率（%）	6.7	6.9	4.4	3.3	5.1
	教育硕士	人数（人）	3	45	27	6	81
		是否重点校中的比率（%）	4.0	4.6	4.3	0.8	3.3
	其他	人数（人）	0	3	0	0	3
		是否重点校中的比率（%）	0	0.3	0	0	0.1
合计		人数（人）	75	988	630	797	2 490
		是否重点校中的比率（%）	100.0	100.0	100.0	100.0	100.0

（2）是否重点学校间教师专业知识技能差异。

第一，是否重点学校间教师参与培训的层次差异。

卡方检验结果显示，是否重点学校间教师上一年度参与的培训层次存在显著差异（p=0.000）。总体来看，不同级别的重点高中参与了最多相应级别的培训。具体表现为：2.4%的国家级示范性普通高中教师参与了国家级培训，高于省级示范性普通高中（2.3%）、市级示范性普通高中（1.4%）以及非示范性普通高中（1.8%）教师参与国家级培训的比例；17.8%的省级示范性普通高中教师参与了省级教师培训，高于国家级示范性普通高中（12.9%）、市级示范性普通高中（13.9%）以及非示范性普通高中（13.8%）教师参与省级培训的比例；24.7%的地市级示范性普通高中参与了地市级教师培训，高于国家级示范性普通高中（18.5%）、省级示范性普通高中（20.7%）以及非示范性普通高中（21.4%）教师参与地市级教师培训的比例（见表3-205）。

表3-205　　　　是否重点学校间教师参与培训的层次差异

项目		国家级示范性普通高中		省级示范性普通高中		市级示范性普通高中		非示范性普通高中	
		人数（人）	列响应（%）	人数（人）	列响应（%）	人数（人）	列响应（%）	人数（人）	列响应（%）
上一年参与何种层次的培训	没有参加培训	15	12.1	86	5.1	68	6.2	124	9.4
	校本教师培训	36	29.0	663	39.3	380	34.5	417	31.7
	区县级培训	31	25.0	251	14.9	212	19.3	288	21.9
	地市级教师培训	23	18.5	349	20.7	272	24.7	281	21.4
	省级教师培训	16	12.9	301	17.8	153	13.9	181	13.8
	国家级培训	3	2.4	38	2.3	15	1.4	23	1.8

第二，是否重点学校间教师参与校本培训次数差异。

Kruskal-Wallis检验结果显示，是否重点学校间教师参与校本培训次数存在显著差异（p=0.000）。Mann-Whitney检验结果显示教师参与校本培训的次数差异主要体现在省级示范性普通高中与市级示范性普通高中（p=0.025）以及与非示范性普通高中（p=0.000）之间。总体来看，省级示范性普通高中教师参与校本培训次数在1~60次的比例高于市级示范性普通高中和非示范性普通高中，而60次以上的比例低于市级示范性普通高中和非示范性普通高中（见表3-206）。

表3-206　　　　　　　校本培训次数分段

项目			国家级示范性普通高中	省级示范性普通高中	市级示范性普通高中	非示范性普通高中	合计
校本培训次数分段	0次	人数（人）	16	187	155	225	583
		是否重点校中的比率（%）	42.1	29.4	38.3	42.3	36.2
	1~20次	人数（人）	18	328	175	226	747
		是否重点校中的比率（%）	47.4	51.7	43.2	42.5	46.4
	21~40次	人数（人）	2	57	44	35	138
		是否重点校中的比率（%）	5.3	9.0	10.9	6.6	8.6

续表

项目			国家级示范性普通高中	省级示范性普通高中	市级示范性普通高中	非示范性普通高中	合计
校本培训次数分段	41~60次	人数（人）	1	51	15	27	94
		是否重点校中的比率（%）	2.6	8.0	3.7	5.1	5.8
	60次以上	人数（人）	1	12	16	19	48
		是否重点校中的比率（%）	2.6	1.9	4.0	3.6	3.0
合计		人数（人）	38	635	405	532	1 610
		是否重点校中的比率（%）	100.0	100.0	100.0	100.0	100.0

第三，是否重点学校间教师参与区县级培训次数差异。

Kruskal – Wallis 检验结果显示，是否重点学校间教师参与县级培训次数存在显著差异（p = 0.001）。Mann – Whitney 检验结果显示教师参与县级培训的次数差异主要体现国家级示范性普通高中教师与省级示范性普通高中（p = 0.006）之间，省级示范性普通高中教师与市级示范性普通高中（p = 0.002）以及非示范性普通高中（p = 0.003）之间。总体看来，国家级示范性普通高中教师参与区县培训次数在 1~20 次、41~60 次以及 60 次以上的概率高于省级示范性普通高中；省级示范性普通高中教师参与区县级教师培训次数低于市级示范性普通高中教师；省级示范性普通高中教师参与区县级教师培训次数在 1~20 次的概率低于非示范性普通高中教师（见表 3 – 207）。

表 3 – 207　　　　　　　　区县培训次数分段

项目			国家级示范性普通高中	省级示范性普通高中	市级示范性普通高中	非示范性普通高中	合计
区县培训次数分段	0次	人数（人）	18	452	241	322	1 033
		是否重点校中的比率（%）	46.2	70.0	60.7	60.5	64.0
	1~20次	人数（人）	18	132	99	160	409
		是否重点校中的比率（%）	46.2	20.4	24.9	30.1	25.3
	21~40次	人数（人）	0	42	45	34	121
		是否重点校中的比率（%）	0	6.5	11.3	6.4	7.5
	41~60次	人数（人）	1	14	10	11	36
		是否重点校中的比率（%）	2.6	2.2	2.5	2.1	2.2

续表

项目			国家级示范性普通高中	省级示范性普通高中	市级示范性普通高中	非示范性普通高中	合计
区县培训次数分段	60次以上	人数（人）	2	6	2	5	15
		是否重点校中的比率（%）	5.1	0.9	0.5	0.9	0.9
合计		人数（人）	39	646	397	532	1 614
		是否重点校中的比率（%）	100.0	100.0	100.0	100.0	100.0

第四，是否重点学校间教师参与地市级培训次数差异。

Kruskal – Wallis 检验结果显示，是否重点学校间教师参与地市级培训次数存在显著差异（p = 0.014，< 0.05）。Mann – Whitney 检验结果显示教师参与地市级培训的次数差异主要体现在省级示范性普通高中教师与地市级示范性普通高中教师（p = 0.008）之间，市级示范性普通高中教师与非示范性普通高中教师（p = 0.003）之间。具体体现在：省级示范性普通高中教师参与地市级培训次数在 0 ~ 20 次的概率高于市级示范性普通高中教师的概率，而次数 20 次以上的概率低于市级示范性普通高中教师的概率；市级示范性普通高中教师参与地市级培训次数普遍高于非示范性普通高中教师（见表 3 – 208）。

表 3 – 208　　　　　　　　地市级培训次数分段

项目			国家级示范性普通高中	省级示范性普通高中	市级示范性普通高中	非示范性普通高中	合计
地市级培训次数分段	0 次	人数（人）	21	367	206	332	926
		是否重点校中的比率（%）	53.8	56.8	51.4	62.2	57.2
	1 ~ 20 次	人数（人）	12	232	133	127	504
		是否重点校中的比率（%）	30.8	35.9	33.2	23.8	31.1
	21 ~ 40 次	人数（人）	3	30	30	40	103
		是否重点校中的比率（%）	7.7	4.6	7.5	7.5	6.4
	41 ~ 60 次	人数（人）	1	10	20	23	54
		是否重点校中的比率（%）	2.6	1.5	5.0	4.3	3.3
	60 次以上	人数（人）	2	7	12	12	33
		是否重点校中的比率（%）	5.1	1.1	3.0	2.2	2.0
合计		人数（人）	39	646	401	534	1 620
		是否重点校中的比率（%）	100.0	100.0	100.0	100.0	100.0

第五，是否重点学校间教师参与省级培训次数差异。

Kruskal–Wallis 检验结果显示，是否重点学校间教师参与省级培训次数存在显著差异（p=0.010，<0.05）。Mann–Whitney 检验结果显示教师参与市级培训的次数差异主要体现在省级示范性普通高中教师与非示范性普通高中教师（p=0.001）之间。总体上看，省级示范性普通高中教师参与省级培训次数普遍高于非示范性普通高中教师。具体表现在：有74.6%的非示范性普通高中教师参与省级培训的次数为0次，而省级示范性普通高中教师参与省级培训次数为0次的概率为66.1%；省级示范性普通高中教师参与省级培训课时数为1~20次、21~40次以及60次以上的概率分别为14.4%、3.9%和9.6%，而非示范性普通高中教师相应的概率分别为10.9%、3.2%和4.9%（见表3–209）。

表3–209　　　　　　　　　省级培训次数分段

		项目	国家级示范性普通高中	省级示范性普通高中	市级示范性普通高中	非示范性普通高中	合计
省级培训次数分段	0次	人数（人）	29	427	277	397	1 130
		是否重点校中的比率（%）	74.4	66.1	71.6	74.6	70.4
	1~20次	人数（人）	5	93	37	58	193
		是否重点校中的比率（%）	12.8	14.4	9.6	10.9	12.0
	21~40次	人数（人）	4	25	16	17	62
		是否重点校中的比率（%）	10.3	3.9	4.1	3.2	3.9
	41~60次	人数（人）	1	39	17	34	91
		是否重点校中的比率（%）	2.6	6.0	4.4	6.4	5.7
	60次以上	人数（人）	0	62	40	26	128
		是否重点校中的比率（%）	0	9.6	10.3	4.9	8.0
合计		人数（人）	39	646	387	532	1 604
		是否重点校中的比率（%）	100.0	100.0	100.0	100.0	100.0

第六，是否重点学校间教师的职称差异。

Robust 等均值检验结果显示，是否重点学校间教师职称存在显著差异（Welch 统计 p=0.001，Brown–Forsythe 统计 p=0.000）。多重比较结果显示国家级示范性普通高中教师的职称均值显著低于市级示范性普通高中教师职称的均值（SD=0.94，p=0.046），市级示范性普通高中的职称均值显著高于非示范性普通高中教师职称的均值（SD=0.043，p=0.001）。总体上看，市级示范性普通高中教师拥有高级职称的比例为 25.0%，显著高于国家级示范性普通高中教师的 11.7% 和非示范性普通高中教师的 18.5%；而市级示范性普通高中教师拥有初级职称的比例为 32.8%，显著低于国家级示范性普通高中教师的 45.0% 和非示范性普通高中教师的 42.7%。教师职称的差异现象可以从不同学校类型教师的年龄、教龄差异中得到部分解释（见表 3–210）。

表 3–210　　　　　　　　　　　职称

项目			是否重点校				合计
			国家级示范性普通高中	省级示范性普通高中	市级示范性普通高中	非示范性普通高中	
职称	初级职称	人数（人）	27	350	181	295	853
		是否重点校中的比率（%）	45.0	41.6	32.8	42.7	39.8
	中级职称	人数（人）	26	299	233	268	826
		是否重点校中的比率（%）	43.3	35.5	42.2	38.8	38.5
	高级职称	人数（人）	7	193	138	128	466
		是否重点校中的比率（%）	11.7	22.9	25.0	18.5	21.7
合计		人数（人）	60	842	552	691	2 145
		是否重点校中的比率（%）	100.0	100.0	100.0	100.0	100.0

3. 教师职业道德规范在是否重点学校间的差异

差异性检验结果显示，教师的职业道德规范在是否重点校的分组上的显著差异主要体现在以下两个指标上："是否了解《中小学教师职业道德规范》"和"是否有耐心帮助课上调皮捣蛋的学生"。

（1）是否重点学校间教师对《中小学教师职业道德规范》了解程度存在差异。Robust 等均值检验结果显示，是否重点学校间教师对《中小学教师职业道德规范》了解程度存在显著差异（$p = 0.036$，< 0.05）。尽管多重比较的结果看不出各组之间存在显著性差异。但是，总体上看，国家级示范性普通高中教师对《中小学教师职业道德规范》的了解程度普遍高于其他类型学校教师。具体表现为有 17.8% 的国家级示范性普通高中教师表示对《中小学教师职业道德规范》的了解程度为"非常了解"，而省级示范性普通高中、市级示范性普通高中以及非示范性普通高中对应的比例分别为 10.1%、9.1% 和 8.3%（见表 3–211）。

表 3-211　　是否了解中小学教师职业道德规范

项目			国家级示范性普通高中	省级示范性普通高中	市级示范性普通高中	非示范性普通高中	合计
是否了解中小学教师职业道德规范	完全不了解	人数（人）	3	25	12	11	51
		是否重点校中的比率（%）	4.1	2.6	1.9	1.4	2.1
	不太了解	人数（人）	9	135	55	94	293
		是否重点校中的比率（%）	12.3	13.9	8.8	12.0	11.9
	一般	人数（人）	12	308	219	206	745
		是否重点校中的比率（%）	16.4	31.8	35.0	26.2	30.3
	比较了解	人数（人）	36	404	283	410	1 133
		是否重点校中的比率（%）	49.3	41.6	45.2	52.2	46.2
	非常了解	人数（人）	13	98	57	65	233
		是否重点校中的比率（%）	17.8	10.1	9.1	8.3	9.5
合计		人数（人）	73	970	626	786	2 455
		是否重点校中的比率（%）	100.0	100.0	100.0	100.0	100.0

（2）是否重点学校间教师帮助课上调皮捣蛋学生的耐心程度存在差异。Kruskal-Wallis 检验结果显示是否重点学校间教师帮助课上调皮捣蛋学生的耐心程度存在显著差异（$p=0.042$，<0.05）。Mann-Whitney 检验结果显示这种显著差异主要体现在市级示范性普通高中教师与非示范性普通高中教师之间（$p=0.005$）。总体上看，市级示范性普通高中教师对课上调皮捣蛋学生的耐心程度高于非示范性普通高中教师。具体表现为：分别有 56.3% 和 19.4% 的市级示范性普通高中教师对"是否总耐心教育帮助课堂上调皮捣蛋的学生"表示"比较符合"和"非常符合"，而非示范性普通高中的相应比例为 55.9% 和 14.8%（见表 3-212）。

表 3-212　　是否总耐心教育帮助课堂上调皮捣蛋的学生

项目			国家级示范性普通高中	省级示范性普通高中	市级示范性普通高中	非示范性普通高中	合计
是否总耐心教育帮助课堂上调皮捣蛋的学生	完全不符合	人数（人）	4	13	10	12	39
		是否重点校中的比率（%）	5.6	1.4	1.6	1.5	1.6
	不太符合	人数（人）	2	44	26	51	123
		是否重点校中的比率（%）	2.8	4.6	4.2	6.5	5.1
	一般	人数（人）	12	200	114	167	493
		是否重点校中的比率（%）	16.7	21.0	18.4	21.3	20.3
	比较符合	人数（人）	39	536	348	438	1 361
		是否重点校中的比率（%）	54.2	56.4	56.3	55.9	56.1
	非常符合	人数（人）	15	158	120	116	409
		是否重点校中的比率（%）	20.8	16.6	19.4	14.8	16.9
合计		人数（人）	72	951	618	784	2 425
		是否重点校中的比率（%）	100.0	100.0	100.0	100.0	100.0

（五）对教师公务员制度和教师流动态度在是否重点学校间的差异

1. 教师关于教师公务员制度态度在是否重点学校间的差异

（1）是否重点学校间教师对成为公务员的认同度差异。Kruskal-Wallis 检验结果显示是否重点学校间教师对成为公务员的认同度存在显著差异（$p=0.037$，<0.05）。Mann-Whitney 检验显示，被调查教师对教师成为公务员认同度的差异主要体现在省级示范性普通高中教师与非示范性普通高中教师之间（$p=0.012$）以及市级示范性普通高中教师与非示范性普通高中教师之间（$p=0.012$）。总体看来，非示范性普通高中教师中同意教师成为公务员的比例为 93.8%，显著高于省级示范性普通高中教师的 90.5% 以及市级示范性普通高中教师的 90.2%（见表 3-213）。

表 3–213　　是否同意教师成为公务员

项目			是否重点校				合计
			国家级示范性普通高中	省级示范性普通高中	市级示范性普通高中	非示范性普通高中	
是否同意教师成为公务员	同意	人数（人）	64	851	551	729	2 195
		是否重点校中的比率（%）	88.9	90.5	90.2	93.8	91.5
	不同意	人数（人）	8	89	60	48	205
		是否重点校中的比率（%）	11.1	9.5	9.8	6.2	8.5
合计		人数（人）	72	940	611	777	2 400
		是否重点校中的比率（%）	100.0	100.0	100.0	100.0	100.0

（2）是否重点学校间教师不同意教师公务员制度的理由差异。Kruskal–Wallis 检验结果显示是否重点学校间教师关于不同意教师公务员制度的理由存在差异（p = 0.033，< 0.05）。Mann–Whitney 检验显示，被调查教师关于不同意教师成为公务员的理由在是否重点学校分组中的显著差异主要体现在省级示范性普通高中教师与市级示范性普通高中教师之间（p = 0.008），市级示范性普通高中教师与非示范性普通高中教师之间（p = 0.048）。具体表现为：省级示范性普通高中教师认为"成为公务员会助长学校管理的行政化和官僚化倾向"的比例为 63.6%，显著高于市级示范性普通高中教师的 46.8%；而省级示范性普通高中教师认为"公务员待遇虽好，但责任太大"和"成为公务员将降低职业的自主性和自由度"的比例为 8.1% 和 28.3%，显著低于市级示范性普通高中教师的 22.8% 和 30.4%。市级示范性普通高中教师认为"公务员待遇虽好，但责任太大"的比例为 22.8%，显著高于非示范性普通高中教师的 5.4%，而市级示范性普通高中教师认为"成为公务员将降低职业的自主性和自由度"和"成为公务员会助长学校管理的行政化和官僚化倾向"的比例都显著低于非示范性普通高中教师的 39.1% 和 55.4%（见表 3–214）。

表3-214　　　　　　　　不同意教师成为公务员的理由

项目		国家级示范性普通高中	省级示范性普通高中	市级示范性普通高中	非示范性普通高中	合计
不同意教师成为公务员的理由	公务员的待遇虽好，但责任太大 人数（人）	2	8	18	5	33
	是否重点校中的比率（%）	28.6	8.1	22.8	5.4	11.9
	成为公务员将降低职业的自主性和自由度 人数（人）	2	28	24	36	90
	是否重点校中的比率（%）	28.6	28.3	30.4	39.1	32.5
	成为公务员会助长学校管理的行政化和官僚化倾向 人数（人）	3	63	37	51	154
	是否重点校中的比率（%）	42.9	63.6	46.8	55.4	55.6
合计	人数（人）	7	99	79	92	277
	是否重点校中的比率（%）	100.0	100.0	100.0	100.0	100.0

2. 是否重点学校间教师对教师招聘形式的认知差异

Kruskal-Wallis检验结果显示是否重点学校间教师对教师招聘形式的认知存在显著差异（p=0.001，<0.01）。Mann-Whitney检验结果显示这种差异主要体现在国家级示范性普通高中教师与省级示范性普通高中教师（p=0.004）及非示范性普通高中教师（p=0.018）之间，省级示范性普通高中教师与市级示范性普通高中教师（p=0.001）之间，市级示范性普通高中教师与非示范性普通高中教师（p=0.042）之间。具体表现为：相对于省级示范性普通高中教师与非示范性普通高中教师，国家级示范性普通高中教师认为"由国家或地方政府统一招聘"的概率更高（79.7%），认为"由各个学校单独招聘"更低（20.3%）；相对于市级示范性普通高中教师而言，省级普通高中教师认为"由各个学校单独招聘"概率更高（37.4%），而认为"由国家或地方政府统一招聘"概率更低（62.6%）；相对于非示范性普通高中教师而言，市级示范性普通高中教师认为"由国家或地方政府统一招聘"概率更高（70.8%），而认为"由各个学校单独招聘"更低（29.2%）（见表3-215）。

表 3-215　　认为教师招聘应采取何种方式

项目			国家级示范性普通高中	省级示范性普通高中	市级示范性普通高中	非示范性普通高中	合计
认为教师招聘应采取何种方式	由国家或地方政府统一招聘	人数（人）	55	587	425	511	1 578
		是否重点校中的比率（%）	79.7	62.6	70.8	65.7	66.2
	由各个学校单独招聘	人数（人）	14	350	175	267	806
		是否重点校中的比率（%）	20.3	37.4	29.2	34.3	33.8
合计		人数（人）	69	937	600	778	2 384
		是否重点校中的比率（%）	100.0	100.0	100.0	100.0	100.0

3. 是否重点学校间教师对教师流动的态度差异

Kruskal-Wallis 检验结果显示是否重点学校间教师对教师流动的态度存在显著差异（p = 0.046, <0.05）。Mann-Whitney 检验结果显示，这种差异主要体现在省级示范性普通高中教师与市级示范性普通高中教师的态度差异上（p = 0.005）。与市级示范性普通高中教师相比，省级示范性普通高中教师认为"教师应自由流动"的概率更高，认为"应服从政府部门的调配"概率更低。具体表现为：认为"教师应自由流动"的省级示范性普通高中教师的比例为 67.3%，而市级示范性普通高中教师的比例为 60.4%；认为"应服从政府部门的调配"的省级示范性普通高中教师的比例为 32.7%，而市级示范性普通高中教师的比例为 39.6%（见表 3-216）。

表 3-216　　如何看待教师流动

项目			国家级示范性普通高中	省级示范性普通高中	市级示范性普通高中	非示范性普通高中	合计
如何看待教师流动	应服从政府部门的调配	人数（人）	25	306	241	285	857
		是否重点校中的比率（%）	35.2	32.7	39.6	36.5	35.8
	教师应自由流动	人数（人）	46	630	367	496	1 539
		是否重点校中的比率（%）	64.8	67.3	60.4	63.5	64.2
合计		人数（人）	71	936	608	781	2 396
		是否重点校中的比率（%）	100.0	100.0	100.0	100.0	100.0

第四节 教师社会经济地位的个案分析——以山西省中小学教师为例

本书认为教师社会经济地位是指教师个人或群体在社会阶层中所处的位置，是政治地位、经济地位和专业地位等要素构成的集合体。研究教师的社会经济地位，有助于准确把握教师职业群体在社会生活领域的位置和处境，为政府制定更加客观的教师政策、改进教师教育和教师管理现状提供客观的事实依据。在全国层面的数据分析后，本书将山西省作为个案做重点分析。

《山西省中小学教师社会地位测评研究》课题组从2010年1月开始，历时3个月，使用课题组编制的《山西省中小学教师社会经济地位问卷》，采取分层抽样与随机抽样相结合的方法，对山西省不同区域、不同层次和不同性质中小学校的教师进行了问卷调查和访谈。本次调研中有效样本1 340个，其中，男教师占38.1%，女教师占61.9%，被调查教师的平均年龄为37岁。

一、山西省中小学教师的政治地位状况及内部差异

由于我国宪法明确规定了教师在国家政治生活中的地位，且在国家层面教师政治权利的实现程度与规定情况基本吻合，所以本次调研侧重于从教师参与教育系统内部教育决策以及教师权益保障机制建立与实现情况等方面来考察教师的政治地位。

（一）山西省中小学教师政治地位的整体状况

1. 教师对教育系统内部政治权利内容规定的满意度不高，权利意识比较淡薄

政治权利泛指特定社会成员依法享有的利益和自由。在我国现实的社会生活中，中小学教师在教育系统内部享有的政治权利主要体现为与教师职业身份相关的教师法律制度的建立情况、教师权益保障机制的建立与实现情况等。调查显示，中小学教师对所在学校（或区域）有关教师聘任、职称晋升、考核等制度的"健全性"规定以及教师管理实践"公平性"的看法比较分散，且满意度较低。其中，近70%的被调查教师认为有关教师聘任、职称晋升、考核等制度规定的"健全性"为"一般"及以下，过半数的被调查教师认为其所在学校（或区域）在教师管理中的做法的"公平性"为"一般"及以下。

教师权益保障机制特指教师权益受损后的纠纷处理机制。调查显示，13.3%的教师因权益受损与学校发生过纠纷。在与学校发生过纠纷的教师中，89.9%的教师通过向学校领导反映情况的途径来维护自身的权益，7.4%的教师选择教育行政申诉的方式解决纠纷。申请人事仲裁和向法院提起诉讼的则更少，分别是0.7%、0.7%和1.3%。在与学校发生过纠纷的教师中，对纠纷解决的满意度比较分散且满意度较低（见表3-217）。与此同时，关于对《教师法》规定的教师权利的了解情况，44%的教师表示比较了解或非常了解，21.3%的教师不太了解或完全不了解。由此显示，一方面，作为教师政治权利"晴雨表"的教师权益保障机制的建立和实现情况不容乐观；另一方面，教师自身的维权意识淡薄，法制建设任重而道远。

表3-217 教师对解决纠纷方式的满意度

项目	完全不满意	不太满意	一般	比较满意	非常满意	合计
人数（人）	18	40	52	32	5	147
有效百分比（%）	12.2	27.2	35.4	21.8	3.4	100

2. 教师政治参与程度较低，参与内容和方式单一，满意度不高

主体的政治参与行为能更好地反映其政治地位状况。调查显示，2009年，55.2%的山西省中小学教师参与了学校事务决策活动，20.65%的中小学教师参与过上级教育行政部门的教育决策活动。由此说明，山西省中小学教师在教育系统内部的政治参与更多地限于校内，而参与教育行政部门的教育决策活动比较少，教师的政治参与程度较低。

教师政治参与的内容主要是学校事务，但比较单一。其中，教师参与学校事务决策的内容，42.0%是评优，26.0%涉及职称评审，19.1%有关学校的发展规划，10.7%为奖金和福利分配；教师参与上级教育行政部门决策活动的内容主要是评选县级先进集体或个人（41.6%）、教师福利待遇决策（23.8%）、学校发展规划（18.5%）和教育经费问题（12.3%）。

教师政治参与的方式主要是会议。调查显示，山西省中小学教师参与学校事务决策活动的方式依次是学校召开会议（51.8%）、个别交流（20.6%）、公示（14.0%）和意见箱（13.6%）；参与上级教育行政部门教育决策活动的方式依次是上级教育行政部门组织会议（63.5%）、个人主动自发向上级教育行政部门提出意见（14.9%）、意见箱（14.1%）和通过网络发表意见（7.5%）。

教师参与学校事务决策活动和上级教育行政部门教育决策活动的结果及教师提出的意见被学校或上级教育行政部门采纳的程度不高。调查结果显示，不论是参与学校还是参与上级教育行政部门的决策活动，除少数（11%）教师的意见和建议经常被采纳外，多数教师的意见或建议较少被采纳或从未被采纳。调查数据显示，近60%的教师对于参与学校及上级教育行政部门决策活动的满意度为"一般"及以下。

（二）山西省中小学教师群体内部政治地位的分层比较

对教师群体内部政治地位的分层比较，有助于进一步描述教师群体内部政治地位的差异状况，并分析影响教师政治地位实现的因素。相关分析显示，中小学教师的政治参与程度与年龄、教龄、职称、职务都呈显著正相关；中小学教师对《教师法》规定的教师权利的了解程度与教师的年龄、教龄、职务和教师类别呈正相关，而与受教育程度呈负相关。中小学教师的政治地位因年龄、文化程度、职务、职称、所在区域及学校类别的不同而存在一定的差异，但差异不显著。具体表现为：

第一，不同职务教师的政治参与程度存在较大差异，专任教师的政治参与程度偏低。

调查结果显示，47.7%的兼任行政职务的教师经常参与学校事务决策活动，而专任教师和兼任班主任的教师经常参与学校事务的比例分别只有5.9%和8.6%；参与过上级教育行政部门教育决策的教师中，兼任行政职务的教师比例为43.5%，兼任班主任教师的比例为20.7%，而专任教师的比例只有15.9%。52.7%的专任教师从不参与学校事务的决策活动，高达84.1%的专任教师从不参与上级教育行政部门的教育决策活动。

第二，高中教师对教师权利的了解程度和对保障教师权益的法律制度建设与实施情况的满意度均低于初中和小学教师。

高中教师对《教师法》规定的教师权利的了解程度低于小学和初中教师，50.3%的小学教师和47%的初中教师对教师权利比较了解或完全了解，而对教师权利比较或完全了解的高中教师只有34.7%。同样，对教师权益保障法律制度的看法中，34.0%的小学教师认为比较健全，28.6%的初中教师认为比较健全，而只19.2%的高中教师认为比较健全。对教师权益保障的法律实施情况的看法，高中教师的满意度也低于小学和初中教师。从小学、初中到高中教师对教师权益保障的法律实施情况的满意度呈下降趋势，比例分别是22.1%、17.1%和13.1%。

此外，不同区域教师对教师政治权利的了解程度和对保障教师权益的法律制度的建设及法律实施情况的满意度也存在一定的差异。省会城市和地级市中小学教师对《教师法》规定的教师权利的了解程度低于县级和乡村中小学教师，而在对教师权益保障的法律制度及法律实施情况的看法方面，省会城市和乡村中小学教师的满意度要高于市、县级中小学教师。42.9%的县级中小学教师和42.4%的乡村中小学教师比较了解《教师法》规定的教师权利,而省会城市只有32.2%的中小学教师、地级市只有30.6%的中小学教师比较了解。省会城市和地级市大部分中小学教师对《教师法》规定的教师权利的了解程度处于"一般"水平。

二、山西省中小学教师的经济地位状况及内部差异

教师经济地位是教师个体或群体在社会经济活动中的位置,是反映教师社会经济地位的物质基础。本书主要从教师经济收入、支出的绝对水平、与公务员等职业群体相对比较水平、期望收入、经济收入满意度等方面来考察教师的经济地位及其变化情况。

(一)教师工资基本能够按时发放,但总体经济收入水平低于期望收入,教师总体满意度不高

1. 教师收入状况

调查统计结果显示,2009年,山西省中小学教师的平均经济总收入是23 511.18元,集中于18 001~24 000元(36.8%)和24 001~36 000元(31.4%)两个收入段(见图3-67)。

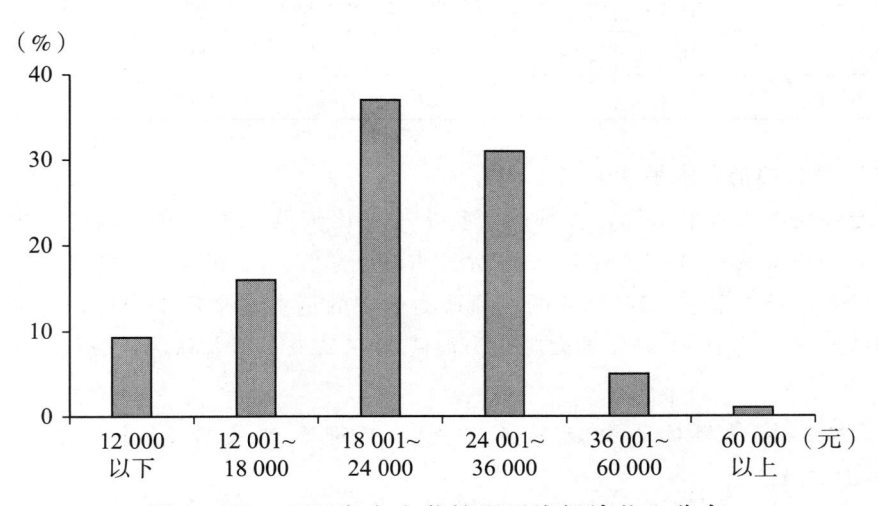

图3-67 山西省中小学教师平均经济收入分布

2. 教师工资按时发放情况

保障教师工资及时、足额发放是关系教师基本生存和教育事业稳定发展的重

大问题。当前，公立中小学校教师工资由县、区级财政统一发放（学校另聘的代课教师除外），基本上不存在拖欠教师工资的现象。从调查问卷的数据统计结果来看，近80%的在编教师和未入编聘任教师均选择了"工资按时发放"。从整体上说，目前山西省拖欠教师工资的现象已得到根本改善。

3. 教师对经济收入的满意度

山西省中小学教师对目前的经济收入总体满意度不高。63.3%的教师对自己目前的经济收入不满意，只有9.3%的教师感到比较满意，0.5%的教师感到非常满意。影响教师经济收入满意度的关键在于教师的收入与劳动付出不对等。进一步调查显示，78.6%的教师认为"教师的劳动付出多，但获得的收入少"。与此同时，77.62%的教师认为教师目前的工资水平低于当地普通公务员的工资水平。通过与教师的深度访谈发现，多数教师认为，与学历、就职年限等条件等同的其他职业群体相比，他们的收入处于中等偏下水平。

4. 教师的期望收入

本次调查中，教师依据自己的劳动付出情况，提出了期望收入。统计结果显示，教师的期望经济收入集中于24 001～36 000元（25.6%）、36 001～60 000元（38.0%）和60 000元以上（22.1%）三个收入段（见表3-218）。

表3-218　　　　　　山西省中小学教师期望收入分布

项目	12 000元以下	12 001～18 000元	18 001～24 000元	24 001～36 000元	36 001～60 000元	60 000元以上	合计
人数（人）	16	54	119	337	500	291	1 317
有效百分比（%）	1.2	4.1	9.0	25.6	38.0	22.1	100

5. 教师的消费水平

与经济收入水平一样，教师的消费水平也比较低。2009年，山西省中小学教师的平均消费支出只有18 870.59元，占经济总收入的80%，经济收入的20%用于储蓄。调查显示，74.18%的教师认为他们的消费水平低于当地普通公务员的消费水平，其中30.96%的教师认为很低，43.22%的教师认为比较低。

（二）教师群体内部收入差距大，不同类型教师之间存在一定的不平衡现象

通过对教师工资收入影响因素的分析发现：教师的经济收入与其年龄、文化程度、职称、职务都呈正相关，教师收入水平因年龄、文化程度、职务、职称、所在区县、所在学校类别及学段的不同而存在较大差异。

1. 教师的经济收入与年龄具有高度的一致性，随着年龄的增长，教师的经济收入呈递增趋势（见图3-68）

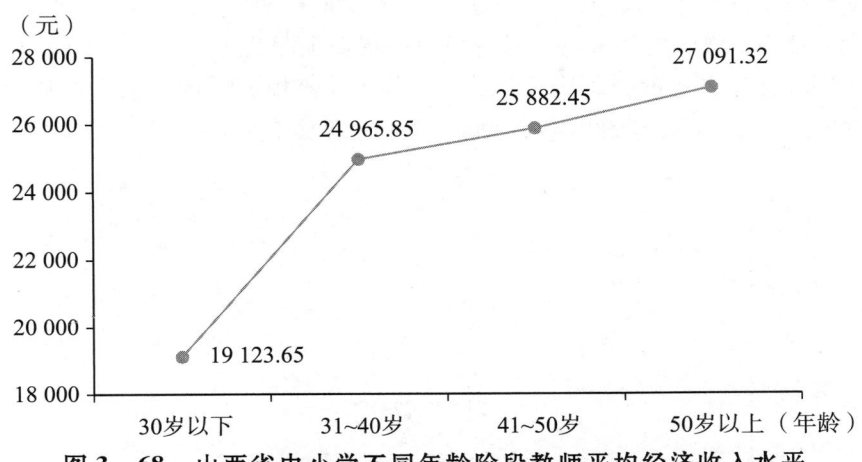

图3-68 山西省中小学不同年龄阶段教师平均经济收入水平

2. 与正式在编教师相比，未入编聘任教师和临时代课教师的经济收入普遍偏低

调查显示，2009年，正式在编教师的平均经济收入为24 601.77元，比未入编聘任教师多6 119.06元，比临时代课教师多8 618.13元。由于基层政府财政拮据或教师编制紧张，学校只能以低工资聘任不能入编的年轻教师或临时代课教师，因此，这些教师的薪酬比较低。未入编聘任教师的工资比临时代课教师的工资略高，但与正式在编教师仍有很大的差距。大多数临时代课教师的月收入在1 000元以下，有的临时代课教师一个月的工资只有200元，且不享受"三险一金"（见图3-69）。

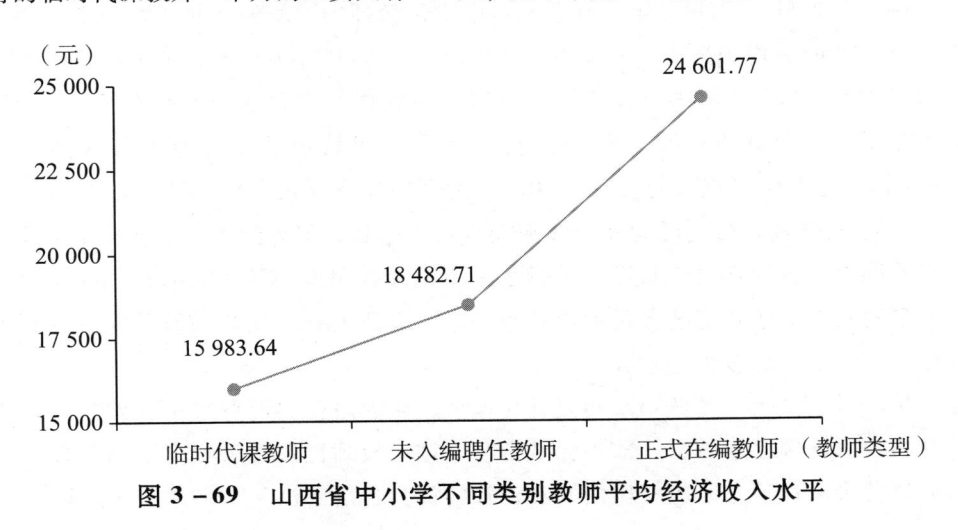

图3-69 山西省中小学不同类别教师平均经济收入水平

3. 高中教师的经济收入普遍高于初中、小学教师的经济收入

调查显示，2009 年，山西省高中教师的平均经济收入为 26 724.98 元，初中教师的平均经济收入为 23 137.77 元，小学教师的平均经济收入为 21 054.86 元。从小学到高中，教师的经济收入随着学段的提高而呈上升趋势。高中教师的经济收入明显高于义务教育阶段教师的经济收入，高中教师的年收入比初中教师高 3 500 元左右，比小学教师高 5 000 元左右（见图 3 - 70）。

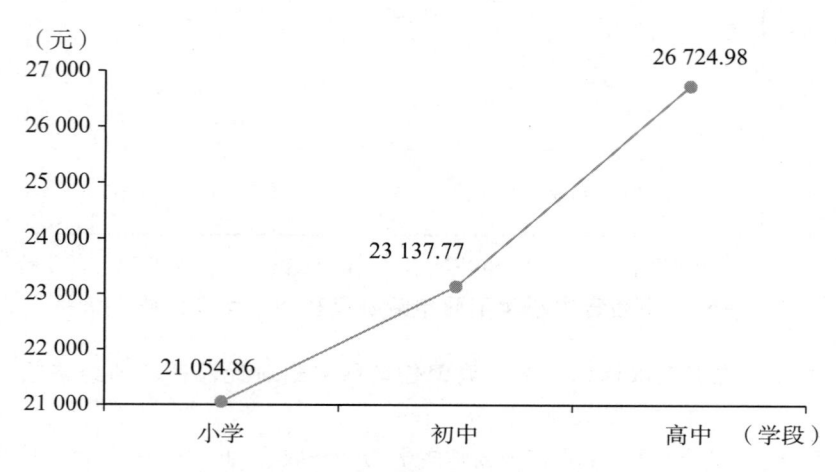

图 3 - 70　山西省小学、初中、高中教师平均经济收入水平

4. 省会城市太原与地级市和县级市教师的经济收入差距以及地级市和县级市与乡镇（或农村）教师经济收入差距都比较大，乡镇的（或农村）教师经济收入普遍偏低

图 3 - 71 显示，2009 年，省会城市中小学教师的平均经济收入远高于山西省中小学教师的平均经济收入（23 511.58 元），市和县级中小学教师的经济收入与全省平均经济收入水平相差不多，而乡镇（或农村）教师的经济收入却比平均收入水平低。省会城市中小学教师比地级市中小学教师的平均经济收入高将近 5 000 元，比乡镇（或农村）中小学教师的平均经济收入高 9 000 元左右。

5. 公立学校教师比私立学校教师经济收入略高，但差距不大，差异不显著

不同地域教师在看待自己的消费水平方面没有明显差异，大部分教师认为自己的消费水平低于普通公务员的消费水平，但有所上升。在谈到教师的消费水平变化时，却表现出较大的差异。

从农村、乡镇、县城到市乃至省会城市，认为自己的消费水平与前几年相比上升的教师比例逐渐减少，即省会城市与大城市教师比农村教师更不满足自己目前的消费水平；反之，较大比例的农村教师认为自己的消费水平呈上升趋势。

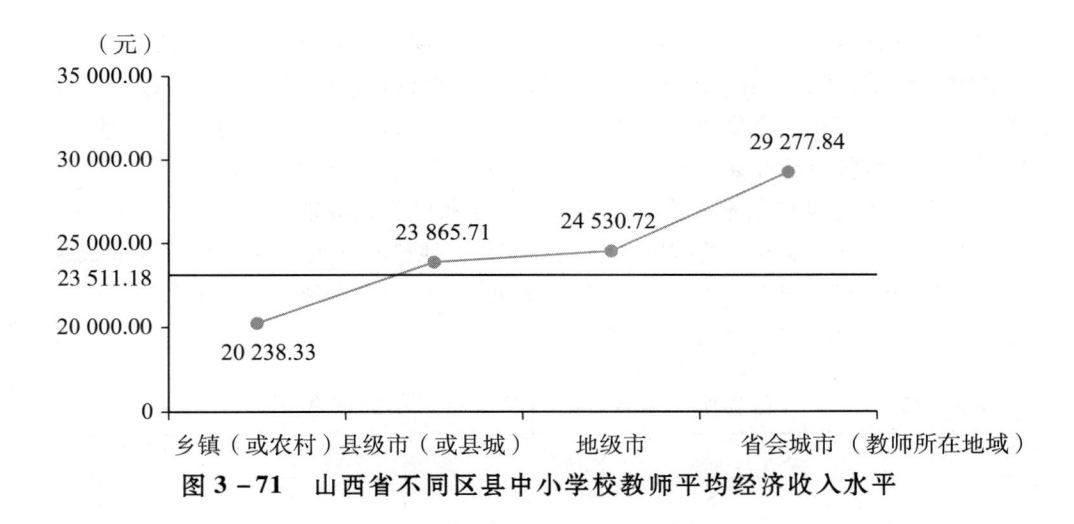

```
(元)
35 000.00
                                                              29 277.84
30 000.00
                              23 865.71        24 530.72
25 000.00
23 511.18
                20 238.33
20 000.00

 0
        乡镇（或农村）县级市（或县城）  地级市    省会城市（教师所在地域）
```

图 3-71　山西省不同区县中小学校教师平均经济收入水平

三、山西省中小学教师的专业地位状况及内部差异

专业地位指从事专门职业的教师的专业发展状况，包括有关教师专业权利（力）的规定和教师专业权利（力）的拥有、实现情况。教师个体和群体专业水平的变化和达成情况，在一定程度上影响着教师的政治地位和经济地位。本书从专业自主权和专业知识能力水平两个方面来考察教师的专业地位，其中专业自主权包括教师的教育教学权、科学研究权、指导评价权和进修培训权，专业知识水平包括受教育程度和专业知识技能两方面。

（一）教师专业地位的整体状况

1. 教师对有关教师专业权利的规定比较认同，但不能全部拥有和实现

教育教学权主要包括教育教学活动权、教育教学改革和实验权、教育教学管理权等三个方面。调查显示，教师对自己的专业自主权比较认同。76.7%的教师认同教师可以开展教学改革和实验，85.2%的教师认同教师可以从事与教育教学活动相关的科学研究。在教育教学实践中，教师能依法较好地运用自己的教育教学管理权和指导评价权，但由于受到自身及外部条件的限制，教师自由从事学术交流、参与专业学术团体活动的机会不多。此次接受调查的中小学教师中，经常参加与教育教学活动相关学术会议的教师只有9.5%，35.2%的教师从未参加过任何学术会议。

进修培训权是教师参加进修或者其他方式的培训用以提高自己专业能力的权利，是教师其他专业权利赖以实现的保障。此次接受调查的教师中，53.86%的教师参加过进修培训或者学历教育培训,近一半教师没有参加过任何进修培训。在2009年参加过进修培训或者学历教育培训的教师中,65.5%的教师参加过校本培训,56.1%的教师参加过区县级培训,39.4%的教师参加过市级教师培训,19.1%的教师参加过省级培训,只有4.8%的教师参加过国家级培训。

2. 教师对自身专业水平的满意度不高,专业地位有待进一步提高

教师对自身专业水平的判断是反映教师专业地位状况的重要参照。调查数据显示,近60%的教师认为自身的专业水平处于"一般"及以下,教师对自己的专业水平满意度不高(见表3-219)。

表3-219　　山西省中小学教师对自身专业水平的满意度

项目	低	较低	一般	较高	高	合计
人数(人)	15	51	703	472	84	1 325
有效百分比(%)	1.1	3.8	53.1	35.5	6.3	100

此外,教师的学历水平也是体现教师专业地位的重要指标。调查显示,目前,山西省小学教师的学历专科率为42.7%,本科率为40.1%,其中省会城市、地级市、县级市(县城)、乡镇(农村)小学教师的本科学历分别76.0%、54.2%、37.0%和31.2%。初中教师的本科率为68.3%,高中教师的本科率为86.8%、研究生率为8.5%。教师的学历水平特别是初、高中教师的学历水平与山西省教育厅《关于进一步提升我省普通中小学教师学历水平的意见》(2010)中对未来五年山西省普通中小学教师学历水平的规定还有一定的距离。

(二)教师专业发展状况的分层比较

第一,教师对专业自主权的看法一致,不存在差异。大部分教师对自己的专业自主权比较认同,在实际教学中能依法很好地运用自己的教育教学管理权和指导评价权,但由于受到自身及外部条件的限制,教师自由从事学术交流、参与专业学术团体的机会不多。

第二,教师的学历层次随年龄阶段的降低而提高。不同年龄结构与受教育程度的关系,反映着不同历史时期内教师专业地位的变化情况。山西省中小学教师学历结构变化趋势为,随着年龄段的降低,本科及以上学历的教师比例逐步提高。虽然具有本科学历的30岁以下教师比例低于年龄在31~40岁之间教师的比例,但是在拥有研究生学历的教师中,30岁以下教师高出年龄在31~40岁之间的教师1.4个百分点。

第三,正式在编教师比未入编聘任教师和临时代课教师的学历高,且对自己的专业水平主观评价也高。

第四，省会城市小学、初中教师的学历水平总体高于市、县教师，与乡镇（或农村）教师的学历差距更大，而高中阶段教师学历不存在区域差异。

四、结语

严格说来，本书仅仅是中小学教师对自身社会经济地位及其变化情况的判断和分析，更多地体现在客观事实基础上的主观感受。为更客观、全面地反映山西省中小学教师社会经济地位的现状及变化情况，本书在进行深度访谈和个案研究的同时，还就中小学教师的职业流动意向以及社会大众对中小学教师职业声望的看法等进行了实证研究和分析。综合诸项研究结果，本书认为：第一，中小学教师对自身政治地位、经济地位和专业地位的满意度并不很高，与中小学教师社会经济地位整体水平的逐步提高是同时存在但并不矛盾的两种现象。由此可知，中小学教师社会经济地位还有较大的提升空间；不同类型或区域教师在政治地位、经济地位、专业地位的不同指标方面的差异表现不一，需认真对待与分析。第二，教师政策质量的高低与教育工作者有密切的关系。作为教师政策主体的各级政府及其教育行政部门，在认真落实《教师法》等法律法规的同时，要善于反思和检讨教育政策的合理性和有效性，特别是就目前的各项教师政策及其实施情况予以评估和分析，避免教师政策执行成本大、政策效益低等问题的反复出现。第三，广大中小学教师要充分认识教师职业的专业性和特殊性，以"专业人员"的标准规范自身的教育教学行为，提升专业素养，加强行业自律，自觉维护职业声誉。

第四章

教师法律地位

  教师的法律地位，是指以法律形式规定的教师在各种社会关系中的位置。主要涉及教师的法律身份、法律关系（包括教师与政府、教师与学校、教师与学生关系）以及教师的权利和义务。其中主要是法律身份，因为教师的法律关系、权利义务、待遇等都与教师的法律身份密切相关。不同的法律身份及法律地位决定了适用法律的不同，决定了教师的权利和义务、资格任用以及工资待遇等，更重要的是当教师的权利受到侵害时，寻求救济的途径和方式会截然不同。特别是对于义务教育阶段的中小学教师而言，其与政府、学校构成何种性质的法律关系，应具有何种法律地位，这是我国教育改革面临的一个重要问题，对于提升教师社会地位，吸引更多优秀人才长期稳定从教具有重要的意义和价值。

第一节 世界各国教师法律地位的主要类型

  对于教师的身份定位，不同国家、不同类型的学校有所不同。从世界范围讲，大致有公务员、雇员、公务员兼雇员三种类型。国家公务员是指由国税支付工资的、从事现代国家公共事务及其政治管理的人员。现代国家的公务员由三类人员组成：政务公务员（行政干部）、军务公务员（军事干部）和教育公务员（公立学校教师），即人们俗称的公教人员，它们是构成现代国家公共事务及其管理的三大支柱。教师职业的公务员性质，起源于现代国家把普及义务教育视为国家的事业和把对它的管理当作政府行为,从而用国税收入支付教育公务员——教师的工资,由他们执掌这一国家事业和完成这一政府行为①。雇员则是与政府、企业等通过合同建立雇佣劳动关系的人员的统称。

(一) 公务员或者教育公务员

德国、法国、日本等大陆法系国家,一般都把教师定位为公务员或教育公务员。由于公务员与国家关系建立在国家忠诚理论的基础之上,公务员须无条件地效忠他所服务的政府,因此构成了一种严格的等级关系。德国、法国、日本等国实行教师公务员制度,教师接受公务员法的调整,保证国家教育职责得到充分的履行,公平地向社会提供一种普遍的教育服务。政府根据教育发展的实际需要,可以强制性地对教师在学校之间作出调配,通过行政手段达到均衡配置义务教育阶段师资的目标。与此同时,由于公务员职业所具有的公务性质,决定了公务员法律地位的特殊性,这种特殊地位主要是以一系列具体的权利为基础的,这些权利往往与其职业保障、医疗和退休待遇密切相关。具有公务员身份的教师,往往具有相当高的职业保障,非因法定事由不受免职或者惩罚。教师一旦失去工作岗位,政府也有责任为其提供新的工作岗位。此外,具有公务员身份的教师还享有较高水平的医疗保障和退休金。

由于具有公务员身份的教师一般必须终身从教,因此具有较高的职业保障,但这同时也使这一制度产生了不可避免的缺陷。第一,缺乏一种积极向上的激励机制,由于教育行政部门和学校无法将低素质教师剔除出教师队伍,致使这一制度有可能变成保护低素质教师的制度。如果一个教师的工作不达标,不论家长或者校长对其如何不满,最坏的结果只是改变任教的学校,而几乎不会被取消从教资格,除非他严重伤害了学生的人身权或者财产权,否则,该教师的公务员身份无法被取消。② 如果师资发生结构性变动,尤其是因为生源减少需要裁减教师时,政府必须为这些面临裁减的教师提供新的职位,如果不能提供新的职位,则需要给予教师相应的补偿。第二,给政府财政造成较重负担。根据公务员制度的相关规定,国家必须为教师提供较高水平的医疗保障和其他福利待遇,在教育财政中占相当大的比例,给政府财政造成了较重的负担。第三,教师的公民权利受到较大的限制。教师在享有公务员权利的同时,必须履行与公务员身份相应的各种义务。例如,教师的争议权(罢课等)受到禁止,团结权、集体交涉权受到特别限

---

① 成有信:《教师职业的公务员性质与当前我国师范院校的公费干部学校特征》,载于《教育研究》1997 年第 12 期,第 39~42 页。

② Teachers and the Teaching Profession in Germany. (1999 – 06 – 01)[2009 – 06 – 20]. http://www.ed. gov/pubs/GermanCase Study/chapter5b. html.

制，教师必须接受国家的强制性调动，不得自由选择或者转换工作的地点等。

(二) 公务雇员

在美国、英国、加拿大、澳大利亚等英美法系国家，一般都将义务教育阶段教师定位为公务雇员。教师由教育行政部门任用，并与之签订雇佣合同。

政府雇佣与政府任命的不同之处在于，教师与政府构成的是一种基于平等自愿而建立的雇佣合同关系，这种关系意味着合同的双方可以就某些内容进行平等协商，通过谈判达成共识并写入合同中。例如，美、英等国的教师具有大陆法系国家所没有的集体劳动权，可以通过集体谈判的形式与政府签订集体合同。实行公务雇员制度的国家，教师在经过一定年限的雇佣之后，可以获签无限期合同，具有一种终身雇佣的法律地位，如美国的长聘制度就是为了保障教师不被随意解雇而制定的。一般来说，实行公务雇员制度，具有与教师公务员制度一样的优点，即有利于实现义务教育目标，有利于公平地配置师资力量，同时教师也能获得较好的职业保障。但由于教师只是政府通过合同雇佣的人员，因而不能享有国家公务员的某些福利待遇，因而政府的财政负担相对较轻。同时，相对于公务员而言，教师能享有相对较大的公民权利，其争议权、罢工权受到一定的保护。当然，教师公务雇员制度也有很多不容忽视的缺点。其中，与教师公务员制度相同的是不利于教师之间的竞争，不利于剔除不合格的教师，教育质量难以提高。这些问题已经引起一些国家的重视。例如，美国已经有部分州取消了过去的长聘制度，政府与教师不再签订无限期合同，而改签固定期限合同。

(三) 雇员

在欧洲，有部分国家将义务教育阶段教师直接定位为雇员，由校长雇佣，但由政府支付工资。学校在其权限范围内可以决定教师的雇佣和解雇，向教师布置任务、监督和评价教师的工作。教师在雇佣期限内享有教育自由权以及作为公民应享有的其他权利，并在某些方面享有较公务员和公务雇员更多的权利，如争议权、罢工权受到限制的程度较低。由学校雇佣教师，具有以下优点：第一，有利于提高学校办学的灵活性和积极性，学校可以根据自身发展的需要雇佣教师；第二，有利于促进教师竞争，更新教师队伍，解雇不合格教师，提高学校的办学水平和竞争力；第三，有利于减少政府的管理事项，提高政府行政的效率；第四，有利于实现教育效益的最大化。但是，学校雇员制度也存在缺陷：第一，教师教育教学职责由合同来规定，不利于体现国家的教育教学职责；第二，教师的职业安全和职业保障难以落实，如果学校由于生源不足等情况对教师进行结构性调整，则学校就会与教师解除雇佣合同，并且不须履行为其重新寻找其他工作的义务；第三，由于教师是由学校雇佣的，因此政府无权调配、调动学校的教师，不利于实现区域内义务教育师资的均衡。

第二节 我国教师法律地位的历史沿革

我国的现代法制始于清末，取法日本，具有大陆法系的基本特征，因此教师的法律定位也类同于欧陆国家，被定位为国家公职人员。1949 年以后，教师连同其他事业单位的工作人员与政府部门的工作人员一起，统称为国家干部，在任用、晋升、工资福利、退休、奖惩等方面一直适用国家干部管理的一套政策法规。在这一体制下，教师由国家人事部门严格地按照国家干部的身份进行统一管理。国家通过任命的方式，将教师纳入国家干部队伍，教师接受一种与政府官员基本相同的管理形式。教师与政府之间直接构成了一种隶属性的内部行政关系，其权益由政府保障，并接受政府的指导监督。

从 20 世纪 80 年代开始，我国经历了一个由计划经济体制向市场经济体制的社会转型进程，教育体制也由此发生了相应的变革。1985 年，《中共中央关于教育体制改革的决定》提出："改革管理体制，在加强宏观管理的同时，坚决实行简政放权，扩大学校的办学自主权；调整教育结构，相应地改革劳动人事制度"。① 这里所谓的"简政放权"包括了中央向地方和政府向学校两个维度上的放权，是中央政府与地方政府、政府与学校之间的一次权力再分配。其中，扩大学校办学自主权，改革教师人事制度的目的在于提升学校的法律地位，使学校成为独立自主的办学实体。从 20 世纪 80 年代末到 90 年代初，我国酝酿建立公务员制度，庞大且外延模糊不清的国家干部群体开始分化。1987 年党的十三大报告提出了对国家干部实行分类管理的设想，1992 年党的十四大进一步明确地提出了要按照机关、企业和事业单位的特点，建立分类管理的人事制度。由此，学校开始进行人事制度改革，引入聘用方式，试图打破终身制的国家干部身份，并在部分学校积极进行内部管理体制改革。② 教师聘任制逐步在一些公立学校得到推广，为教育决策者所采用。1993 年 2 月 13 日，中共中央、国务院印发的《中国教育改革和发展纲要》提出："积极推进以人事制度和分配制度改革为重点的

---

① 《中共中央关于教育体制改革的决定》，中华人民共和国教育部网站，http：//www.moe.edu.cn/edoas/website18/18/info3318.html。

② 李连宁、孙霄兵：《〈中华人民共和国教师法〉条文简释：三》，载于《中国民族教育》1994 年第 3 期，第 18~21 页。

学校内部管理体制改革。在合理定编的基础上，对教职工实行岗位责任制和聘任制，在分配上按照工作实绩拉开差距。改革的核心在于，运用正确的政策导向、思想教育和物质激励手段，打破平均主义，调动广大教职工积极性，转换学校内部运行机制，提高办学水平和效益"。① 这说明教师聘任制已经得到国家最高决策层的认可。

1993年10月通过的《中华人民共和国教师法》以法律的形式把教师规定为专业人员，正式确立新的教师地位，并在第十七条规定："学校和其他教育机构应当逐步实行教师聘任制。教师的聘任应当遵循双方地位平等的原则，由学校和教师签订聘任合同，明确规定双方的权利、义务和责任"。② 1995年通过的《中华人民共和国教育法》再一次明确规定学校实行教师聘任制。两部法律所规定的教师聘任制，是一种不同于以往任命制的新的用人制度。教师任命制向教师聘任制的转变导致了两个方面的变化。第一，任用教师的主体由政府转变为学校。以往的任命制规定教师与政府构成任用关系，用人主体是政府。而新的教师聘任制则规定教师与学校构成任用关系，用人主体不再是政府而是学校。第二，任用教师的形式由任命制转变为聘任制。在改革之前，教师的任用采取由政府人事部门任命的形式，所建立的是一种政府与教师之间的纵向型人事法律关系。而在改革之后，教师的任用是采取由学校与教师签订聘任合同的形式，所建立的是一种学校与教师之间的横向型聘任法律关系。由此可见，有关教师聘任制的改革已经从法律上彻底改变了我国原有的教师任用制度，这一变化不仅涉及教师的法律地位，而且涉及教师与政府、与学校、与学生的关系，涉及教师的权利和义务、资格任用以及工资待遇等，甚至在教师的权利受到侵害时，寻求救济的途径和方式也由此发生变化。

第三节 当前有关教师法律地位的若干改革动向

一、事业单位人事制度改革的趋势

2000年8月，中组部、人事部发布《关于加快推进事业单位人事制度改革

---

① 《中国教育改革和发展纲要》，人民网，http://www.people.com.cn/item/flfgk/gwyfg/1993/112701199312.html。

② 《中华人民共和国教师法》，中国教育新闻网，http://www.jyb.cn/jyzl/jyfg/jyfl/t20060217_10595.html。

的意见》，规定所有事业单位与职工都要按照国家有关法律、法规，在平等自愿、协商一致的基础上，通过签订聘用合同，确定单位和个人的人事关系，明确单位和个人的权利和义务。2002年7月，人事部又提出《关于在事业单位试行人员聘用制度的意见》，要求除按照国家公务员制度进行人事管理以及转制为企业的事业单位以外，都要逐步试行人员聘用制度。通过这种改革，采取聘用合同规定聘用人员与单位之间的权利和义务。这一改革使得事业单位的人事关系逐渐出现某些类似于劳动关系的性质。为此，最高人民法院在《关于事业单位人事争议案件若干问题的规定》和《关于事业单位人事争议案件适用法律等问题的答复》中对此作出了反应，根据上述两部文件的规定，事业单位与其工作人员之间因辞职、辞退及履行聘用合同所发生的争议，适用《劳动法》的规定处理。这就从司法层面对人事关系适用《劳动法》迈出了实质性的一步。尽管这还只是一种尝试，但已使事业单位的人事关系开始脱离纯公法领域，从行政法律关系向劳动法律关系转变。这种做法使事业单位改革有了一种可能的走向，即由劳动法来调整改革后的人事关系。

上述变化并不仅限于事业单位，在国家机关的改革中，人事关系的某些方面也出现了向劳动关系转化的趋势。这种改革趋势的最新动向是2008年3月11日第十一届全国人民代表大会审议通过了国务院机构改革方案，同意将人事部、劳动和社会保障部的职责进行整合，组建人力资源和社会保障部，其目的在于"统筹机关、企事业单位人员管理，整合人才市场与劳动力市场，建立统一规范的人力资源市场，促进人力资源合理流动和有效配置，统筹就业和社会保障政策，建立健全从就业到养老的服务和保障体系"①，从而"更好地发挥我国人力资源优势，进一步解放和发展生产力"。同时，在国务院机构改革过程中，"要适时推进事业单位分类改革。按照政事分开、事企分开和管办分离的原则，对主要承担行政职能的事业单位，要逐步转为行政机构或将行政职能划归行政机构；主要从事生产经营活动的，要逐步转为企业；主要从事公益服务的，要整合资源，强化公益属性，加强政府监管。同时，配套推进事业单位养老保险制度和人事制度改革，进一步完善相关的财政政策"。上述决策使人事关系和劳动关系这两类性质完全不同的法律关系在新的体制下有了某种融合的可能性。受此影响，教师与学校的聘任关系的某些方面可能会从劳动关系的角度重新加以解释，与此相应，教师的法律地位也有可能会趋同于劳动者。聘任制问题并非教育体制改革所独有，而是更大的国家事业单位管理体制改革的产物。然而聘任制改革一旦在学校内部

---

① 《关于国务院机构改革方案的说明》，全国人民代表大会网站，http://www.rsj.hd.gov.cn/E.ReadNews.asp?NewsId=538。

开展，就成了学校内部管理制度改革的一项重要内容。今日之学校既非行政机关，又非民商法意义上的法人，其法律地位尚不明确。教师与学校之间的聘任关系既具有行政法律关系的某些特征但又不同于典型的行政法律关系，既具有劳动关系的特征但又不属于私法意义上的劳动关系。改革使问题变得不再是非此即彼那么简单，而呈现出一种非此非彼、亦此亦彼的复杂情况。这一改革会如何取舍，最终会形成怎样的面貌，在很大程度上将取决于我国事业单位人事制度改革的走向。

自2011年开始，国家有关事业单位分类管理和人事制度改革逐渐形成了比较明确的思路。2011年3月，中共中央、国务院发布了《中共中央国务院关于分类推进事业单位改革的指导意见》，随后，国务院又公布了《关于事业单位分类的意见》等一系列有关事业单位改革的政策文件，要求按照社会功能，将现有的事业单位划分为承担行政职能、从事生产经营活动和从事公益服务三个类别。根据这一分类标准，承担义务教育的学校属于公益一类事业单位。这类单位不得从事经营活动，其宗旨、业务范围和服务规范由国家确定。承担高等教育的学校归属于公益二类事业单位，这类事业单位按照国家确定的公益目标和相关标准开展活动，在确保公益目标的前提下，可依相关法律法规提供与主业相关的服务，收益的使用按照国家有关规定执行。2014年7月，国务院颁布实施了新的《事业单位人事管理条例》，明确规定了事业单位与其工作人员之间的聘用关系，并就聘用合同的订立、违约、解除以及人事争议等事项进行了具体的规定，进一步明确了教师与学校之间的法律关系。

2018年1月20日，中共中央国务院公布了《关于全面深化新时代教师队伍建设改革的意见》（以下简称《意见》），提出了新时期教师队伍建设和改革的目标和要求。在涉及教师身份和法律地位问题上，《意见》明确指出要"突显教师职业的公共属性，强化教师承担的国家使命和公共教育服务的职责，确立公办中小学教师作为国家公职人员特殊的法律地位"。并且要求"公办中小学教师要切实履行作为国家公职人员的义务，强化国家责任、政治责任、社会责任和教育责任"。这一政策的出台，可以说决定了新时期教师法律制度的改革和发展的基本方向，必将对我国中小学教师的法律地位和权利义务产生重要的影响。

二、教育立法的动向

教师的法律地位究竟该如何定位，如何解决教育体制改革中的这一难题，目前有两种典型的改革思路：一种是公法学的改革思路，另一种是民商法学的改革思路。

公法学的改革思路认为，公立学校是国家以培养人才为目的而举办的、由公共财政经费维持的公立、公益性机构，因其特定目的的公益性和服务对象的不特定性特征而享有确定的公权力，有别于以私益为归宿的企业法人或单一的民事主体。公立学校的办学权利是一种以公权力为主的复合型权利，为此应保证公权力得到公正的行使。公立学校作为公务法人依法享有的民事权利不应当损害公立学校的公益性质，必须依据公立学校的功能对其法人权利作出必要的限制，应从公法的角度对公立学校法人的法律地位及其权利义务作出必要的规定。

民商法学的改革思路则认为市场的资源配置方式和管理方式是可供选择的另外一种学校运营方式，应该建立一种基于新的市场制度的全新的公立学校体系，加强学校自治并打破科层制的束缚。为此，他们提出借鉴现代企业制度中最重要的组织架构，建立公立学校法人治理结构来协调学校与政府之间以及学校内部各利益集团之间利益关系的改革构想。这一改革思路是从政府、社会和学校三者责任出发，对公立学校中各利益相关者的权利和利益进行明确的定位，是以学校法人制度和法人治理结构为核心对公立学校体制改革的整体设计。

应该说，上述两种不同的思路具有各自不同的改革价值取向和对公立学校的社会定位；公法学思路更强调国家的作用，而民商法学思路则更强调市场的调节。从某种意义上说，两种思路甚至具有不可通约的性质。

当前的教师人事制度改革似乎正摇摆于这两条改革思路之间。从《教育法》和《教师法》关于教师聘任制的规定来看，义务教育学校被赋予法人地位之后，扩大了学校办学自主权，取得了独立聘任教师的权利。这一变革可能会带来以下两个问题。第一，学校独立聘任教师有可能造成学校之间的人才竞争，加大义务教育学校的校际差距。由学校直接聘任教师，这意味着学校之间会出现人才竞争。处于优势地位的学校，更容易吸引优秀的教师前来任教；而处于劣势地位的学校，则因吸引力不足而难以吸引优秀的人才从教。长此以往，学校之间师资水平的差距将进一步加剧，甚至背离义务教育均衡发展的目标。第二，以私法为基础调整义务教育学校的人事关系，有可能导致义务教育学校教师职业的公务性受到损害。我国《教师法》第十七条规定，教师与学校在平等自愿的基础上签订聘任合同，明确双方的权利、义务和责任。这一规定建立在私法意思的自治基础之上，如此来调整教师聘任关系，有可能背离教师职业的公务性质，出现损害国家教育利益和学生受教育权利的情况。

为保证义务教育的公共性质，由政府聘任教师可能更符合我国的实际情况。实际上，这种做法更能与2006年修订的《中华人民共和国义务教育法》（以下简称《义务教育法》）保持法理上的一致性，能更好地强调义务教育的国家责任。新的《义务教育法》规定义务教育学校由国家举办（第二条、第四十二条）、义务教育标准由国家制定（第十六条、第三十条、第三十五条），从而剥夺了义务教育学校原先作为法人所具有的一系列权利。因此，义务教育学校实际上已经不具备法人的成立要件，不具备独立与教师签订聘任合同的能力。根据这一新情况，当前很有必要重新设计义务教育学校教师的法律地位。

三、重构教师法律地位的路径选择

义务教育学校教师的法律地位问题不仅在教育系统，而且在全社会都是一个根本性的、可能会产生连锁反应的大问题，因此如何定性并建立相应的制度对义务教育学校教师队伍建设将产生深远的影响。从改革的角度看，解决这一问题可以有如下两种不同的构想：一种是规定为公务员、准公务员或公职人员，这种做法更多地强调教师职业的公务性质；另一种是规定为专业人员或劳动者，这种做法更多地强调教师的专业性质。为更好地体现义务教育学校教师职业的公务性质，落实国家的教育责任，显然第一种构想更符合中国教育改革和发展的实际情况。为达到这一目的，根据制度建构的难度和实施的实际可能性，可以有以下三种不同的政策选择。

第一种选择：把义务教育学校教师纳入公务员队伍。

从现行法律的规定看，教师符合公务员的条件，完全可以纳入公务员队伍之中。《公务员法》规定的公务员是指依法履行公职、纳入国家行政编制、由国家财政负担工资福利的工作人员。从《教师法》的各项具体规定看，教师职业是基本符合《公务员法》规定的。如果教师职业纳入公务员队伍中，根据该法关于公务员职位分类制度的规定，可以将其纳入公务员职位类别中的专业技术类，亦可根据教师的职位特殊性，增设为一类单独的职位类别。《教师法》第三条虽然对教师职业作了"专业人员"的定位，但同时在多处规定中强调了教师职业所具有的双重性质，即专业性和公务性。由此可见，有关教师的这一定位并未排除把教师定位为公务员的必要性和可能性，把教师定位为公务员，在法理上并无不妥之处，不会有大的制度上的冲突。

当然，把教师纳入公务员队伍会产生深刻的社会影响，因此有可能会伴随产生一些新的问题。比如：在对公立小学和初中教师实行公务员制度后，在其他学校教师和相关职业群体中有可能因此产生攀比。此外，把教师纳入公务员制度，还应制定更为严格统一的准入条件、工资标准和管理办法，对目前各地已形成的工资标准及其管理办法需要从政策上进行协调。这些情况都应在制定和实施这一方案时予以重视并有预案。

第二种选择：建立独立的教育公务员制度。

由于《公务员法》并没有把教师规定为国家公务员，因此直接将教师纳入公务员队伍的做法可能会面临立法上的困难。如果上述设想一时难以实现，则可以考虑以《公务员法》为依据，通过立法直接建立独立的教育公务员制度，这同样是一种现实可行的做法。建立教育公务员制度可以在保持教师职业公务性的同时兼顾其专业性的特征，充分体现教育工作和教师职业的特点，并根据我国教师管理中实际存在的现状和问题提出完整的解决方案。

教育公务员制度的基本功能在于规范和调整政府与教师之间的关系，保证教师职业公务性质的实现。其内容大致包括教育公务员的聘任录用、职务任免、职称评定、奖惩与考核、培养和培训、福利待遇等一套教师管理的法律制度。因此，就其性质和内容而言，该制度具有鲜明的公法特征，是公务员制度的一个下位制度。建立单独的教育公务员制度，可以兼顾教育教学活动的公务性和专业性，有利于保持教师队伍的连续性和稳定性，有利于建立一支具有良好素质、结构合理、相对稳定的教师队伍。

在现行制度框架下建立独立的教育公务员制度已经具备一定的基础。因为现行有关教师的政策和法律制度，在参照公务员有关规定的基础上，实际上已形成了一套关于教师人事、工资和福利待遇等在内的制度，这是一套系统的、带有典型的人事制度特征的公法制度。因此把教师纳入公务员制度不需对现行制度做大的调整。根据《国务院关于基础教育改革与发展的决定》和《国务院办公厅关于完善农村义务教育管理体制的通知》等文件，中央政府制定中小学教职工编制标准，通过转移支付等形式保障教师工资；省级政府核批中小学教职工编制，帮助并督促县级政府确保中小学教职工工资按时足额发放；地市级政府审核上报中小学教职工编制；县级政府选拔和任命中小学校长，统一调配县内中小学师资，履行教师资格认证、招聘录用、职务评聘、培养培训、调配交流、考核奖惩等职能。根据国家有关规定，教师工资与公务员一样纳入政府预算，由财政统一发放。上述这些规定与现行的公务员制度具有制度上的衔接性，是建立独立的教育公务员制度的体制基础。

《公务员法》第十四条规定："国务院根据本法，对于具有职位特殊性，需要单独管理的，可以增设其他职位类别。各职位类别的适用范围由国家另行规定。"这一规定为教育公务员制度的建立提供了法律上的可能性，根据上述规定，可以由国务院制定《教育公务员条例》，以行政法规的形式规定有关教育公务员制度的全局性问题。建立独立的教育公务员制度是重大的制度创新，不仅需要制定新法，而且需要对现行的《教育法》《教师法》《义务教育法》的相关条款进行修改，因此涉及的工作量可能较大，也较艰巨。

第三种选择：把义务教育学校教师规定为国家工作人员。

就现实情况而言，无论是将教师纳入公务员队伍，还是建立独立的教育公务员制度,都会面对无法回避的立法难题。为保证教师职业的公务性质,如果近期内还难以将教师直接纳入公务员队伍或建立独立的教育公务员制度,教育政策和立法仍应积极推动确立教师的国家工作人员身份,而不应将教师定位为普通劳动者或自由职业者。

把教师定位为国家工作人员在现行法律体系中已具备条件。根据《中华人民共和国刑法》第九十三条的规定,国家工作人员是一个确定的法律概念,其外延比现行《公务员法》所规定的公务员范围更大,教师完全可以归入这一范畴之中。这一做法尽管不能从根本上解决有关教师地位的所有问题,但仍可从底线上保证教师职业的公务性质,强调其与政府所构成的公法关系,不至于把教师职业蜕变为自由职业者。在制度设计上,我国可以参考国外有关政府雇员的制度规定,由教育行政部门聘任教师,与教师签订聘任合同。其实,近年来许多地方在实施教师聘任制的过程中,已经开始了这样的尝试。例如在浙江省89个县(市、区)中,已经有33个县(市、区)进行中小学教师"县管校聘"管理改革,使教师由"学校人"变成了"系统人"。这种"县管校聘"的改革,使教师关系归于县级教育行政部门,对于促进优质教师资源、管理资源向农村、薄弱学校倾斜起到了非常重要的作用。但是,目前我国尚未有与政府雇员相关的法律制度,因此可能会给这一制度的建立带来一定的困难。

第四节 建立义务教育阶段教师公务员制度的政策建议

教师的地位是指教师个人或群体在社会阶层中所处的位置,是政治权利、社会权利和职业权利的综合反映。教师身份的确立可以在上述三个方面对教师地位产生重大影响。建立公立基础教育阶段教师准公务员制度,可以更好地履行国家教育职责,保障教师权益,从政治地位、社会地位和职业地位三方面切实提高教师地位。

一、必要性、可能性与现实意义

(一)必要性

首先,建立公立义务教育阶段教师准公务员制度是由义务教育的公共性决定的。义务教育是政府应优先确保的公共服务领域,义务教育教师的行为具有执行教育公务的特性,是代表国家向接受义务教育的公民履行政府责任。因此,义务教育教师纳入公务员队伍，是政府加强公共服务职能的必然要求，也是政府承担义务教育责任的重要内容，有其合理性和必然性。特别是在新的时代条件下，随着社会主义现代化建设的深入发展，政府必将更为广泛和深入地承担提供义务教育的职责。在这样的背景下，作为直接提供公共教育服务的义务教育教师，其职业属性无疑将更加体现"公务员"的性质。

其次，基础教育教师"准公务员"管理符合教师职业兼有公共性和专业性的特点。教师职业首先是一种公共性职业，教师的工作涉及社会公众，影响社会公共利益的属性。特别是对于义务教育阶段的教师而言，其教育教学职责中的相当一部分内容都是由国家通过法律、政策予以规定，而不是在学校和教师的合意性基础上协议产生的，其所实施的教育教学活动具有典型的国家性（强制性和公益性）、连续性和稳定性等性质。因此，其职责具有典型的公务性质。教师职业同时也是一项专门性的职业。教育活动的目的性和教育对象的复杂性要求教师不仅需要有专业的知识与技能，还应当具备坚定的专业理想和职业道德。1966年10月，国际劳工组织和联合国教科文组织在巴黎会议上通过的《关于教师地位的建议》指出，"教师工作应当被视为一种专业，它是一种要求教师经过严格训练而持续不断地学习研究，才能获得并保持专业知识和技能的公共业务；它还要求对其管理下的学生的教育和福利具有个人和公共的责任感"。从国际上教师管理的趋势来看，世界各国对教师的专业化要求越来越高，教师管理越来越规范，对教师的在职教育越来越重视。因此，教师的资格任用、职务晋升、评价考核、培养培训必须有自身的特点，实行基础教育教师"准公务员"管理，也符合教师职业专业性的特点。

再次，目前我国教师特别是农村教师的工资和经济待遇还不能得到很好的保障，而相对的公务员的工资较稳定，保障机制较好。只有建立公立基础教育阶段教师准公务员制度才能充分保障教师尤其是农村教师的工资和经济待遇，充分地保证教师权利与义务的全面实施，各项权益得到法律的保障，从而全面提升教师地位。

最后，实行公立基础教育阶段教师准公务员制度是教师管理体制发展的必然要求。从近年来中小学人事制度改革的实践看，完全参照企业员工或"自由职业者"的人事制度，不能适应义务教育在公平性、公益性、稳定性和长期性方面的要求，出现入口不严、竞争过度、急功近利等现象，引发基础教育教师职业倦怠。因此有必要参照公务员管理制度对义务阶段教师进行管理，从而提高教师工作的效率，这也是各国教师管理体制发展的共同趋势。

（二）可能性

首先，在我国建立公立基础教育阶段教师准公务员制度已经有了比较充分的法律基础。《教师法》第三条规定，"教师是履行教育教学职责的专业人员，承担教书育人，培养社会主义事业的建设者和接班人、提高民族素质的使命"。在法理意义上确立了教师基本属性的两重特征，既有专业性，又有公务性。《教师法》将教师定位为"专业人员"并未排除将教师定位为公务员的必要性和可能性。《教师法》第二十五条、第二十九条和第三十九条分别对教师工资水平、医疗保健和申诉制度进行了规定，在法律上使得教师得以享有公务员性质的权利和待遇。特别是规定"教师的平均工资水平应当不低于或高于公务员平均工资水平"。实行"基础教育准公务员"制度，本质上是这些规定的进一步落实和发展。

新颁布的《公务员法》拓宽了公务员的范围，将公务员进行分类，其中包括专业技术类公务员，以及公务员聘任制的推行这些都为将教师定位为公务员提供了合理性及实施的便利条件。《公务员法》虽未明确将教师纳入公务员队伍，但依据有关法律，教师在某些权益方面可比照公务员实行。此外，当教师合法权益受到侵害时，依照教师法的规定，向主管的行政机关申诉理由，请求处理。这都是教师准公务员性质的某种表现。

其次，现行基础教育经费保障机制也奠定了财政基础。确保基础教育教师工资的按时足额发放是各级政府的责任。《教师法》和《义务教育法》已经对财政全额保障教师工资提出了明确要求。《义务教育法》还规定各级人民政府保障教师工资福利和社会保险待遇，改善教师工作和生活条件；完善农村教师工资经费保障机制。因此，不管是否强调教师"准公务员"管理，政府财政都负有保障基础教育教师工资、福利和社会保障待遇的义务，并不是因为实行"基础教育公务员"制度而会导致财政负担加重。

最后，从世界各发达国家看，英国、美国、法国、德国、日本各国教师立法的共同特征之一即在于强调和突出了教师身份的公务性，并严格限制教师雇佣合同，把教育看作是国家兴办的公共事业，教师受国家委托执行国家意志，按国家的教育计划和培养目标教育下一代，执行的是国家公务，因此，各国都把中小学校教师定位为公务员或公务雇员。

（三）现实意义

明确基础教育阶段教师的准公务员身份有利于确定教师法律地位、权利和义务。在与国家、学校和学生之间构成的复杂法律关系中，教师处于中介地位，是教育法律关系的重要主体，其法律身份和地位以及围绕法律身份和地位建立起来的教师权利义务体系是确立教育领域其他法律问题必不可少的基本前提。

教师法律身份确立在实践中还有利于通过法律手段保障教师权益，不断提高教师社会经济地位。明确教师法律地位能够规范教育行政机关和学校的管理行为，保障教师的合法权益。当前在我国教育改革中，出现诸多侵害教师权益的现象，如拖欠教师工资问题、学校随便解聘教师问题、学校自定侵犯教师权益的内部管理制度问题等，当出现此类争议时，目前教师能够寻求的法律救济方式只有教师申诉渠道，能否提起诉讼以及采取何种诉讼方式都不明确，而教师申诉制度仅就原则性的问题作了规定，且没有专门的申诉机关，不能有效的维护教师的合法权益。要改变这种状况，关键就要明确教师的法律地位，依法确定教育行政机关和学校在教师管理问题上各自的权限与责任，明确教师依法享有的权益和适用的法律救济方式。

实行公立基础教育教师准公务员制度，有利于加强对教师教育活动的监督和约束。胡锦涛同志指出，广大教师要忠诚于人民教育事业，树立崇高的职业理想和坚定的职业信念，把全部精力和满腔真情献给教育事业，做爱岗敬业的模范。从某种意义上说，义务教育教师是一种献身性职业。从事这一职业的人，不仅需要具备丰富的知识积累和胜任教学岗位的能力，同时需要具备任劳任怨、甘为人梯的高尚情操和廉洁敬业的自律意识。然而，在现代市场经济条件下，仅仅依靠教师道德规范并不能够将某些不良风气完全隔离于校门之外。我国《公务员法》对国家公务员在职务、工作、待遇上都有一系列严格的规定，其工作和待遇也受到严格的社会监督。将义务教育教师的人事管理纳入"准公务员"体系之后，不仅教师的活动将受到《教师道德规范》和《公务员道德规范》的双重约束，而且教师的营利性兼职行为也将受到制度上的限制。

确立公立义务教育教师准公务员的法律地位，有利于国家统筹教师资源，实现教师城乡间的更有序流动与合理配置，进而推动基础教育均衡发展。基础教育的巩固和发展关键在于有一支数量众多质量很高的中小学教师队伍，中小学教师队伍的稳定是教育发展的前提条件之一。把中小学教师定位为教育公务员，使中小学教师的身份和社会地位得到了比较有效的保障，能够调动广大教师的工作积极性，进而促进基础教育的均衡发展。

二、公立基础教育阶段准公务员制度的内容和具体措施

公立基础教育阶段教师准公务员制度是按照"公务雇员"的特点，对义务教育教师实行准公务员管理，在取酬、福利、保障、救济等方面享有与公务员相当的权利，在履职、道德、服从、行为等方面履行与公务员类似的义务，在招聘、录用、晋职、考核、奖惩、交流、离职等方面更加强调政府干预和引导。在该制度下，由政府作为主体聘任义务教育教师，参照公务员设定义务教育编制、奖惩、培训等人事政策。工资水平不低于当地公务员，福利待遇与公务员相当。并且，义务教育教师作为履行国家公共教育职能的人员所享有的权利属于公务人员

所享有的权利性质，同时承担特殊的义务。此外，公立基础教育阶段教师准公务员制度还要充分体现教师职业特点。教育公务员实行聘任制，其工资、职务制度，考核、考察、任免办法与行政机关公务员有所区别，由教育行政部门和学校实施。该制度的具体措施有：

第一，严把教师"入口关"，实行资格考试制度，提高资格条件和任用标准。与世界先进国家和地区相比，我国中小学教师的入职学历要求以及中小学教师的学历水平明显偏低。按照1994年颁布的《教师法》规定，小学、初中、高中教师的合格学历标准分别为中师、专科与本科学历起点。而在20世纪的不同时期，世界上一些先进国家和地区大都提出了小学教师学历层次达到大学本科水平的培养目标，有的国家甚至已经提出和实施对中小学教师进行大学后和研究生层次的教育。与国内其他行业的从业人员相比，我国小学教师的学历水平也明显偏低。这容易造成人们对教师职业的轻视，影响着教师的职业声望和职业地位。同时，当前教师准入制度不规范不严格，导致一些心理不健康或之前有过不良记录的人进入了教师队伍，这些人往往在成为教师后自身容易出现问题或者是侵犯学生的合法权益，严重影响了教师的职业声望和社会形象。

在准公务员制度的背景下，应实行高标准的资格准入制度，要提高教师入职标准和法定学历条件，小学教师最低学历由中师提升为大学专科，初中教师合格学历由大专提升为本科，高中教师合格学历由本科提升为硕士；强化教育教学能力要求，将修学教师教育课程、教学实习和相关经历及技能水平作为认定教师资格的必备条件。同时，要建立规范入职教师的心理评估制度和严格的考察制度，参照《公务员法》的规定，禁止曾因犯罪受过刑事处罚的、曾被开除公职的和有法律规定不得录用为教师的其他情形的人进入教师队伍。

第二，实行公开招聘制度，参照公务员制度实行公开招聘、统一考试。义务教育教师由政府聘任。在具体操作中，可以由政府授权代理人聘任，但聘任主体仍是政府。教师聘用合同分为临时合同、短期聘用合同和长期聘用合同，对经若干年考核合格的教师，以长期聘用为主，以适应教育的稳定性和长期性。这样有利于解决当前教师聘任中存在的竞争过度、急功近利等问题。

第三，建立教师编制标准体系，作为基础教育办学的基本要求。国家制定中小学师资配备基本标准，省级政府根据国家基本标准，制定满足教育教学需求的中小学编制标准，实行动态管理、定期调整，确保农村学校师资需求，实现教师资源均衡配置。国务院教育行政部门对各地教师队伍的总量、结构、素质和用人效益进行监测评估，定期公布状态信息，作为教育质量评价的重要指标。

第四，提高教师待遇，完善教师工资福利保障制度。当前我国部分地区特别是农村地区的教师的工资待遇还无法得到完全的保障，特别是福利和社会保障还偏低。而相对来说，公务员的工资比较高且稳定，相应的社会保障制度也比较完善。要制定基础教育教师工资制度和基本工资标准，通过加强监督检查、加大财政转移支付等措施确保教师平均工资不低于当地公务员的平均工资水平。地方各级政府按照核定的编制、职务结构比例和工资标准，将教师工资经费全额纳入预算，按时足额发放。

提高班主任津贴、教龄津贴、特殊教育津贴、特级教师津贴标准。建立完善教师医疗、养老等社会保障制度。建立教师定期体检制度，提高教师的健康水平。实行工资定期增长制度。实行与《公务员法》所指称的公务员一致的退休、医疗、养老和失业、工伤、生育等社会保障制度。教师的医疗、养老保障水平不低于当地国家公务员标准。改善农村教师生活工作条件，实施"农村义务教育教师安居工程"，在县城集中建设义务教育教师住房；提高农村基础教育教师中、高级职务比例。

第五，实行评聘结合的教师职务聘任制度。颁布《教师职务条例》，合并中学与小学教师职务系列，科学设置职务等级，制定基本任职标准。改革教师评价机制和职务晋升模式，全面实施竞争择优的教师聘任制，将师德修养、专业水平、教育教学能力、工作实绩作为教师聘任和职务晋升的主要依据。

第六，建立教师定期交流制度。当前我国城镇和乡村学校师资水平差别比较大，加剧了教育不均衡的程度。可以参照公务员的交流制度，建立城镇教师到农村学校任教服务期制度，促进城乡教育均衡发展。城市、县镇教师有义务到农村学校至少任教一年，并作为晋升高级职务、参评优秀教师、特级教师的必备条件。有组织地进行城镇与农村、强校与薄弱学校之间的教师对口支援。完善特级教师和优秀教师到农村学校、薄弱学校巡回讲学制度。

第七，建立规范的考核制度和管理制度。在准公务员制度下，对教师的考核将参照公务员的标准进行，全面考核教师的德、能、勤、绩，考核的结果作为对教师奖励、培训、辞退的依据。同时，对教师在权利取得的途径、罢工、教学责任等方面实行严格管理。教师在享受公务员的特殊权利的同时也要在遵纪守法、职业道德、廉洁自律等方面履行与公务员同等的义务。结社、言论和集体行动等宪法所赋予的权利受到限制，所有罢工及怠工行为一概禁止；在准公务员制度下，一般情况下可以对工资分配办法、内部规章制度、工作条件等进行协商，但不允许违反法律和相关人事分配政策。教师虽具有宪法所规定的公民言论、表达自由、结社等权利，但这些权利应受一定限制，特别是进行教育教学活动时。教师的教学自由应受公共利益限制，不得进行违背国家、社会和公共利益的宣传，不得破坏国家安全和公共安全。要通过规范的考核制度和严格的管理制度，促进教师做为人民服务的教师，做让人民满意的教师。

第五章

教师的权利与义务问题

计划经济体制下,我国师范院校的毕业生由国家统一安排就业,教师队伍整体较为稳定。20世纪80年代中后期,市场经济体制改革给教育带来巨大影响,一度出现教师停薪留职、辞职经商的情况,教师队伍的稳定性受到冲击,教育事业发展出现潜在危机。《教师法》分别从教师的权利和义务、资格和任用、培养和培训、考核、待遇、奖励、法律责任设专章分别加以规范,以期实现"保障教师的合法权益,建设具有良好思想品德修养和业务素质的教师队伍,促进社会主义教育事业的发展"的立法宗旨。至今,《教师法》已施行20余年,而发生在2014年底的两个教师罢课事件尤为引人关注,发人深省。11月17日,黑龙江肇东市8 000名教师罢课①,主要理由是工资太低——作为全国百强县的肇东的教师工资竟然低于贫困县一千元。此次罢课前,老师们曾两次联名上书市委市政府,呼吁提高工资,按规定发放补贴等。同年,广东、安徽、河南、山东等省均有幼儿园、中小学教师因为待遇低、拖欠工资而集体罢课。12月16日,云南昭通市鲁甸县第一中学教师集体"休假"②,要求学生家长出面赔礼道歉,讨还教师公道。原因是两周前该校高中部四名学生违反纪律却不服管理,掀翻讲桌和饮水机、当众羞辱班主任而未得到妥善解决,随后又有一名初中部学生殴打历史课女教师至其眼眶骨折,而施暴学生仅被要求"让家长领回家说服教育"。同年,

---

① 《黑龙江肇东8000名教师罢课因工资太低中小学教师大罢课现场曝光》,http://news.e23.cn/content/2014-11-18/2014B1800686.html,2014-11-18。

② 《云南鲁甸中学教师被打集体休课工资待遇太低是主因》,http://www.ceiea.com/,2014年12月17日。

上海、吉林等省也相继被曝教师被学生及家长殴打、侮辱事件①。上述事件表面看是教师待遇、人格问题，深入考虑，则涉及教师作为"履行教育教学职责的专业人员"的薪资福利权、惩戒权等，教师作为"承担教书育人，培养社会主义事业建设者和接班人、提高民族素质的使命"的公共性职业人员的权利与义务以及法律救济等问题，这些均为教师立法的重要问题。

第一节　权利义务的失衡：我国教师立法存在的问题

立法是由特定的主体，依据一定职权和程序，运用一定技术，制定、认可、修改、补充和废止法的活动②。立法技术是立法所遵循的方法和操作技巧的总称，是科学立法的重要元素，具有使立法准确调整社会关系，促进法的功能的发挥的重要作用。20 世纪八九十年代，为了适应法治建设有法可依的要求，我国积极开展了包括教育在内的各个领域的立法活动。这个时期属于我国法制建设的初期，整体看立法技术水平不高。具有应景色彩的教师立法也存在这个问题，有的规定已不合时宜，有的规定语焉不详引发歧义，有的规定法律规范结构性缺乏而难以追责。从《教师法》的内容以及现实问题看，我国教师立法最根本的问题是缺乏对教师职业内在要求与品质的必要考量，无法提供完善的制度和机制，导致目前教师问题凸显。

一、忽视教师职业的公务性，教师作为承担国家公共教育职能的主体的权利与义务失衡

教师作为接受国家委托、承担国家公共教育职能的人员，应享有与其他承担国家公共职能的人员同样的特殊权利。《教师法》第三条明确规定教师"承担教书育人，培养社会主义事业建设者和接班人、提高民族素质的使命""履行教育教学职责"。然而，《教师法》忽视了教师职业的公务性，通过教师工资水平、医疗待遇、教师聘任制等一系列规定，将教师与公务员相区分，并未有相关制度

---

① 《通河中学女教师被打鲜血直流行凶者竟系其班上学生》，http://fashion.huanqiu.com/women/2014-12/5227629.html，2014-12-04；《新华社就女老师被打发问：少爷背后的老爷是谁》，http://news.163.com/14/1116/07/AB5GOHFE00011229.html，2014-11-16；《华东政法大学女生因点名不到遭批评向老师泼热水》，http://news.ifeng.com/a/20141113/42458468_0.shtml，2014-11-13。

② 周旺生：《立法法》，北京大学出版社1996年版，第62页。

与规定,使教师承担公共教育职能得到必要的法律一体性保障。由此造成《教师法》要求的教师福利待遇未落实,教师群体的工资水平事实上低于公务员,未实现"不低于或者高于国家公务员的平均工资水平"。教师津补贴仍按 1988 年《关于提高中小学班主任津贴标准和建立中小学教师超课时酬金制度的实施办法》实施,总体水平过低。从近年教师罢课的起因看,绝大多数直接由待遇低引发。另外,由于缺乏法律的一体保障,教师职业群体内部分化严重。农村教师社会保障严重缺乏,"三险一金"普遍解决不了。中国农村教育发展协同创新中心的调研显示[①],省会城市小学和初中教师的月平均工资分别为 2 799 元和 3 331 元,而乡村教师平均只有 2 343 元和 2 305 元;乡村小学 50 岁以上教师占比 22.75%,而城市只有 4.65%;省城教师在小学数学教师教学知识测试中的得分为 78.95 分,而乡村教师只有 38.40 分;乡村学校非师范专业出身的教师占比 23.21%,城市学校非师范专业出身的教师仅为 9.03%。乡村教师年龄老化、知识退化、方法旧化等现象非常普遍,整体状况令人担忧。

教师作为接受国家委托、承担国家公共教育职能的人员,在享有特殊权利保证其履行职责的同时,教师的行为还应受到与其他承担国家公共职能的人员同样的限制。由于教师职业这一特殊性,《教师法》要求教师"应当忠诚于人民的教育事业",履行"遵守宪法、法律和职业道德,为人师表"的义务。然而,《教师法》将教师与公务员相剥离,却并未对教师履行公务行为作出相关、具体的规范,放任了教师执教行为。更为重要的是,《教师法》将教师的法律身份定位为与其他专业技术人员无异的职业,使得《公务员法》对公务员的禁止性规范不能适用于教师,也使得国家教育行政部门制定的师德规范缺乏法律依据和法理基础。实践中教师的有偿家教行为被认为是普通劳动者的私域,屡禁不止,使师生关系添加了权力与金钱交易,导致教师权威受损,教育难以有效发挥作用。而不断出现的罢课罢教,更是危及学生的学习权,也导致了教师社会评价与声望的下降。

二、忽视教师职业的专业性,教师作为专门从事教育活动的专业人员的权利与义务失衡

教师是履行教育教学职责的专业人员。作为专业人员,教师享有教育权。《教师法》虽确立了教师专业人员的法律身份,但对教师作为专业人员应具有的专业权利缺乏必要的考量,也未确立有效的机制进行保障。教师职业是一种专门

---

① 邬志辉:《小学数学教师教学知识测试:城乡差距大》,《中国青年报》,2015 年 6 月 15 日。

的职业，需要经过专门的培养和经常性的培训才能胜任。因此，教师职业具有不可替代性[①]。在当下缺乏职业规范和社会普适价值引导的舆论、媒体面前，在学生"绝对权利"观下，教师丧失了有限的教育自由权。而在应试制度的束缚下，教师异化成教育流水线中的工序。一方面，教师须服从各级教育行政部门、学校内各个部门设定的大纲、课程目标，大大小小的教学计划，指定的教科书，现成的答案，甚至设定好的语言表达方式以及范式的要求。另一方面，教育行政部门、学校为节约成本、避免学生人身伤害事故，或限制等成本较高、存在安全风险的教学法或课程，或将教师必要的惩戒行为归为"体罚或变相体罚"，教师自主开展教育教学活动的自由极其有限。

教师是承担公共教育职能的专业人员，在享有教育权的同时，其教育自由的内容与行为必当受到限制。教师负有探求真理、发展学术和培养学生能力的责任，包括承担教学、教育引导学生、承担学校工作、研究进修、社会服务的义务。正是基于这个责任，法律才赋予教师以教育自由权。这个权利是由法律专门规定的，必须是与学术、教学内容有关的。在这个前提下，教师享有对学术内容讲什么、讲多少、如何讲、在哪儿讲（选择实验室、教室、实习地等）、何时讲（确定讲授的合适学期等）的自由。因此，教师的教育自由权，其实是教师在学术的范围内实施教学的自由，与公民言论自由中讲与不讲的自由存在相当的区别。由于缺乏对教师职业应有素质的考量以及法律的明确限制，在当前优秀传统价值观沦陷，金钱至上观下，部分教师在课堂、社会上肆意言行，不但对学生造成错误诱导，育人功能大打折扣，也在社会上造成不良影响。

第二节 科学认识教师的职业特性，确立教师权利与义务的分析基础

教师职业会涉及不特定多数学习者及其受教育权利的实现，教师的教育教学的成效将影响学习者人格的发展、身心能力的成长以及知识技能的获得，并对教育事业产生影响。《教师法》是我国第一部专门规范教师职业的法律，对于促进教育发展、推进教育法治进程无疑具有进步意义。然而，无论从立法背景还是从相关规定看，《教师法》的出台都具有一定的应景色彩，难以顺应时势并有效调

[①] 劳凯声：《教师职业的专业性和教师的专业权力》，载于《教育研究》2008 年第 2 期，第 7 ~ 14 页。

整变化了的利益关系。要使教师的权利义务设计科学，使教师职业发挥社会期待的、应有的社会功能，需要对教师职业特性及要求有准确的认知。

一、教师职业的公共性：立法规范教师职业的合理性基础

《教育法》第四条规定，"教育是社会主义现代化建设的基础，国家保障教育事业优先发展。全社会应当关心和支持教育事业的发展。全社会应当尊重教师。"该规定将"全社会应当尊重教师"与教育的重要地位同条规定，并非立法者的无意或随意。该规定充分体现了教师与教育以及学校的密切关联。庞德（Rosecoe Pound）认为[1]，教师是具有组织性、学术性与公共精神的专门性职业，其伦理要求是对自己的学生应有爱心，在接受学生家长的委托下，与家长之间保持高度的信任关系。为保障公众对教师的信赖，确保公众对公益团体的支持不致被误导成使特定团体获取私益，国家应制定法律以确保教师履行义务，使学校公益性的可信赖性得以维持。教师职业的公共性主要来自两个方面[2]：

第一，教师所从事的活动的公共性，即教育的公共性。从教育的目标层面看，公共性表现了教育所具有的直接使个人受益，间接使社会受益的责任和功效。一是教育会左右学校、社会及团体、社会文化的应有状态和国民经济的发展，是一个与包括经济在内的文化社会的维持、发展、重组、再生产有关的事业。它所提供的产品或服务由人们共同占有和享用，具有为整个社会服务的公共职能，是人类社会赖以生存和发展的重要基础。二是教育直接服务于学生学习并影响个人能力与发展、家庭状况，可以为个人带来合法的、可观的个人利益。因此，公共性并不等同于社会公益或社会福利，而是包括私人利益在内。

第二，教师所处场所的公共性，即学校的公共性。学校教育是以未成年人和成年人为对象，广泛地以全国、全社会的规模，提供教育的机会，设立教育的机构来进行的。日本前文部大臣田中耕太郎提出[3]，所谓公共性应解释为学校教育事业与公共福祉具有重大关系的意义。日本对于学校的公共性通说认为，在学校内实施的教育事业本身具有公的性质，因此学校具有公的性质，其公共性是指学校即不是"私"的也非"个人"的，同时也不是将学校中的教育任随父母与家庭的自由，学校乃是社会上的公共事务[4]。由于学校内实施的教育本身具有公的

---

[1] ［日］神田修：《学校教育と教职员の权利》，学阳书房1978年版，第133页。
[2] 余雅风：《从教师职业的公共性看教师的权利及其界限》，载于《教师教育研究》2006年第3期，第51～56页。
[3] ［日］田中耕太郎：《教育基本法の理论》，有裴阁1994年版，第664～665页。
[4] ［日］平原春好、牧柾名：《教育法》，学阳书房1994年版，第59页。

性质，因而私立学校也具有公共性。而且私学的公共性并非不考虑办学者、教育者、受教育者私益的维护，是在兼顾保障私益的前提下使私立学校的公共性得到维护。

二、在保障公共性的同时，协调好教师职业的自主性

教师职业的公共性是教师区别于其他专业人员的重要特征。教师是学习者在受教育过程中最重要的协助者，学习者须借由教师以其专业知识与能力的协助，根据学习者的个体差异来辅导学生人格和知识与能力的健康发展。为使教师达成上述功能，协助学习者受教育权的实现，教师在工作中的聘任、待遇、工作条件、排课与工作环境等均应同样受到充分的保障。教师作为履行国家公共教育职能的人员所享有的权利属于公务人员所享有的权利性质，包括：福利待遇权、退休金获得权、受抚恤权、保险权、职位保障权、出差、请假及休假权、生活津贴获得权、年终考核晋级加薪权、获奖励权等。而同时，为了保证学生受教育权的实现和维护国家公共利益，教师在享有特殊权利的同时也必须承担特殊的职责。这种作为履行国家公共教育职能人员所承担的义务涉及：积极执行职务、服从命令、严守秘密、遵守职业道德、不为一定行为、不得罢课的义务。为保障学习者的受教育权利，促使教师职业对学校发展、教育发展产生积极作用，需要针对教师职业的公共性在法律上对教师职业作出具体规范，防范产生负面效应。

教师是专业技术人员，教师职业还具有一个重要特征——自主性。国家对教师的规范必须顾及教师作为专业人员权利的维护。在教育行政系统中，教师处于管理的最底层，其行为受到国家法律以及国家教育行政部门各种"规定""办法""禁令"的制度性限制，还受到来自地方教育行政部门、学校、学生及其监护人的评价、检查、考核等的控制。如果教师的专业自主权缺乏全面、具体的规定，教师的教育行为就难以有效对抗非法干扰，教师职业就难以发挥应有的育人功能。构建公教育制度，"必须以教育的私事性为基础，尊重个人的学习与受教育权利，教师的教育自由，以及父母为子女选择学校的权利"[①]。教师基于其专业知识与能力，应享有教学方法、教学内容、教科书及辅助教材的选择权，以及对学生的教学评价权、教育惩戒权、生活指导权，同时为不断提升教师的专业技能，教师还享有组织或参加教师专业团体权；参与学校校务权；进修权及提升权等。而学校与社会教育的教育目的与教育功能有赖于教师基于其专业自主权而加以实现，学习者的健康发展权也必须建立在教师的专业自主性上才有意义。

---

① 周志宏：《私人兴学自由与私立学校法制研究》，学林文化事业有限公司2001年版，第349页。

第三节 国外教师权利与义务现状

一、突出教师身份的公务性

法国、德国、日本三国明确规定，公民在取得教师资格证书并获得教师职位后，其身份就是国家（或地方）公务员，纳入国家公务员行政管理系统中，适用本国的公务员法或根据教师职业的特殊性而专门制定的教育公务员法。英国、美国两国公立中小学教师不是国家公务员，而是国家的公务雇员（public employee），[①] 由公立学校的责任团体（地方教育委员会或地方教育当局）采取雇佣合同的形式与教师签订工作协议，教师的雇佣和解雇不适用于一般的劳工关系法，也不适用于国家公务法律条款，而是由仅适用于学校雇员的法律明确规定。显然，由于各国把教育看作是国家兴办的公共事业，教师受国家委托执行国家意志，按国家的教育计划和培养目标教育下一代，执行的是国家公务，因此，各国都把教师定位为公务员或公务雇员。与其他一般雇佣关系相比，公立学校教师的雇佣合同也受到限制，尤其是在集体谈判、罢工、教学责任等方面。在日本，教师的结社、组织和集体行动等宪法所赋予的权利受到严格的法律限制。日本文部省认为，教师人事政策是管理和操作问题，只能由教育行政机构决定，地方公务员法禁止教师与地方教育机构进行集体谈判。英国自20世纪80年代中期以来，教师的教学责任由合同约定改为由国家教育和科学部立法详细规定，教师不再是基于合同向雇主提供服务，而是基于法规提供教育服务。美国公立学校教师的雇佣条件很多都由法律规定，在公务雇佣领域能否集体谈判仍有争议。一般认为，集体谈判并不是维持公立学校的必要手段，因为学区作为民选的负责公立学校管理的团体，不能向雇员组织妥协或违法授权，但学区可以与地方教师组织就学区有自由处置权的事项，如工作时间、工资、纪律措施、解雇的方式和工作条件等进行协商。在德国、法国，国家立法机关确定教师的雇佣条件，政府和教师协会无权就此签署集体谈判合同，罢工为非法要受到法律惩罚。

[①] 黄崴：《校本管理：理念与模式》，载于《教育理论与实践》2002年第1期，第28~32页。

二、依法建立薪金制度

关于工资问题，在英国、美国、德国、法国、日本五国，无论教师是公务员还是公务雇员，教师工资都不属谈判范畴，而是由国家或地方立法规定。如英国从20世纪80年代中期以来教师工资不再由协商决定，而是由国家教育和科学部立法规定全国教师工资水平，日本地方法令也规定教师工资。虽然这五国都将教师工资纳入法律轨道，但具体法律制度的不同则影响了本国教师的实际地位。德国、日本、法国三国同属民法法系，教师均为公务员，但在工资待遇上有很大的差异。在工资待遇问题上，德国、日本两国教师的经济待遇，无论与欧洲其他国家相比还是同国内其他职业相比都比较高，而法国中小学教师的工资水平则比较低。这些差异直接影响到不同国家教师的地位。德国和日本的教师是极为受尊敬和备受青睐的职业，法国教师的地位则相当低，许多教师至今还是B级公务员。20世纪90年代以来，法国政府采取各种措施提高教师工资待遇，借此提高教师的地位。

三、规定教师的教学自由权

在上述的五国中，教师虽具有宪法所规定的公民言论、表达自由、结社等权利，但这些权利受到了法律的一定限制，尤其是教师在班级内的教学行为。一般来说，各国法律都认可教师一定程度上的教学自由权，但这种自由权要受学校管理当局的指导，自由的限度取决于控制教师课堂行为的方式和控制机构。这五国中，教师教学自由度最大的是英国。传统上，英国没有统一的课程指导，对教师也没有严格的规定。不过，英国1988年颁布的教育改革法加强了对课程的管理，教师教学自由度受到了一定的限制。自由度最小的是日本。日本文部省的教育权限虽然有限，但它肩负着中小学教材的审批权，对学校教师的教学有很大的制约，这就限制了教师的教学自由。德国教师作为公务员，主要受学校督学的指导，教师在课程范围内的一定程度上有决定教学内容、教学模式和教学方法的自由权，但法律从来没有就学校法所保证的教师的教学自由作出明确界定。在美国，虽然联邦没有管理教育的权限，州也不制定课程指导或教学计划，但地方学区却握有广泛的课程决策权，学校和教师的教学自由度受到一定的限制。近些年，美国、加拿大等国家教育改革的重要趋势就是权力下放，把原来属于学区教育局的权力下放到学校和教师手中，教师的教学权力正在扩大。

第四节　以教师职业的公共性为考量，科学设计教师的权利与义务

作为承担国家公共教育职能的专业人员，教师职业不可避免的同时具有公共性与自主性两个方面。国家规范教师职业的合理性基础，主要源自教师职业公共性这个方面。但必须顾及教师的权利维护，最主要的是促成教师职业公共性与自主性的协调。立法若要合理规范教师职业，科学设计教师的权利与义务，必须解决教师职业的公共性与自主性的冲突。

一、以公共性为考量确立教师法律身份，基于身份的不同确立不同类型教师的权利与义务

教师职业的公共性与自主性的关系具有彼消此长的特点。自主性越强其公共性就相对较弱，公共性越强相对的自主性越弱。公共性越强，教师的权利限制越多，国家监督的强度、密度越高。公共性与自主性关系的变化取决于教师所在学校的性质、教育的阶段。因此，对教师权利义务的规范以及对教师职务行为的监督，也必须根据教育阶段、教育类型和学校接受国家经费投入以及接受社会资助的情况，来决定规范与监督的强度与密度。

第一，赋予公立义务教育阶段的教师教育公务员身份，参照公务员管理制度实施管理。在义务教育阶段，涉及国家在教育上所负的宪法上的教育义务，也涉及公民受教育权的实现，且此阶段正值人格以及各种能力充分发展的关键时期，同时也是受教育者心智尚未成熟、最容易受到伤害的阶段，立法对从事此阶段教育的教师应有最严密的规范、监督。《公务员法》对公务员在职务、工作、权利义务上都有严格的规定，受到严格的社会监督。教育公务员的定位，既有利于加强对教师职业道德的监督管理，也有利于确认其与政务公务员专业性方面的差异。赋予高中阶段的教师教育公务员身份，强化高中教育的"公共性"，推动高中教育向"义务教育"靠拢，实现12年义务教育这一大趋势，体现立法的超前性、科学性。

第二，高校教师和民办学校教师定位为雇员，依照聘用合同和《教育法》实施管理。在中等教育至高等教育阶段，随着国家对教育所负义务的递减，公民人格及各种能力的逐渐发展完善，受教育者心智的成熟，应当允许教育有自由发展

的空间，对教师的监督强度也应逐步减弱，在立法上赋予教师更多的自由权。但因为对教师的职业道德、专业素质都有较高的要求，教学内容、课程设置都要体现公共教育的要求，教师管理应区别于企业雇员，否则对教师的特殊要求就无法实现。

二、建立公平、体系化的教师待遇及社保制度，为教师群体履行职责提供积极保障

由于教育事业的公益性和教师职业的特殊性，应依据教师法律身份的不同，统一教师福利待遇和社会保障政策，推进教师养老保险制度、失业保险制度和医疗保险制度的改革，使社会保障落实到各级各类学校的全体教师，尤其是农村教师。

第一，制定教师工资制度和基本工资标准，通过加强监督检查、加大财政转移支付等措施确保教师平均工资不低于公务员平均工资水平。地方各级政府按照核定的编制、职务结构比例和工资标准，将教师工资经费全额纳入预算，按时足额发放。实行工资定期增长制度，提高班主任津贴、教龄津贴、特殊教育津贴、特级教师津贴、工读教育津贴标准。

第二，建立教育公务员社会保障体系。确定稳固的资金来源，国家、地方和教师三方共同承担强制性社会保障义务，形成社会保障基金筹集、运营的良性循环机制。实行与《公务员法》的规定相一致的退休、医疗、养老和失业、工伤、生育等社会保障制度。可考虑由中央财政垂直解决农村教师社会保障问题，实施"农村义务教育教师安居工程"，提高农村基础教育教师中、高级职务比例。

三、建立系统化的教育公务员管理制度，避免产生负的外部效应

教师不仅需要具备一定的知识和胜任教学岗位的能力，还要具备高尚的情操和廉洁敬业的自律意识。为避免教师不端行为可能引发的教育的负外部效应，应建立系统化的教育公务员管理制度，在教师履职、道德、服从、行为等方面履行与公务员类似的义务，在招聘、录用、晋职、考核、奖惩、交流、离职等方面强调政府干预和引导。

第一，教师由政府聘任，参照公务员制度实行公开招聘、统一考试。建立规范入职教师的心理评估制度。教师聘用合同分为临时、短期和长期聘用合同，达到法定年限考核合格的教师可长期聘用，以适应教育的稳定性和长期性，也有利

于解决教师聘任中存在的竞争过度、急功近利等问题。

第二，建立教师编制标准，作为基础教育办学的基本要求。省级政府根据国家编制标准，制定满足教育教学需求的地方教师编制标准，实行动态管理、定期调整，确保农村学校师资需求。教育部对各地教师总量、结构、素质进行监测，并作为教育质量评估的重要指标。

第三，制定《教师职务条例》，合并中学与小学教师职务系列，科学设置职务等级，制定基本任职标准。改革教师评价机制和职务晋升模式，全面实施竞争择优的教师聘任制，将师德修养、专业水平、教育教学能力作为教师聘任和职务晋升的主要依据。

第四，建立城镇教师到农村学校任教服务期制度。城市、县镇教师有义务到农村学校任教，并作为晋升高级职务、参评优秀教师、特级教师的必备条件。完善特级教师和优秀教师到农村学校、薄弱学校巡回讲学制度。

第五，对教师在权利取得的途径、罢工、教学责任等方面实行严格管理，参照公务员标准对教师进行德、能、勤、绩的全面考核。教师进行教育教学活动时，其结社、言论和集体行动等权利应受到限制，禁止教师的所有罢工及怠工行为。教师不得进行违背国家、社会和公共利益的宣传，不得破坏国家安全和公共安全。一般情况下可以对工资分配办法、内部规章制度、工作条件等进行协商，但不允许违反法律和相关人事分配政策。

四、确立教师的教育权，激发教师的教育自觉

教师的教育权特指教师作为专业人员在履行教育职责过程中利用自身专业技术自主组织教学活动、实施教学行为及其他相关教育行为的权利[①]。一则，它是法律赋予教师的、依法对学生实施管理、教育的专门权力，具有权威性，学生必须服从，其他任何人不能非法剥夺。二则，其实质意义是以教育学生、促进学生发展为终极目的，是对教师职责的义务规定，作为教师必须遵守，既不得超越，也不得放弃。作为接受委托专门从事教育活动的专业人员，其教育权具有特定的内容与内在的要求，需要立法加以明晰并采取措施加以保障。

（一）教师的教学权

教师利用专业知识进行的教学设计和教学策略至关重要。美国教师联合会的《教师权利法案》就明确提出，"教学是一种专业职业，从事教学的权利不应该

---

① 湛中乐：《教师权利及其法律保障》，中国法制出版社2015年版，第3~14页。

以放弃其他任何人权为代价。不经一定法律程序允许没有一个人可以被剥夺专业地位或从事教学的权利"。从具体教学行为看，教师的教育权应包括课程与授课内容的编辑权、教学方法的选择权。关于教师的讲授内容，立法应就教师对课本以及教学大纲的要求、是否可以采用与教学不相关的材料、在校内是否可以与课程内容相悖的观点等做出规定。关于教师使用的教学方法，立法应就是否可以采用存在争议的教学方法、是否可以对相关教育政策所设定的教法持异议等做出规定。

（二）教师的评价权

评价对于发展中的学生来讲具有十分重要的意义。从心理学的观点看，评价具有激励和导向功能。从评价的法律效果看，评价对学生未来利益可以产生直接的影响。随着未来中考、高考制度改革的深入，对学生的综合评价将会成为学生升学的重要影响因素。为了保证评价的客观、专业、准确、公正，也需要赋予具有专业水平的教师一定的评价自主权。学校、任何组织和个人都不应妨碍教师评价权的合法、合理行使。重秩序、重分数是目前我国学生评价的最重要价值，过分强调了学生评价的管理功能和选拔功能，既忽视了学生的多元发展，也限制了教师评价权的行使，学生评价难以发挥真正的功能。教师对学生的评价包括两个方面。一是品行评价，二是学业评价。关于评价学生，立法应就教师是否可以根据学生的水平给学生打低分、禁止教师对学生做出诋毁性评议等规定。

（三）教师的惩戒权

教师既是教育的实施者，也是教育秩序的维护者。对学生来讲，惩戒的目的不是为了束缚，而是为了促进学生社会化、促进学生更好发展。作为教育的具体实施者，惩戒权应成为教师教育权的内容。从教育发达国家看，美国、德国、日本、英国、韩国不但通过立法确立了惩戒权。作为惩戒的一种形式，1977年，美国联邦最高法院还提出，各州可自行选择、决定本地是否禁止或限制体罚。韩国于2002年公布的《学校生活规定预示案》亦授权教师可在规定范围内依照程序进行一定程度的体罚。英国、日本出台法案、规则、细则，具体指导惩戒的实施[①]。我国教育立法未明确规定惩戒权，亦未界定体罚的内涵与外延，而有关法

---

① 英国2006教育与督学法（Education and Inspections Act 2006）新规定，教师具有在学校使用"合理武力"阻止学生打架的权力，可以不经家长许可对学生实施放学后或周末留校的处罚，也可以对学生用于不良用途的手机实施收缴，参见《中国教师报》2007年4月18日，第四版。日本《学校教育法实施细则》第十三条专门对惩戒权的行使作了具体规定。

律关于禁止"变相体罚"的规定，使教师的一切教育行为均存在违法的风险。这也是导致目前体罚屡禁不止，学校教育权威丧失，教师压力大、专业地位缺乏保障的重要原因之一。必须立法明确惩戒权，同时具体规定惩戒的法定形式以及惩戒权行使的主体、条件、程序、惩戒的原则和要求、惩戒的监督、违法惩戒损害的责任与救济，保证教师积极履行职责，合法合理进行惩戒。

第六章

教师职业的专业性和教师的专业权利

在我国,有关教师职业的专业性问题由于 1993 年制定的《中华人民共和国教师法》(以下简称《教师法》)的相关规定而被人们所关注。《教师法》第三条规定了教师职业的性质是"履行教育教学职责的专业人员",从而改变了教师这一群体长期以来所具有的国家干部的法律性质,同时也使教师群体的职业行为发生了变化。2018 年《关于全面深化新时代教师队伍建设改革的意见》又明确了"公办中小学教师作为国家公职人员"的特殊的法律地位。本书从教师职业的专业性出发讨论教师的专业权利问题,在此本书所称的教师不包括高等学校和民办学校的教师。

第一节 教师职业的专业性

如果从社会分工、职业分化的表现形式的角度来解释"专业"(profession)一词,卡尔·桑德斯大概是最早给予其定义的一位社会学家。他认为,专业的形成直接来源于中古世纪以来的行会组织(guilds),是指一群人在从事一种需要专门技术的职业,专业需要特殊之力来培养和完成,其目的在于提供专门性的服务①。教师职业经历了一个漫长的发展变化过程才成为一种专门化的职业。在漫

---

① Carr Saunders A M. the Profession. Oxford: Clarendon Press, 1933, pp. 3 - 4.

长的历史发展中，教师职业的产生比教育的产生要晚得多，最初的教师是由长者、官吏来承担的，并不是一种专门的职业。教师是在知识逐步积累并专门化，由此知识的传授也逐步专门化之后才成为一种独立的社会职业的。然而在现代社会以前，人们普遍认为教师就是有知识、有学问的人，中国的"至圣先师"孔夫子被称为"学富五车"，因此成为历代教师的典范。教师成为一种专门职业，是比较晚近的事情。大约150年以前，当现代学校系统产生后，由于教学内容不断丰富，教育活动日益复杂，教育的规范性程度也不断提高。知识传授的专业性要求教育者必须同时掌握所教授的学科知识和有关教育的专门知识，这一变化促使人们对于教师职业有了新的认识，教师职业的专业化逐渐被人们所认同。因此可以说，教师职业经历了一个从兼职到专职，又从专职到专业的发展过程。这样一个教师职业发展的过程，从某种意义上说，就是一个教师素质标准和质量标准不断提高的过程。教师专业化是现代教育发展的必然要求，也是现代学校教育的重要标志。特别是从20世纪中后期以来确认教师职业的专业性，推进教师专业化进程，提高教师的准入标准和从业标准，一直是许多国家提高教师素质和教师教育质量的共同做法。1955年召开的世界教师专业组织会议最早开始提倡教师的专业化，推动了教师专业组织的成立和发展。1966年国际劳工组织和联合国教科文组织提出了《关于教师地位的建议》，首次以国际组织官方文件的形式确认了教师职业的专业性质，认为"教育工作应被视为专门职业。这种职业是一种要求教师具备经过严格并持续不断的研究才能获得并维持专业知识及专门技能的公共业务"。据此，国际劳工组织颁布的《国际标准职业分类》中把教师列入"专家、技术人员和有关工作者"的类别。[①] 然而，尽管近百年来人们一直在强调教育对国家、民族、文化、社会以及个人的重要性，但对于教师职业是否是一种专业却一直存在着争议，其中最主要的障碍在于对教师专业的性质与内涵还没有建立起一套大家认同的严密体系。

　　如前所述，专业区别于一般职业之处在于从事这一职业所需的专门技术以及由此而产生的其他性质，这些性质是通过一定的标准来衡量的。因此，在讨论教师职业的专业性质时，专业标准就是一个基本的问题。从国内学者刘捷对历史资料所进行的整理和综述可以看出，早在1904年，杜威在其《教育理论与实践的关系》一文中就已经提出了有效专业的三个标准。其后，布朗德士于1933年对专业概念和标准作了具体的描述。1948年，美国教育协会提出了专门职业的八条标准。1956年，利伯曼提出了专业工作的八个特征。此后还有班克斯和霍勒分别于1968年和1969年提出了教师专业的标准。豪勒和奥恩斯坦分别于1980

---

① 筑波大学教育学研究会：《现代教育学基础》，上海教育出版社1986年版，第443页。

年和 1984 年总结了专业的特点。舒尔曼于 1998 年提出了当代专业的六个特点并对专业教育加以限定。哈格里夫斯和古德森在对当前社会和教育发展进行分析后提出了所谓后现代专业化的七个原则。国内学者关注这一问题，大致是在 20 世纪 80 年代。如曾荣光在 1984 年提出了专业特征的十项指标。马信行提出专业的五个层面。郑肇桢提出专业工作的八个特点。叶澜提出了专业包括与时代精神相通的专业理念、多层复合的专业知识以及履行责任和权利的各种能力。① 在众多的有关专业标准的论述中，最重要的是，从事这一职业的人员是否必须运用专门的知识与技能，因而具有不可替代性；是否必须经过系统的专业教育和训练；在从事该职业时是否享有相当的独立自主权；是否具有为确保本专业的独特性而必需的专业团体和职业道德；是否具有为社会不特定人群服务的非营利观念。综上所述，一种职业要被认可为专业，大致应该具备如下三个方面的基本特征：

第一，具有特定的、不可替代的社会功能。一般而言，社会职业是社会分工的产物，任何职业都有一定的社会功能。但是，专门职业对社会所具有的作用是特定的和不可替代的，即它不但对社会有作用和贡献，而且其作用和贡献是社会存续与发展所不可或缺的，如果专业服务不足或水准低落，则会对社会构成严重的伤害。专业的这种特定社会功能属性决定了其从业人员必须具备较高的专业道德和专业素养，以便履行专业职责，促进专业功能的实现，最终承担起该专业的社会责任。

第二，具有系统的、完善的专业理论和成熟的专业技能。作为一种专业，必须有能够被认可为专业的理论依据和技术保障，为从事专业活动提供专门化的知识与技能，使该专业具有确定的对象、范围和规范。

第三，具有保证该专业活动顺利进行所必需的专业自主权和专业组织。由于专业活动所依赖的专业知识是专业内的知识，因此，专业外的人很难从事相关的专业活动。只有业内人员才有能力对业内的事务做出判断，对业内事务做出专业的裁决，如审核执业者的资格与能力，判断执业者的专业水平与品行等。为此，作为一种专业必须有自己的专业组织，这类专业组织可以起到保证专业权限，保证专业水准，提升专业地位的作用。

在我国，相对于医生、律师等专业而言，教师职业目前还没有完全实现专业化。尽管持续了 20 多年的教育体制改革已经使传统的教师与政府、学校的法律关系发生了极大的分化和改组，但是，教师职业实现专业化还需要一个长期的进程。其中，法律制度的设计和实施对实现教师职业的专业化发挥着关键性的作用。

---

① 刘捷：《专业化：挑战 21 世纪的教师》，教育科学出版社 2002 年版，第 55～62 页。

如果从法律的视角来研究教师专业问题，则教师专业问题可以转换成教师的专业地位问题。专业地位特指从事专门职业的教师的专业发展状况，包括有关教师专业权力的规定以及实际的拥有、实现情况、教师个体和群体专业水平的状况等方面。为便于测量，本书把专业地位分解为专业自主权和专业知识能力水平两个二级指标。

（1）专业自主权。根据《教师法》第七条的规定，教师依法享有的专业自主权包括教育教学、学术研究、对学生进行指导评价和自身的进修培训等方面。根据上述规定，从以下诸方面对教师所拥有的专业自主权进行测评。

教师的教育教学权应包括实施教育教学活动权、教育教学改革和实验权两项下位权利。教育教学活动权是指教师所享有的，在其受聘的教育教学岗位上，从事科学文化知识和品行方面的教育教学权利；教育教学改革和实验权是指教师有权对其受聘课程的教育教学活动进行改革和实验，包括教师有权根据课程标准或教学大纲的要求，对其受聘课程的教学内容、讲授方法、教学环节和教学组织形式等进行改革，有权改进教学设备的操作和使用，有权针对不同特点的学生实施不同的教育教学方法，有权对学生品行进行教育教学方式改革，有权抵制对其教育教学改革的无理干涉，有权进行与教育教学活动有关的教学实验。

教师的学术研究权是指教师在教育教学活动中自由从事科学研究、学术交流、参与专业学术团体并在学术活动中自由表述自己的意见和学术观点的权利。这项权利应包括：第一，在完成教育教学任务的前提下，有权从事科学、技术、文学、艺术和其他文化事业的创造性活动；第二，有权参加合法的学术交流活动、专业学术团体，并在其中兼任工作；第三，有权在学术研究中自由地表述自己的观点、开展学术争鸣。但为保证教育教学质量，中小学教师的教育教学活动都有统一的国家标准规定，一般不容自由发挥，因此，其学术研究权应局限在教育教学活动之外的专门的学术研究活动中。

教师的指导评价权是与教师在教育教学过程中的主导地位相适应的一项特定权利，其基本内容包括：第一，有权根据学生的具体情况，因材施教，指导学生的学习和发展；第二，有权对学生采取包括表扬、奖励或批评、惩罚的教育措施，并依照客观公正的原则对学生的品行做出恰如其分的评价；第三，有权运用正确的指导思想和科学的教育方法促进学生的个性和能力得到充分的发展。

进修培训权主要包括参加定期进修的权利；参加在职的脱产或不脱产培训的权利；教师在参加进修或各种培训期间，有权享受与在岗教师相当的工资福利待遇，等等。

（2）专业知识能力水平。为便于测量，我们把教师职业的专业知识能力水平指标分解为职业群体的受教育程度和专业知识技能两方面。其中，教师的专业知识技能通过教师的职称、职后培训和教师专业知识技能获奖证书情况加以反映。

第二节 关于教师专业化若干问题的探讨

教师职业是一种专门的职业，需要经过专门的培养和经常性的培训才能胜任，因此，教师职业具有不可替代性。就此而言，我国的相关法律制度已经比较完善，但由于《教师法》对教师法律地位的规定过于笼统，因此，在法律的适用上还存在一些有待研究和解决的问题。

一、关于教师职业的公务性质

由于现代教育在很大程度上是一种由国家举办、管理和监督的公共事业，教师根据法律规定的培养目标和教育标准实施教育活动，执行的是国家的教育公务，因此，世界各国对教师管理的做法，或把教师规定为国家公务员，适用本国的公务员法或根据教师职业的特殊性而专门制定的教育公务员法来进行管理；或把教师规定为国家的公务雇员（public employee），由公立学校的责任团体（地方教育委员会或地方教育当局）采取雇佣合同的形式与教师签订工作协议。无论哪种做法，都旨在强调教师职业的公务性质。

在我国，根据《教师法》的规定，公民在取得教师资格证书并获得教师职位后，其身份就是履行教育教学职责的专业人员，相对于1993年之前的做法，《教师法》的这一规定从根本上改变了教师职业的性质和地位。因为1993年之前，教师职位的审批权在政府人事管理部门，师范院校或其他高等院校的毕业生经由政府人事部门的分配和任命后即获得国家干部的身份，并由政府的人事管理部门适用国家干部的管理制度对教师进行管理和任用。因此，在政府和教师之间构成的是行政机关与公职人员之间的纵向型隶属关系，即行政法律关系。教师作为国家干部，其工资待遇根据其职务级别所对应的干部级别标准统一确定。教师调动纳入干部人事计划，须经行政机关批准。教师职务的确定或提升须报行政机关备案或批准。其他有关教师的职责、考核、奖惩及退休等事项，也都充分体现了教师职业的公务性质。然而，《教师法》的规定使上述纵向型的行政法律关系发生改变。《教师法》第十七条规定"学校和其他教育机构应当逐步实行教师聘任制。教师的聘任应当遵循双方地位平等的原则，由学校和教师签订聘任合同，明确规定双方的权利、义务和责任"。这意味着教师与政府之间的纵向型行政法律关系已经转化为性质不同的横向型民事法律关系，这一变化不仅涉及教师的法律身份，而且涉及教师与政府、学校和学生的关系，涉及教师的权利和义务、资格任用以及工资待遇等。甚至在教师的权利受到侵害时，寻求救济的途径和方式也由此发生变化。当然，国家仍然对教师的管理负有重要的责任，这一点在《教师法》的第四条有明确的规定："国务院教育行政部门主管全国的教师工作。国务院有关部门在各自职权范围内负责有关的教师工作。"尽管该法第四条同时规定了"学校和其他教育机构根据国家规定，自主进行教师管理工作"，但《教师法》在多处以公务员为标准对教师的福利待遇等问题作了比照式的规定。例如《教师法》第二十五条规定："教师的平均工资水平应当不低于或者高于国家公务员的平均工资水平，并逐步提高。建立正常晋级增薪制度，具体办法由国务院规定。"第二十九条规定："教师的医疗同当地公务员享受同等的待遇；定期对教师进行身体健康检查，并因地制宜安排教师进行休养。"但是，仅仅作这样的规定还不足以体现教师职业的公务性质。2018年中共中央、国务院发布了《关于全面深化新时代教师队伍建设改革的意见》，其中明确写道："确立公办中小学教师作为国家公职人员特殊的法律地位"。为了体现教师职业的公务性，还必须建立一套完整的、彼此相协调的有关教师职业准入、教育教学活动、专业权利和责任等有关教师管理的法律制度。

公立学校是由国家设置的、通过公共财政维持的公共服务机构。因此，国家对公立学校的适度干预是必要的。在有关教师的管理方面，这种国家干预表现在有关教师的一系列特别法规上。例如，《教育法》《中华人民共和国高等教育法》《义务教育法》以及大量的行政法规和政府规章都规定了包括教师评定、聘任、考核、培训、奖惩、报酬、福利、医疗、退休等涉及教师管理的事项，以强制性规范的形式体现了在教师管理方面的国家意志。但是近20年来的公共服务体制的变革却使这一问题变得复杂起来。对公立学校进行管理的事业单位管理体制已经开始分化，① 传统的事业单位以经费的取得为标准，逐步分化为三类不同性质的社会机构：一部分事业单位仍保持其原有的公共性质，由公共财政来维持其运转，向社会提供纯公共物品；另一部分事业单位则通过市场机制运营，实行自负盈亏，国家不再给予财政拨款，其提供的服务已具有某种商品的属性。介于二者之间的第三类事业单位则兼具二者的特点，国家出于公益性的需要还会对这部分事业单位进行经费上的资助，事业单位本身也要通过自身的服务功能来获取收

---

① 学校作为一类事业单位，在我国又被称为"国家全额拨款事业单位"，即其运转经费全部由国家公共财政予以支付，等同于大陆法系国家的"公营造物"。

益，但其所提供的服务并不以营利为目的。事业单位的分化、改组对我国现有的70余万所大中小学所发生的影响是深刻的，根据我国目前的情况，公立学校正在一分为三。大致说来，义务教育学校具有上述第一类事业单位的性质。按照2006年6月修订的《中华人民共和国义务教育法》第二条规定："国家实行九年义务教育制度。实施义务教育，不收学费、杂费。国家建立义务教育经费保障机制，保证义务教育制度实施。"这就是说，义务教育是一种国家的责任，由国家向社会提供义务教育服务，因此，应当由国家全额拨款。职业培训机构、社会教育机构等应属于自负盈亏的一类事业单位，国家不再负有拨款的责任，通过市场机制来运行。其余的学校教育机构则属于介于二者之间的一类事业单位，通过国家财政性资助和学校自身的社会服务等多种渠道获得办学的经费。应该说，公立学校的这一分化和改组进程还未最终完成，学校的性质也还带有某种不确定性。但可以肯定的是，这种变化将促使公立学校法律地位发生变化，并逐步改变公立学校的既有面貌。

由于上述变化，未来不同类别的学校教育机构对其教师身份的规定也可能会出现差别。一般来说，为保证国家教育目的和教育标准的实现，义务教育学校与其教师之间的法律关系应更强调纵向的法律性质，而自负盈亏的学校教育机构与其教师之间的法律关系应在确定的法律框架下建立横向型的对等关系。介于二者之间的一类学校教育机构与其教师之间法律关系的性质现在还是一个未知数，将取决于改革决策层的政策选择。为了更好地体现教师职业的性质和特点，其中高中教师应更多强调其公务性质，而高等学校教师则可更多体现其专业性质。

二、关于教师聘任合同的性质

按照《教师法》第十七条的规定，学校和其他教育机构实行教师聘任制，学校在聘任教师时，应签订聘任合同。在学校聘任教师时，应遵循双方地位平等的原则，由学校和教师签订聘任合同，明确规定双方的权利、义务和责任。这就是说，在教师聘任制条件下，学校与教师之间的法律关系主要依靠教师聘任合同来调节。

依据《教师法》的上述规定，教师聘任制实际上可以有两种制度设计的选择：或者把聘任合同视为私法上的合同，把教师聘任关系归入民事法律关系一类；或者把教师聘任合同视为行政合同，把教师聘任关系归入行政法律关系一类。然而就目前我国公立学校的体制现状而言，前一种选择极有可能引发一系列新问题。因为民事合同以私法自治为原则，即当事人在不违反法律的规定以及社会的公序良俗的前提下，享有完全的契约自由，其所构成的关系具有横向型法律关系的特征。因此，把学校的教师聘任合同视作民事合同，会从根本上改变学校的法律地位，并进而改变其与教师的关系。我国的公立学校尽管从1995年起取得了法人的资格，但作为一种社会组织，公立学校是以培养专门人才为目的，由公共财政经费维持的公立公益性机构，因其特定目的的公益性和服务对象的不特定性而享有确定的公权力，因此，有别于以私益为归宿的企业法人或单一的民事主体。二者是不能等量齐观的。公立学校的办学权利虽然是以法人权利的形式存在的，但这种权利是一种以公权力为主的复合型权利，为此，在公立学校的办学过程中，应保证公权力得到公正的行使。公立学校作为法人依法享有的民事权利不应当损害公立学校的公益性质，必须根据公立学校的功能对其法人权利做出必要的限制。

公立学校的上述定位意味着公益性是公立学校的共同性质。虽然公立学校在社会变迁中也在发生体制上的变化，出现了若干不同的办学类型，因而会与其教师构成性质不同的法律关系，但公益性是其最基本和最重要的性质，任何时候都不应受到损害。因为舍此则不能保证公立学校社会功能的实现，不能保证国家教育标准的贯彻，更不能保证教育的普及和公平。公立学校的这一性质决定了其与教师之间建立的聘任关系具有更加复杂的特点，而不能完全规定为民事法律关系。从目前我国的学校现状看，由于公立学校及其教师在法律地位上的特殊性，因此，教师聘任制度下的学校和教师法律关系实际上也具有一定的特殊性；学校与教师之间既非典型的行政法律关系，也非典型的民事法律关系，而是一种介于行政法律关系和民事法律关系之间的特殊法律关系。以这样一种观点来审视现行的教师聘任制，单一的、以"双方地位平等为原则"签订的聘任合同难以调整当前学校与教师之间的关系。为了保证教育社会功能的实现，保证正常教育教学活动的开展，教师必须遵守国家的法律法规和学校的规章制度，服从学校的行政管理，完成学校交予的工作任务。因此，教师聘任合同中的相当一部分条款或由国家规定，或由校方规定，而不由双方平等协商和约定。由此可见，学校和教师二者在法律地位上并不平等，这一关系所涉及的相当一部分内容也不允许协商和约定。另外，一位教师一经被学校聘用，就成为学校组织的成员，与其所服务的学校实际构成了组织上的隶属关系，因此，完全不同于企业的劳动用工关系。为了能够有效地调整这一关系，教师聘任合同不应简单地等同于《合同法》所调整的民事合同或《劳动法》所调整的劳动合同。教师聘任合同是校方以实施公共教育为目的，与教师相对方就有关教育教学事项经协商一致而达成的协议。教师聘任合同所建立的是一种具有组织上的从属性质的法律关系。教师聘任合同的内容应有明确的法律法规作依据，在维护公共利益的前提下，国家或学校在一些必要的方面应保留对合同权利的单方面处置权，甚至宪法所赋予的权利在这里要受到严格的限制。① 教师是基于国家的要求向社会提供教育服务，而不是基于合意向聘任方提供服务。为了保证教师教育教学活动所具有的公务性质，强调教师聘任合同与民事合同之间的不同性质是必要的。为此，由学校和教师签订的聘任合同应更多地强调公务性特征。教师聘任合同签订后，学校与其建立的是一种人事性质的法律关系，应更多地体现学校与教师之间的隶属性质。在教师聘任合同签订的过程中，契约自由的适用应受到行政法治原则和符合教育目的性原则的制约，只能在法律以及教育自身要求的基础上构筑的许可框架中得以实施。因此，教师聘任合同相对于民事合同而言，应具有某种程度的地位不对等和契约不自由的特征。

具体地说，由于教师的教学责任比较特殊，因此，这方面的条款不应由校方和教师双方约定，而应由立法来规定。为了保障教师的合法权利，教师聘任合同中的聘任条件如工作时间、工作条件、工资、纪律措施、解聘方式等应由政府来规定。为了更好地调整公立学校与其教师的关系，通过官方提供的格式合同，建立一种复合性的合同调节机制，即采用格式条款和非格式条款相结合的合同形式。上述相关内容可以以格式条款的形式出现，其他条件则由教师提出，与校方协商，以非格式条款形式订入合同。在这一设计中为充分体现教师的意愿，应非常重视非格式条款的作用。由于非格式条款反映了相对人的自由意愿，体现了公平原则，所以除了不允许协商的条件，其他允许协商的条件均应优先使用非格式条款来约定。在同一合同或构成一个合同的条款中，格式条款与非格式条款意思不一致的，应以非格式条款的效力优先，而且当事人对格式条款的理解发生争执时，不应由原定人解释该条款的意思，而是要首先从常理来解释。当对条款有两种以上的解释时，要从有利于相对人的立场来解释。

三、关于教师职业准入的资格制度

由于教师职业具有专业的属性，为了保证教师能够有效地进行教育教学活动，切实地履行法定的责任和义务，教师职业的准入应有严格的资格制度。教师职业的专业性包括学科专业素养与教师专业素养两个基本的方面，因此，对教师职业的专业性质应该从这两个方面来规定，以此强调教师专业的特殊性。《教师法》第十条规定了由国家实行教师资格制度，具备规定的学历或者经国家教师资格考试合格，有教育教学能力，经认定合格的，可以取得教师资格；第十一条规

---

① 丁文珍：《我国公立学校教师聘任制研究》，载于《中国教育法制评论》2003 年第 1 期，第 82～103 页。

定了各类教师资格的学历条件；第十三条规定了教师资格认定的机构。1995年12月12日，教育部颁发了《教师资格条例》，对教师资格分类与适用、教师资格条件、教师资格考试、教师资格认定等进行了规定。2000年6月22日，教育部发布了《〈教师资格条例〉实施办法》，对资格认定条件、资格认定申请、资格认定、资格证书管理等作了规定。除了如上规定，为确保教师资格证书的权威性、严肃性，还应有相应的机构专门管理教师资格的评估和检定。如全国性的师范教育检定、学术资格授予、职业资格考试的专门性机构。对已取得教师资格证书的在职教师，应建立严格的考试制度，通过考核决定教师的任职资格和职务评定。①

当前，有关教师资格制度尽管已具雏形，但仍有一些应予研究和解决的问题，具体地表现在如下几个方面。第一，教师资格的一次性认定不能适应社会发展的要求。随着社会的发展变化，对教师的专业要求也越来越高，为了适应教育教学的发展变化，必须要求教师在原有的学历基础上不断地学习，努力提高自身的素质，但现行的制度未能对教师资格进行定期的重新认定，并建立教师资格注册登记制度。第二，教师资格的分类过于简单。现行的教师资格制度仅根据学校的层次对教师资格进行分类，而未考虑到教师职业资格的学科性。单一的教师职业资格分类容易忽视对教师学科素质的要求，有可能导致教师资质的下降。此外，现行的教师职业资格分类还忽视了教师的工作资历，没有对临时教师、实习教师与一般教师、资深教师做出必要的区分。第三，教师资格考试对考试对象未予细分。现行制度仅对不具备《教师法》规定的教师资格学历的公民作了规定，对持有教师资格证书但长期脱离教育教学岗位的公民，以及对获得规定学历但非师范院校毕业的公民则未能作出规定，实际上被排除在外。第四，没有规定教师的试用制度。虽然现行的教师管理制度中有初任教师试用期的相关规定，但教师资格制度却未与这一管理制度的规定相衔接。这就造成在教师取得教师职业资格之后，实际上还需经过一个聘任的试用期，从而造成制度上的不协调。为了切实解决以上问题，中国的教师资格制度应是一个非终身的、按照学校类别和学科类别严格分类的、实行开放式职业资格考试的职业资格认定制度。

四、关于教师权利救济制度

把教师聘任关系界定为一种特殊的以行政性质为主的复合型法律关系，其意

---

① 高葵芬：《发达国家教师资格证书制度之比较》，载于《安庆师范学院学报（社会科学版）》2003年第5期，第101~102页。

义在于，这种关系不是教师与校方之间的一般的民事法律关系。这一特殊性质决定了在公立学校所实施的教师聘任制不仅应体现教师职业的公务性特点，而且也应与申诉、仲裁及诉讼这些特殊的教师权利救济制度相适应。在实行教师聘任制的前提下，教师的身份、权利、义务和法律责任这样一些实体性的保障规定应兼顾教师聘任关系的隶属性以及教师的应有权利两个方面。对教师做出惩戒和处分之前要遵循严格的程序，依照法律规定的惩戒种类和条件实施。教师在受到惩戒和处分后应有各种救济的权利，通过申诉、复审、纠正、补偿和定期撤销处分的法律救济制度对教师的正当权利予以救济。特别是中小学校，在涉及辞退的问题上，由于教师聘任合同所具有的行政性质，应当对校方的权利进行必要的限制。法律应保障教师不因不当理由而被辞退。教师在解聘前有权获知自己专业的缺陷并应给予其充分合理的改进机会。在终止固定期限合同问题上，校方不能以合同到期为由规避责任。总之，这种从实体和程序两方面建立的教师聘任权利的法律保障制度，可以有效地保证教师工作的安全、教育职业的吸引力和教育的连续性，也与教师职业的公务性质相一致。

有学者认为，应把教师聘任合同认定为劳动合同，其理由是只有将教师聘任合同定性为劳动合同的情形下，教师才能从行政法律关系的隶属物转变为平等法律关系的主体，从没有独立人格的"国家干部"转变为具有独立法律地位的劳动者。建立在这种平等、独立法律地位基础上的主体身份的转变，使教师依法所享有的一系列权利，如自由权、流动权、发展权、辞职权、合同解除权、财产保障权等有较为切实的保障，教师平等主体的法律地位才能真正确立，其选择权、辞职权才能真正实现。因此，把教师聘任合同认定为劳动合同的意义就在于它实现了教师从身份到契约的转变，使教师真正成为具有独立意志的法律上的权利主体。①

但由于中小学教师聘任关系的隶属性、公务性，同时由于教师聘任合同诸多条款所具有的单方面性，简单地把教师聘任关系认定为劳动合同关系无助于调整法律纠纷。为了体现教师聘任关系的特殊性，我国已经建立了相关的仲裁制度。中共中央组织部、人事部、总政治部发布，2007 年 10 月 1 日起施行《人事争议处理规定》，这部规章性文件规定，事业单位与工作人员之间因解除人事关系、履行聘用合同发生的争议，可以向有管辖权的人事争议仲裁委员会申请仲裁。应当说，把教师聘任纠纷纳入人事争议而不是劳动争议，适用具有行政性质的相关法律法规来加以调节更符合教师聘任制的实际情况。

---

① 胡林龙：《高校教师聘用合同纠纷法律适用的制度与理念——以教师流失纠纷法律救济为视角》，载于《中国教育法制评论》2006 年第 1 期，第 175～190 页。

2003年6月17日，最高人民法院审判委员会第1 278次会议通过自2003年9月5日起施行的《最高人民法院关于人民法院审理事业单位人事争议案件若干问题的规定》对有关教师聘任问题规定："事业单位与其工作人员之间因辞职、辞退及履行聘用合同所发生的争议，适用《中华人民共和国劳动法》的规定处理。"一方面，最高人民法院从劳动法律关系出发对公立学校中的教师聘任关系所作的解释使有关教师聘任的纠纷有了一条通往诉讼的渠道，使司法介入有了实际的可能性。但另一方面，这一规定对教师聘任关系的定性有可能使问题变得更加复杂。在现阶段，根据当前公立学校的性质以及教师与学校之间关系的法律性质，将这对关系定性为具有行政性质的法律关系，适用行政诉讼制度来加以调节更符合实际情况。为了切实保障教师的合法权益，推进教师管理体制的改革，必须建立包括行政申诉、行政仲裁、行政诉讼等多种法律救济手段在内的有效的法律救济制度，加强各级权力机关对教育法实施的监督，这已经是一件刻不容缓的事情。

第七章

教师聘任合同的法律规制

教师聘任是学校人事制度改革的核心,教师考核则能够促进教育活动效果的提高。长期以来,我国学校用人制度实行教师职务终身制和人员单位所有制,"人员能进不能出、职务能上不能下、待遇能高不能低"成为计划体制下教师人事制度的主要弊端和突出问题,制约着教育教学质量的提升。受高等教育资源不足、师资短缺的限制,《教师法》规定,学校和其他教育机构"逐步实行教师聘任制",由学校和教师签订聘任合同,明确双方的权利、义务和责任,并把履行聘约作为教师的一项义务。《教师法》第十七条规定,学校和其他教育机构应当逐步实行教师聘任制。教师的聘任应当遵循双方地位平等的原则,由学校和教师签订聘任合同,明确规定双方的权利、义务和责任。从法律层面上明确了由以往的教师和教育行政机关的任命、分配管理关系转变为教师和学校的聘任合同关系。实行教师聘任制,意味着把教师的任用权下放,让教师和学校协商签订聘约。然而,实施教师聘任制的过程中,出现了聘任权限划分不清、聘任期限和聘任程序随意、制约与监督机制也不健全、聘任合同缺乏规范性等问题,由此导致实践中诸如"末尾淘汰制""50名教师为上岗相继离婚"等各种乱象。学校和教师法律关系有一个共同点,那就是在很大程度上都是代表国家和社会的利益,带有公务性质。学校行使的是法律授权或教育行政机关委托对教师形式管理的职能,是接受国家的授权运作教育的具体单位。《教师法》虽然规定实施教师聘任制,但由于教师的法律身份仅仅被规定为专业人员,使得实践中将聘任制理解为教师与学校或教育行政部门之间的平等民事合同,理论上理解为教师与学校或教育行政部门之间的平等民事法律关系,从而忽视了国家对教师聘任的管理与监督,忽视了聘任过程中对校长、政府权力的抑制。

教师聘任制的本意是通过一定的契约或合同聘用教师的制度,契约或合同明确了聘用和被聘用双方的权责,因而也成为评价乃至决定是否留任或解聘的依据。然而,我国现行的聘任制中受聘教师与学校或有关教育行政部门签订的聘约或合同并没有发挥应有的合同效力与规范性,只是走过场,形同虚设,在理论与实践中并不被重视。这不但体现了现有聘任程序的不规范,还在一定程度上助长了日后的评价乃至解聘教师的随意性。而且,教师聘任与否往往由上级教育行政部门或校长单方而决定,忽视教育行政部门与学校的共同参与、社区组织、学生家长乃至学生的共同参与。同时,信息的发布及面试也往往是黑箱作业,即使有公开也往往是流于形式。这样,一方面聘任过程中的公正性难以保证,另一方面又不利于为学校挑选到最优秀的人才。本章通过对呈现教师聘任制的基本法律形式——教师聘任合同性质、特点以及合同控制的研究,分析教师与学校、政府之间的法律关系,深入揭示教师聘任制的要旨及立法完善、实践操作等问题。

第一节 教师聘用合同应适用公法规范与控制[①]

教师聘用合同是指政府相关职能部门和(或)学校为实现国家和社会的公共教育目标,依据教育政策和法律,与教师通过协商的方式,在意思表示一致的基础上所达成的协议[②]。由于《教师法》仅对教师聘用合同作了原则性的规定,并未明确定位教师聘用合同的性质,也未就教师聘用合同作进一步规范,由此导致了诸多的后继问题,如:政府相关职能部门和(或)学校在教师聘用合同签订、履行过程中是民事主体还是行政主体?教师聘用合同双方主体权利义务的确立是遵循意思自由原则还是意思有限原则?违约情形发生后是依据双方协商解决还是依据法律规定处理?这些问题可归结为教师聘用合同法律制度需要回答的一个最基本的问题,即:应适用公法还是私法来规制教师聘用合同?对此,在我国教育法学理论界存在较大的争议,实践中存在较大的混乱。2008年《中华人民共和

---

① 余雅风:《教师聘任合同的公法规范与控制》,载于《教育发展研究》2008年第22期。
② 依照我国《教师法》及相关规定,各级各类学校均实施教师聘用制。而由于学校性质和教育阶段的不同,教师聘用合同的性质、内容和法律控制应分别进行分析。本书仅探讨公立学校的教师聘用合同。另外,依照《教师法》的规定,"由学校与教师签订聘用合同",但我国目前政府相关职能部门在中小学校教师聘用合同中的地位尚不确定。从目前我国实践来看,教育行政部门、人事部门在教师聘用中起着重要作用。而从教师聘用合同的类型看,集体合同通常是由政府相关职能部门与教师签订的。故本书采取了"政府相关职能部门和(或)学校"的表述方式。

国劳动合同法》（以下简称《劳动合同法》）第九十六条规定："事业单位与实行聘用制的工作人员订立、履行、变更、解除或者终止劳动合同，法律、行政法规或者国务院另有规定的，依照其规定；未作规定的，依照本法有关规定执行"，该规定考虑到了事业单位（特别是公益性事业单位）的特殊性，从而为教师聘用合同适用特别立法提供了依据。但我国《教师法》第十七条只规定了"实施教师聘任制的步骤、办法由国务院教育行政部门规定"，尚未出台相关的法律法规，由此，教师聘用合同的订立、履行、变更、解除或者终止只能依照《劳动合同法》执行，客观上造成了教师聘用合同的劳动合同定位。而最高人民法院《关于审理劳动争议案件适用法律若干问题的解释》关于劳动合同适用民事诉讼程序解决的规定，则进一步强化了教师聘用合同适用民事法律原则、规范的趋向。

然而，教师聘用合同适用民事法律原则、规范存在较大的适法性障碍和缺陷，必然导致教师聘用中诸多问题的产生。如，教师聘用中的行政权力缺乏必要的法律界定和行政程序控制，一方面导致政府相关职能部门和（或）学校对教师败德行为、失范行为的规制缺乏法律依据，使教师聘用合同中实际存在的行政特权存在合法性质疑。另一方面则导致行政专横与索贿受贿、"裙带关系"或"暗箱操作"等腐败行为屡禁不止，教师合法权益受损。另外，教师职业行为缺乏必要的强制性制约和监督，导致教师侵权行为、违法和犯罪行为频发，教师社会声望下降。而在教师聘用合同订立、履行、变更或者终止过程中以民事合同的自由、私益为价值，双方主体或随意毁约，或采用民事赔偿形式处置违约和违法犯罪行为，不但侵害到学生权利，也使社会公共利益受到侵害。随着我国教育体制改革的深入，原本以强制和支配为中心的行政命令方式已经难以适应教育民主、教育发展的要求，教师聘用合同这种柔和、新型的教师管理手段应运而生，并在教师管理中被越来越广泛地运用，已经成为现代教育管理的一种重要方式。如何理解这种新的教师管理模式？如何定位教师聘用合同的性质？怎样才能通过教师聘用合同立法有效规制教师聘用合同？这些都是目前亟待解决的课题。必须结合教师的职业特性、教师聘用合同的目标以及我国现行法律框架，对教师聘用合同适用法律问题进行深入的法理分析，建立和完善教师聘用合同法律制度。

一、教师聘用合同具有突出的公法性

教师聘用合同是我国教育体制改革过程中代替或者补充教育行政命令的一种教师管理方式。采用教师聘用合同的方式实施教师管理，目的在于进一步体现现代教育行政的民主精神，以更有利于教育行政目的的实现，而不是将教师聘用自由意志化和经济目的化。从教育立法的统一性和教师职业的内在规定性视角看，将教师聘用合同作为民事合同不但与教师聘用合同的行政性存在较大差距，而且民事法律的原则、规范也难以有效解决教师聘用中的种种问题。必须明晰教师聘用合同的行政性，并适用公法的原则和规范控制教师聘用合同，才能有效解决教师聘用中的各种问题。

执行国家公共教育事务是教师聘用合同的首要功能，尽管它以契约的合意为要素，通过权力的行使和义务的履行来实现。教师聘用合同的功能与一般民事合同有着本质的不同，在终极目的上，教师聘用合同是借用合同这一外在形式，通过教师的行为来实现执行公共教育事务的功能，甚至可以理解为教师以自己的行为直接或间接地执行公共教育事务。在教师聘用合同中，其所贯彻的理念是依法治校和执行公共教育事务，是通过一种比行政命令更为缓和的形式来实现的。执行公共教育事务在教师聘用合同中是最上位的功能，实现私益应在其次。

（一）教师聘用合同的目的是实现国家公共教育目标

《教育法》第四条规定："教育是社会主义现代化建设的基础，国家保障教育事业优先发展。全社会应当关心和支持教育事业的发展。全社会应当尊重教师。"该规定在明确教育的重要性以及国家优先发展教育事业的方针的同时，将教师与教育事业发展归并于一条表述，实际上是我国教育基本法对教师职业的特殊性和重要性的彰显。为了保证国家公共教育的正常实施，《教育法》第二十八条授予学校"聘任教师及其他职工，实施奖励或者处分教师"的权力，《教师法》第八条规定了教师"贯彻国家的教育方针，遵守规章制度，执行学校的教学计划，履行教师聘约，完成教育教学工作任务"的义务。而教师聘用合同是国家发展教育这一行政目标的具体体现，立法设定教师聘用合同制度的目的就是通过学校与教师签订契约的形式，履行教师管理职责以期实现国家的公共教育目标，这就决定了教师聘用合同的根本属性。而《教师法》第三条关于"教师是履行教育教学职责的专业人员，承担教书育人，培养社会主义事业建设者和接班人、提高民族素质的使命。教师应当忠诚于人民的教育事业"的规定，则很好地回答了教师聘用合同制度的来源和基础，进一步确立了教师聘用合同的公务性和非经济目的性。

（二）教师聘用合同建立的基础是教育行政法律关系

《教师法》第五条规定："国务院教育行政部门主管全国的教师工作。国务院有关部门在各自职权范围内负责有关的教师工作。学校和其他教育机构根据国家规定，自主进行教师管理工作。"根据该规定，政府相关职能部门和（或）学校实施教师管理的重要、首要程序之一就是与教师订立教师聘用合同。政府相关职能部门和（或）学校依法享有实施教师管理、与教师签订聘用合同的行政职权，才能与教师就实现教师管理目标的方式、步骤等部分内容（这里强调的仅仅是部分内容，还有很多内容是法定的或其他规范规定的，并非合同所能规定）达成协议，法律法规规定的政府相关职能部门和（或）学校行政管理职权是教师聘用合同订立、生效的前提。可见，教师聘用合同建立的基础是教师管理行政法律关系。它是连接教育立法赋予政府相关职能部门和（或）学校的行政职权及行政目的的行为方式，是将教师管理行政法律关系以合同形式具体化、特定化的过程。教师聘用合同的法律效果是政府相关职能部门和（或）学校与教师的具体行政法律关系的发生、变更或终止。其规定的事项包含特定的教师管理的内容，其中的权利、义务、手段、责任等具有行政特色。如政府相关职能部门和（或）学校必须履行对教师的管理义务，合同成立后，教师承担相应的教育教学等任务，政府相关职能部门和（或）学校提供必要的条件协助，国家给予相应的福利待遇。而政府相关职能部门和（或）学校对该教师的管理权将随聘用合同的存续而存在。

（三）行政职权在教师聘用合同履行中起主导作用

教师聘用合同是政府相关职能部门和（或）学校干预教师教育教学行为的一种方式，侵入的目的是要保证实现国家、社会预期的教育目标。要实现这样的目标，必须在合同中赋予政府相关职能部门和（或）学校以必要的权力。教师聘用合同中的主体一方是政府相关职能部门和（或）学校，它是具有国家强制力作保障的教师管理权力；合同的另一方，则是管理的相对人——教师，教师需服从政府相关职能部门和（或）学校的管理。在合同订立时，政府相关职能部门和（或）学校为了推行本区或校的教育、管理的政策、目标，需要保持在合同订立中的主导地位和优势地位。合同中权利义务的配置也必然是向政府相关职能部门和（或）学校倾斜。政府相关职能部门和（或）学校与教师权利义务的不对等还体现在政府相关职能部门和（或）学校对合同的履行具有教育法上的监督权力和变更、解除合同上的优先权，如学校可以管理者的身份对教师的教育教学行为行使监督管理权。但合同双方地位的不对等并不排斥合意的可能性，教师聘用合同已改变了以往建立在单方权威和服从关系上实施教师管理的单向性行政行为方式，须以管理者与被管理者双方协商为前提，政府相关职能部门和（或）学校没有强制教师必须接受聘约的权力，聘用合同法律效力的产生取决于双方意思表达的一致。

二、教师聘用合同与民事合同相比具有明显的差异

教师聘用合同体现的是教育行政法律关系，它以公共利益为指向和归属，其

内容反映的是教育法上的权利义务关系，在性质上属于行政行为而不是民事行为。因而，教师聘用合同以契约不自由为原则，其违约责任从根本上区别于民事合同的违约责任。

(一) 教师聘用合同以契约不自由为原则

政府相关职能部门和（或）学校与教师作为教师聘用合同的主体，虽然原则上享有契约自由权，但并不同时具备契约自由的要意。从我国现行教育立法看，教师聘用合同是以契约不自由为原则的，政府相关职能部门和（或）学校享有行政特权。学校在聘用教师时，具有诸多的法律禁止的情形，而这些情形都体现为教师聘用合同的契约不自由性。

第一，缔约自由的限制。教师聘用合同实质上仍是学校实施教师管理的行为。依照《教师法》的规定，学校必须通过订立教师聘用合同的形式聘用教师，而教师无权限制或不接受学校对职权行使方式的选择。一旦教师应聘进入学校工作，还必须接受法律以及政府规章以及学校已有规章的限制，包括接受非明示的传统习惯或规则的约束。

第二，选择合同相对方自由的限制，政府相关职能部门和（或）学校只能选择符合法定资格的人员聘用，选择的依据是《教育法》对教师的特定要求、社会公益以及教师编制计划，而不能根据部门、学校的自身利益自由选择。对教师而言，在绝大多数情况下，没有选择学校的最后决定权，因为学校享有是否与该教师订立合同的发起权。

第三，契约内容自由的限制。依据《教育法》以及《教师法》的相关规定，政府相关职能部门和（或）学校与教师的权利义务具有法定性和不自由性。在教师聘用合同中，政府相关职能部门和（或）学校不仅享有对合同履行的监督和控制权、对具体的执行措施的指挥权，还享有对教师的违约制裁权等特权。即便聘用合同中没有规定指挥权，政府相关职能部门和（或）学校也因其是合同的履行是否符合公益的判断者被认为应当享有。而教师对政府相关职能部门和（或）学校提出的要约虽然可以有条件地更改，也可以有自己的意思表示，但都受到政府相关职能部门和（或）学校意思表示的限制。

第四，变更、解除或终止契约自由的限制。政府相关职能部门和（或）学校单方变更、解除教师聘用合同的权力受制于公共利益的需要或限度。在情势变更时，教师可以与政府相关职能部门和（或）学校协商变更、解除或请求法院判决解除合同，但无权自行变更、终止，否则就要依法承担行政法律责任。教师聘用合同充分体现了行政合同缔结的强制性。

第五，契约形式的限制。学校和教师双方都不享有选择意思表示载体的自由，在我国，教师聘用合同必须采取书面方式。从美国来看，教师聘用合同设置了无固定期限的合同或长期合同、集体合同①，学区委员会、学校以及教师都须服从于法定的合同形式及相关要求。

（二）教师聘用合同责任的核心并非违约责任

教师聘用合同的违约责任是以教师聘用合同上存在拘束学校和教师的义务为前提的，教师聘用合同执行公务的性质决定了其违约责任从根本上有别于民事合同的违约责任。

第一，教师聘用合同的违约责任不仅具有违约性，更具违法性。在缔约方面，教育立法明文规定学校聘用教师必须采用教师聘用合同这种特定形式，不得随意改变。在缔约内容方面，双方主体的权利义务很大一部分由法律直接规定而缩小了双方合意的空间，例如，教师的福利待遇、教育行政部门的职责、学校和教师的义务、教师的职后培训、教师解聘的法定事由，等等，都由相关法律法规作了规定。政府相关职能部门和（或）学校、教师对法定的权利义务作出相反约定或行为，当然是违法的。

第二，政府相关职能部门和（或）学校的违约责任在性质上类同于行政侵权责任。政府相关职能部门和（或）学校的违约责任大多是因学校行使行政特权引起的，如越权、不当行使行政特权的情形。因学校擅自变更、解除合同，致使教师的利益遭受损害，由此所产生的法律责任的性质，显然更趋向于侵权性。例如，《教师法》第三十八条规定，"地方人民政府对违反本法规定，拖欠教师工资或者侵犯教师其他合法权益的，应当责令其限期改正。违反国家财政制度、财务制度，挪用国家财政用于教育的经费，严重妨碍教育教学工作，拖欠教师工资，损害教师合法权益的，由上级机关责令限期归还被挪用的经费，并对直接责任人员给予行政处分；情节严重，构成犯罪的，依法追究刑事责任"。这也是学校行政特权的法定性所决定的。行使行政特权的根据在于法律的规定，而非与教师的约定。越权、不当行使行政特权是学校管理权力滥用的表现，由此对教师造成的损害，应属行政侵权行为。

第三，教师的违约责任具有受单方处罚性。在教师聘用合同中，如果教师违约，政府相关职能部门和（或）学校可直接对其进行制裁。《教师法》第三十七条规定："教师有下列情形之一的，由所在学校、其他教育机构或者教育行政部门给予行政处分或者解聘。（1）故意不完成教育教学任务给教育教学工作造成损

---

① 陈韶峰：《论中小学教师聘任合同制度的设计》，载于《教育发展研究》2006年第11期，第37~50页。

失的;(2)体罚学生,经教育不改的;(3)品行不良、侮辱学生,影响恶劣的。"虽然教师聘用合同中教师的违约责任与民事合同的违约责任名称上十分接近,但教师违约责任的形式(行政处分或者解聘)以及受单方处罚性(由所在学校、其他教育机构或者教育行政部门给予),表明了二者之间的显著差异。

第二节 我国教师聘用合同适用公法规范与控制的必要性

法治理念下推行教师聘用合同的目的有二,即:公共利益和教师的合法权益。教师聘用合同的首要目的是推行教育政策、实现教育管理目标、保证公益的实现。这一目的的实现,内在地、必然地要求赋予政府相关职能部门和(或)学校在教师聘用合同的缔结和履行过程中一定的特权(包括教师的选择权、合同履行的监督权、强制执行权、单方变更或解除合同权以及对违反合同的教师的制裁权等),以确保教师聘用合同制度预期目的的实现。而这种特权就造成了政府相关职能部门和(或)学校与教师权利义务配置不均衡、地位不平等的状态。教师聘用合同的这种不对等性可能导致腐败和专横的后果,必须适用公法治理原理和程序对教师聘用合同进行控制。

一、政府相关职能部门和(或)学校权力的规范与控制

教师聘用合同的不对等性容易导致恣意行政。为了保证教育目标的实现,需要赋予政府相关职能部门和(或)学校行政特权,而这种特权在实际操作中如不加以行政程序控制,就会因管理者的个性因素(包括信仰、态度、兴趣、情绪、利益观、价值观等)[①]和环境因素的影响导致行政腐败和行政不作为,损害公共利益及相对人合法权益。而这样的事例在我国教师聘用实践中已大量出现。比如,在教师聘用过程中,由于缺乏公正、公开、科学的程序规范,管理者利用其特权在合同缔结过程中索贿受贿,搞"内幕交易",出卖公权力。再如,我国《教师法》规定了解聘教师的法定条件,而政府相关职能部门和(或)学校事实上还具有单方变更、解除教师聘用合同的特权。虽然政府相关职能部门和(或)学校的行政特权应受制于公共利益的需要或限度,但由于缺乏对政府相关职能部门和(或)学校特权的法律规制,实践中出现大量不合理的随意解聘教师的

---

① 张文显:《法哲学基本范畴研究》,中国政法大学出版社1993年版,第137页。

情况①，由此也引发了社会对教育行政部门以及学校行为合法性的质疑。这些现象从一个侧面说明了对教师聘用合同进行公法控制的必要性。通过行政程序，对教师聘用合同缔结、履行的方式、步骤、时间、顺序作出规定，通过赋予教师程序上的权利并课加学校程序上的义务，使处于弱势的教师能够自由表达意见，监督学校履行义务，使管理者的特权的行使合乎理性，防止行政恣意，消除腐败，从而保证教师管理目标的实现和维护教师的合法权益。

教师聘用合同的不对等性还容易导致行政专横，使教师聘用合同变相成为行政命令的危险，阻碍民主、科学管理的进程。在计划体制下，教师管理是通过教育行政部门和学校居于优越地位所做的单方意思表示，无须教师同意即发生法律效力。而教师聘用合同以政府相关职能部门和（或）学校与教师合意为生效的条件，这也正是教师聘用合同能够调动教师的积极性，使其积极配合学校教育教学工作的原因。而在我国教育行政执法实践中尚存在着教师聘用合同与行政命令混淆不清的现象。有的地区学校在聘用教师时，由政府相关职能部门和（或）学校将合同内容逐一确定，教师只有签或不签的权利，没有任何选择余地，削弱了教师聘用合同的灵活性，也失去了对教师的吸引力；有的地方则无视教师聘用合同的存在，超越合同解聘或任用教师，直接用行政命令取代合同，减弱了教师聘用合同的效力和公信力。必须引入有效的公法治理原理和程序，为教育行政主体和教师提供一个能够对话的空间，保证由此形成的结果能够使公共利益和教师的合法权益都得到满足并达到最大的均衡状态，实现教师聘用合同的理性价值选择，即在确保特定教育行政目的优先实现的基础上保证教师一方利益的实现。

二、教师行为的规范与控制

由于理论界和实践中缺乏对教师聘用合同行政性的必要认识，再加上我国立法上缺乏对教师聘用合同必要的公法规范，教师对聘用合同的强制性认识淡薄，对合同义务以及履行义务比较随意。如利用教师权威谋求私利或对学生实施体罚，在教育教学过程中随意发表不适宜的言论，或不重视专业发展而怠于职后学习，或热衷于有偿家教、"保姆式教师"，等等，不但大大降低了教师的职业声望，也给教育事业发展造成极大的隐患。出现以上种种不正常现象，原因固然是

---

① 潘小宁：《中小学教师聘任过程中的法律问题——以丹东市振安区同兴镇约50名教师为上岗相继离婚事件为背景》，载于《内蒙古师范大学学报（教育科学版）》2007年第4期，第77~79页；霍仕明、同兴镇：《竞聘文件搅起教师集体离婚潮》，《法制日报》，2006年9月18日；《教师揭露学校问题被辞退，省教育厅称并无不当》，《天府早报》，2006年8月16日；《反补课教师被拒聘状告学校》，《信息时报》，2006年3月23日。

多方面的，但缺乏对教师聘用合同的公法规制是极其重要的一个方面，如教育法律未对教师聘用合同的性质、缔结方式、监督等作出规定，因而难免出现未经公开招聘、公示便签订合同，直接影响教师聘用合同签订的公正性，给不合格教师聘用大开方便之门。

截至 2006 年，全国义务教育阶段专任教师为 906.28 万人、高中阶段专任教师 208.95 万人、学前教育阶段教师 89.82 万人、普通高等学校专任教师 107.6 万人①，还有大量的民办教育学校的教师和成人培训与扫盲教育的教师。据统计，截至 2006 年 9 月底，全国已有 64 万个事业单位推行了人员聘用制度，占事业单位总数的 51%；有 1 700 多万工作人员签订了聘用合同，占事业单位人员总数的 59%②。随着我国教育事业的不断发展，教育体制改革进一步深入，教师聘用合同必将进一步普及实施。这势必要求有专门的法律制度，更好更规范地适用教师聘用合同，使其作为更为完善的管理方式，更体现教师管理的科学性、合理性和高效性，体现秩序、和谐的公法价值。

教师聘用合同中政府相关职能部门和（或）学校的双重地位决定了教师聘用合同的特殊性。一方面，政府相关职能部门和（或）学校是契约主体，以合意者的身份出现，为教师义务的设定留下了合意空间。而且，教师履行合同义务的行为更为积极，在合同履行中起主要作用。因此，教师聘用合同在根本上有别于行政行为，不能适用传统行政法规则；另一方面，政府相关职能部门和（或）学校作为法律授权的教育教学的管理者，依法执行教师管理事务，体现了较强的公共性和公法性，这又决定了教师聘用合同不能混同于民事合同而适用民事法规则，而应受独特的教育法原理支配，应适用教育法的特殊规则。公法的行政程序所具有的防止行政恣意和保证理性选择的特点，正好解决了教师聘用合同不对等性可能带来的失控问题。因此，对教师聘用合同进行公法规范和控制是必要的，也是可行的。

第三节　贯彻行政特权法定并兼顾教师权益的法原则，完善教师聘用立法

教师聘用合同的法理构造不同于民事合同，因而其所适用的法律也应不同于民事合同。例如，在法国，教师一般属于公职人员。由政府任命的教师属于公务

---

① 据教育部 2007 年 5 月发布的《2006 年全国教育事业发展统计公报》整理。
② 叶静漪：《劳动合同法十二讲》，中国法制出版社 2007 年版，第 3 页。

员，那些非由政府任命，而是学校通过行政合同任用的教师、实习人员或无正式职称的辅助人员则属于非公务员的公职人员。他们与学校之间的关系既受公职人员法律的支配，还要受所签订的行政合同的约束，属于公法法律关系，受行政法律规范的调整，纠纷也由行政法院受理。由于这类教师的管理比作为公务员的教师灵活，近年来在法国受到很大的关注。在我国，教师聘用合同中学校权力以强力的形式出现，表明了教师聘用合同的法律适用，不能完全遵循民事合同的规则。教师聘用合同的行政性，决定了教师聘用合同双方的不对等性，决定了学校享有行政特权的必然性；但学校和教育行政部门行政特权的行使如果没有制约，又极易导致教师聘用合同运用的失控。因此，在教师聘用法律制度的设计和具体运作上，除健全司法审查这种事后监督制度外，还要借助公法治理原理和程序来规范和控制，以期达到"保护人民的权利，增加行政的效率"之目的①。为维护法治理念下教师聘用合同实现公共利益和教师的合法权益的目的，必须贯彻行政特权法定并兼顾教师利益的法原则，进一步完善教师聘用法律法规。

一、教师聘用合同行政特权法定

教师聘用合同的目的决定了教师合同行为的附从性。教师聘用合同虽冠以合同或协议的称谓，但其目的、功能、法律关系要素的特性均与民事合同存在根本的区别。不明确教师聘用合同行为全过程政府相关职能部门和（或）学校的主导地位，而强调教师聘用合同的自由意志、协商一致性，难以建立教师聘用合同独立、严谨的理论体系。也即，对教师聘用合同的定位错误将会导致对政府相关职能部门和（或）学校与教师法律关系理解的混乱和教师聘用合同中教师权益维护的失当。教师聘用合同的目的决定了教师合同行为的附从性和政府相关职能部门和（或）学校与教师合同地位的不平等性。不坦诚面对教师聘用合同行为过程中教育行政部门或学校的主导地位和行政特权的推行问题，而仅凭教师在合同文本上签字盖章的表象，推断教师必然意思表示真实、对合同条款无异议，那么则使教师利益维护面临了更大的困难。实践中教师面临的无限压力、教师民主管理权的虚化均源于此。

由于教师聘用合同主要是为公共利益而存在的合同，必须要有特殊的手段予以保障，不能像民事合同那样，以自由意志为原则，且只有事后的司法救济手段。基于教师聘用合同的公法性质，必须强调政府相关职能部门和（或）学校在教师管理中的行政公权力，即确立教育行政主体的行政特权。同时，对政府相关

---

① 林纪东：《行政法》，三民书局1992年版，第462页。

职能部门和（或）学校的行政特权的形式作严格的限定。

（一）监督和指挥合同履行权

即由政府相关职能部门和（或）学校对教师聘用合同的履行进行指导和监督，引导教师聘用合同的实施向着有利于教育教学秩序的方向发展，同时对教师行为进行监督，以防止损害教育教学和公共利益的情况发生的权力。教师聘用合同履行的目的是维护教育教学持续实现国家的教育目标，其履行本身也必须符合公共利益。政府相关职能部门和（或）学校是公共利益的代表者和执行者，对合同的履行是否符合公共利益、如何履行才能实现预定教育教学目标具有决定权。

监督和指挥合同履行权是政府相关职能部门和（或）学校管理权的重要方面，但必须对监督和指挥的内容作限定，即：依照教师聘用合同规定的教师应履行的义务进行。否则，教师聘用合同就会形同虚设，教师义务就会转化为无限责任。

（二）单方变更或解除合同权

即当客观情况发生变化，使教师聘用合同的继续履行有较大的困难，或者教师能力不足以满足正常的教育教学的需要、不能保证合同目的得以实现时，由政府相关职能部门和（或）学校依照其权能对教师聘用合同的内容作出变更或者直接解除合同的权力。由于社会条件的变化、教育管理过程的发展，或者为了避免或消除公共利益可能遭受的严重不利，尚未履行或正在履行的教师聘用合同没有必要或不可能再履行时，政府相关职能部门和（或）学校可单方面对合同的内容加以改变或解除合同。如强调继续履行合同，可能造成显失公正，或者有碍于教育发展而损害社会公益，在这种情况下，教师聘用合同应当依照法定程序解除。

教育行政部门、学校享有单方面的变更、解约权，这是教师聘用合同行政特权的一个主要内容。但这种行政特权必须受到严格的限制，只有为公益的事由时，才拥有调整合同内容及终止合同的权力。必须按照法律的要求和公共利益的需要才能单方面变更或解除合同。对重大公益事由的判断应由法律作出规定，而不应由教育行政部门、学校单方面断定。

（三）对违反合同规定的教师的制裁权

即对教师违反合同义务、有损公共利益的行为给予制裁，以确保教师管理目的的全面实现的权力。这种制裁权是单方面的，与民事合同中的制裁手段只能是经济责任，如承担违约金、损害赔偿责任等不同。政府相关职能部门和（或）学校基于职权和公共利益的要求，有权使用特定的行政制裁手段，主要包括行政处分或者解聘。政府相关职能部门和（或）学校的制裁权是教育立法规定的当然的权力，不论教师聘用合同中有无规定，政府相关职能部门和（或）学校都可以依照职权行使。需要明确的是，实施制裁权以后，并不解除或减轻教师履行合同的责任。

教育行政部门、学校对违反合同规定的教师享有制裁权，体现了教师聘用合同的行政性特点，这也决定了教育行政部门、学校制裁权的法定性，即对学校的制裁权的行使予以较为明确的界定。应根据教师职业的公共性①以及社会、文化发展的现实要求，通过立法明确解聘教师的法定条件和约定条件。例如，英国解聘教师的条件即可分为两类：一种是教师不履行聘任合同条款被解聘，在不履行合同十分严重的情况下，教师可能被解聘；另一种是判例法确立的解聘条件。英国法律承认，作为被聘者的教师的某些特定类型的行为可能成为学校解聘教师的合理理由。这些行为主要有②：暴力、性行为不当、不诚实、长期迟到及缺勤、不执行学校指示、滥用药物或沉迷酒类、败坏学校声誉、泄露机密信息等。教育行政部门或学校在行使制裁权时，一方面必须严格依照法律的规定实施处罚，使教师承担的法律责任与其违约行为相适应。另一方面，不得与教师协商处罚的形式与程度，不得将法定的处罚以民事责任代替。

二、兼顾教师利益

教师聘用合同的目的在于以契约的形式强化和落实政府相关职能部门和（或）学校与教师的权利、义务和法律责任，保证教育教学活动正常进行，实现公共教育的功能，应属于由公法调整之公法行为。同时，它又是由法律法规授权实施管理的政府相关职能部门和（或）学校与被管理者之间合意的表示，是契约在教师管理领域的应用。基于教师聘用合同的契约性质，必须规定与行政特权相匹配的平衡措施，从而体现法律的公平目标。

（一）对社会公益作出较为清晰的界定

在教师聘用合同的订立和实施过程中，教育行政部门、学校拥有对教师行为

---

① 余雅风：《从教师职业的公共性看教师的权利及其界限》，载于《教师教育研究》2006年第3期，第52~56页。

② 丁文珍：《英国解聘中小学教师的司法实践》，载于《中小学管理》2003年第3期，第51~52页。

或相关事件是否符合合同义务和公益的判断权。然而，公益并非一个确定的概念，如果不对其进行界定，或任由作为合同一方当事人的教育行政部门、学校或其他主体来判定，则容易导致行政特权的滥用。必须对公益作出较为清晰的界定以规范特权行使的限度，保护教师的合法权益，维护教师聘用合同的稳定性和严肃性。可以以教师管理目的的实现为前提，由法律法规来确立教师聘用合同订立或履约中公共利益的判断标准，但最高标准应以宪法的指导原则为主。

（二）规定相应的弥补或平衡措施

必须规定相应的弥补或平衡措施，以使教师权利与学校的行政特权相匹配。从实体权力来讲，教师作为"承担教书育人，培养社会主义事业建设者和接班人、提高民族素质的使命"的专业人员，必须赋予其作为公民的基本权利以及作为"履行教育教学职责"的专业人员的权力；从权利保障来讲，教师申诉制度是我国《教师法》规定的，对教师权益进行救济的一项便利、快捷的特殊制度，但它不应成为教师寻求其他救济的限制或障碍。可以根据教师聘用合同的行政性，通过行政诉讼的途径，解决教师聘用纠纷。

（三）确立教师的获得补偿权

在学校单方行使变更或解除教师聘用合同的行政特权时，教师没有过错的，学校应给予教师以适当的补偿。同时，建立健全严格的行政归责机制和行政补偿制度，对于教育行政部门、学校违法行使行政优先权的，要依法追究其法律责任。

教师聘用合同以政府相关职能部门或学校一方为决策方，以实现国家教育管理的具体职能为设立、变更、终止教师聘用合同的目标所在。管理权的行使、教育行政管理目标的实现，是教师聘用合同的终极价值。以行政特权为基点，政府相关职能部门或学校的监督和指挥合同履行权、单方变更或解除合同权、对违反合同规定的教师的制裁权，无不体现了政府相关职能部门或学校的行政特权在教师聘用合同中的主导地位。因此，教师聘用合同不以双方主体间权利义务的相一致性和对等性为本质特征。将教师聘用合同视为民事合同的观点，过于强调教师聘用合同中私法因素的主导作用和合同双方的意思自由，偏离了教师聘用合同的本来价值——实现公共目的，否定了教师聘用合同中政府相关职能部门或学校作为公权力主体的身份。

教师聘用合同采取了政府相关职能部门和（或）学校与教师都能够参与其中的契约方式，由于有协商、合意因素的存在而比一般具体行政行为更具灵活性、开放性、民主性，是政府相关职能部门和（或）学校作为行政主体实施的教师管理行为。我国《教师法》第十七条规定:"学校和其他教育机构应当逐步实行教师聘任制。教师的聘任应当遵循双方地位平等的原则,由学校和教师签订聘任合同,明确规定双方的权利、义务和责任,实行教师聘任制的步骤、办法由国务院教育行政部门制定。"但教师聘任合同的相关规范至今尚未出台,实践中教师聘任合同的法律适用存在较大的盲目性,也产生了诸多的问题。从教师聘用合同的行政性以及我国教师聘用实践中存在的突出问题看,亟待通过公法治理原理和程序对教师聘用合同加以规范和控制。

第四节　教师聘任合同行政优先权及其法律规制

2008年的《劳动合同法》第九十六条规定:"事业单位与实行聘用制的工作人员订立、履行、变更、解除或者终止劳动合同,法律、行政法规或者国务院另有规定的,依照其规定;未作规定的,依照本法有关规定执行。"该规定考虑到了包括事业单位(特别是公益性事业单位)在内的相关组织用人问题的特殊性,为其适用特别立法提供了法律依据,也为教师聘用合同适用特别立法提供了法定条件。但由于我国教育体制正处于改革之中,以至于至今我国尚未明晰教师聘任合同的性质和种类,也未就教师聘任合同的订立、履行和变更做进一步规范,教师聘任只能适用《劳动合同法》的规定。而最高人民法院《关于审理劳动争议案件适用法律若干问题的解释》关于劳动合同纠纷适用民事诉讼程序解决的规定,强化了当前我国教育实践与理论研究中将教师聘任合同定位为民事合同、适用民事法律原则与规范的取向。民事合同是平等主体之间设立、变更、终止民事权利与义务关系的协议。将教师聘任合同定位为民事合同、适用民事法律原则与规范的做法,导致了实践中教师聘任合同订立与实施的随意性以及腐败、专横行为丛生,教师聘任合同的制度功能难以发挥。

依照《教师法》及相关规定,各级各类学校均实施教师聘任制。而由于学校性质和教育阶段的不同,学校与教师的法律关系有所差异,所签订的聘任合同的性质和内容、法律控制也应分别进行分析。公立中小学校教师聘任合同应定位为行政合同[①],是通过一种比行政命令更为缓和的形式来实现教师任用的。从教师聘任合同设立的基础看,它与一般民事合同有着本质的不同。执行国家公共教育

---

① 余雅风:《教师聘任合同的公法规范与控制》,载于《教育发展研究》2008年第22期,第56~61页。

事务、实现国家公共教育目标是其首要价值。不可否认，对教师而言，更多地体现为私益，但教师的薪酬、待遇均不属于教师聘用合同协商的范畴，教师的教育自由权要受学校管理部门的指导，执行公共教育事务在教师聘用合同中是最上位的功能，实现私益应在其次。为实现教师聘用合同的制度目标，必然要求赋予教育行政部门和（或）学校以特定的、与教师权利不对等的特殊权力。但如果不能通过相关制度对这种特权进行有效控制，必然会损害公共利益及教师的合法权益，阻碍教师管理法治化的进程。

一、教师聘任合同行政优先权及其特点

教师聘任合同行政优先权是指教育法确认的或教师聘任合同条款所规定的，作为签约一方的教育行政部门和（或）学校为保证教育目的和公共利益的实现，单方享有的优于教师并具有一定强制性的行政权力。教师聘任合同作为一种新的教师管理方式在实现教育职能、加强教育行政部门和（或）学校与教师的合作方面起到了积极的作用。但同时应看到，尽管教师聘任合同是行政非权力化、非命令化的教师管理的手段，但其中的权力因素仍然占据重要地位，具有不同于民事合同双方当事人权利义务对等关系的特点。在教师聘任合同制度中，教育行政部门和（或）学校可以基于公共教育的目标而享有一定的特权，也即教师聘任合同行政优先权，它具有以下特点：

第一，教师聘任合同行政优先权设立的基础是国家公共教育目标，实现社会公益。《教育法》第四条规定："教育是社会主义现代化建设的基础，国家保障教育事业优先发展。全社会应当关心和支持教育事业的发展。全社会应当尊重教师。"该规定在明确教育的重要性以及国家优先发展教育事业的方针的同时，将教师与教育事业发展归并于一条表述，实际上是我国教育基本法彰显出的教师职业对教育发展的特殊重要性。《教师法》第三条关于"教师是履行教育教学职责的专业人员，承担教书育人，培养社会主义事业建设者和接班人、提高民族素质的使命。教师应当忠诚于人民的教育事业"以及第八条关于教师"贯彻国家的教育方针，遵守规章制度，执行学校的教学计划，履行教师聘约，完成教育教学工作任务"的规定，则进一步确立了教师聘任合同的公务性和非经济目的性，要求教师聘任合同行政优先权的设立，必须是为了实现国家公共教育目标。

第二，教师聘任合同行政优先权仅归行政主体享有，是一种单方面的权力。行政优先权"是指国家为保障行政主体有效地行使行政职权而赋予行政主体许多职务上的优先条件，即行政权与其他组织及公民个人的权利在同一领域或同一范

围内相遇时，行政权具有优先行使和实现的效力"①。教师聘任合同设立行政优先权的基础是公共教育的目标，是基于教育法的立法宗旨而存在的，这种特权仅归教育行政部门和（或）学校享有。教师聘用合同是政府相关职能部门和（或）学校干预教师教育教学行为的一种方式，目的是要保证实现国家、社会预期的教育目标。要实现这样的目标，必须在合同中赋予教育行政部门和（或）学校以必要的权力。

第三，教师聘任合同行政优先权是行政权在教师聘任合同中的具体表现，是基于教育行政立法的精神而存在的。正因如此，教师聘任合同中教育行政部门、学校与教师的权利义务主要是依据教育法律确立的，双方主体自由协商的内容极少，这也是教师聘任合同区别于民事合同的一般原因和标准。《教师法》第五条规定："国务院教育行政部门主管全国的教师工作。国务院有关部门在各自职权范围内负责有关的教师工作。学校和其他教育机构根据国家规定，自主进行教师管理工作。"根据该规定，政府相关职能部门和（或）学校依法享有实施教师管理、与教师签订聘任合同的行政职权，可以与教师就实现教师管理目标的方式、步骤等部分内容达成协议。很多情况下，教师聘任合同行政优先权的很多内容是法定的或其他规范确立的。

第四，教师聘任合同行政优先权本质是一种强制性的公权力，其本身具有强制性，教育行政部门和（或）学校可以采取必要的措施执行和管理合同，无须教师的同意。从国家发展教育事业的视角看，教师聘任合同是教育行政部门和（或）学校为实现教育公益的一种专门活动。教师聘任合同的订立和实施，主要不是为了增进某个个体的个人利益，而是围绕有效实施教师管理的目的，实现社会的公共教育福利。在公益与私益发生冲突时，最好的解决途径就是给予管理者以行政优先权，赋予契约规则以公法内涵，是在教育行政部门和（或）学校行政优先权下的教师管理意思自治。

二、教师聘任合同行政优先权存在的必要性

在我国的行政改革环境与制度背景下，改变以往以支配和服从为特征的行政方式，代之以教育行政部门和（或）学校与教师充分协商、自愿为特征的契约方式，加强了教育行政部门和（或）学校与教师的沟通与合作，为教师参与管理，实现教师聘任的优质、高效提供了解决方案。在教育法治理念下推行的教师聘任合同，其目的有二：即公共利益和教师的合法权益。教师聘任合同的首要目的是

---

① 罗豪才：《行政法学》，北京大学出版社1996年版，第54页。

推行教育政策、实现教育管理目标、保证公益的实现。这一目的的实现，内在地、必然地要求赋予教育行政部门和（或）学校在教师聘任合同的缔结和履行过程中一定的行政优先权，以确保教师聘任合同预期目的的实现。

（一）教师聘任合同行政优先权的存在是教师聘任合同行政性的必然要求

教师聘任合同以实现特定的教师管理和公共教育的需要为目的，是教育行政部门和（或）学校为实现教育公益的一种专门活动，行政性应是教师聘任合同的本质属性。而契约性作为基本要素，居于从属性地位。因此，对于教育公益的保证应是教师聘任合同的核心，在履约过程中，教育公益具有优先性。教师聘任合同行政优先权是教育行政部门和（或）学校在订立或执行聘任合同过程中，为实现教育目的而依法享有的强制性权力，具有不同于民事合同双方当事人权利义务对等关系的特点。为保证教师聘任合同的行政性特点，防止教师聘任合同蜕变成为一般的民事合同而有损于社会公益，必须设定教师聘任合同行政优先权，以实现特定的教师管理目的和满足公共教育的需要。

在我国，行政主体包括对外行使职权的行政机关和法律法规授权的组织。《教师法》第五条规定了教育行政部门对教师的管理职责；《教育法》第二十八条授予学校"聘任教师及其他职工，实施奖励或者处分教师"的职权，在教育教学管理中，学校被视作行政主体与教师签订聘任合同，对教师的守法、履行合同义务情况进行监督。在实践中，为保证教育目标的实现，教育行政部门和（或）学校在教师聘任合同过程中基于公共利益的需要享有单方变更、解除合同等行政优先权，是以行政权为基础的强制性权力。由于行政权力具有强制性、单方性、优益性，使得教育行政部门和（或）学校在教师聘任合同中占据优势地位，并享有合同签订的启动权，教师只在部分条款才有与学校协商的权利。

（二）教师聘任合同行政优先权是公共利益与个人利益相博弈的产物

现代行政理念下，当公共利益与个人利益存在分歧时，必然要求公共利益优先，公共利益优先在教师聘任合同制度中具体化为教育行政部门和（或）学校的行政优先权。教育行政部门和（或）学校缔结教师聘任合同的基本立足点是实现教育教学目标以及教育公益的最大化。同时也应注意到，教师签订聘任合同并非没有自身的利益要求。现代教育行政的目的不只是安全与秩序，还包括普遍的社会福利和公共服务。互利是契约的权利观念，在教师聘任合同中同样有教师的权利。"行政法的进步在于对个体活动空间的拓宽"①，教育公益的实现不能纯粹以牺牲作为教师的利益为代价，否则教师聘任合同将失去对教师的吸引力。

然而，如果教师聘任合同完全适用私法规则，则有利益驱动的"经济人"或因管理者的个性因素（包括信仰、态度、兴趣、情绪、利益观、价值观等）②而在合同中追逐个体利益，从而置公共利益或相对人合法权益于不顾。同时，由于权力天然具有侵略与扩张的本性，如果它的行使没有有效的约束又会造成这样的结果——教师聘任合同等同于行政命令，这就会导致以往建立在单方权威和服从关系上实施教师管理的单向性行政行为方式的回归。因而，在明确教师聘任合同作为实现公共教育目标的手段的同时，又要明确是与教师之间经合意而至的协议。教育行政部门和（或）学校的身份是双重的，即：公权力的拥有者与合同的当事人，其行政优先权只有在履约过程中遇公共利益障碍时才出现。因此，教育行政部门和（或）学校的行政优先权是实现教师管理目的和满足公共教育需要必不可少的手段，教育立法不但应当允许教育行政部门和（或）学校拥有这样的权力，还应当把它作为教育行政部门和（或）学校的职责、义务加以规范。

三、教师聘任合同行政优先权的内容

教师聘任是指学校和（或）教育行政部门为正常开展教育教学活动或为公众提供教育服务的需要，以签订聘任合同为形式聘用教师的行为。以合同的方式实施教师聘任，强化、落实了双方主体的权利、义务和法律责任，调动和发挥了双方主体的积极性。特别是发生争议时，可以根据聘任合同的条款解决发生的纠纷，对于保护合同双方主体的权益，促进教师资源的合理流动都有重要意义。与以往的行政命令手段相比，教师聘任合同精妙之处就在于通过对教育行政部门和（或）学校行政优先权的设置保障了教育公益的优先，又以对个人权益和教育自由的尊重兼顾了教师私益，从而实现效率与公正的统一。我国《教师法》虽然为教育行政部门和（或）学校的行政优先权提供了必要的法律依据，但已有的法条规定得过于原则性，缺乏可操作性。教育立法应对教育行政部门、学校享有的行政优先权作出具体界定，以维护教育教学秩序，保证国家公共教育目标的实现。一般来讲，教育行政部门、学校享有的行政优先权可分为以下三类。

---

① 关保英：《行政法的私权文化与潜能》，山东人民出版社 2003 年版，第 329 页。
② 张文显：《法哲学基本范畴研究》，中国政法大学出版社 1993 年版，第 137 页。

（一）监督和指挥合同履行权

即由教育行政部门和（或）学校对教师聘任合同的履行进行指导和监督，引导教师聘任合同的实施向着有利于教育教学秩序的方向发展，同时对教师行为进行监督，以防止损害教育教学和公共利益的情况发生的权力。教师聘任合同履行的目的是维护教育教学持续、实现国家的教育目标，其履行本身也必须符合公共利益。教育行政部门和（或）学校是公共利益的代表者和执行者，对合同的履行是否符合公共利益、如何履行才能实现预定教育教学目标具有决定权。所以，教育行政部门和（或）学校对合同的履行应当享有指挥权和监督权。《教师法》第五条关于"国务院教育行政部门主管全国的教师工作""学校和其他教育机构根据国家规定，自主进行教师管理工作"以及第二十二条关于"学校或者其他教育机构应当对教师的政治思想、业务水平、工作态度和工作成绩进行考核。教育行政部门对教师的考核工作进行指导、监督"的规定，赋予了教育行政部门和（或）学校在履约过程中对教师行为的监督和指挥权。

（二）单方变更或解除合同权

即当客观情况发生变化，使教师聘任合同的继续履行有较大的困难，或者教师能力不足以满足正常的教育教学的需要，不能保证合同目的得以实现时，由教育行政部门和（或）学校依照其权能对教师聘任合同的内容做出变更或者直接解除合同的权力。德国《联邦行政程序法》规定："行政机关为了避免或者消除对大众福祉的严重损害，可以解除行政合同（非常解除权）"[①]。我国《教师法》第三十七条规定了学校、其他教育机构或者教育行政部门可以单方面解除合同的三种情况。由于社会条件的变化、教育管理过程的发展，或者为了避免或消除公共利益可能遭受的严重不利，尚未履行或正在履行的教师聘任合同没有必要或不可能再履行时，教育行政部门和（或）学校可单方面对合同的内容加以改变或解除合同。如强调继续履行合同，可能造成显失公正，或者有碍于教育发展而损害社会公益，在这种情况下，教师聘任合同应当依照法定程序解除。由于存在不确定性，例如，如何确立单方变更或解除教师聘任合同权力的行使条件就成为一个复杂的问题，否则容易造成教育行政部门和（或）学校行为合法性争议。

[①] ［德］汉斯·J.沃尔夫、奥托·巴霍夫、罗尔夫·施托贝尔著，高家伟译：《行政法》（第二卷），商务印书馆2002年版，第161页。

(三) 对教师违反合同规定行为的制裁权

即对教师违反合同义务、有损公共利益的行为给予制裁，以确保教师管理目的全面实现的权力。这种制裁权是单方面的，与民事合同中的制裁手段只能是经济责任，例如承担违约金、损害赔偿责任等不同。教育行政部门和（或）学校基于职权和公共利益的要求，有权对教师适用特定的行政制裁措施，主要包括警告、记过、记大过、降级、撤职和开除等行政处分。《教师法》第三十七条规定了对教师实施制裁的三种情况：若教师故意不完成教育教学任务给教育教学工作造成损失、体罚学生，经教育不改的或品行不良、侮辱学生，影响恶劣的，教育行政部门和（或）学校可给予行政处分或者解聘。可见，教育行政部门和（或）学校的制裁权是教育立法规定的当然的权力，不论教师聘任合同中有无规定，教育行政部门和（或）学校都可以依照职权行使。需要明确的是，实施制裁权以后，并不解除或减轻教师履行合同的责任。但《教师法》的上述规定并不能全部包括教师所有的违反合同义务、有损公共利益的行为，这也造成了实践中人们对教育行政部门和（或）学校制裁权合法性的质疑。

四、对教师聘任合同中行政优先权的法律规制

教师聘任合同制度目标的实现是建立在教育行政部门和（或）学校能合理行使行政优先权的基础之上的。但行政优先权作为教育行政部门和（或）学校管理权的组成部分，必然难以摆脱权力运行的规律。由于权力天然具有侵略与扩张的本性，如果没有有效的约束，教师聘任合同这种柔性的教师管理手段极有可能异化为行政命令，从而失去教师聘任合同的制度目标，甚至失去对教师的吸引力，走向教师聘任合同制度预期目标的反面。裁量性是行政管理权不可剥离的特性，它为教育行政部门和（或）学校管理权力的滥用提供了可能性。虽然教育公益优先是教育行政部门和（或）学校享有特权的出发点，在实际操作中如果不加以法律规制，就会因权力者的个性因素和环境因素的影响导致滥用裁量权行为的出现，损害公共利益及相对人的合法权益。而"正当""必要""公德""公序良俗"等措词模糊的概念又为权力滥用提供了便利。因此，教师聘任合同行政优先权必须是有限的且可控的。在不涉及公益的情况下，教师聘任合同的订立、变更、解除，应该严格按照契约的规则进行。对教师聘任合同行政优先权，应从权力的来源、权力行为的过程以及权力行为的结果三方面来控制。

（一）从权力的来源方面，必须对教育行政部门、学校享有的权力作出必要的界定，做到教师聘任合同行政优先权内容法定

教师聘任合同的"行政性"决定了合同双方地位的不对等性，决定了教育行政部门和（或）学校享有行政优先权的必然性。而这个权力如果没有制约，极易导致教师聘用的失控。例如，在聘用教师过程中，学校聘用教师不是根据教育教学的实际需要，而是根据政府部门为减少财政支出而聘任教师。举例来讲，某县为了减少财政赤字，精简了600多位中小学教师，造成很多学校班额达70~80人，而为了应付学校教师太少、正常教学难以维持的问题，又返聘被解聘的教师作代课教师，只支付其相当于同级公办教师工资的50%[①]。这种肆意妄为的违法行政行为，涉及变更或解除聘用合同、教师的选择、公益和教师权利保护等各种问题，不但严重侵犯了教师权益，而且违背教育公益。因此，教育立法应在明确规定教师聘任合同中教育行政部门、学校与教师的权利和义务的基础上，对教育行政部门、学校享有的行政优先权作出必要的界定，以防止行政优先权恣意扩充。

1. 对教育行政部门、学校选择权的限制

教师聘任合同行政优先权的内容之一是教育行政部门、学校拥有的对教师的选择权。由于教育行政部门、学校在教师聘任合同中代表着公共利益，为了防止其在缔结合同、选用教师时营私舞弊，保证公民在公平竞争的环境中获取国家的契约利益，立法必须对教育行政部门、学校选择的聘任合同对方当事人的自由进行限制。我国《教师法》第三章虽然对教师的资格和任用作了规定，但对教师选择的方式，只在第十七条作了"遵循双方地位平等的原则"进行聘任的原则性规定，难以防范教师选择中的任人唯亲、以权谋私。立法时应当对教师选择的条件作出具体规定，特别是要建立教师选择中的公示制度、回避制度，确保教师选择中的公正。

2. 对教育行政部门、学校裁量权的限制

在教师聘任合同的订立和实施过程中，教育行政部门、学校拥有对教师行为或相关事件是否符合公益的判断权。然而，公益并非一个确定的概念，如果不对其进行界定，或任由作为合同特权一方的当事人来判定，则容易导致行政优先权的滥用。必须对公益作出较为清晰、具体的界定以规范学校行政优先权行使的限度，保护教师的合法权益，维护教师聘任合同的稳定性和严肃性。可以以教师管理目的的实现为前提，由法律法规来确立教师聘任合同订立或履约中公共利益的判断标准，但最高标准应以宪法的指导原则为主。同时，建立健全严格的行政归责机制和行政补偿制度，对于教育行政部门、学校违法行使行政优先权的，要依

---

① 杨春茂：《走出中小学教师聘任中的误区》，载于《河南教育》2000年第9期，第14~16页。

法追究其法律责任。

3. 对教育行政部门、学校合同变更、解除权的限制

基于公益的考虑以及行政权的设定，教育行政部门、学校享有单方面的变更、解约权，这也是教师聘任合同行政优先权的一个突出表现。但这种行政优先权必须受到严格的限制，只有按照法律的要求和为公共利益需要的事由时，教育行政部门、学校才拥有调整合同内容及终止合同的权力。美国得克萨斯州州法规定，如果合同存续期间区教育委员会要解聘教师，必须要有法定的事由，尤其是无固定期限的终身职合同，除非教师的行为符合州法的解聘条款，否则区教育委员会不得随意将其解聘。我国《教师法》第三十七条规定了解聘教师的法定情形，并未就合同的变更、解除作出具体规定，由此造成实践中随意解聘教师的情况严重。因此，对公益事由的判断应由法律作出具体的规定，而不应由教育行政部门、学校单方面断定，立法可采取列举式具体规定公益事由的种类。

4. 对合同形式的限制

为提高教师聘任合同履行的稳定性、内容的确定性，必须对教师聘任合同形式进行限制。除了必须采用书面形式外，立法应对教师聘任合同的类型、不同类型的主要条款和内容进行具体规定。美国教师聘任合同一般都设置了无固定期限的合同或长期合同、集体合同，并限制短期合同的续签次数[①]。例如，得克萨斯州的法律规定，公立学校教师的合同分为试用合同、定期合同和连续合同，试用合同一年一签，但至多续签两次，之后学校要继续聘用该教师则必须签订定期合同或连续合同。连续合同无固定期限，也称终身职合同。按照美国州法的规定，学校新聘教师，只要学校觉得合适，三年以后就可以签订终身职合同。这对于保证教师职业的稳定性、排除学校行政优先权滥用起到了很好的制约作用。我国目前教师聘任合同的类型和必要条款都缺乏具体法律规定，许多学校把固定期限合同变为短期聘任合同，聘任合同异化为教师单方面的责任规定，不但为行政优先权滥用创造了条件，无形中也加重了教师的压力，导致教师职业地位的降低。运用程序控制行政权力已成为法治的基本内容。

（二）从权力行为的过程方面，必须设定正当的程序对教育行政部门、学校权力的行使过程进行控制，做到教师聘任合同行政优先权程序法定

行政程序所具有的防止行政恣意和保证理性选择的特点，正好解决了教师聘

[①] 陈韶峰：《论中小学教师聘任合同制度的设计》，载于《教育发展研究》2006 年第 21 期，第 37～50 页。

任合同中教育行政部门、学校与教师地位的不对等性。可以说，设定正当的程序对教师聘任合同行政优先权的行使过程进行控制将是今后我国教师聘任合同制度建构的重点。所谓通过程序控制教师聘任合同行政优先权，就是着眼于权力行为的过程，确定公正的行政优先权行使的程序。根据我国教师聘任合同的现状，尤其要引入以下的具体措施。

1. 公示

教育行政部门、学校在缔结教师聘任合同之前，应将有关事项如聘任教师的数量、类型、条件等信息通过公示向社会公布。立法应确立公示的时间、形式和内容以及公开招聘的方式，以便公开竞争，防止以权谋私、徇私舞弊。

2. 说明理由和告知

教育行政部门、学校在单方面行使变更和解除合同权或作出与教师有关的决定时，应向教师说明理由，将决定的内容和理由以书面形式告知教师，并告知教师相关的救济性权利。

3. 听证

教育行政部门、学校行使行政优先权的行为如果涉及公共利益或对教师权益有重大影响时，应给教师申请听证的机会，听取教师的意见，确保决定的科学、民主。例如，美国得克萨斯州州法规定，教师定期合同到期后学校需告知教师不续签合同的事由，教师也有要求举行听证的权利。

4. 回避

在聘任教师过程中，遇到与权力人及竞聘人之间有利害关系或者有其他关系可能影响教师招聘公正的情况，如权力人与竞聘人为亲属关系等，应当经过法定程序退出该次教师聘任的活动，不得参与相关决定的制定，以防止偏私。

（三）从权力行为的结果方面，必须建立切实有效的法律救济途径来控制权力

法律救济，是指通过法定的程序和途径裁决社会生活中的纠纷，使权益受到损害的主体获得法律上的补救。教师聘任合同以合同的方式强化和落实教育行政部门、学校与教师的权利、义务，可以调动和发挥双方的积极性和主动性。而当发生争议时，应可以根据聘任合同的条款合理解决发生的纠纷，明确规定法律责任，保护合同双方的权益，促进教师资源的合理流动、激发学校办学积极性。但如果有效的法律救济途径缺乏，教师聘任合同所谓实现公益、维护权利之目标就成为空置。

我国《教师法》虽然专门规定了教师"申诉"，但在很大程度上是被作为排斥行政复议和行政诉讼的封闭性的救济方法来理解和执行的。教师对学校或其他

行政部门作出的决定或行为不服可否自由选择通过申诉、行政复议、行政诉讼等途径进行权利救济以及教师对申诉部门所作处理决定不服是否可以申请行政复议或提起行政诉讼均缺乏相应的规定。从其他有关专规范业人员的相关立法来看，《执业医师法》《律师法》《注册会计师法》均规定了包括行政复议和行政诉讼在内的救济途径。

设置有效的法律救济途径着眼于教师管理行为的结果，通过切实有效的法律救济途径来控制权力。通过限制行政优先权内容和设计合理程序对行政合同特权进行控制固然重要，但更有效和直接的方法还在于通过设置科学公正的法律救济方式对其进行控制。在我国现行教育立法框架下，教师聘任合同反映的是教育法上的权利义务关系，其目的在于通过契约的形式落实义务和责任，以实现教师管理和国家公共教育的目标，是学校在公共教育管理领域为推行教育政策、实现教育目的而采用的手段，对这种行政法律关系的调整必须适用公法的原则与规则，对由此产生的争议也应通过司法外的行政仲裁和行政复议以及司法内的救济——行政诉讼来解决有关教师聘任合同纠纷。

第八章

教师惩戒权及其在教育中的运用

所谓惩戒，即通过对失范行为施与否定性的制裁，从而避免失范行为的再次发生，以促进合范行为的产生和巩固的一种教育措施或手段。对学生的失范行为进行惩戒，是学校、教师管理权力的重要组成部分。惩戒权是学校、教师依法对学生进行惩戒的权力。为维护正常的教育教学秩序，矫正学生的失范行为，学校须拥有必要的惩戒权。在一定程度上，它也是教师的一种权利。作为教师，有权对教育活动的整个过程施加某种影响和控制，有权做出职责范围内的专业性行为。这是教师的职业性权利之一，也是教育活动中教师必要的权利之一，是随着教师这一专业身份的获得而取得的。

第一节 惩戒的合理性以及社会对惩戒权的误解

在惩戒过程中，惩戒行为直接针对失范行为，其严厉程度与失范行为偏离社会规范的严重程度相一致。"惩戒"中，"惩"即惩处、惩罚，是惩戒的手段；"戒"即戒除、防止，是惩戒的目的。在惩戒活动中，手段和目的——"惩"和"戒"，是紧密地结合在一起的。学生的发展和进步是惩戒根本的出发点，使学生更好的社会化是惩戒活动的最终目标。

一、惩戒的合理性

与"惩罚"相似,"惩戒"借助于对不合范行为进行处罚来达到戒除、教育的目的。不同的是,惩戒更强调所采用的否定性制裁的教育效果,注重其戒除目的的达成;而惩罚往往只关注负性强化的取得本身。"惩戒"中所含的教育性目的更强,更易于被人理解并付诸实践,因而也就更符合中小学情境下教育制裁的实质目的。"考虑到今日学校规模和世界范围内的学生向权威挑战这种日益增长的趋势,一概废除惩戒也是不现实的"①,惩戒既是教育学生的必要手段,也是维持学校教育教学秩序的重要管理措施。在学校教育中,惩戒具有其合理性。

一方面,惩戒是教育活动的自身要求和必要组成部分。教育是一种培养人的活动,其核心内容不仅包括向学生传递人类以往的知识经验,而且还包括通过对学生身心施加特定的影响使其逐步社会化。作为发展中的尚未成熟的学生,对事物的认识尚不完善,辨认和控制自己行为的能力不够成熟,往往会因为好奇心和欲望的驱使做出不符合社会规范的行为。"我们可以从一个无可争辩的命题开始,就是犯了过错的人应该受到惩罚。他们之所以应受惩罚,不是由于他们犯了过错(因为做了的事情不能变成没有做),而是要使他们日后不再犯"②。惩戒作为一种矫正学生非社会性行为的手段,可以通过对学生施加外在的、强制性的影响,促使学生的内在因素发挥作用,自觉防止同类错误的发生,从而促进学生由自然人成长为社会人。

另一方面,惩戒是学生受教育权利充分实现的可靠保障。稳定的教育教学秩序是学生能够正常学习,顺利实现受教育权利的重要前提。要保持教育教学的有序状态,就必须依靠一定的社会控制手段,对破坏秩序的行为进行防范、纠正和惩罚。惩戒是对失范行为的一种否定性制裁,它可以通过对破坏秩序者的惩罚,对被破坏的权利义务关系进行修复,从而保证学校的正常秩序。没有必要的惩戒,就会造成学校的无序状态,从而会对所有学生的受教育权利造成损害。

二、当前社会对惩戒的误解

第一,将惩戒等同于"体罚"或者"变相体罚"。由于我国现行立法只有对"体罚"或者"变相体罚"的禁止性规定和中小学校学生纪律处分的规定,并未

---

① 中央教育科学研究所比较教育研究室编译:《简明国际教育百科全书》,教育科学出版社 1995 年版,第 430 页。
② [捷克]夸美纽斯著,傅任敢译:《大教学论》,教育科学出版社 1999 年版,第 198 页。

具体规定惩戒和惩戒权问题，而体罚与惩戒从字义或内容上看又有交叉，由此导致了人们对学校惩戒认识上的混乱。实践中将教师合理的惩戒行为视为"体罚"或者"变相体罚"而对教师或横加指责，或诉诸法律，教师也唯恐对犯错误的学生实施惩戒而被指责为"体罚"或"变相体罚"而不敢实施正常的学生管理和教育，造成学校教育教学秩序难以保证和学生依法管理缺乏必要法律支撑，教育的目的难以达成。

事实上，惩戒与体罚在法律上是有所区别的。惩戒是一种制度形式，它通过学校和教师必须遵守的一系列惩戒规则，通过规范化、系统化的规定来达成纠正失范行为、教育学生的目的。从各国的规定来看，惩戒作为一种制度包括各种形态的惩戒形式，具体如：训诫、隔离、剥夺某种特权、留校、短期或长期停学、开除以及体罚等。而体罚是通过身体接触，使学生身体感到痛苦，严重的可造成学生身心健康损害的惩罚形式。目前，大陆法系国家如日本，明文规定允许学校对学生实施惩戒，禁止体罚，并明确规定何谓法律进行的体罚行为。而判例法国家如美国，惩戒权在历史上被认为是教师替代父母应有的权利。而体罚在美国已延续数百年。目前，仍然有许多州允许教师体罚学生。截至2003年，美国共有30个以上的州禁止体罚。未禁止体罚的州中，有的州立法明文规定教师有对学生实施体罚作为惩戒学生的权力，学区教育委员会不得禁止教师使用体罚。未就可否体罚加以规定的州，学校可以体罚学生作为惩戒的手段，但学区教育委员会可以制定办法对体罚的行使加以限制，也可以禁止学校实施体罚。

第二，认为对学生实施惩戒就是侵犯学生的权利。如果教师对学生实施了惩戒，就被学生、学生家长视为侵犯了学生的人身权或者受教育权。再加上舆论或媒体的渲染，不但使原本就缺乏法律具体、清晰界定的惩戒难以正常实施，而且实践中也出现了教师实施合理惩戒而使得自身人身权被侵害的现象。特别是当前法制社会的建立使人们权利意识增强，更使得人们开始从权利的视角分析学校的管理行为或管理措施，也由此引发人们对惩戒的各种争议。

我们需要确定和明晰的是，权利是法律规定的，任何社会都没有绝对的权利！权利的行使必须在法律规定的限度之内，包括学生的受教育权利和人身权利。如果学生的行为影响到正常的教育教学秩序，其行为就必须受到约束。否则教育教学何以实施，公共教育目标何以达成！现代教育所提倡的"以人为本"，确认了儿童的权利主体地位，要求教育确认学生的"权利主体"地位，但绝不是说学生绝对享有权利而不履行应有的义务，不遵守学校规范或纪律。"以人为本"不但要以实施了失范行为的学生为本，还要以所有的学生为本；不但要尊重实施了失范行为的学生的权利，还要保护所有学生的人身权和受教育权，包括保护教师的人身权利。

第二节 我国惩戒权的法治现状和不足

在美国，公立中小学校的惩戒权，是指地方教育行政机构和学校为达到教育目的，在保障学生程序权利的前提下，在学生的校内不当行为对学校教育活动产生了严重影响的情况下，对该学生人身和自由进行合理限制和惩戒的行政措施①。虽然教育惩戒现象在我国学校教育实践中广泛存在，但我国教育立法对学校惩戒权并没有明确规定，实践中导致诸多问题的产生。

一方面，教育立法没有对惩戒作出明确规定，教师惩戒权的行使缺乏确定法律依据。我国现行《教育法》《教师法》《教育法》《小学管理规程》《高等学校学生管理规定》仅仅规定了学校及其他教育机构可以对学生进行处分的权利，然而，处分并不完全等同于惩戒，学校和教师惩戒权的行使仍然缺乏充分法律依据。这也使得学校和教师在面对学生的违纪行为时纵容不管和放任自流。

另一方面，现行教育立法规定的处分形式和内容还存在诸多缺陷和问题。例如，在基础教育阶段，根据《小学管理规程》的相关规定，处分的形式包括警告、严重警告和记过处分。然而，由于中小学生身心发展尚不成熟，社会化程度较低，对自身行为与社会规范的理解和认识无法达到成年人的水平，因此对于警告、严重警告和记过等形式的处分以及所带来的负面影响缺乏应有认识，使得处分未能发挥其约束和规范学生行为的效力。又如在高等教育阶段，根据《高等学校学生管理规定》，惩戒的形式包括警告、严重警告、记过、留校察看和开除学籍。学籍的开除势必导致学生身份的改变和受教育权的损害，然而由于处分权所确立的依据《高等学校学生管理规定》属于部门规章，其效力等级远不及由《宪法》和《教育法》所保障的受教育权。近年来，高等学校学生因开除学籍纠纷起诉学校的屡屡胜诉，也在某种层面上反映了开除学籍这一处分形式的尴尬处境。

由于我国立法未对惩戒权作明确的规定，因而作为教师职业性权利的教师惩戒权也未获得应有的法律地位。

第一，惩戒权未能纳入法定的学校权利范畴。我国法律没有系统的规定学校惩戒权，与教育惩戒相关的规定零散地分布在相关法律中，无明确法律依据。例如，《教育法》第二十八条规定"学校及其他教育机构行使下列权利：……对受教

---

① Essex N L (2005). School Law and the Public Schools – A Practical Guide for Educational Leaders. 82 – 85 (and ed.).

育者进行学籍管理,实施奖励或者处分;……";《教师法》第七条规定"教师享有下列权利:……指导学生的学习和发展,评定学生的品行和学业成绩;……";第三十七条规定"教师有下列情形之一的,由所在学校、其他教育机构或者教育行政部门给予行政处分或者解聘:……体罚学生,经教育不改的;……";等等。

第二,一方面对学校体罚作出了一般的禁止性规定,另一方面又没能在惩戒与体罚之间作出区分,存在以体罚掩盖合法惩戒权利的倾向。如《义务教育法》第十六条规定"禁止侮辱、殴打教师,禁止体罚学生";《义务教育法实施细则》第二十二条规定"学校和教师不得对学生实施体罚、变相体罚或者其他侮辱人格尊严的行为";《中华人民共和国未成年人保护法》第四十八条规定"学校、幼儿园、托儿所的教职员对未成年学生和儿童实施体罚或者变相体罚,情节严重的,由其所在单位或者上级机关给予行政处分。"上述法律虽然一致禁止体罚,但都没有对体罚进行严格法律意义上的界定,导致法律在保护学生权利与维护学校秩序二者之间出现失衡,且容易将教育教学所必需的惩戒简单地划定为违法的体罚,在一定程度上造成的教师难以进行课堂管理的困境,不利于学校教学活动的正常开展,实质上损害了学生的受教育权利。

第三,惩戒的实施程序尚属空白,随意性大,缺乏可操作性。由于惩戒权本身缺乏明确法律依据,其行使的程序性规定就更加不可捉摸。

第四,缺乏实质有效的法律救济途径。我国现有救济途径的不明确以及救济寻求过程中存在的诸多问题,使学生权利在惩戒权的行使中,仍是极易受侵害的弱者。

我国《教育法》第四十二条规定了学生的申诉权,是学生申诉的主要依据。然而,《教育法》只是提出了学生申诉制度的建立必要与可能,并未就其具体问题,如学生申诉的范围、内容、程序等作出明确详细的规定,完善的学生申诉制度的建立尚需明确的法规或规章予以规定。在具体的申诉制度并未建立起来、学生申诉在很大程度上还缺少明细的操作性规定,学生申诉权的行使也就带有较多的盲目性和不明确性,很难得到切实实现。

教育法中虽然规定了学生的起诉权,但这一权利在现实中往往无从享有。对学生而言,教师的不当惩戒行为若构成犯罪,则可以此为由请求检察院提起公诉或自行起诉,由法院追究其刑事责任。而当教师的不当惩戒行为并未触犯刑法,只能追究其相应的行政或民事法律责任时就遇到了实际困难。由于缺乏明确的法律规定,教师惩戒权不当行使所引起的纠纷,往往既不符合行政诉讼要求,又与民事诉讼存在着一定的距离,这使得学生在为维护自身权益而行使起诉权时,常被法院以"不在受案范围内"为由驳回起诉。如果不解决这一具体问题,就会使学生无法寻求恰当的救济途径，使其合法权益得不到实际保障，加重了教师惩戒权行使的无度状况。

第三节　国外的立法与实践

在一些国家和地区，法律中明文规定惩戒权是教师的专业权利之一，隶属于教师职权，与教师授课自由权、授课内容编辑权、对学生的教育评价权及自身进修权等并列为教师基于教师之职业而可独立行使的教育权利。

一、美国法律中的惩戒权

在美国，无论是在传统的普通法判例还是在立法机关制定的成文法中，都可以找到教师惩戒权的法律依据。在惩戒权领域，鉴于对学生进行管教的重要性，美国传统上认可地方教育机构和公立中小学校享有直接的自主惩戒权。法院尊重该"惩戒权"，并不予干涉[①]。虽然美国法律中也有维护学生权利的法令和条款，但是法律必须在这二者之间作出权衡以维护正常的学校教育秩序。依据美国法律，校方不仅有权制定校规规范学生行为，对违反规定者实施惩罚，还能对威胁其自身、他人或学校财产的学生采取及时有效的措施。惩戒权作为职业性权力为美国法律所充分确认。一般来说，美国法院并不愿意干涉学校争端。1968年美国最高法院在 Epperson v. Arkansas 判例中指出："……公立教育事业由州和地方当局举办并进行管理。只要不直接涉及或是严重损害基础性宪法价值，法院不愿也不能干预学校日常运作中的冲突和争端。"

普通法的判例是惩戒权的主要渊源，教师有权根据代位父母原则对学生实施惩戒行为。当学校还作为自治性组织时，教师惩戒权被理解为基于父母委托而获得。而自义务教育法实施以来，这一观点得到了修正。现在，法院一般认为教师乃是依据法律授权拥有如同父母在家中一样的绝对惩戒权。除由法律规定外，即使父母也不能限制教师惩戒权的行使。

教师的惩戒权在立法时也得到了充分的考虑。虽然普通法确立的代位父母原则赋予教师广泛的自由裁量权，但所有这些授权都必须受到法律的限制。教育立

[①] 吴亮：《论美国公立中小学校惩戒权的司法监督》，载于《比较教育研究》2008年第6期，第76~80页。

法必须平衡学校维持秩序的需要和学生的多样性权利主张。在美国，公立学校的设置与管理属于州的职权。州议会有权制定有关公立学校运行的法律，也可以授权地方教育委员会制定和颁布惩戒原则和规章。实践中，通常由州议会授权学区制定惩戒规则和规章。只有立法机关才有权利对教师惩戒权进行规定。学生管理规定应由作为学校立法机关的学校管理委员会制定。学校有义务将这些规定充分解释清楚并编成手册发送给广大学生。

美国教育法律要求校长和教师履行广泛义务和职责，同时也规定了教师管理和惩戒的方式和内容。依据法律规定，校长和教师都有义务维持学校秩序，校长对于维护学校秩序和纪律负最终责任。校长应当就此设立指导性规定，而教师则在校长的指导下担负起维持学校秩序和纪律的具体职责。美国法律法规中关于维持学校秩序和纪律的条款，其目的都只在于为学校教育教学提供更佳的环境。

二、英国法律中的惩戒权

依据英联邦法律确立的"代位父母"原则，教师有权对学生实施合理的惩罚。然而，随着时间的流逝，这种状况逐渐被法律和地方教育当局的规定所修正，典型的如1986年教育法禁止体罚。虽然如此，判例法还是建立起了这样的原则，即教师可以以"第二父母"身份对学生的社会行为和学习行为施加影响。此外，校长有权制定学生行为规范的原则也为法律所认可。

教师在法律中这种类父母的地位不可避免经常遭质疑，缘于它的存在基于这样一种理念，即假定学生在校时，教师即取得父母委托的权利。但这种委托并不为法律所要求，且学生父母也申明不会将这项权利委托给学校。在这种情况下，学校通常不会对学生实施体罚，而是对他们进行停学和开除处理，这恰恰是学生父母难以接受的。而英国法院对有合理依据的学校停学处理一般持支持态度，这种案例最终被上诉到欧洲人权法院和事务委员会。人权法院判决认为，学校体罚对于儿童的教育来说毫无疑问是一种过错，学生父母主张应当得到签约国的尊重。对此，欧盟法院也认为传统上一直被奉为神圣人权的受教育权在这些案例中受到了侵害。

英国《2006教育与督学法》增强了教师及其他教职员工使用"合理武力"防止学生实施犯罪行为、制造伤害、破坏或干扰的权力，该权力最早写入了1996年的《教育法》。新法新增教师惩戒权包括：从学生身上没收诸如手机、音乐播放器等不合适物品的法定权力；对在上学或放学路上表现不好的学生进行惩戒的法定权力，例如，在公共汽车或火车上；扩大对学生进行课后留校处置的权力范围和灵活性，课后留校处置时间包括放学后和周六；学校有制定如何处理各种欺凌的规章制度的法定义务。根据新法,每位校长都必须为学校制定有关惩戒的政策,并公之于众,每年至少1次提醒学生、家长和教职员工注意相关规定。新增教师惩戒权,是近10年来英国教师惩戒权首次出现的重大变化,它使英国教师在对付不规矩学生时有了更大的回旋余地。

三、日本法律中的惩戒权

惩戒权在日本也被纳入法律规范。如日本《学校教育法》第十一条规定:校长和教员认为在教育上有必要时,可以按照监督机关的规定,对学生和儿童进行惩戒,但不得体罚。日本《学校教育法实施细则》第十三条对惩戒权作了规定:

第一,校长和教员惩戒儿童时,必须给予适应儿童身心等教育上必要的照顾。

第二,惩戒中的退学、停学和训诫处分,由校长(大学包括学长委任的学部长)执行。

第三,前项的退学,公立的小学、初级中学、盲人学校、聋人学校或养育学校的在校学龄儿童或学龄生除外,对符合下列各项之一的儿童等,可以执行。

(1)被认为品行不良无改善希望者。
(2)被认为学力低劣无学成希望者。
(3)无正当理由的经常缺席者。
(4)扰乱学校秩序、违反其他学生本分者。

第四,第二项的停学不可以对学龄儿童或学龄生执行。

四、国外立法与学生管理实践中常见的惩戒形式

教师惩戒权的行使在不同具体情境下有差异,其形式也并不固定。在由教师个人行使的教育性惩戒中,惩戒的具体形式常由教师个人决定;学校行使的惩戒处分也往往不限于停学、开除等固有形式,在一定情况下可由学校自行选择。惩戒权的行使本身是一种权力运用过程,因不同情境而带有一定的灵活性,其形式也就多样化,而教育法不可能对其采用列举方式一一列出,只能作出原则限定、列出主要形式,这就给教师选用惩戒形式留下了较多的自由裁量余地。但惩戒权毕竟是着眼于帮助学生改变越轨行为的教育性权力,教师所采用的惩戒形式必须具有教育性,能切实改变学生的越轨行为,终止或消除其行为的不良影响。教师在确定具体惩戒形式时,必须考虑到学生的年龄、身体状况、性格特点、越轨行为的严重性、应予惩戒的实质和严重程度、学生平时表现等多种因素;此外,还应考虑到是否存在采用较轻惩戒形式也能达到同样效果的可能性。

（一）常见的惩戒形式

在各国法律规定及实际运用中，较为常见的惩戒形式，一般包括以下几种：①

1. 言语责备

言语责备是指用语言直接对学生进行批评，指出学生行为的不可接受性，以督促学生改正的手段。这是惩戒中最轻微的一种形式，往往由教师个人在课堂或班级情境下使用。它可以是公开的，也可以是私下的；可以是直接的口头批评，也可以是间接的言语暗示。它是一种最初的警告，也是一种善意的提醒，其目的在于引起学生的注意，使学生明白自己行为的越轨性，从而帮助学生控制自我行为，遵从各种行为规范。

2. 隔离措施

这种隔离措施借助于把学生从其扰乱背景中分离出来的方法来控制学生行为的后果，是一种简单的社会隔离方式，以此促使学生反思其行为的越轨性。隔离措施有各种具体形式，如在教室里隔离，让学生坐到教室固定角落里或教室后部空地处，以中断其扰乱行为；或者让学生坐在教室门外或窗口听课，送学生到另一班级的教室去短期借读，或是将其送往校长办公室或其他中性场所，等等。隔离措施的关键是把具有扰乱行为的学生暂时从当前活动中移走，以免影响其他学生的正常学习；被隔离的学生常被送往中性的、脱离原活动范围之外的场所，并在一定程度上保证其受教育权的正常实现。这种隔离措施多使用于课堂情境中，其时间不宜过长，课堂内的隔离一般在 5 分钟左右，而其他隔离方式一般控制在一刻钟至一小时之间，不应持续太久。

3. 剥夺某种特权

学生行为不当的一种否定性制裁后果是剥夺其某种特权，这常表现为对其参加课外活动的权利予以一些限制。被剥夺的特权必须是学校正常教学活动之外的、与学生受教育权无直接联系的权利，如参加某种课外兴趣小组的权利、出外野游的权利等。参加体育课、参与国家统一考试等的学业性权利不属于可被剥夺的特定权利之列。

4. 没收

当学生的越轨行为与其特定的物品有关，这些物品的存在妨碍了学生本人或他人的学习、受教育或威胁到其健康与安全时，作为惩戒，教师可以没收这些物

---

① 此下所论各惩戒形式，除特别注明外，一般均参考以下资料中相关内容：Ian Birth、Ingo Richter，*Comparative School Law*；Fredric H Jones，*Positive Classroom Discipline*. USA, Mc Cram - Hill, 1987；Arnold P Goldman, Steven J Apter, Ber J Hartootunian，*School Violence*. N J Englinwood Cliffs, 1984.

品。教师没收行为必须有合理的动机,即其没收行为是基于对学生教育的考虑,而不是出于收归己用的利私心理,否则此行为不属于惩戒,而构成法律上的非法侵害他人财物。对那些只具有一定扰乱性、自身并无危害性的物品,如玩具、课外书籍、宠物等,没收只是暂时的,教师应在对学生进行教育后将其归还给学生本人或家长。

5. 留校

留校是指在放学后把学生扣留在学校里一段时间。这种惩戒形式一般由教师根据学生的越轨行为程度决定其时间长短和性质。留校通常不应超过半个小时,不应变成对学生的一种随意性处罚,不应成为体罚的变种。对教师来说,使用留校这种形式必须考虑到其目的,并安排额外的一些活动,不使留校成为学生的娱乐性奖赏或同辈间炫耀的工具而丧失其惩戒作用。留校时间内,教师应保证学生在校安全,并不影响学生正常的生理需要。必要时,教师应与家长取得联系,告知留校事由、大致时间,保证学生能安全返家。

6. 警告

这是一种较严重的责备方式,属于全校范围内的惩戒批评方式,常用于对学校教育教学秩序影响较大的学生越轨行为的惩处,是学校对学生的惩戒处分中最轻微的一种。它可以是在全校师生大会上的点名批评,或是在学校公告栏中张贴布告予以批评,常借助于学校整体舆论力量促使学生改变其不良行为。

7. 记入学生档案的处分

这只适用于学生越轨行为严重,对学校影响较大的情况,即把学生所犯错误记载下来,作为学生档案的一部分。它往往会造成对学生日后进入社会的实质性障碍,影响其未来的受教育和就业机会,因此一般不轻易使用。在采用此形式时必须严格按事实本身记录,并给予学生申辩机会;学生家长或年满18周岁的学生应有权查阅学生档案,了解有关记录是否客观、公正、合理。我国的记过处分基本上属于这种形式,不同的是,在我国,警告、记过、留校察看等纪律处分都要记录在案(尽管高中阶段才正式有学生档案)。如何正确合理地适用此惩戒形式,涉及学生的公正评价权、个人隐私权等,并要求对学生本人及家长有一定程度的公开,这在我国还未完全提上议事日程。

8. 停学和开除

这是两种将学生排除于一定学校教育活动的惩戒手段,又可称为排除或拒绝入学。前者常具有一定的期限,英国称之为固定的或有限的排除,在英国为15天,美国为10天,以色列最多为6天。开除则包括明确地开除学籍和无限期的永久性排除。两者均不适用于较轻微的越轨行为,只能对那些其行为严重扰乱了学校秩序的学生采取,在实施中要遵循相应的程序性限制,如对告知、听证、申辩和申诉权利的保障。学校做出的停学决定必须尽快通知学生家长，并应保证其实质公正；学生不应因停学而失去学期末升级考试或国家统一考试的机会。也就是说，作为惩戒手段的停学只指短期的排除，不应影响学生其他额外的合法权益。英国教育法还规定，当学生在一学期累计停学超过5天时，必须使学校管理机构和地方教育当局确知每一次停学的期限与事由，地方教育当局和学校管理机构有权撤消此停学决定。[①] 对于开除，则要求比停学更繁杂的正当程序，以切实保护学生的受教育权。美国法院认为校方在开除学生时必须保证其实质公正和程序公正，任何违反正当程序条款的开除决定都是无效的。英国教育法则指出，永久性排除只能在用过其他惩戒办法以后才能使用，在确定其永久性排除是否恰当时必须考虑到以下因素：学生的年龄和健康状况、学生在校以前表现、特定的与学生行为有所相关的可能情境或因素、该越轨行为的严重程度、危害程度、频率及重发的可能性等。校方在做出此类决定后必须立即通知学生家长有关事由及上诉权利，家长除可像在有限排除时一样向学校管理机构和地方教育当局提起申诉外，还可在对申诉结果不服时向一个独立的上诉委员会提起上诉，以确保学生受到公正处理。以色列则规定，公立学校不能采取开除形式，只能请求地方教育当局将学生因"教育性原因"（含纪律问题）转入另一公立学校；私立学校拥有相对独立的开除权，但要受教育管理部门的制约。在开除超过义务教育年龄的学生时，私立学校的校董会可以先给予学生不超过6天的停学，并应在学生越轨行为发生后6天内采取；在一学年中开除学生，必须得到教育部有关官员的许可；而开除尚处于义务教育年龄段的学生，则必须在计划开除前提前2个星期通知该学生所在的地方教育当局，以便事先做好相应的替代性教育准备，不使学生因此受不到法定的义务教育。

（二）有争议的几种惩戒形式

1. 体罚

作为一种极端的、以对学生肉体施加痛苦为直接手段、常伴有损伤学生身体、侮辱学生人格的传统惩戒形式，体罚一直是有争议的。反对者认为它是一种残忍的、不人道的野蛮教育方式，是用武力和外在强制对学生身心的摧残，主张废除教师的体罚权；赞同者则认为，作为一种简易的、收效较快的惩戒方式，体罚能有效地影响学生行为，是教师管理学生的必要手段，至多只能规定各种限制措施来减小其副作用，而不应完全弃而不用。

---

① Jack Rabinowicz, Tony Widdrington, Katharine Nicholas *Education Law and Practice*, Great Britain, FT law & Tax, 1988.

在当今世界各国中，越来越多的国家已开始废除体罚（至少在公立学校中禁止），也有一些国家仍保留体罚，如新加坡等。在体罚仍是惩戒方式的国家和地区，往往对其合理的限度进行了规定，常包括对体罚权限、适用条件、体罚部位、次数等的广泛限定，如要求对体罚事件详细记录备案，体罚前征得家长同意，体罚时应有第三者在场，等等。然而体罚的合理限度带有很大的模糊性和可变性，如何确定体罚的合理性在保留体罚的国家和地区仍是一争议性问题。尽管教育法往往规定，体罚的合理性取决于施行的方式和手段、严重程度及学生的年龄与身体状况等因素，不能构成民法和刑法上的侵权与伤害行为，但在具体判断时仍很难取得一致。同一种体罚在不同人眼里、甚至在不同法官眼里，其合理性也有较大差异，这在很大程度上不利于学生权利的保护。

在已经明文废除体罚的国家，体罚现象仍在不同程度上存在。有的国家有关禁止体罚的教育法只针对公立学校，在私立学校中体罚并不违法，如澳大利亚；在另一些国家中，民法、刑法等相应部门法律中仍有条款授权儿童的监护人、委托照管人施行体罚，无形中造成了不同部门法律间的冲突，不利于体罚的彻底废止，如加拿大。此外，"体罚"的确切含义在教育法上往往言之不详，使人们在判断一项惩戒行为是否构成体罚、是否违法时缺乏法律依据和公共标准。如日本虽明文禁止体罚，但并无具体界定。日本政府的有关解释中将殴打、踢、强迫学生长时间端坐或站立等都列入体罚之列，认为体罚是指通过使学生身体受到伤害或给学生造成肉体上痛苦的惩罚措施。在日本政府的有关通知中，认定不让学生上厕所、超过用餐时间仍不让学生离开教室等都属于体罚。但它也表示，并非所有给学生身心带来痛苦的惩罚都是体罚。只要某种惩戒形式保持在合理限度内，就不构成体罚；而判断是否造成学生肉体痛苦从而导致体罚，则应结合教师行为的程度、学生年龄和健康状况及实施的场合与持续时间等各种因素予以综合判断，看此种行为是否超过学生所能承受的界限。① 这种"合理限度"的不明确性严重地影响着废除体罚的实效，常常导致体罚的屡禁不止。1987 年日本教育社会学会的一项调查发现，在福冈县 600 名中小学教师中，有七成认为体罚有必要，有九成曾施行过体罚。在文部省的官方文件中，1984 年体罚事件为 2 292 件，1985 年 4 月到 10 月则有 2 819 件。法务省的统计则表明，1975～1985 年有 393 件重大体罚案件，其中有 70% 学生受到伤害；在施予体罚的 486 名教师中小学教师占 22%，初、高中教师各占 46% 和 32%；此外，在所谓的"问题教师"中，有 72% 受到了行政处分，25% 被视为刑事案件、受到罚款处分。这种禁而不止的现象在各国都不同程度地普遍存在着，而模糊的法律禁令和传统的惩戒意识

---

① 陈永明：《现代教师论》，上海教育出版社 1999 年版，第 113～114 页。

及观念的影响是其主要成因。

2. 停学

作为对学生在校活动的排除式惩戒，停学无疑会在一定程度上影响学生的受教育机会，在日益强调儿童学习权、强调受教育机会均等的今天，停学越来越受到人们广泛的指责，其作为一种传统惩戒形式的地位日益受到挑战。研究者们认为，停学通过把学生排除在学校社会之外来改变学生不合范行为，其效果很难体现出来；停学的大量使用加剧了学生的无力状态，使其更易于受到伤害，其完全意义上的受教育权更易被剥夺；排除只是学校放弃自己教育职责的不当做法，在很大程度上被停学学生成为无力的教育制度的替罪羊……与此相应的建议是限制停学的使用，鼓励采取校内停学形式，不少学者把此视为停学的替代手段。校内停学一般在3天以上，学生脱离各自班级被送至校园内的一个专门场所，在特定教师和专家的指导下学习和活动。但有的学者也指出，目前并无确切的研究证明校内停学的效果的确好于停学；在缺乏相应绩效性研究的情况下，一味否决停学而推崇校内停学是不公正的。无论如何，停学作为一种惩戒形式其效用是有限的，不能毫无限制地使用，这一点得到了研究者们的一致认同。①

3. 开除

开除意味着学生接受正规学校教育的权利被剥夺，这与法律所保障的儿童受教育权不受侵犯是不一致的，因此争议一直很大。反对者认为开除已成为学校制度性顽疾的突出表现，而所谓"差生"只是其名义上的替罪羊而已，应严禁学校使用。也有人担心，若废弃此形式可能使学生更有恃无恐、为所欲为，反而会加重现行教育制度的无力状态；认为绝不能因要维护少数个别学生的所谓人权而使大多数学生的正常受教育权得不到完全实现，倾向于保留开除。各国教育法都承认开除是惩戒形式中最极端、最严重的，不应轻易使用。美国法院倾向于尊重学校在实施开除时的自由处理权，只对其进行必要的程序性限制。法官认为，学生的受教育权不能仅因被指控行为不当，而在缺乏公正程序来判断该行为是否已发生且需要开除这一严厉处分的情况下被剥夺。在澳大利亚，开除尽管被认为是极端的、与义务教育概念相矛盾的惩戒形式，但为了抵消废除体罚造成的影响，仍被视为学校惩戒手段的必要组成部分。新加坡最近宣布，将对开除其学生的学校课以高额罚款，以限制学校随意开除学生。大量调查表明，被学校开除是导致青少年犯罪的最重要原因之一。义务教育阶段是否适用开除，公、私立学校在开除程序上有无实质区别；如何判定适用开除的具体行为标准，在多大程度上学校具

---

① Oliver C Moles（ed.）*Student Discipline Strategies*：*Research and Practice*，Albany，State University of New York，1990，p.263，270-276.

有自由裁处权；开除后如何提供必要的补充教育形式，这种补救措施在实质上是否与正规学校教育等值……这始终是各国面临的一个难题。

除此以外，在罚款、精神罚（心罚）等方面，也存在着不少争议。争议的存在本身不是问题，正是争议的存在引起了人们对教师惩戒权的关注。没有争议就没有发展。通过有关惩戒权行使形式的讨论，人们对教师惩戒权的性质及其合理行使都会产生更深入的认识，从而促进教师惩戒权的有关研究。

第四节 教师惩戒权的公法特性及其法律规制

一、教师惩戒权是一项具有公法性质的权力

教师惩戒权究竟应当属于何种性质的权利，教师是否有权对学生实施惩戒，学生是否应对此具有服从义务，取决于学校与学生之间法律关系的性质和内容。由于现行的相关法律都未对此作出明确的规定，因此造成了认识上的分歧。从目前学校与学生法律关系成立的前提看，这对关系应具有公权的性质。因为学校开门办学，招收学生所依据的教育权，不是来自家长的监护权，不是受托于家长而形成的代理权，也不是由于提供某种服务而形成的契约之权，而是根据国家相关法律和政策以及行政上的要求而获得的权利。对未成年学生的人身监护而言，事实上存在着两种不同的监护权，即私法上的监护权和公法上的监护权。两种监护职责尽管从内容看有相似之处，但性质完全不同。学校对未成年学生身心方面的监护资格不是来自私法的规定，不是来自私法权利的转移，也不是来自监护人的委托，而是来自教育法、未成年保护法的规定。这种关系不是民事法律关系，而是一种特殊的、具有公法性质的法律关系，是基于教育关系而成立的一种公权关系，因此公权关系是准确理解学校与学生之间法律关系的一个重要前提。学校与未成年学生之间在教育与被教育、管理与被管理的过程中产生的权利与义务关系，我们可以称之为教育法律关系。把这种关系单独列为一类法律关系，有助于我们准确地理解和把握学校与学生关系这对法律关系的公权性质。教育法律关系是学校及其他教育机构依据国家的教育方针和教育教学标准，依法实施教育教学活动的过程中产生的关系，这类关系不同于民事法律关系和特别权力关系，有其自己的法律特征。由于决定这类法律关系的权利和义务都是由教育法明确规定的，因此，学校及其教师与学生或其家长之间的法律关系是一种具有公法特征的

法律关系，与此相适应，惩戒权作为立法赋予学校或教师的权力，是国家教育权的具体化，具有典型的公法特征。

二、教师惩戒权应当受到法律的合理规制

作为一种具有公法特性的权力，教师惩戒权如果行使不当，则有可能致使未成年学生的合法权利受到侵害，因此有必要受到法律的严格约束和限制。

第一，教育立法必须明确惩戒权的性质和法律地位，确定惩戒权行使的主体，禁止法律规定之外的其他主体随意实施惩戒。第二，要限定惩戒权实施范围和条件。惩戒权所及范围应限定为学校之内和虽不在学校但由学校所举办的教育活动之中。学生校外生活和家庭教育不属于惩戒权所及范围之列。第三，要规定惩戒的形式，禁止实施法律规定之外的其他任何惩戒形式。第四，惩戒权的行使必须符合法定程序。惩戒的作出必须有明确法律依据，遵循法定正当程序，预先告知被惩戒事由或依法举行听证。第五，完善相应救济途径，依法保障学生合法权益。

在惩戒权行使的过程之中，基于教育活动的特殊性和青少年学生的身心发展特点，学校惩戒权的形式还必须考虑如下具体原则：

第一，惩戒的实施只应出自达成教育目的的需要且事由必须明确恰当。学校的职能是教育学生，因此学校所施行的惩戒行为在本质上是教育性的，其出发点是为了使学生受到教育，而不仅仅是通过强加惩罚使学生感受痛苦和耻辱而已。马卡连柯曾专门论述了现代学校惩罚制度与传统学校惩罚的不同，认为在基于社会严重对立的旧学校里惩罚已变成了暴力，成了对学生人格的残酷侮辱，而现代学校惩罚制度应起积极的教育作用。他反复强调，"惩罚本身不是目的""其内容并不重要"，使用惩罚应考虑到其教育效果；"惩罚应当是教育"，应使被罚者"真正认识到为什么要惩罚他，并且理解惩罚的意义"。[①] 日本学者指出，"学校组织的制裁职能，是为了纠正从教育观点上看学生发展的各种问题行为而执行的"，应"是从教育角度对学生的关怀""以教育方法为目标"。[②] 日本教育法在赋予教师惩戒权的同时指明其使用应出于"教育上的必要"，日本法院在判例中也表示惩戒权的行使应考虑到教育目的，应从教育角度出发来确定惩戒的形式。[③]

[①] 吴式颖等编：《马卡连柯教育文集（上卷）》，人民教育出版社1985年版，第94页，284～285页；何国华、燕国材著：《马卡连柯教育思想》，湖南教育出版社1986年版，第223～230页。

[②] ［日］石田幸武、武井植次：《学校与犯罪》，载于《国外社会科学情报》1989年第9期。

[③] ［日］文部省大臣宫房总务课法令研究会：《学校管理运营实务必携》，第一法规出版社昭和53年，第298页。

作为一种不得已才采用的教育手段，学校在行使惩戒权时不能不首先考虑其教育性如何；毕竟我们的目的是使学生改过迁善，是为了促进其规范行为的产生，使学生个体得到更好的发展。

第二，惩戒的实施必须与惩戒事由相当，而且惩戒形式与手段的选择必须与学生的实际情况相当。在学校情境中，学生相对于学校和教师来说，总是处于一种弱势地位，往往只能被动地接受合法或非法的行为而无力抵制其非法侵害，这就要求教师在行使其惩戒权时必须做到合理并公正，考虑学生之体型、年龄、性别、生理和情绪状况等具体情况，采取适当和能为社会大众或其他教师所能接受方式方法，且惩戒事由与惩戒处分须保持均衡，不得逾越合理且必要的范围内。

第三，任何对于学生的惩戒只能作为最后的手段，且不得对学生权利和自由造成过度侵害。根据法益均衡原则，学生权利和自由不得因惩戒而受到过度侵害，否则即属惩戒权之滥用而构成违法。此外，从根本上来说，惩戒属于助长性而非权力性作用，具有促进教学之效果，其行使不得构成对学生权利的过度侵害。

第五节　政策与立法建议

对惩戒权进行立法以保障和规范其正当行使，兼及维持学校秩序与保护学生权益已是世界各国共识。而目前我国教育立法对于教师惩戒权及其与学生受教育权及其他权利之间的冲突和衔接问题缺乏深入的理论研究，不能有效调整学校与学生、教师与学生之间法律关系。教师法对于教师权利的规定采取了简单列举式方法，且过于粗疏，既未能将教师职业性权力概括完整，也不能深入教育教学实践需要，而且还遗漏了教师职业最基础和最重要的惩戒权，不能不说是一个遗憾。因此，必须贯彻惩戒权法定并兼顾学生权益的法律原则，适用公法规则对惩戒权进行实体和程序上的规范。

一、实体法上的建议

第一，明确惩戒权作为教师职业性权力的性质和法律地位，将其与教师授课自由权、授课内容编辑权、对学生的教育评价权并列作为教师职业必备权利。将其纳入《教师法》有关教师权利义务的章节中。

第二，规范和限制惩戒权行使。采取惩戒形式的法定原则，采用列举的方法为惩戒提供可选的形式，严禁自创或自设惩戒形式，随意变更惩戒的范围、程度和形式，限制惩戒权行使的自由裁量程度。

第三，确定违法惩戒的民事和刑事法律责任。

第四，明确惩戒权不当行使时学生寻求救济的具体途径，设立专门的学生申诉机构，使学生诉权得以真正实现。

第五，建立违法惩戒损害的赔偿机制。

第六，建立学校惩戒的监督机制，使得教师和学校的惩戒行为受到上级教育行政部门指导与监督。

二、程序法上的建议

第一，惩戒权的行使应当遵循公正、公开的原则，以事实为依据，与违规行为的事实、性质、情节以及严重程度相当，禁止无度体罚。

第二，区分惩戒实施主体的不同。虽然教师和校长都拥有惩戒权，但这二者之间应该存在差异。法律可以赋予校长全部法定形式的惩戒权，但应对教师惩戒权的行使形式有所限制。长时间的停学、开除等涉及学生人身权利、受教育权的严重惩戒行为只能由校长或学校专门惩戒机构行使。

第三，设定惩戒权行使的法定程序。惩戒权行使应当遵循法定的程序，无法定依据或者不遵守法定程序的，应视为非法惩戒行为。在作出停学、开除等涉及学生人身权利、受教育权的严重惩戒之前，应当告知当事人及其监护人做出惩戒决定的事实、理由及依据，并告知当事人依法享有的权利。当事人要求听证的学校应当组织简易听证程序。惩戒实施后应对所有相关事宜进行备案。

第四，建立畅通的惩戒申诉与救济程序，确保学生权益得到法律保护。

三、惩戒权适用过程中的问题

在法治社会，任何主体的任何行为，都应当符合法治的原则和精神，遵循合法、公正的要求。所以，学校在对学生做出惩戒时，应判断该惩戒是否具有合法性，具体可考虑：行使惩戒的主体是否合法？处分决定所依据的理由和采取的措施是否合法？处分的程序是否符合公开（涉及个人隐私的除外）、公正的原则？学校与学生之间、教师与学生之间所构成的具有公法性质的教育法律关系使得学校和教师可依法对学生进行教育和管理，这就使得惩戒权的行使成为可能。然而，作为一种可能对学生权利造成侵害的公权力，惩戒权的行使又必须受到法律的严格约束和限制。

第一，明确惩戒权行使的主体，禁止法律规定之外的其他主体随意实施惩戒。

第二，明确惩戒权实施范围和条件。惩戒权所及范围应限定为学校之内和虽不在学校但由学校所举办的教育活动之中。学生校外生活和家庭教育不属于惩戒权所及范围之列。

第三，明确惩戒权行使的原则和要求。惩戒的实施必须尊重学生的人格和尊严，必须具有目的上的正当性、手段与方法上的相当性和轻微性，不得逾越合理和必要的范围。

第四，惩戒权的行使必须符合法定程序。惩戒的作出必须有明确法律依据，遵循法定正当程序，预先告知被惩戒事由或依法举行听证。

第五，完善相应救济途径，依法保障学生合法权益。

规范与保障惩戒权的行使需要不同层次的法律规范共同发挥作用，新修订《教师法》可以将其纳入教师职业性权力的规定中，指明其合法性及一般性的行使限制；行政法规和部门规章可以以此为依据更加详细规定惩戒权的有关问题，并设定相应的监督与责任追究机制、救济与保护途径，并最终实现维持学校秩序与保障学生权利二者之间的平衡，使得学校教育事业在现代法律的规范下健康发展。

第九章

教师绩效工资实施中的效率与公平

绩效工资是 2006 年颁布的《事业单位工作人员收入分配制度改革实施办法》规定要求事业单位实施的一项制度，该制度已经自 2009 年 1 月 1 日在义务教育学校开始实施。为了考察学校实施绩效工资对教师经济地位的影响，本书专门对学校实施绩效工资的情况进行了调查。调查结果显示，不仅义务教育学校实施了绩效工资，一些省的普通高中和职业中等学校也实行了绩效工资。由于职业中等学校在学校的功能定位和经费来源等方面与义务教育阶段学校和普通高中存在根本差别，职业中等学校实施绩效工资的问题需要单独研究，此处仅研究义务教育学校和普通高中实施绩效工资过程中出现的问题。

第一节 教师绩效工资结构与层次的理论思考

关于教师绩效工资的实体性问题很多，目前争议比较大而又具有根本性的问题是如何确定教师绩效考核的内容以及如何划分教师绩效工资的层次，由于前一个问题已经有诸多研究成果，而后一个问题较少受到学者的关注，这里仅研究后一个问题。

教师绩效工资在全国许多学校开始实施，在制定实施方案或者是具体操作过程中也遇到了一些问题。据新闻与论文反映的情况看，问题主要集中在教师绩效评价标准、工资结构与层次等方面。只有对教师绩效工资结构与层次进行理论上探讨，才能求得观念与思想上的澄清。系统分析此问题需要从国家的相关法律与政策出发，在符合教育基本规律的前提下，结合教师劳动的特点，从公平与效率的理论上去理性探讨教师绩效工资结构与层次。

一、有关绩效工资法律与政策的简要回顾

了解法律法规，熟悉政策措施等是推行义务教育绩效工资改革的必要前提。

宏观层面，从中华人民共和国成立以来的工资制度变迁来看，分为五个时期。第一个时期为中华人民共和国成立后至1956年，国家财政十分困难，实行供给制与薪金制并存的分配方式，以"工资分"作为全国统一的工资计算单位考核绩效。第二个时期为1956~1985年，实施了全国范围内的第一次工资制度改革，取消工资分制，实行货币工资制，确定的基本分配形式是等级工资制度。第三个时期为1985~1993年，全国进行了第二次工资制度改革，实行结构工资制，分为基础工资、职务工资、工龄工资、奖励工资四个组成部分。第四个时期为1993~2005年，在对机关和事业单位工作人员现行工资制度进行改革、科学分类的基础上，依据按劳分配原则建立起体现事业单位不同类型、不同行业特点的职务等级工资制度，与国家机关工资制度相脱钩。第五个时期为2005年至今，旨在建立符合单位特点、体现岗位绩效和分级分类管理的收入分配制度。

微观层面，就义务教育教师工资问题而言，法律法规与政策措施也有一系列的规定。《教师法》第三十三条规定："教师在教育教学、培养人才、科学研究、教学改革、学校建设、社会服务、勤工俭学等方面成绩优异的，由所在学校予以表彰、奖励。国务院和地方各级人民政府及其有关部门对有突出贡献的教师，应当予以表彰、奖励。对有重大贡献的教师，依照国家有关规定授予荣誉称号。"2006年，国家《事业单位工作人员收入分配制度改革实施办法》指出，国家制定事业单位岗位设置管理规定，对岗位总量、结构比例和最高岗位等级设置进行管理；中小学教师、护士的岗位工资和薪级工资标准提高10%等。2008年12月31日，人力资源社会保障部、财政部、教育部联合发布的《关于义务教育学校实施绩效工资的指导意见》（以下简称《指导意见》）指出："要充分发挥绩效工资分配的激励导向作用，坚持多劳多得，优绩优酬，重点向一线教师、骨干教师和做出突出成绩的其他工作人员倾斜。"《指导意见》中对绩效结构要求：绩效工资分为基础性和奖励性两部分。基础性绩效工资主要体现地区经济发展水平、物价水平、岗位职责等因素，占绩效工资总量的70%；同时对绩效工资进行了岗位分类：根据教师、管理、工勤技能等岗位的不同特点，实行分类考核。即分为教学、管理与工勤三类岗，但没有对分层做指导的意见，只是提到合理拉开差距。

二、教师劳动在绩效方面的特点

教师是在学校工作的专业技术人员。学校具有松散结合与严格科层的双重系统。① 在这样的环境中工作的教师,其劳动具有特殊性。同时,教师教学活动还要遵循教育价值,还要符合教育教学规律。教师劳动跟其他组织比较具有自身的特点。教师劳动是复杂的脑力劳动,其作用在于促进学生的全面发展,把学生培养成社会需要的人才。教师工作的主要特征包括:教学对象的特殊性,教学任务的多样性,教学过程的复杂性,教学活动的创造性,教学方法的灵活性,教学成效的长期性,教师行为的规范性。②

从工资等级差异的影响因素来看,一般有如下方面:工作的复杂程度、精确程度、繁重程度、负责程度与环境条件③。结合这些因素,我们对教师劳动可以有部分绩效的观念。例如,英语教学有听说读写的要求,物理教学要紧密联系实践,可能会做实验等要求,相对而言,比其他学科就要复杂一些;学校的心理咨询教师就要求对学生的心理状态、家庭背景、学习环境等有准确的了解,相对比其他岗位教师的精确程度要求高;班主任往往既要协调一个班的科任教师,还要管理一个班的学生,了解一个班学生的家长等,其工作就显得非常烦琐,可能我们就要考虑其在繁重程度上的绩效;学校管理岗位上的教师,他们往往责任就比较大,在负责程度的绩效上应有所体现;农村教师比起城市教师,他们的工作环境就更加辛苦一些,在环境条件的绩效上应有所倾斜。以上诸方面,在制作绩效工资方案时还要细化,还要认真研究,做好分类分层工作。

三、公平与效率的理论分析

从一定意义上讲,一项政策的出台,往往都是在公平与效率之间去寻求平衡。改革开放纵深发展以来,国家都一直致力于这方面的努力。如何在保证效率较高、促进社会发展的同时去维护社会的公平与正义是我国在较长时间与范围内的一个政治主题。效率是一个实证性的概念,而公平则是一个规范性范畴,二者关系涉及规范研究与实证分析④,推行义务教育教师绩效工资无疑也要面对这样

---

① [美]罗伯特·欧文斯著,窦卫霖、温建平、王越译:《教育组织行为学》(第7版),华东师范大学出版社2001年版,第158页。
② 王斌华:《教师评价:绩效管理与专业发展》,上海教育出版社2005年版,第99页。
③ 马新建:《薪酬管理与公平分配》,北京师范大学出版社2009年版,第106页。
④ 任红艳:《中国城镇居民收入差距适度性研究》,首都经济贸易大学博士论文2006年。

的理论与实践问题。许多理论也在试图回答这样的问题。我们可以用二分法的方式,把这方面的理论归为两类:一类为注重公平,兼顾绩效;另一类为注重绩效,兼顾公平。

(一) 公平理论

该类理论注重公平,兼顾绩效。分配公平理论研究是美国心理学家史坦斯·亚当斯(J. Stacey Adams)于20世纪60年代首先提出。① 亚当斯公平理论认为,个人不仅关心自己经过努力所获得的报酬的绝对数量,也关心自己的报酬与其他人报酬的比较。该理论的核心实际上就是个人往往关心自己的付出与所得是否成正比。个人投入包括工龄、性别、所受的教育和训练、经验和技能、资历、对工作的态度等方面的因素;个人所得主要包括工资水平、机会、奖励、表扬、晋升、地位以及其他报酬。

就义务教育教师绩效工资而言,注重公平的更多研究是由教育界学者来推动的。许多学者关注的是绩效考核的标准问题。例如,教师工作的复杂性决定了教师评价过程应该是一个定性评价与定量评价相结合的过程。因此,对教师进行绩效考评不仅要考评教师的工作结果,而且要考评教师的工作表现。② 我国教师绩效的评价常常只关注任务绩效,没有关注关系绩效。有学者在文献分析和关键事件调查、关键事件访谈的基础上,通过定性分析和实证分析,提出了教师绩效的结构,并通过实证研究探讨了教师绩效评价的信度与效度。③ 绩效标准的科学性问题的确是绩效考核重要的前提条件。

(二) 效率理论

该类理论注重效率,兼顾公平。其中以"漏桶理论"为代表。奥肯提出了著名的"漏桶理论",认为社会福利制度把收入从高收入者手中再分配给低收入者的过程就像漏桶把水从一个大桶转移到另一个大桶,转移过程中水(收入)会不断流失。如果漏得少,再分配的社会成本就少;如果漏得多,则社会总收入的损失就大,社会必须决策较多公平的成本是否值得。④ 奥肯的提醒实际上就是要求在公平的基础上注重效率,绩效工资则是提高效率的有效途径。

就义务教育教师绩效工资而言,注重效率的更多研究是由经济学界(包括教

---

① 马新建:《薪酬管理与公平分配》,北京师范大学出版社2009年版,第74页。
② 王斌华:《教师评价:绩效管理与专业发展》,上海教育出版社2005年版,第99页。
③ 蔡永红、林崇德:《教师绩效评价的理论与实践》,《教师教育研究》2005年第1期,第36~41页。
④ [美]阿瑟·奥肯著,王奔洲译:《平等与效率——重大的抉择》,商务印书馆1998年版,第152页。

育经济学）或管理学界学者来推动的。为了提高绩效管理水平，最大限度激励员工的工作效率，在绩效评价的方法上做了诸多的探索。如业绩评定表法、关键事件法、叙述法、作业标准法、排列法、硬性分步法强制选择和加权业绩考核报告法、行为固定业绩考评法、目标管理法等。① 这些方法为我们确定义务教育教师绩效工资的结构与层次提供了较好的参考。

四、教师绩效工资设计的目标

确定特定的目标是绩效评价的起点。② 许多学校在制定方案时面临诸多困惑，往往是目标比较模糊。由于国家制定事业单位岗位设置管理规定，对岗位总量、结构比例和最高岗位等级设置进行管理，因此，目标设计应该符合政策的大框架。

设计绩效工资分配的目标核心就是激励教师提高教学绩效。按照目标设置理论的观点，具有一定难度的具体目标和工作意图结合起来会呈现有效的激励力量。明确的目标和向目标奋斗过程中的反馈，会激励人们提高绩效。与个体所珍视的价值相联系的目标，才能有效而持久地激励员工。③ 该理论给予我们的启示就是激励工资应该服务于明确具体而富有挑战性的绩效目标；绩效反馈是工资激励的"支点"，绩效目标的完成情况是激励工资支付的基础；激励工资的价值应与目标完成的价值相匹配。而要达到上述目的，不仅要对绩效工资的结构认真地分析与分解，而且还要对绩效工资的激励目标进行较科学的分类分层。

五、教师绩效工资的结构探讨

教师绩效工资的结构主要体现在绩效工资的类别与比例两方面。就是否浮动而言，绩效工资分为基础性和奖励性两部分，各占70%与30%。就绩效工资的形式而言，有货币形式与非货币形式。二者的比例应该灵活处理。特别是非货币奖励对于教师来说也比较重要。此行业对师德有很高的要求，非货币奖励也是对工作的肯定。非货币奖励一般有五种基本形式：社会强化激励、实物奖励、旅行奖励、象征性奖励和休假奖励。

就中小学教师岗位而言，一般有三类：管理岗、教学岗与工勤岗。相应也就是三部分。逻辑上一般根据每个岗位人数多少来分配绩效工资总量在每类的比

---

①② ［美］韦恩·蒙迪、罗伯特·诺埃著，葛新权等译：《人力资源管理》（第六版），经济科学出版社1998年版，第304～308页。

③ 马新建：《薪酬管理与公平分配》，北京师范大学出版社2009年版，第256页。

例。如果有100名员工，三类人员比例分别为12∶80∶8，那么绩效工资比例相应为12%∶80%∶8%。有些规模比较大，结构比较复杂的学校可能还有其他岗位。有一个问题必须引起高度重视，那就是管理岗与教学岗的关系问题。许多中小学的校长不承担教学任务，而副校长、教导主任或者是德育主任可能往往就会承担教学任务，在岗位绩效上，应该依照哪类岗位还是两者合并在一起，这是一个重要问题。一般来说应当两者合并，但绩效工资不合并。例如，管理与教学做得较好的副校长其工资应该和教学做得较好的教师是同一水平。只不过副校长多了奖励工资的机会，因为两种岗位都有获得奖励的可能性。

六、教师绩效工资的分层设计

分层可以从三个维度展开。

（一）根据激励人员数量进行分层

激励目标分层意味着学校一定先有一个对学校情况总体的认识，在管理学上成为SWOT分析。其分析的目的就是找出自己学校的独特性，有针对性地采取绩效工资的激励措施。从人员的角度讲，一般有个体激励、群体激励与全体激励三个层次。如果学校教师整体教学质量比较高，有个别的员工质量比较次，或者学校非常缺乏少量的省骨干教师等，就可以采用绩效工资对个体进行激励。其他两层可以解决其他类似问题，如某些教师团队合作较差以及学校教师整体质量不高的情形。

（二）根据激励岗位进行分层

由美国大学教育学院领导人组成的霍姆斯小组，主张要承认不同教师在知识、技能和工作态度以及在所受教育、资格证书和工作方面存有差异，因而要区分出不同级别的教师。他们提出的三个级别是教员、专业教师和终身专业教师。[1] 罗切斯特学区的教学生涯项目（CIT）便把教师的专业发展分为四个阶段：实习教师、固定教师、专业教师和领导教师。[2] 不同的教师处在不同的职业发展阶段，对他们的评价应该与他们的所处阶段相一致。丹尼尔森和麦克格利尔两位学者认为，教师发展有三个层面："新教师""合格教师""面临困难的教师"。

---

[1][2] 鞠玉翠、王佳佳：《美国教育市场化影响下的教师分层趋势评析》，载于《外国中小学教育》2007年第1期，第19~22页。

澳大利亚维多利亚州把教师分成四层：初任课堂教师、熟练课堂教师、专家教师、领导教师。初任课堂教师又分1、2、3、4层；熟练课堂教师又分1、2、3、4、5层；专家教师又分1、2、3、3a层；领导教师又分1-1、1-2、1-3、2-1、2-2、2-3层。其他州还有其他分法[①]。每个等级之间的绩效工资都有差别，教师的竞争比较激烈。因此，不同的岗位领取不同的岗位绩效工资，对教师进行岗位激励，是现在比较通行的做法。

（三）基于教学岗位个体激励的正态分层设计

根据激励人员数量与岗位进行分层得到了广泛的运用，但还有一个问题需要解决，那就是该分多少层，每层之间的差距该是多大。在实际操作过程中，不同的学校有不同的做法，许多学校制定了校本绩效工资方案。但有些学校制定方案时，经验成分居多。本书就基于教学岗位个体激励的正态分层设计做一些探讨。

1. 绩效评价结果的正态分布预设

根据统计学研究成果显示，一个变量受到其他诸多变量的影响，而且哪些变量起显著作用不是很清楚，变量之间的方差贡献率不容易分离，那么该变量的变化一般是呈正态分布的。从这个意义上讲，我们对教师教学绩效做正态分布的预设。依照正态分布的规律，一般划分为四个层次，划分的依据是平均数上下，左右侧拒绝域。

2. 宽带结构绩效工资设计

宽带结构是指宽带薪酬或宽带工资结构，可以解释为：将一个有很多工资等级和工资范围的官僚结构压缩成很少数量的宽带结构，典型的宽带数量是4或5个，从而使每一个薪酬宽带跨越了以前几个分离的工资范围所覆盖的工资机会[②]。宽带工资设计这些年来很受欢迎，由于其没有把工资不同等级分成不同的临界点，而是有一定的灵活的重叠。在进行宽带工资设计时，要先设计最大值与最小值，再计算带宽。工资重合度则根据激励的目的去选择。一般有三种方式可供选择，无重合、中度重合与大部分重合[③]。其中涉及的计算都是很简单的代数运算，可参阅薪酬管理有关书籍。

本书建议选择宽带工资结构的方式对义务教育学校教师现有工资级别和范围进行改革，减少工资级别，按正态分布进行分层，扩大每一级的覆盖面和每一级的工资范围。这样的结构便于使组织结构趋于平坦，使教师多追求教学质量而弱

[①] 朱宛霞：《澳大利亚教师绩效工资改革思路解析》，载于《教育与教学研究》2009年第9期，第11~14页。

[②] 马新建：《薪酬管理与公平分配》，北京师范大学出版社2009年版，第256页。

[③] 秦杨勇：《平衡计分卡与薪酬管理》，中国经济出版社2007年版，第144页。

化行政的管理；可以使等级减少和强调合作精神多于强调个人奉献。宽带工资具有很大的灵活性，可以根据需要进行调整。

总的说来，义务教育教师绩效工资结构与层次是一个绕不开的理论与实践问题，在理论上我们必须在尊重教育规律与教师劳动特点的前提下去寻求效率与公平的动态平衡。基于教学岗位个体激励的正态分层设计在实践层面还要进一步探索与修正。

第二节　普通高中实施绩效工资的问题与对策

2009年9月2日，温家宝主持召开国务院常务会议，会议指出，实施绩效工资是事业单位收入分配制度改革的重要内容……事业单位实施绩效工资分三步展开。第一步从2009年1月1日起先在义务教育学校实施；第二步配合医药卫生体制改革，特别是实行基本药物制度，从2009年10月1日起，在疾病预防控制、健康教育、妇幼保健、精神卫生、应急救治、采供血、卫生监督等专业公共卫生机构和乡镇卫生院、城市社区卫生服务机构等基层医疗卫生事业单位实施；第三步从2010年1月1日起，在其他事业单位实施。① 按照此次会议的要求，作为事业单位组成部分的普通高中应该从2010年1月1日起实施绩效工资。绩效工资制度属于分配制度，普通高中实施绩效工资直接涉及众多教师的切身利益，顺利实施绩效工资需以政府部门作出比较详细的规定为前提。然而由于事业单位本身的复杂性，人力资源和社会保障部虽然抓紧工作，至今仍然没有出台绩效工资改革细则。② 在义务教育学校实施绩效工资的同时，一些省份的普通高中也实施了绩效工资，这些省份的普通高中在实施绩效工资过程中遇到了一些问题。已有关于事业单位实施绩效工资的研究要么以整个事业单位为研究对象，要么以义务教育学校为研究对象，很少以普通高中为专门的研究对象，由此造成了普通高中在实施绩效工资时遇到的问题并没有被深入研究。为了有助于我国普通高中顺利实施绩效工资，本书对上述省份的普通高中在实施绩效工资过程中遇到的几个比较典型的问题进行了研究。需要说明的是，民办普通高中在法律上属于民办非企业单位，未被纳入此次事业单位绩效工资改革的实施范围之内，这里的普通高中仅指公办普通高中。

---

① 《国务院决定2010年全面实施事业单位绩效工资》，http://politics.people.com.cn/GB/1024/9975881.html.

② 王红茹：《人保部赶制绩效工资改革细则》，载于《中国经济周刊》2009年第9期，第14页。

一、普通高中实施绩效工资的总体状况及存在的问题

事业单位绩效工资制度是事业单位岗位绩效工资制度的一个组成部分,事业单位岗位绩效工资制度是国家对事业单位职务等级工资制度进行调整的结果。1993年出台的《事业单位工作人员工资制度改革方案》规定了事业单位职务等级工资制度,事业单位职务等级工资制度将事业单位工作人员的工资分为职务工资和津贴两个部分,其中职务工资按照工作人员的职务等级和任职年限等进行发放,津贴按照工作人员的工作数量和质量进行发放。职务等级工资制度确定工资的标准偏重于职务(职称)、资历,对岗位和业绩因素体现不够,形成了事实上的"身份工资",导致了贡献与报酬失衡。[①] 为了克服职务等级工资制度的缺陷,2006年出台的《事业单位工作人员收入分配制度改革方案》规定了岗位绩效工资制度。岗位绩效工资制度将事业单位工作人员的收入分为岗位工资、薪级工资、绩效工资和津贴补贴四个部分,其中岗位工资体现工作人员所聘岗位的职责,薪级工资体现工作人员的资历,岗位工资和薪级工资为基本工资,执行国家统一的政策和标准。绩效工资是活的部分,体现工作人员的实绩和贡献,工作人员获得绩效工资的多少由其工作成绩的好坏和贡献的大小决定。可见,事业单位岗位绩效工资制度是不同于事业单位职务等级工资制度的一种分配制度,事业单位岗位绩效工资制度中的绩效工资会导致事业单位内部工作人员的收入产生一定差距,进而影响到事业单位内部工作人员的经济地位。

为了调查作为事业单位组成部分的普通高中实施绩效工资对教师的经济地位的影响,本书将"教师绩效工资"作为一个专题,并选取东部地区、中部地区和西部地区的十个省作为调研省份,在每一个省内选取一个城市和一个县,在每一个城市和县内分别选取一所优质普通高中(包括国家级示范性高中、省级示范性高中和市级示范性高中)和一所非优质普通高中作为调研点。项目组于2009年12月份至2010年6月份对被选取为调研点的普通高中实施绩效工资的情况进行了调查。由于从中央政府出台关于普通高中实施绩效工资的政策到各省的普通高中实际实施绩效工资的时间间隔比较短,加之绩效工资是以区(县)为单位实施的,普通高中实施绩效工资的进度不仅在各省之间、甚至在同一省内的不同区(县)之间都存在很大差别,因此本书只能运用访谈法和文本分析法(文本包括省、市、区或县发布的普通高中实施绩效工资的政策性文件和普通高中制定的绩

---

① 林建民:《关于高校工资结构及工资关系的思考》,载于《福建工程学院学报》2006年第5期,第662~667页。

效工资分配方案）来综合探究调研点普通高中实施绩效工资的情况。在被选取的十个省中，六个省被选取为调研点的普通高中已经实施了绩效工资，而且这些省分布在东部地区、中部地区和西部地区，可以说此六个省的普通高中在实施绩效工资过程中出现的问题具有一定的代表性。

调研结果表明，被选取为调研点的普通高中在实施绩效工资过程中主要存在以下三个有争议的问题：

第一，实施绩效工资的经费是由政府全部负担还是由政府和高中共同负担？

在有些省，普通高中实施基础性绩效工资和奖励性绩效工资的经费均由政府全部负担。但在另外一些省，普通高中实施基础性绩效工资的经费由政府负担，奖励性绩效工资的经费则全部或者部分由普通高中筹措。

第二，教育主管部门在核定绩效工资总量时是向优质普通高中倾斜还是向薄弱普通高中倾斜？

由于中央政府没有出台专门针对普通高中实施绩效工资的规定，六个省的普遍做法是，普通高中实施绩效工资参照《关于义务教育学校实行绩效工资的指导意见》的规定，即：教育主管部门在核定本行政区内各所普通高中的绩效工资总量时注重平衡，向薄弱普通高中适当倾斜。此种做法遭到了优质普通高中教师的强烈反对。优质普通高中老师认为，优质普通高中对其他普通高中的发展具有示范和引领作用，应该成为政府重点发展的对象，理应获得更多的绩效工资总量；优质普通高中教师要求教育主管部门在核定绩效工资总量时向优质普通高中倾斜。

第三，升学率是否可以作为绩效考核的内容？

绩效考核结果是绩效工资分配的主要依据，而绩效考核结果是以绩效考核内容为前提的，普通高中是否可以将升学率作为绩效考核的内容在不同省份也有不同的做法。有些省的普通高中规定升学率不能作为绩效考核的内容，而有些省的普通高中在绩效工资考核方案中明确将升学率作为绩效考核的内容。

二、普通高中实施绩效工资的对策建议

（一）实施绩效工资的经费应该由政府和普通高中共同负担

实施绩效工资的基本条件是保证实施绩效工资所需的经费，由于普通高中绩效工资改革属于事业单位分配制度改革的一个组成部分，普通高中实施绩效工资所需经费的负担问题可以放在事业单位改革的总体背景之下进行讨论。

我国事业单位改革的主要思路就是分类改革，即按照一定标准将现有事业单位进行分类并对每一类事业单位进行制度设计，事业单位绩效工资改革也是在分

类改革思路的指导下进行的。《事业单位工作人员收入分配制度改革方案》是事业单位实施绩效工资改革的直接政策依据,其规定包括"对从事公益服务的事业单位,根据其功能、职责和资源配置等不同情况,实行工资分类管理。基本工资执行国家统一的政策和标准,绩效工资根据单位类型实行不同的管理办法""事业单位收入分配制度改革所需经费,按单位类型不同,分别由财政和事业单位负担"。对此规定进行文本解释,则不同类型事业单位工作人员收入分配所需经费的筹集方式应该是三种:由政府全部负担、由事业单位全部负担、由政府和事业单位共同负担。绩效工资属于事业单位工作人员收入分配的一部分,其实施经费的筹集方式也存在由政府全部负担、由事业单位全部负担、由政府和事业单位共同负担三种方式。可见,作为事业单位组成部分的普通高中实施绩效工资所需经费的筹集方式由普通高中在事业单位改革中的类别归属所决定。2008年中央编办印发的《关于事业单位分类试点的意见》规定,现有事业单位根据其社会功能被划分为承担行政职能的、从事公益服务的和从事生产经营活动的三个大类。从事公益服务的事业单位又根据其职责任务、服务对象和资源配置等方面的不同情况,具体划分为三个类别:公益一类,即从事关系国家安全、公共安全、公共教育、公共文化、公共卫生、经济社会秩序和公民基本社会权利的公益服务,不能或不宜由市场配置资源的事业单位;公益二类,即面向全社会提供涉及人民群众普遍需求和经济社会发展需要的公益服务,可部分实现由市场配置资源的事业单位;公益三类,即提供的服务具有一定公益属性,可基本实现由市场配置资源的事业单位。普通高中由于服务对象的不特定性而具有公益性,其属于从事公益服务的事业单位是十分确定的。2006年人事部、财政部、教育部印发的《中小学贯彻〈事业单位人员收入分配制度改革方案〉的实施意见》规定:"中小学收入分配制度改革所需经费,按现行财政体制和单位隶属关系,分别由中央财政和地方财政负担。"由于此处的"中小学"没有区分义务教育学校与普通高中,依此规定也可以理解为普通高中工作人员收入分配制度改革所需经费由政府全部承担,不需要由市场进行配置。但是本书认为,普通高中不适用于划归为公益一类事业单位,而应该划归为公益二类事业单位,理由如下:

从理论而言,普通高中教育属于准公共物品,政府仅对保障普通高中教育发展所需经费承担部分责任。保罗·萨缪尔森在1954年出版的《公共支出纯理论》中将纯公共物品定义为每个人消费这种物品不会导致别人对该种物品消费的减少的物品[①],并根据此定义概括出了纯公共物品的两个基本特征:效用的非排他性

---

① 沈满洪、谢慧明:《公共物品问题及其解决思路——公共物品理论文献综述》,载于《浙江大学学报(人文社会科学版)》2009年第10期,第133~144页。

和消费的非竞争性。效用的非排他性指物品只能作为一个整体进行提供，不能被分割为若干单位分别进行提供。消费的非竞争性指在一定条件下，增加一个消费者不会减少其他消费者对该物品的消费量。现实生活中的大量物品仅具有纯公共物品的部分特征，学者通常将仅具有纯公共物品部分特征的物品称为准公共物品。就普通高中教育而言，在现代社会，受教育者接受普通高中教育都是在学校和班级里完成的，因此在不超出某一学校或班级招生数量的条件下，一个人接受普通高中教育并不影响其他人也在该校或班级接受普通高中教育，也不需要学校增加教师数量和设施设备，此时普通高中教育具有效用的非排他性和消费的非竞争性。但当需要接受普通高中教育的人超过某一学校或班级的招生数量时，一个人接受普通高中教育就会影响其他人也进入该学校或班级接受普通高中教育，为了保证教育质量就需要增加相应的教师和设施设备，普通高中教育就具有了一定的效用的排他性和消费的竞争性，所以普通高中教育属于准公共物品。物品的属性决定了该物品是否应该由政府提供以及政府在提供该物品时的责任大小，普通高中教育准公共物品的属性决定了政府应该负责提供普通高中教育，但政府对提供普通高中教育仅承担部分责任。

从现实而言，普通高中具备从市场获取资源的条件，可以从市场获取一定资源。普通高中主要通过三种方式从市场获取资源：第一，利用学校的技术、后勤生活服务设施和教职工为社会提供有偿服务获得收入；第二，通过后勤社会化——将学校的食堂、门面房等后勤业务承包给市场主体而向其收取一定承包费用的方式获得收入；第三，普通高中尤其是优质普通高中利用自筹资金开办印刷厂、养殖场等校办产业，通过校办产业创收的方式获得收入。从整体上看，我国普通高中普遍能够从市场获取一定的资源。

由于普通高中应该划归为公益二类事业单位，因此其实施绩效工资所需的经费相应地应该由政府和普通高中共同负担。普通高中教育属于基础性教育，接受普通高中教育不但对受教育者的发展发挥着基础性作用，而且受教育者素质的提高对整个社会的稳定和发展也发挥着重要作用，因此说普通高中教育具有较强的正外部性，普通高中教育属于偏向于纯公共物品的准公共物品，这就要求政府承担实施绩效工资所需经费的主要责任。同时，除少数优质普通高中外，多数普通高中从市场获取资源的能力比较弱，这也在客观上决定了普通高中仅能承担实施绩效工资所需经费的次要责任。确定政府和普通高中承担实施绩效工资所需经费的具体比例应该以普通高中从市场获取资源的能力为重要依据，因为普通高中承担的筹集实施绩效工资所需经费的任务如果超出其从市场获取资源的能力的话，普通高中很可能甚至只能通过挪用公用经费或者乱收费来完成其承担的任务，这一点已在我们的调研中得到了证实。

（二）教育主管部门核定绩效工资总量时应该向两头倾斜

根据《中小学贯彻〈事业单位人员收入分配制度改革方案〉的实施意见》的规定，此次绩效工资改革，在人事、财政部门按照本地区中小学的实际情况确定本地区的绩效工资总量之后，本地区的绩效工资总量需要经历两次分配，第一次是由教育主管部门根据一定的标准核定各所普通高中的绩效工资总量，第二次是在教育主管部门核定的绩效工资总量之内，各所普通高中根据本学校的实际情况向本校教师自主分配绩效工资。可见，各所普通高中获得的绩效工资总量在一定程度上决定着教师个人获得绩效工资的多少，实施绩效工资必须解决教育主管部门核定各所普通高中绩效工资总量时的标准问题。

随着党和国家对高中教育的高度重视和我国经济发展水平的不断提高，接受高中教育的人数不断增加，2016 年高中教育阶段的在校学生 3 970.06 万人，高中阶段毛入学率已经达到 87.5%①，高中教育已经达到了普及水平。而且《国家中长期教育改革和发展规划纲要（2010～2020 年）》规定的战略目标是高中阶段的毛入学率在 2020 年力争达到 90%，高中教育在 2020 年将达到更高水平的普及。高中教育达到普及水平之后，高中教育就不能再按照精英教育模式进行发展。精英教育模式主要体现在具有升学功能的普通高中教育上，具体表现为将普通高中教育的目标定位于为高等学校选拔精英人才，这是一种为了保证少数精英的发展而牺牲多数受教育者发展的模式。高中教育达到普及水平要求普通高中教育要照顾到多数受教育者的发展需求，从而保障受教育者接受普通高中教育机会的平等。从高中教育阶段受教育者的基本特征来看，由于《中华人民共和国义务教育法》将儿童接受义务教育的年龄规定为六周岁，接受义务教育的年限为九年，这就意味着接受普通高中教育者处于 15～18 周岁，在这个年龄阶段，受教育者的学习能力和个人兴趣等个性特征已经基本展现出来。由于每一个受教育者在学习能力和个人兴趣等方面存在一定的差别，这就决定了受教育者在总体上对普通高中教育具有多样化的需求。为了满足受教育者的多样化需求，普通高中需要进行特色化发展，形成多样化的发展格局。可以说，普通高中教育接受者享有的平等的受教育机会是一种实质平等的受教育机会。② 但是，从英国和日本普通高中多样化发展的实践来看，普通高中的多样化发展会自然形成普通高中之间的

---

① 教育部：《2016 年全国教育事业发展统计公报》，http：//www.moe.gov.cn/jyb_sjzl/sjzl_fztjgb/201707/t20170710_309042.html.
② 霍益萍：《试论我国普通高中转型发展中的几个根本问题》，载于《教育理论与实践》2009 年第 3 期，第 34～37 页。

等级化。① 如果任由该种等级化的普通高中格局长期存在就会导致一些普通高中的办学条件较差和教育质量低下，这些办学条件较差和教育质量低下的普通高中的存在又会损害受教育者接受普通高中教育机会的形式平等。为了保障受教育者接受普通高中教育机会的形式平等，国家应该制定普通高中办学条件和教育质量的基本标准，保证所有普通高中的办学条件和教育质量达到国家规定的基本标准。

我国普通高中发展的现实状况是，长期实行的精英教育政策一方面导致了普通高中应试教育和办学模式趋同现象严重，另一方面作为精英教育政策组成部分的重点普通高中政策导致了一批薄弱普通高中的存在。为了改变普通高中应试教育和办学模式趋同严重的现象，形成普通高中多样化的发展格局，基于普通高中在办学条件和教育质量方面存在一定差距的事实，现有政策采取了通过示范性普通高中首先形成办学特色并在其示范之下带动其他普通高中也形成办学特色的制度设计。可见，对于示范性普通高中而言，示范性是该类普通高中存在的合法性基础，"示范性"则主要表现为普通高中办学的特色化。示范性普通高中办学特色的形成需要以教师的创造性劳动为必要条件。劳动可以分为简单劳动和复杂劳动，创造性劳动属于复杂劳动，而且是复杂劳动中层次最高的劳动。示范性普通高中教师为形成学校特色而进行的创造性劳动高于一般教师在教育教学活动中付出的劳动，出于对该创造性劳动的尊重，教育主管部门在核定绩效工资总量时应该向示范性普通高中进行倾斜。如果示范性普通高中没有在形成学校特色方面做出贡献，换句话说，示范性普通高中教师没有为形成学校特色付出创造性劳动，教育主管部门在核定绩效工资总量时就不应该向示范性普通高中进行倾斜。由于示范性普通高中并不一定持续地在形成学校特色方面做出贡献，因此教育主管部门在核定绩效工资总量时向示范性普通高中进行倾斜的状态就是非持续性的、间断性的。在此意义上，教育主管部门在核定绩效工资总量时向示范性普通高中进行倾斜，并更多地具有对示范性普通高中进行奖励的性质。薄弱普通高中是重点普通高中的伴生物，简单地说，薄弱普通高中就是办学条件较差和教育质量较低的普通高中。虽然我国薄弱普通高中与英国、日本办学条件和教育质量较差普通高中产生的原因不同，但是我国薄弱普通高中的存在必然损害受教育者受教育机会的形式平等，要求政府必须保证薄弱普通高中在办学条件和教育质量方面达到一定标准。教师是学校尤其是薄弱学校发展的关键要素，如何吸引优秀教师到薄弱普通高中工作是改善薄弱普通高中的办学条件和提高教育质量的核心问题。经济条件是绝大多数人在选择工作时考虑的一个重要因素，在同一区（县）的基本工资实行统一标准的前提下，教育主管部门在核定各所普通高中的绩效工资总量

---

① 李其龙、张德伟：《普通高中教育发展国际比较研究》，教育科学出版社 2008 年版，第 189 页。

时向薄弱普通高中倾斜有利于促进优秀教师到薄弱普通高中工作。由于薄弱普通高中的办学条件和教育质量必须达到一定标准，教育主管部门在核定绩效工资总量时对薄弱普通高中的倾斜也应该从现在开始一直持续到薄弱普通高中的办学条件和教育质量达到一定标准为止，在此期间不能间断。可以说，教育主管部门在核定绩效工资总量时向薄弱普通高中的倾斜具有补偿的性质。

（三）升学率可以作为绩效考核的内容

普通高中实施绩效工资的主要目的是对教师形成激励，从而提高教师工作的积极性，但是应该在哪些方面对教师进行激励，换句话说，应该将哪些内容作为绩效考核的内容则需要根据普通高中教育的功能进行确定，毕竟对教师进行激励的最终目的是保证普通高中教育功能更好的发挥。升学率是否可以作为绩效考核的内容也取决于普通高中教育的功能定位。

从全球视野来看，高中教育的功能在教育史上发生过两次变化。高中教育最早诞生于1802年的法国，在诞生之后相当长的历史时期内，高中教育的功能定位就是大学预备教育（即升学功能），纯粹为大学输送合格的人才。当时人们评价高中教育的唯一标准就是高中为大学输送了多少合格人才。随着市场经济的大力发展，市场需要大量高质量的劳动力，为了满足市场需求，加之高中教育在第二次世界大战之后在一些国家已经得到普及，很多国家对高中教育的功能做了重新定位。高中教育除了继续保留升学功能之外，还要发挥向市场提供合格劳动者的功能（即就业功能）。由于升学和就业的双重功能定位过于强调高中教育的社会本位，忽略了高中教育接受者本人个性的全面发展，在新人本主义思潮和终身教育思潮的影响之下，很多国家均强调高中教育应该具有"育人"的功能，即高中教育具有形成受教育者的健全人格的功能（即全人功能）。至此，高中教育同时具有"升学、就业和全人"三种功能。① 从高中教育功能的历史演变来看，升学始终是高中教育的一项功能。有学者甚至认为，在高中教育承担的诸项功能中，升学功能是中心，高中教育集中承担了学校教育体制的选拔和分流的功能。② 如果我们从高中教育在整个学制结构中所处的位置来看，高中教育始终具有升学功能的现象也不难理解，毕竟高中教育处于承上启下的阶段，是连接义务教育和高等教育的纽带，这就决定了高中教育必须具有为高等学校输送合格人才的功能。

---

① 卢立涛：《全球视野下高中教育的性质、定位和功能》，载于《外国教育研究》2007年第4期，第35~38页。

② ［日］藤田英典著，张琼华译：《走出教育改革的误区》，人民教育出版社2001年版，第55页。

我国的高中教育是在国家危亡的背景下、在借鉴发达国家发展高中教育经验的基础上发展起来的，其功能经历了与发达国家的高中教育功能不太相同的演变过程。在清末新政时期，作为中国近代由中央政府颁布并首次在全国得到实施的"癸卯学制"就包含了相当于现代普通高中和中等职业学校的中学堂和中等实业学堂，中学堂发挥升学的功能，中等实业学堂发挥就业的功能。此种升学和就业功能分别由不同类型的高中教育承担的模式一直延续到了中华人民共和国成立之后。自20世纪80年代后期，素质教育被大力提倡，高中教育除了承担升学和就业的功能之外还要承担"全人"功能。可见，在我国高中教育功能的历史演变中，升学也始终是高中教育的一项功能。我国的特殊之处在于，升学和就业的功能在高中教育产生之初就分别由普通高中教育和中等职业教育承担。目前普通高中教育和中等职业教育的招生比例已经趋向于相当，在此背景下升学功能更应该由普通高中教育来承担。

此外，《中华人民共和国教育法》第二十八条规定学校享有招收学生的权利，该规定肯定了高等学校具有招收学生的权利。《中华人民共和国高等教育法》第十九条规定，"高级中等教育毕业或者具有同等学力的，经考试合格，由实施相应学历教育的高等学校录取，取得专科生或者本科生入学资格"，该规定明确了普通高中毕业生可以通过考试的方式升入高等学校。可以说，上述两部法律间接肯定了升学是普通高中教育的一项功能。

综上所述，无论从高中教育功能的历史演变还是从现行法律规定来看升学率都应该作为普通高中绩效考核的内容。一些学者之所以不主张将升学率作为绩效考核的内容，主要是担心将升学率作为绩效考核的内容会加重普通高中片面追求升学率的后果。如果从普通高中教育功能演变的历史来看，片面追求升学率实际上是将普通高中教育功能简化为仅有"升学"一项功能，此种做法显然与当前普通高中教育的功能定位相悖，因此说，上述担心确实存在一定的道理。但是，不能片面追求升学率并不意味着升学率不能作为普通高中绩效考核的内容，毕竟升学是普通高中教育的一项基本功能，不将升学率作为普通高中绩效考核的内容在一定程度上会影响普通高中教育升学功能的发挥。为了既让普通高中教育发挥升学功能又防止片面追求升学率现象的出现，从绩效考核内容设计的角度而言我们至少应该做到以下两点：第一，除了将升学率作为普通高中绩效考核的内容之外，还需要按照普通高中教育的"全人"功能设计其他绩效考核内容；第二，赋予升学率在绩效考核内容中适当的比例，鉴于片面追求升学率的现象比较严重和素质教育的开展并不顺利的现实，升学率在绩效考核内容中应该被赋予相对小的比例。

第三节　实施绩效工资的程序性问题

《指导意见》规定,"学校制定绩效工资分配办法要充分发扬民主,广泛征求教职工的意见。分配办法由学校领导班子集体研究后,报教育主管部门批准,并在本校公开"。此处的"绩效工资分配办法"实际上仅指奖励性绩效工资的分配办法,因为《指导意见》还规定,绩效工资分为基础性和奖励性两部分,基础性绩效工资的具体项目和标准由县级以上人民政府人事、财政、教育部门确定,奖励性绩效工资的分配办法由义务教育学校制定。

一、制定绩效工资分配办法中的问题

简单地说,法律程序是法律主体作出法律行为的过程中所遵循的步骤和顺序。在步骤和顺序的关系上,顺序是表示各步骤发生先后的概念,在此意义上,步骤更为重要。义务教育学校制定绩效工资分配办法也需要遵循一定的步骤和顺序。以具体目的的不同可以将《指导意见》对制定绩效工资分配办法的规定划分为以下几个步骤:征求教职工意见—学校领导班子集体研究—教育主管部门批准—公开批准后的分配办法。这是制定绩效工资分配办法的完整的步骤,在这些步骤中,学校制定绩效工资分配办法的步骤只包括征求教职工意见和学校领导班子集体研究。

根据程序理论,主体制定、规定或作出重大决议一般应遵循征求意见、提出方案、审议方案和决定方案四个步骤。义务教育学校在制定绩效工资分配办法时,也应该遵循此四个步骤,因为学校在制定绩效工资分配办法的过程中也存在一个决定环节。虽然教育主管部门拥有批准权,不经教育主管部门的批准绩效工资分配办法不能发生效力,但是教育主管部门批准的对象是学校制定的绩效工资分配办法,绩效工资分配办法首先是学校内部决定的结果。具体而言,学校在制定绩效工资分配办法时应该做到:让教师、管理人员和工勤人员提出意见并将意见收集在一起;由于教师、管理人员和工勤人员的立场不同,提出的意见存在差异,需要在整合不同意见的基础上提出绩效工资分配办法的方案;各主体审议提出的方案是否充分反映了各主体的意见;在审议的基础上对方案进行决定。《指导意见》规定的义务教育学校制定绩效工资分配办法过程中缺少了提出方案和审议方案两个步骤,集体研究决定步骤将提出方案、审议方案和决定方案三个步骤

简化为一个步骤。义务教育学校制定绩效工资分配办法时在征求教职工的意见之后即进入集体研究决定阶段，由此可能造成的结果是，由于缺少教职工对绩效工资分配方案进行审议而导致集权的产生。

在制定绩效工资分配办法的过程中保证教职工充分表达自己的意见发挥着重要作用，而教职工充分表达意见的必要条件是将与绩效工资相关的校务公开。校务公开是教职工知情的前提，教职工只有知道了相关信息才能够参与制定绩效工资分配办法的讨论并提出意见。《指导意见》仅规定将教育主管部门批准之后的绩效工资分配办法在义务教育学校公开，并没有规定学校在制定绩效工资分配办法过程中将相关信息公开。教职工如果对批准后的绩效工资分配办法不满意，只能通过申诉等事后救济途径进行救济，从而增加了救济的成本。

二、完善制定绩效工资分配办法的制度设计

正当的程序对义务教育学校制定绩效工资分配办法具有重要意义。一方面，根据程序正义和实体正义关系的法理，程序正义有助于实体正义的实现，正当的程序有利于保证绩效工资分配办法内容的公平。另一方面，就程序正义对义务教育学校教职工心理产生的影响而言，根据美国学者约翰·蒂伯和劳伦斯·沃克运用社会心理学方法的研究结论，"程序正义对于当事人对结果的满意程度有密切的影响，即使结果对他们不利"。由此可见，正当的程序可以增强教职工对绩效工资分配办法的认可度，为分配办法的顺利实施奠定基础。

正如上文所述，义务教育学校在制定绩效工资分配办法的步骤上存在缺陷。合理的做法是，在征求教职工的意见和校务委员会集体研究决定两个步骤之间，增加绩效工资分配办法方案的提出和方案的审议两个步骤。只有增加这两个步骤，才可以保证教职工与义务教育学校的当权者进行理性的对话和讨论，防止集权和恣意的出现。

另外，义务教育学校应该在制定绩效工资分配办法的过程中将相关信息向教职工公开，具体而言，公开以下内容：有关绩效工资的政策依据和本单位的现实状况，教职工关于绩效工资分配办法的意见和建议以及对教职工意见和建议的处理情况。

第十章

教师社会经济地位与教师职业道德

教师的社会经济地位决定了教师作为一种具有不可替代性的专门职业,不仅需要经过专门的培养,而且需要职业道德的规范才能胜任。

在我国,根据1993年《教师法》的规定,公民在取得教师资格证书并获得教师职位后,其身份就是履行教育教学职责的专业人员,相对于1993年之前的做法,《教师法》的这一规定从根本上改变了教师职业的性质和地位。因为在1993年之前,教师职位的审批权在政府人事管理部门,师范院校或其他高等院校的毕业生经由政府人事部门分配到学校,经任命后即获得国家干部的身份,并由政府人事管理部门适用国家干部的管理制度对教师进行管理和任用。因此在政府和教师之间构成的是行政机关与公职人员之间的纵向型隶属关系,即行政法律关系。教师作为国家干部,其工资待遇根据其职务级别所对应的干部级别标准统一确定,教师调动纳入干部人事计划,须经行政机关的批准,教师职务的确定或提升须报行政机关备案或批准。其他有关教师的职责、考核、奖惩及退休等事项,也都充分体现了教师职业的公务性质。然而《教师法》的规定使上述纵向型的行政法律关系开始发生改变。《教师法》第十七条规定"学校和其他教育机构应当逐步实行教师聘任制。教师的聘任应当遵循双方地位平等的原则,由学校和教师签订聘任合同,明确规定双方的权利、义务和责任"。这意味着政府与教师之间的纵向型行政法律关系已经开始变化,学校与教师之间出现了横向型的民事法律关系,这一变化导致了一系列新问题,不仅涉及教师的法律身份及地位,而且涉及教师与政府、学校、学生的关系,涉及教师的权利和义务、资格任用以及工资待遇等。甚至在教师的权利受到侵害时,其寻求救济的途径和方式也由此发生变化。这表明，仅仅依靠以往的教师管理办法已很难适应教师地位的这一变化。对于专业人员的教师而言，职业道德是对其进行职业规范的重要手段之一，对加强教师管理、提高教育教学质量、促进我国教育事业发展具有多方面的价值。

第一节 教师职业道德的含义与性质

一、教师职业道德的含义

职业道德是公民道德规范在社会职业生活中的具体体现，是与人们的职业活动相联系的、体现职业特点要求的相关品德、纪律、专业胜任能力以及职业责任的总称。教师职业道德是对教师职业的特殊道德要求，是教师从事教育教学活动时应予遵循的行为规范和必备的品德，是对教师应以怎样的思想、感情、态度和操守去做好本职工作所作出的道义性规定。

职业道德是公民道德规范的有机组成部分，是公民道德在职业生活中的具体体现，是与人们的职业活动相联系的、符合职业特点要求的职业品德、职业纪律、专业胜任能力及职业责任等的总称。职业道德规范既是对本行业人员在职业活动中的行为要求，同时又是该职业对社会所负的道德责任与义务。教师职业道德是教师在从事教育工作时应予遵循的行为规范和必备的品德，是对教师应以怎样的思想、感情、态度和操守去做好本职工作所作出的道义性规定，是调整教师与国家、社会、同行、学生、学校领导、学生家长以及其他相关方面关系的重要手段。

教师职业道德是教师行业的特殊道德要求，是教师在从事教育教学、科学研究和社会服务等职业活动中应当遵循的行为规范和道德要求，是调整教师与学生、教师群体、社会之间相互关系的标准、原则和要求的总和。作为一种客观的社会要求和人们的主观意识相统一的结果，教师职业道德的客观性内容来源于这些规范得以存在的社会基础，如教育的使命、目的、任务，社会经济、政治、文化发展对教师的道德要求；而教师职业道德的主观性内容，则是教师作为道德主体，以主体的方式在把握这种社会客观要求的基础上，在教育教学实践中形成的道德意识、道德信念、道德品质等。由于社会历史因素的变化，主体因素的变动，道德规范的内容具有稳定性和发展性特征。教师职业道德是教师道德内容的表现形式，通过道德规范的功能对教师的道德行为、意识和品质产生影响。由于教师职业道德的内容具有客观性，在师德标准的制订上随意化。同时，由于教师工作性质、内容和环境的差异性，其职业道德内容具有差异性，师德标准不能绝对化。由于教师职业具有典型的专业性质，因此规范教师职业行为的道德规范属于专业道德，与规范教师的其他道德规范如社会公德和家庭道德等既相联系又相区别。教师职业道德和其他职业道德与社会公德、家庭美德的联系在于，不同功能的道德规范共同构成了有关教师的道德体系。作为一个个体，教师在公共生活、家庭生活等领域中的道德表现是其整体道德水平的综合反映，会无形地影响教师的职业道德，但是与社会公德、家庭道德调整的具体对象不同，教师职业道德调整的主要是在教育教学、科学研究、社会服务过程中的人与人、人与事关系，其基本要求是爱国守法、敬业爱生、教书育人、严谨治学、服务社会、为人师表等。

作为一种职业道德规范，教师职业道德与其他社会道德既有联系又有区别。从社会期望来看，由于教师的特殊社会地位决定了其社会责任要远重于社会的其他许多职业。教师是知识、技能、文化、价值的传承者，对一个人的成长发展起着重要的促进作用，因此人们对教师职业有着更高的道德要求，即要求从事教师职业者应信守教师职业所必须坚持的价值追求和道德准则，以自己的良知和自律影响学生及其家庭乃至整个社会，助推社会的进步。

教师职业道德的上述特点，决定了该道德规范在性质上的复杂性。任一社会，为了保证社会关系的和谐稳定，都要通过各种社会规范对人们的行为作出必要的约束。这些规范包括道德的、法律的、行政的、宗教的、行业的、组织的等，不同的社会规范起着各自不同的作用，并最终共同保障社会的和谐稳定。一般而言，教师职业道德是以善恶评价为标准，依靠社会舆论、传统习惯和内心信念的力量来影响和约束教师的职业行为的，因此教师职业道德具有道德规范的典型特征，主要表现为一种以自律为主要特征的社会规范。但是在某些情况下，教师职业道德又具有其他社会规范的某些性质，因而在性质上具有一定的复杂性。比如，为加强对教师的管理，教育行政管理部门可以依法制定教师职业道德方面的规范性要求，如教师职业纪律等，这时教师职业道德就会具有行政规范的自上而下的权威性、强制性特征。因此教师职业道德尽管是一种针对教师职业的道德要求，但从其实施的特点看，其兼具道德的、行政的、法律的、契约的等多重性质。因此教师职业道德需要教师自觉遵守来加以实施，同时也需要学校、教育行政部门和相关机构来保证实施。教师对职业道德的遵守一般属于自律机制，而学校、教育行政部门和相关机构为实施规范所采取的措施则属于他律机制。从保障规范有效实施的角度来看，他律机制应包括学校实施机制、教育行政实施机制、司法实施机制和其他实施机制等。为此，教师职业道德的实施应以自律为他律的基础，以他律为自律的保障，建立自律与他律相统一的制约机制。

教师职业道德作为专业道德，与其他各行各业职业道德的共同要求是"爱岗敬业、诚实守信、办事公道、服务群众、奉献社会"，对此教师同样应当做到。但从社会期望来看，由于教师的社会地位较高，社会责任重大，在社会中的影响作用也远胜于一般职业，因此人们对教师有着更高的道德要求。但是不同几类学校教师在职业道德的要求上又有着职业上的差异性，虽然所有教师都承担着教书育人、科学研究、为社会服务等职责，但是高等学校与中小学的教育教学任务不同，教书育人方式也不一样。所以，针对教师的职业特点，师德除了应有一般的道德要求之外，还要针对不同学校教师在政治素养、思想观念、社会责任感等方面有不同的要求。

教师职业道德具有的价值主要体现于如下三个方面：

首先，教师职业道德具有导向价值。教师道德建设是一项事关高等教育事业全局及其未来发展的基业，必须有制度保证才能真正落实。长期以来，由于缺少统一的师德规范，使得我国师德建设流于空泛号召和自行其是。加强教师职业道德规范建设就是要引起高校管理者和广大教师的重视，使高校职业道德建设得到认真对待，形成对高校师德建设的社会共识，促进教师的自我修养。

其次，教师职业道德具有规范价值。在一段时间里，对于教师中存在的种种败德现象，因缺乏有效的规章制度和约束机制，使得学校管理者常常感到无所适从和行所失据。处理某些败德行为，既无适用的法律规范，也无必要的道德规范，管理工作非常棘手。教师职业道德规范的建设有利于学校掌握聘用教师的道德标准，有利于完善师德考核评价制度和奖惩制度，进而推动教师队伍建设，保障学校教育教学秩序，促进学校改革和发展。

最后，教师职业道德具有激励价值。教师职业道德规范可以促进教师反思自己的教育行为，提高教育实践的道德自觉，从而激发广大教师以德从教的内在动力。颁布和实施《教师职业道德规范》，可以促进教师树立正确的教育观、专业观、职责观，摆正教师自己与职业的关系，与学生的关系，与学校的关系，与社会的关系。加强教师职业道德规范建设，可以促进广大教师珍视自己的职业价值，帮助他们锻造自己的职业角色、职业形象、职业人格。总之，教师职业道德规范可以帮助广大教师反思自我、理解职业、认清使命，进而积极地投入到神圣的教育事业之中。

二、教师职业道德的特征

目前我国教师职业道德还没有一个清晰的边界，存在着与教师活动中的经济、政治、法律、技术和语言等非道德规范相混淆，与公民道德规范、其他行业规范相混同，以及与中小学教师道德规范相混同等问题。因此，要保障教师道德规范设计的科学性，首先需要准确把握教师职业道德规范的性质和特点。

（一）教师职业道德具有多重性质

教师职业道德尽管是一种针对教师职业的道德要求，但从其实施的特点看，具有道德性、行政性、契约性等多重性质。

一般而言，教师职业道德是以善恶评价为标准，依靠社会舆论、传统习惯和内心信念的力量，来调整人们相互关系的行为准则和规范的总和，是教师在从事职业活动即教育教学、科学研究和社会服务过程中所应遵循的行为准则，以及与之相适应的道德观念、情操和品质。因此教师职业道德具有道德规范的典型特征，是一种依靠自律规范人们行为的社会规范。但是在某些情况下，教师职业道德又具有行政规范的性质。为了加强对教师的管理，教育行政管理部门以及高等学校可以依法提出教师职业方面的规范性要求，如教师职业纪律等，这时教师职业道德就会具有行政规范的自上而下的权威性、强制性特征。

但是，这些职业伦理道德规范必须限制在一定范围，不能法律化。因为教师职业道德与法律规范不具有通约性：（1）教师道德的核心问题是"善与恶"，而教师的法律问题是"权利、义务的保障与侵权"；（2）教师法律规范强调的是"允许"或"不允许"，体现的是国家意志，而高校教师道德规范强调的"应当"或"不应当"，体现的是高等教育行业和学校组织意志；（3）教师法律规范调整的是"外在行为"，对"侵权"行为具有外在强制性，而教师道德规范调节的是思想认识和内在行为，对违背道德的行为需要依靠舆论谴责、纪律处罚、自我反省来约束。此外，教师职业道德还具有契约性质，它是教师与组织之间的一种劳动或工作协议，具有相互承诺的特点。

（二）教师职业道德是一种专业伦理规范

教师是履行教育教学职责的专业人员，因此有着自己特殊的职业行为准则。而教师职业道德作为职业道德规范的特殊形式，应属专业道德范畴，与其他道德规范既相联系又相区别。

教师职业道德是公民道德规范的构成部分，公民道德主要由基本道德规范和社会公德规范、职业道德规范、家庭美德规范构成，涵盖了社会生活的各个领域，适用于不同社会群体，是每一个公民都应该遵守的行为准则。所有这些道德规范都有着共同的道德要求，即都以为人民服务为核心，以集体主义为原则，以爱祖国、爱人民、爱劳动、爱科学、爱社会主义为基本要求。教师在公共生活、家庭生活等领域中的道德表现是其整体道德水平的综合反映，会无形地影响其在职业生活中的表现。然而，高校师德有着与其他专业道德相区别的特质。虽然各行各业职业道德对从业者的共同要求是："爱岗敬业、诚实守信、办事公道、服务群众、奉献社会"，但是由于教师承担着培养高级专门人才，从事高深学问研究等职责，因此对教师在责任意识、敬业精神、服务能力等方面提出了更多和更高的要求。高校师德与中小学教师职业道德规范虽然同为教师道德，但二者同样也有联系又有区别。在《大同书》中，康有为按照幼教、小教、中教、高教不同层次，对教师素质分别提出了相应的职责要求和行为准则："德性慈祥，身体健康，资禀敏慧，有恒心而无倦心，有弄性而非方品者""学行并高，经验甚深""德性仁慈，威严端正，诲诱不倦""唯才德是视""行谊方正，德性仁明，文字广博，思悟妙通，而又诲人不倦，慈幼有恒""专学精深奥妙，实验有得"。① 由此可见，大中小学教师虽具有共同的教书育人职责，但是由于学生的身心发展特点不同，教书育人的方式也不一样。中小学承担的是基础教育任务，对教师科研要求主要集中在教学研究方面；高等学校本身还负有创造知识和服务社会的职能，因此对教师的科研要求不仅体现在教学研究上，还体现在专业研究方面。在对待学生方面，中小学教师的爱心主要体现在对其学习、生活的具体指导方面；学校教师的爱心则更多地体现在对学生学习、生活能力的培养方面。在依法执教方面，中小学教师的法律素质主要体现在对学生不打骂、不体罚、不讽刺、不挖苦等方面；而学校教师的法律素质则主要体现在如何处理好社会主义意识形态与教学纪律的关系。在育人要求上，中小学教师主要是帮助学生如何在思想道德方面做一个合格的公民；而教师除了帮助学生成为一个合格公民外，还要帮助学生成为具有职业才能和职业理想的劳动者。

（三）教师职业道德具有时代特征

教师职业道德是一个历史的、发展的概念，既有社会职业的普遍属性，又有民族文化特征和时代特征。如"为人师表""学而不厌""诲人不倦""以身作则"等，都是我国教师职业道德的师德传统，这些师德规范仍然值得发扬光大，但它们应当主要局限在人际伦理，特别是师生伦理方面。在今天，尽管我们依然要把这些师德作为核心规范来提倡和要求，但是教师职业道德规范应扩展到政治伦理、学术伦理、社会服务伦理等更为广泛的领域。所以，教师职业道德规范应增加新的内容，如热爱祖国，遵纪守法，诚实治学，团结协作，清正廉洁，求实创新，具有社会责任感，主动服务社会等。教师职业道德规范深深地打上了民

---

① 康有为：《大同书》，辽宁人民出版社1994年版，第245~256页。

族文化的烙印，同时随着学校职能的发展，对教师提出具有时代特点的专业道德要求。

（四）教师职业道德兼有专业性和公务性的双重性质

教师职业道德区别于其他职业道德之处在于它的专业性和公务性。

在我国，教师职业的专业性由于《教师法》的相关规定而被人们所关注，《教师法》第三条规定了教师职业的性质是"履行教育教学职责的专业人员"，从而改变了教师这一群体长期以来所具有的国家干部的法律性质，同时也使教师群体的职业行为发生了变化。教师职业的专业性质是由教师职业的基本职能决定的一种职业性质，表明教师职业是一种必须经过专门培养和培训才能胜任的专门性职业。教师的专业性要求从事教师职业的人必须经过系统的专业教育和训练，掌握专门的知识与技能，具备为确保本专业的独特性而必需的职业道德，树立为社会不特定人群服务的非营利观念，因而具有不可替代性。由此可见，专业性是教师职业道德的重要特征，具有特定的、不可替代的意义。为了保证这种专业性，教师必须不断地学习深造，拓展专业知识，加强自我修养，提高道德水平。

另外，由于教师是国家教育责任的具体担当者，教育本身所具有的公共产品属性需要通过教师的工作才得以实现，因此教师的职业特征除了专业性之外，还具有公务性质。《教师法》第三条所规定的教师的教育教学职责，相当一部分内容都是由国家通过法律、政策予以规定，而不是在学校和教师的合意性基础上协议产生的。因此，教师所实施的教育教学活动是一种具有公务性质的活动，具有典型的国家性（强制性和公益性）、连续性和稳定性等性质。

当然，教师活动的这种公务性与公务员的公务活动相比存在着根本的区别。由于教师的教育教学活动是一种精神领域中具有高度创造性和个体性的活动，在许多情况下要由教师个人做出独立的判断和行动，因此公务性质和专业性质并存是教师职业的重要特征。基于这种理解，必须对教师的职业行为提出更高的伦理道德要求，依据其专业性、公务性特征，具体规定教师职业不同性质的道德行为要求。

第二节 制定教师职业道德的基本依据

制定教师职业道德是现代社会发展以及现代教育发展对教师职业提出的新要求。因此制定教师职业道德反映了中国传统的优秀道德伦理文化内容，反映了现代学校的责任、使命和功能的客观要求，同时还反映了教师成长与发展的自身需求。

一、法律与政策依据

教师职业道德是依法制订的，反映了现行法律和政策对教师权利与义务的要求。

（一）国家相关法律中有关教师权利与义务的表述

法律对教师职业的要求主要体现在《中华人民共和国教师法》和《中华人民共和国高等教育法》（以下简称《高等教育法》）中。1993年10月31日第八届全国人民代表大会常务委员会第四次会议通过《中华人民共和国教师法》，目的是保障教师的合法权益，建设具有良好思想品德修养和业务素质的教师队伍，促进社会主义教育事业的发展。该法第七条规定了教师享有的权利，包括：（1）进行教育教学活动，开展教育教学改革和实验；（2）从事科学研究、学术交流，参加专业的学术团体，在学术活动中充分发表意见；（3）指导学生的学习和发展，评定学生的品行和学业成绩；（4）按时获取工资报酬，享受国家规定的福利待遇以及寒暑假期的带薪休假；（5）对学校教育教学、管理工作和教育行政部门的工作提出意见和建议，通过教职工代表大会或者其他形式，参与学校的民主管理；（6）参加进修或者其他方式的培训。该法第八条则明确规定了教师义务的具体内容：（1）遵守宪法、法律和职业道德，为人师表；（2）贯彻国家的教育方针，遵守规章制度，执行学校的教学计划，履行教师聘约，完成教育教学工作任务；（3）对学生进行宪法所确定的基本原则的教育和爱国主义、民族团结的教育，法制教育以及思想品德、文化、科学技术教育，组织、带领学生开展有益的社会活动；（4）关心、爱护全体学生，尊重学生人格，促进学生在品德、智力、体质等方面全面发展；（5）制止有害于学生的行为或者其他侵犯学生合法权益的行为，批评和抵制有害于学生健康成长的现象；（6）不断提高思想政治觉悟和教育教学业务水平。《高等教育法》第五章明确提出："高等学校的教师及其他教育工作者享有法律规定的权利，履行法律规定的义务，忠诚于人民的教育事业。""教授、副教授除应当具备以上基本任职条件外，还应当对本学科具有系统而坚实的基础理论和比较丰富的教学、科学研究经验，教学成绩显著，论文或者著作达到较高水平或者有突出的教学、科学研究成果。"高等学校的教师、管理人员和教学辅助人员及其他专业技术人员，应当以教学和培养人才为中心做好本职工作。以上有关教师的权利与义务的规定为制定教师职业道德规范提供了法律依据。

（二）教育部的政策、规章中有关教师职业道德的表述

有关教师职业道德的政策与规章，是法律的具体化和细化，它们从教师的教学、科研、学生管理等职责上对教师道德提出了更为具体的要求。

2010年发布的《国家中长期教育改革和发展规划纲要（2010～2020年）》第十七章第五十二条提出：师德建设的目的是"加强教师职业理想和职业道德教育，增强广大教师教书育人的责任感和使命感"；同时提出了师德规范的内容："关爱学生，严谨笃学，淡泊名利，自尊自律，以人格魅力和学识魅力教育感染学生，做学生健康成长的指导者和引路人"。同时，还提出了师德建设的若干具体措施："将师德表现作为教师考核、聘任（聘用）和评价的首要内容""采取综合措施，建立长效机制，形成良好学术道德和学术风气，克服学术浮躁，查处学术不端行为。"

2011年4月24日，胡锦涛同志在清华大学百年校庆上发表了重要讲话，提出加强教师队伍建设是教育事业发展"最重要的基础工作"。其中，加强师德建设，培养高尚师德，既是学生成长的需要，也是建设高素质教师队伍的首要任务。胡锦涛同志从教师根本任务和职业责任角度提出了"立德树人、教书育人"的总要求，并从高等学校肩负的人才培养、科学研究、社会服务和文化传承创新使命的高度，对教师职业道德提出了具体要求。胡锦涛同志在清华大学百年校庆上关于师德建设的讲话精神，是教育改革与发展新阶段教师职业道德规范建设的行动指南，对加强师德建设具有重要的指导意义。

此外，《关于新时期加强高等学校教师队伍建设的意见》（1999年），提出了师德建设的主要内容包括思想政治素质、职业理想和职业道德。通过教育宣传提高教师思想素质以及完善奖惩制度，提高待遇保障等方法来加强师德建设。

《关于加强学术道德建设的若干意见》指出，加强和改进师德建设的具体任务为：提高教师的思想政治素质；树立正确的教师职业理想；提高教师的职业道德水平；着力解决师德建设中的突出问题；积极推进师德建设工作改进创新。包括端正学术风气，加强学术道德建设的基本要求：增强献身科教、服务社会的历史使命感和社会责任感；坚持实事求是的科学精神和严谨的治学态度；树立法制观念，保护知识产权、尊重他人劳动和权益；认真履行职责，维护学术评价的客观公正。为人师表、言传身教，加强对青年学生进行学术道德教育。

《高等学校哲学社会科学研究学术规范（试行）》对于教师的科研工作提出了学术道德要求。它不仅要求提高教师的思想认识，例如树立法制观念，还对教师的研究行为进行了明确规范；同时，还提出完善人事考核制度、建立学术惩戒处罚制度、加强学历文凭和学位证书等管理要求。

《关于树立社会主义荣辱观进一步加强学术道德建设的意见》（2006年）具体提出了加强学术道德的措施，例如，加强自律，维护学者和学术尊严；建章立制，为加强学术道德建设，提供制度保障；加强领导，把学术道德建设落到实处。

二、制定教师职业道德是教师职业的内在要求

教师职业道德的适用对象是学校教师。制订教师职业道德规范，体现了教师职业的本质特征和教师的基本任务，这些是制订教师职业道德规范的内在依据。

首先，教师职业具有专业性。教师职业的专业性是指教师职业是一种专门性职业。而教师则除了职业的专业性之外，还有知识的专业性。教师职业的专业性是由学校培养专业人才的基本职能决定的，教师必须经过专门的培养和培训才能胜任。1993年《教师法》就已经从法律上规定，"教师是履行教育教学职责的专业人员"。《高等教育法》第四十六条规定："高等学校实行教师资格制度。中国公民凡遵守宪法和法律，热爱教育事业，具有良好的思想品德，具备研究生或者本科毕业学历，有相应的教育教学能力，经认定合格，可以取得高等学校教师资格。"为了保持专业性，教师必须不断地学习深造，进行自我修养，提高道德水平、拓展专业知识，创新教学内容和方法。"高等学校应当对教师、管理人员和教学辅助人员及其他专业技术人员的思想政治表现、职业道德、业务水平和工作实绩进行考核，考核结果作为聘任或者解聘、晋升、奖励或者处分的依据。"可见，教师的专业性对教师职业道德提出了特殊要求。如果从法律的视角来研究，教师专业性问题则属于教师的专业地位和专业自主权问题。根据《教师法》第七条的规定，教师依法享有专业自主权，包括教育教学、学术研究、对学生指导评价和自身进修培训等方面。《高等教育法》具体规定了对教师专业自主权的保护，如第四十八条规定：高等学校的教师的聘任，应当遵循双方平等自愿的原则。第五十条规定：国家保护高等学校教师及其他教育工作者的合法权益，采取措施改善高等学校教师及其他教育工作者的工作条件和生活条件。第五十一条规定：高等学校应当为教师参加培训、开展科学研究和进行学术交流提供便利条件。教师的专业发展是以保障其专业自主权为前提条件的。因此，教师职业道德建设，也必须尊重教师的专业自主权。

其次，教师职业具有学术性。教师职业的学术性是指由于学科知识传承和创新的需要而具有的研究性、创造性，是教师不同于中小学教师的典型特征。教师必须是某一学科的专家，学术研究工作赋予了教师以某种专业权力和一定的学术自由，同时也要求他们遵守学术规范。从专业特性入手加强我国教师职业规范的建设，首先需要保障教师创造学术知识和传递学术知识这两大核心专业任务的落

实。同时，注重协调教师作为学术人员与作为社会成员，在专业工作中负有的不同的伦理道德责任。应当在尊重教师的学术自由、为其学术研究提供充分空间的前提下，规定出其专业行为的伦理道德边界，从而真正促进教师的专业发展，提高高等院校的办学质量。为此，应当要求教师崇尚科学、追求真理、求实创新；同时要求教师遵从学术规范，严谨治学，恪守学术伦理道德规范。

最后，教师职业具有公职性。教师职业的公职性源于教育及其学校组织的公共性。我国教育的主体是国家举办、管理和监督的公共事业，教师根据法律规定的培养目标和教育标准实施教育活动，执行的是国家的教育公务。《教师法》规定的教师教育教学职责，实质上是一种具有公务性质的职责。因此，教师是具有公职性质的专业人员。基于这种理解，教师的教育教学行为必须从法律上加以规范，爱国守法是教师职业伦理道德规范的应有之义；此外，由于教师在国家公务活动中处于较高的层级，所以必须对教师的职业行为提出更高的伦理道德要求。

教师职业道德应当在确定教师法律身份的基础上，依据其专业性、学术性、公务性特征，具体规定教师不同性质的权利和义务。由于目前我国教师的身份与地位，根据《教师法》的规定应定性为履行教育教学职责的专业人员，这一法律规定对教师的权利和义务有直接的影响。由于学校教师既不是公务员，也不是自由职业者，而是在学校中从事教育教学工作、履行教育教学职责的专业人员，为此应当依据这一法律身份而获得其特有的权利和义务。增强行业道德自律性，维护教师的合法权益，是教师职业道德规范建设的前提和基础。

三、制定教师职业道德是教育发展的客观要求

教师职业道德具有时代性，不仅反映教育发展的客观需要，还要体现社会发展对教师的现实要求。

（一）加强教师职业道德建设是教育发展的需要

我国目前教师职业道德的总体状况良好，广大教师表现出良好的师德，工作尽职尽责，注重为人师表，职业认同感不断增强。但是，教师也存在着一些弱化、虚化、淡化师德的消极现象，师德建设还有待加强。主要表现如下：职业理想信念缺失，爱岗敬业精神弱化，教书育人思想淡化，为人师表意识淡薄，关爱学生成长不够，治学态度不够严谨，学术功利化严重，等等。这些问题虽非主流，但危害性很大，它腐蚀着教师的群体道德，损害了教师的社会形象，并对学生的健康成长和教育发展造成了消极影响。提高教育质量，培养更多优秀人才是现代学校的使命，而承担这一使命的主要是教师。教师的专业能力、学术水平和

良好的道德素质是实现这一使命的关键。因此,加强和改进师德建设是一项刻不容缓的紧迫任务。

(二) 加强学生思想道德教育的迫切需要

随着改革开放事业的不断扩大,我国教育面临着一系列新的挑战,学生思想状况也出现了不同以往的新特点和新问题。教育的根本任务是培养人才,学生健康成长是学校一切工作的出发点和落脚点,学生品性是社会良心的最后堡垒。广大教师是教育教学的主体,他们的理想信念、思想政治素质和职业道德水平直接关系到学生的健康成长。立德树人、教书育人,"关爱学生、严谨笃学、淡泊名利、自尊自律""以高尚师德、人格魅力、学识风范教育感染学生,做学生健康成长的指导者和引路人",是国家赋予教师的神圣使命和重大职责。

(三) 教育全面履行社会职责的迫切需要

现代教育肩负着人才培养、科学研究、社会服务和文化传承创新等重大使命。现代教育的功能对教师提出了更高更新的道德要求。要全面提高教育质量,使人才培养、科学研究和社会服务整体水平显著提升,要充分发挥学校在文化传承创新中的作用,就必须大力提高教师的职业道德水平。

四、制定教师职业道德是对古今中外经验的总结

为了普遍提高教师职业道德水平,世界各国都十分重视师德建设,并积极出台有关政策措施,推进教师的职业道德规范建设。我国要加强教师的职业道德规范建设,就必须以开放的心态和视野,研究和借鉴国外的实践经验。因此,总结梳理古今中外教师职业道德,是制定我国教师职业道德的重要参照。

在国外,尤其是发达国家,普遍重视制定具体的教师职业道德,以保证教师在职业道德习惯养成上和社会对教师行为评价上有规可依,有章可循。建立教师职业伦理规范具有世界性,20 世纪以后,许多国家都把研究和制定教师职业道德以及提高教师的职业道德素质当作一项重要任务来看待和实践。其中,美国在教师专业伦理研究中取得了比较成功的经验。早在 1896 年,美国佐治亚州教师协会就颁布了教师专业伦理规范,随后,各州相继仿效。1929 年,美国通过了"教学专业伦理规范",1941 年和 1952 年进行了两次修订。1968 年美国国家教育协会(NEA)正式制定了《教育专业伦理规范》(也称"NEA 准则"),1986 年全美教育协会对《教育专业伦理规范》又做出了全面修订,并沿用至今。新的

准则进一步强调了教师恪守职业伦理准则的重要性，强调了教书育人是教师的基本道德责任。这一规范不仅成为美国教育界最有影响的执教行为规范，而且也成为其他国家制定师德准则的范例。此外，美国教育界先后制定了美国人事和指导协会的《伦理规范》、美国心理学会的《心理学家伦理规范》、美国学校教授联合会的《美国教授职业伦理声明》等。这些教育伦理规范，所涉内容十分广泛，也有很强的针对性。1951年日本教职员组织模仿美国教育协会的《教育专业道德规范》，制定了《教师伦理纲领》，从而成为指导日本教师的道德行为规范。

联合国教科文组织作为处理国际教育、科学、文化问题的权威机构，尽管没有专门就师德问题发表文件，但在有关教师作用、地位以及其他文件中，都有很多地方涉及教师道德问题的论述。例如，国际教师团体协会于1954年8月在莫斯科会议上，通过了《国际教师团体协商委员会教师宪章》，1960年10月联合国教科文组织通过的《关于教师地位的建议书》，2001年第三届国际教育组织世界大会通过的《关于教师职业道德的宣言》等。同时，鉴于教师的工作具有的独特性和专业性，许多国家政府、行业协会、国际组织，就教师的专业伦理进行了专门的探讨和具体的规定。联合国教科文组织欧洲高等教育中心2004年9月通过的《关于欧洲高等教育伦理价值和原则的布加勒斯特宣言》等就是其中的典型代表。

从不同国家的研究和实践来看，其共同点是：为了加强教师专业性，越来越重视教师职业道德规范建设。从制定主体看，教师专业伦理准则或道德规范通常由教师专业组织来制订并由各学校具体组织实施，以政策规约、组织声明等规范性文件的形式建立教师专业伦理规则是普遍性的做法；世界上许多国家政府、行业协会等都有对教师专业伦理进行规范的纲领性文件。从内容看，大多从专业伦理的视角阐述教师职业道德规范，具有通用性。道德规范的内容主要包括专业伦理、对学生的伦理，道德规范的条款比较具体，可操作性强。

中国传统教师道德也是制定教师职业道德的重要思想财富。中国古人对师德的要求是"士德""仕德""亲德"的统一。儒家"业师"和"人师"的教师标准使教师被赋予"圣人"的意味。中国当代教师道德建设也延续了这一传统，强调教师要有"为人""治学""从业"的理想道德。

我国教师职业道德就是在充分借鉴了古今中外有关教师道德的思想资源的基础上制定出来的。新颁布的教师职业道德彰显了教师职业的专业特征，较好地区分了一般职业道德和教师职业道德，突出了"爱岗敬业、团结合作"等内容。使教师职业道德的边界更加清楚；教师道德明确具体，易于实施，具有引导和约束功能。

第三节　教师违反职业道德行为的处理

2014年1月，教育部发布了《中小学教师违反职业道德行为处理办法》[①]（以下简称《办法》）。《办法》就中小学教师违反职业道德行为的表现、处分的形式与遵循的原则、实施处分的主体与遵循的程序、不服处理决定的救济途径以及怠于监督管理教师师德行为的责任承担作了规定。这是与《中小学教师职业道德规范》相适应，对教师违反师德行为处理加以专门性规定的文件，以期规范教师职业行为，保障教师、学生的合法权益。

一、《办法》出台的背景

教师违反职业道德的行为就其情节、性质、程度来看，具有不同的情况，其中哪些行为必须处理？《办法》在充分考虑合法性和现实性的基础上突出重点，对当前社会关注度高、严重影响教师队伍整体形象、人们普遍痛恨的败德行为作出了教师处分规定。

厘清职业道德对教师行为的倡导性要求和禁止性要求，明确列举需要加以处理的违反师德的行为，既是对目前社会普遍反映或反映强烈的师德问题所作的回应，同时也为教师的职业行为设置了底线。从现实来看，近年来我国师德领域发生的一些问题已经严重影响到了教师队伍的整体形象，各地虽然对这些现实问题做出了及时处理，出台了一些相关规定。但由于这些规范层次效力低、差异大，在教师职业行为的调整方面产生了不少问题。为此有必要对违反教师职业行为及处理方式加以统一规定，以达到规范教师职业行为和保障教师权利的双重目的。

当然，对违反师德底线的行为的依法处理只是师德实施机制的一个方面，而不是全部。从教师道德规范所包含的实体性内容和程序性内容来看，教师职业道德的实施机制应包括处理、保障和救济等不同方面。其中，处理是指学校、教育行政部门及相关机构对教师遵守职业道德规范的情况进行奖惩等人事处理决定的一套规定，它强调对教师行为的处理，因此是教师道德规范实施的主要内容。保障是指学校、教育行政部门及相关机构为了促进教师遵守职业道德规范、保障其

[①] 2018年教育部印发了《中小学教师违反职业道德行为处理办法》的最新修订版。

合法权益所采取的措施及制度，它强调的是对教师合法权益的保障。救济是指教师不服学校、教育行政部门等所做的有关职业道德规范的处理决定所能够采取的措施，强调对教师权益的救济。三者相辅相成，不可或缺，构成师德实施的有机组成部分。为促进规范的贯彻实施，应当从处理机制、保障机制和救济机制三个方面建立健全中小学教师职业道德规范的实施机制。

为了保障教师的合法权益，建设具有良好思想品德修养和业务素质的教师队伍，促进社会主义教育事业的发展为目的，我国1993年颁布的《教师法》分别从教师的权利和义务、资格和任用、培养和培训、考核、待遇、奖励进行规定。通过宣示教师是专业技术人员，强调教师工资福利待遇要高于、好于公务员，提高教师的社会地位。立法目的虽好，但配套的实施性规范过于粗陋，事实上并没有起到应有的效果。随着市场经济体制的完善，政治、经济、医疗体制改革的初步完成，中国社会呈现出一个状态，那就是公务员的福利待遇得到有效保障，社会地位提高，而教师职业的社会经济地位有所下降。从教师群体内部来讲也出现巨大分化，经济发达地区教师福利待遇高，例如，北京的教师待遇等方面都比较好，北京师范大学毕业的学生以前都不想做中小学老师，现在研究生毕业能进一个小学教书就觉得不错。还有地区示范学校与薄弱学校之间教师福利待遇的分化、基础教育阶段高中教师与小学教师福利待遇的分化。

2008年，教育部对1997年版《中小学教师职业道德规范》进行修订，针对教师职业出现的新问题增加了一些重要的规定，比如老师要保护学生安全、自觉抵制有偿家教、尊重学生人格等。然而，新出台的师德规范似乎也没有起到它该有的作用。对此，2013年9月2日，教育部公布了《关于建立健全中小学教师师德建设长效机制的意见》，希望从教育、宣传、考核、激励、监督、惩处、保障几个方面强化师德建设。教育部9月底将已经草拟好的《办法》征求意见稿拿出来征求专家意见并公示。

《办法》第一条规定："为规范教师职业行为，保障教师、学生的合法权益，依法制定本办法。"宣示了该法制定的目的不在于"惩"，其最终目的在于通过明确哪些是禁止的行为，对教师执业行为进行规范，以达到对教师和学生的合法权益进行保障的目的。

二、目标：努力朝向公正处理，保护教师、学生权益

如果不考虑现实中存在的制度缺陷及人为因素的条件，《办法》直接具有公正处理被追究的教师、警示其他教师避免实施违反职业道德的行为的作用。《办法》从国家层面规定了谁来作出处分、作出怎样的处分、如何处分，有利于对被

追究老师的公正处理。一方面，对于被处分的老师来讲，可以起到一定的保护作用。如果没有《办法》，同样的事件处理，可能在不同地区、不同学校，处分的形式、产生的结果都不一样，这种不同对教师本身来讲是不公平对待问题。另一方面，《办法》直接具有预防教师违反师德行为的产生，有利于提高教师群体的职业声望。对教师群体来讲，到目前为止，什么叫作违反师德的行为，确实没有明晰的界定，没有明确哪些行为是禁止教师实施的，师德只是个只可意会不可言传的东西。但是，如果要对一个人的行为做出处理，什么是违反师德就需要有一个明确的界定，让大家知道哪些行为是明确禁止的、不可以做的。有利于教师自觉杜绝违反师德行为的实施，提高教师的社会地位。间接来看，《办法》对教师行为的处理，有利于规范教师的行为，客观上有利于保障学生的人身、财产等合法权益。

从内容上看，《办法》确实是按照法律规范的结构方式制定的。从规范的视角来解读，确实有利于教师和学生的合法权益进行保障。

首先，在这部规范性文件中，规定了违反师德的行为表现以及处分的形式，这对于处分的作出是有一定的指导意义的。比如《办法》的第四条，规定了十条师德禁止的红线行为，明确了什么样的行为是禁止实施的。同时也规定了处分的形式：警告、记过、降低专业职务的等级、撤销专业技术职务或者其他职务，最严重的是开除。还做了一些具体的解释，比如警告、记过、降低专业技术职务等级、撤销专业技术职务或者行政职务的期限。这些规定，通过明晰的界定，可以使对教师违反师德行为的处理实现有规可依的状态。

其次，《办法》规定了学校和学校主管部门的权限。"权力不被限制就会被滥用"。从法律的角度来讲，规定明确了权力，就确立了权力的限制，确立了主体的义务和法律责任，自然就应该能起到防止权利滥用的作用。

再次，《办法》规定了处分的程序，促进程序的正义，自然就有了结果的正义。所以在程序上作了具体的规定，还要求"处分决定应当书面通知教师本人并载明认定的事实、理由、依据、期限及救济途径等内容以及其中必须包括的内容"，有利于防止处分的随意化。

最后，《办法》规定了复核和申诉的两个救济途径。当老师认为所给的处分不当、侵犯自身权益的时候，有了明确的可以采取的救济途径。有利于修正错误决定，保证处分结果的公正。

三、为何要为教师职业行为设底线

出台《中小学教师违反职业道德行为处理办法》，与中小学教师职业道德的性质、特点以及中小学教师职业道德建设的现实需要等一系列问题有关。

（一）中小学教师职业道德兼有专业性和公务性的双重性质

中小学教师职业道德是对中小学教师职业的特殊道德要求，是中小学教师从事教育教学活动时应该遵循的行为规范和必备的品德，是对教师应以怎样的思想、感情、态度和操守去做好本职工作所做出的道义性规定。

如前所述，中小学教师职业道德区别于其他职业道德之处在于它的专业性和公务性。在我国，教师职业的专业性由于《教师法》的相关规定而被人们所关注，《教师法》第三条规定了教师职业的性质是"履行教育教学职责的专业人员"，从而改变了教师职业长期以来所具有的国家干部的法律性质，同时也使教师群体的职业行为发生了变化。教师职业的专业性质是由教师职业的基本职能决定的一种职业性质，表明教师职业是一种必须经过专门培养和培训才能胜任的专门性职业。由此可见，专业性是教师职业道德的重要特征，具有特定的、不可替代的意义。另外，由于中小学教师是国家教育责任的具体担当者，教育本身所具有的公共产品属性需要通过中小学教师的工作才得以实现，因此中小学教师的职业特征具有公务性质。《教师法》第三条所规定的教师的教育教学职责，其相当一部分内容是由国家通过法律、政策予以规定，而不是在学校和教师的合意性基础上协议产生的。因此，教师所实施的教育教学活动是一种具有公务性质的活动，具有典型的国家性（强制性和公益性）、连续性和稳定性等。

当然，教师活动的这种公务性与公务员的公务活动相比存在着根本的区别。由于教师的教育教学活动是一种精神领域中具有高度创造性和个体性的活动，在许多情况下要由教师个人做出独立的判断和行动，因此公务性质和专业性质并存是教师职业的重要特征。基于这种理解，必须对教师的职业行为提出更高的伦理道德要求，依据其专业性、公务性特征，具体规定教师职业不同性质的道德行为要求。

（二）中小学教师职业道德与其他社会规范的区别与联系

中小学教师职业道德与社会的其他职业道德之间既有联系又有区别。教师是知识、技能、文化、价值的传承者，对一个人的成长发展起着重要的促进作用，因此人们对教师职业有着更高的道德要求，即要求教师应信守教师职业所必须坚持的价值追求和道德准则，以自己的良知和自律影响学生及其家庭乃至整个社会，助推社会的进步。

教师职业道德的上述特点，决定了该道德规范在性质上的复杂性。任何社会，为了保证社会关系的和谐稳定，都要通过各种社会规范对人们的行为作出必要的约束。这些规范包括道德的、法律的、行政的、宗教的、行业的、组织的等，最终共同保障社会的和谐稳定。一般而言，教师职业道德是以善恶评价为标准，依靠社会舆论、传统习惯和内心信念的力量来影响和约束教师的职业行为的，因此教师职业道德具有道德规范的典型特征，主要表现为一种以自律为主要特征的社会规范。但是在某些情况下，中小学教师职业道德又具有其他社会规范的某些性质，因而在性质上具有一定的复杂性。在中小学教师职业道德的实施方面，应根据不同的情况，建立自律与他律相统一的制约机制。自律机制是他律机制的基础，他律机制是自律机制的保障。教师对职业道德的遵守一般属于自律机制，而学校、教育行政部门和相关机构为实施规范所采取的措施则属于他律机制。从保障规范有效实施的角度来看，他律机制应包括学校实施机制、教育行政实施机制、司法实施机制和其他实施机制等。

（三）对违反师德底线的行为应依法处理

厘清职业道德对教师行为的倡导性要求和禁止性要求，明确列举需要加以处理的违反师德的行为，既是对目前社会普遍反映或反映强烈的师德问题所作的回应，同时也为教师职业行为设置了底线。从现实来看，近年来我国师德领域发生的一些问题已经严重影响到了教师队伍的整体形象，各地虽然对这些现实问题做出了及时处理，出台了一些相关规定。但由于这些规定效力低、差异大，在教师职业行为的调整方面产生了不少问题。为此，有必要对违反教师职业行为及处理方式加以统一规定，以达到规范教师职业行为和保障教师权益的双重目的。

当然，对违反师德底线行为的依法处理只是师德实施机制的一个方面，而不是全部。从教师道德规范所包含的实体性内容和程序性内容来看，教师职业道德的实施机制应包括处理、保障和救济等不同方面。其中，处理是指学校、教育行政部门及相关机构对教师遵守职业道德规范的情况进行奖惩等人事处理决定的一套规定，是教师道德规范实施的主要内容。保障是指学校、教育行政部门及相关机构为了促进教师遵守职业道德规范、保障其合法权益所采取的措施及制度，它强调的是对教师合法权益的保障。救济是指教师不服学校、教育行政部门等所做的有关职业道德规范的处理决定所能够采取的措施，强调对教师权益的救济。三者相辅相成，不可或缺，构成师德实施的有机组成部分。为促进规范的贯彻实施，应当从处理机制、保障机制和救济机制三个方面建立健全中小学教师职业道德规范的实施机制。

由以上分析可见，《办法》无论从设定的目标以及作为一个规范，在内容架构方面，都是在朝着、而且注重实现处理师德问题的结果公正的方向努力，但

《办法》在实现其规范宗旨方面仍存在的一些问题，有可能导致实施效果与预期不符。如一些规定难以认定或缺乏标准；一些规定语焉不详，难以把握；一些规定缺乏上位法的支持，有可能造成《办法》的规定失去合法性。此外，《办法》规定公办学校教师由所在学校提出建议，学校主管教育部门决定。也就是说，各种不同的处分方式，仅仅由学校提出建议，由教育主管部门最终决定给予什么样的处分，这个规定有两方面的问题。

第一，与《教育法》第二十八条关于学校行使"聘任教师及其他职工，实施奖励或者处分"的权利的规定不符。行政处分是一种内部的责任承担方式，通常是一个组织给内部成员做出的。学校聘任教师、实施处分，是学校办学自主权的应有的内容。但按照《办法》规定，作为一个有独立聘任教师权利的学校，却没有内部处分的权利，显然会带来一系列问题。

第二，中小学校长属于教师职业的一员，这是没有疑义的。依照法律规定，中小学校实施校长负责制。对普通老师的处分是在校长的决策下进行的，但是校长违反师德的行为，由谁来提出建议？《办法》在这方面显然还应作出明确的规定。

第四节 构建适应教师社会经济地位的教师职业道德体系

教师职业道德建设是促进教育功能实现的一种手段，其目的是根据教育规律确定的教师行为规则，以此调节教育教学中发生的各种关系，避免教育工作的随意性以及其他人为因素对教育的干扰，从而为教育功能的实现创造一个相对稳定的环境。教师职业道德建设应该更多地关注其质量，其中关键是要理解教育活动的价值诉求，准确体现教育规律并有效解决教育中的复杂问题。作为承担国家公共教育职能的专业人员，教师职业不可避免的同时具有公共性与专业性两个方面。国家规范教师职业的合理性基础，主要源自教师职业公共性这个方面。但必须顾及教师的权利维护，最主要的是促成教师职业公共性与专业性的协调。

一、以公共性为考量确立教师法律身份，实施教师的分类规范

教师职业的公共性与自主性的关系具有此消彼长的特点。自主性越强其公共

性就相对较弱,公共性越强相对的其自主性越弱。公共性越强,教师的权利限制越多,国家监督的强度、密度越高。公共性与自主性关系的变化取决于教师所在学校的性质、教育的阶段。因此,对教师权利的规范以及对教师职务行为的监督,也必须根据教育阶段、教育类型以及学校接受国家经费投入以及接受社会资助的情况,来决定规范与监督的强度与密度。

第一,国家已正式决定赋予基础教育阶段的教师以公职人员的法律地位,参照公务员管理制度实施管理。在基础教育阶段,涉及国家在教育上所负的宪法上的教育义务,也涉及公民受教育权的实现,且此阶段正值人格以及各种能力充分发展的关键时期,同时也是受教育者心智尚未成熟、最容易受到伤害的阶段,立法对从事此阶段教育的教师应有最严密的规范、监督。相关的法律规定对公职人员在职务、工作、权利义务上都有严格的规定,受到严格的社会监督。中小学教师的公职人员定位,既有利于加强对教师职业道德的监督管理,也有利于确认其与政务公务员专业性方面的差异。公职人员的概念应当包括高中阶段的教师教育公务员身份,强化高中教育的"公共性",推动高中教育向"义务教育"靠拢,有利于实现12年义务教育这一大趋势,体现教育发展的超前性、科学性。

第二,教师和民办学校教师定位为雇员,依照聘用合同和《教育法》实施管理。在中等教育至高等教育阶段,随着国家对教育所负义务的递减,公民人格及各种能力的逐渐发展完善,受教育者心智的成熟,应当允许教育有自由发展的空间,对教师的监督强度也应逐步减弱,在管理上赋予教师更多的自由权。但因为对教师的职业道德、专业素质都有较高的要求,教学内容、课程设置都要体现公共教育的要求,教师管理应区别于企业雇员,否则对教师的特殊要求就无法实现。

二、建立公平、体系化的教师待遇及社保制度,为教师群体履行职责提供积极保障

由于教育事业的公益性和教师职业的特殊性,应依据教师法律地位的不同,统一教师福利待遇和社会保障政策,推进教师养老保险制度、失业保险制度和医疗保险制度的改革,使社会保障落实到各级各类学校的全体教师,尤其是农村教师。

第一,制定教师工资制度和基本工资标准,通过加强监督检查、加大财政转移支付等措施确保教师平均工资不低于公务员平均工资水平。地方各级政府按照核定的编制、职务结构比例和工资标准,将教师工资经费全额纳入预算,按时足额发放。实行工资定期增长制度,提高班主任津贴、教龄津贴、特殊教育津贴、特级教师津贴、工读教育津贴标准。

第二,建立教师的社会保障体系。确定稳固的资金来源,国家、地方和教师

三方共同承担强制性社会保障义务，形成社会保障基金筹集、运营的良性循环机制。实行与《公务员法》的规定相一致的退休、医疗、养老和失业、工伤、生育等社会保障制度。可考虑由中央财政垂直解决农村教师社会保障问题，实施"农村义务教育教师安居工程"，提高农村基础教育教师中、高级职务比例。

三、建立系统化的教师公职人员管理制度，避免产生负面外部效应

教师不仅需要具备一定的知识和胜任教学岗位的能力，还要具备高尚情操和廉洁敬业的自律意识。为避免教师不端行为可能引发的教育负效应，应建立系统化的教育公职人员管理制度，在教师履职、道德、服从、行为等方面履行与公务员类似的义务，在招聘、录用、晋职、考核、奖惩、交流、离职等方面强调政府干预和引导。

第一，教师由政府聘任，参照公务员制度实行公开招聘、竞争上岗。建立规范入职教师的心理评估制度。教师聘用合同分为临时、短期和长期聘用合同，达到法定年限考核合格的教师可长期聘用，以适应教育的稳定性和长期性，也有利于解决教师聘任中存在的竞争过度、急功近利等问题。

第二，建立教师编制标准，作为中小学办学的基本要求。省级政府根据国家编制标准，制定满足教育教学需求的地方教师编制标准，实行动态管理、定期调整，确保农村学校师资需求。教育部对各地教师总量、结构、素质进行监测，并作为教育质量评估的重要指标。

第三，制定《教师职务条例》，合并中学与小学教师职务系列，科学设置职务等级，制定基本任职标准。改革教师评价机制和职务晋升模式，全面实施竞争择优的教师聘任制，将师德修养、专业水平、教育教学能力作为教师聘任和职务晋升的主要依据。

第四，建立城镇教师到农村学校任教服务期制度。城市、县镇教师有义务到农村学校任教，并作为晋升高级职务、参评优秀教师、特级教师的必备条件。完善特级教师和优秀教师到农村学校、薄弱学校巡回讲学制度。

第五，对教师教学责任等方面实行严格管理，参照公务员标准对教师进行德、能、勤、绩的全面考核。教师进行教育教学活动时，其结社、言论和集体行动等权利应受到限制，禁止教师的所有罢工及怠工行为。教师不得进行违背国家、社会和公共利益的宣传，不得破坏国家安全和公共安全。一般情况下可以对工资分配办法、内部规章制度、工作条件等进行协商，但不允许违反法律和相关人事分配政策。

四、确立教师的教育权，激发教师的教育自觉

教师的教育权特指教师作为专业人员在履行教育职责过程中利用自身专业技术自主组织教学活动、实施教学行为及其他相关教育行为的权利①。一方面，它是法律赋予教师的、依法对学生实施管理、教育的专门权力，具有权威性，学生必须服从，其他任何人不能非法剥夺。另一方面，其意义是以教育学生、促进学生发展为终极目的，是教师职业道德的义务性规定，作为教师必须遵守，既不得超越，也不得放弃。作为接受委托专门从事教育活动的专业人员，其教育权具有特定的内容与内在的要求，需要立法加以明晰并采取措施加以保障。

第一，教师的教学权。"教学是通过引导学习者对问题或知识体系循序渐进的学习来提高学习者正在学习中的理解、转和迁移能力"②。教师利用专业知识进行的教学设计和教学策略至关重要。美国教师联合会的《教师权利法案》就明确提出，"教学是一种专业职业，从事教学的权利不应该以放弃其他任何人权为代价。不经一定法律程序允许没有一个人可以被剥夺专业地位或从事教学的权利"。从具体教学行为看，教师的教育权应包括课程与授课内容的编辑权、教学方法的选择权。关于教师的讲授内容，立法应就教师对课本以及教学大纲的要求、是否可以采用与教学不相关的材料、在校内是否可以与课程内容相悖的观点等做出规定。关于教师使用的教学方法，立法应就是否可以采用存在争议的教学方法、是否可以对相关教育政策所设定的教法持异议等作出规定。

第二，对学生的评价权。评价对于发展中的学生来讲具有十分重要的意义。从心理学的观点看，评价具有激励和导向功能。从评价的法律效果看，评价对学生未来利益可以产生直接的影响。随着未来中考、高考制度改革的深入，对学生的综合评价将会成为学生升学的重要影响因素。为了保证评价的客观、专业、准确、公正，也需要赋予具有专业水平的教师一定的评价自主权。学校、任何组织和个人都不应妨碍教师评价权的合法、合理行使。重秩序、重分数是目前我国学生评价的最重要价值，过分强调了学生评价的管理功能和选拔功能，既忽视了学生的多元发展，也限制了教师评价权的行使，学生评价难以发挥真正的功能。教师对学生的评价包括两个方面。一是品行评价，二是学业评价。关于评价学生，立法应就教师是否可以根据学生的水平给学生打低分、禁止教师对学生做出诋毁性评议等作出规定。

---

① 湛中乐：《教师权利及其法律保障》，中国法制出版社2015年版，第3～14页。
② 顾明远：《教育大辞典（上）》，上海教育出版社1998年版，第711页。

第三，教师的惩戒权。教师既是教育的实施者，也是教育秩序的维护者。对学生来讲，惩戒的目的不是为了束缚，而是为了促进学生社会化、促进学生更好发展。作为教育的具体实施者，惩戒权应成为教师教育权的内容。从教育发达国家看，美国、德国、日本、英国、韩国等国不但通过立法确立了惩戒权。作为惩戒的一种形式，1977年，美国联邦最高法院还提出，各州可自行选择、决定本地是否禁止或限制体罚。韩国于2002年公布的《学校生活规定预示案》也授权教师可在规定范围内依照程序进行一定程度的体罚。英国和日本出台法案、规则、细则，具体指导惩戒的实施①。我国教育立法未明确规定惩戒权，亦未界定体罚的内涵与外延，而有关法律关于禁止"变相体罚"的规定，使教师的一切教育行为均存在违法的风险。这也是导致目前体罚屡禁不止，学校教育权威丧失，教师压力大、专业地位缺乏保障的重要原因之一。我们必须立法明确惩戒权，同时具体规定惩戒的法定形式以及惩戒权行使的主体、条件、程序、惩戒的原则和要求、惩戒的监督、违法惩戒损害的责任与救济，保证教师积极履行职责，合法合理进行惩戒。

---

① 英国2006教育与督学法新规定，教师具有在学校使用"合理武力"阻止学生打架的权力，可以不经家长许可对学生实施放学后或周末留校的处罚，也可以对学生用于不良用途的手机实施收缴。《中国教师报》2007年4月18日，第四版。日本《学校教育法实施细则》第十三条专门对惩戒权的行使作了具体规定。

第十一章

特殊群体教师社会经济地位

代课教师与西部地区教师是我国教师队伍中非常特殊的两类教师群体，他们在我国基础教育发展过程中承担了重要的角色和作用，对其所处的社会经济地位应给予特别的关注。

第一节 代课教师的社会经济地位问题

代课教师指学校中除国家财政支付薪金的正规教师（即以前的公办教师）之外学校雇用的临时教学人员。代课教师是继民办教师问题之后影响农村基础教育发展的又一重大问题。代课教师不但有长远的历史，而且按照目前国家的教师培养的规模和分布状况，在未来较长的时期内还将继续存在，对巩固义务教育普及成果带来很大影响。它涉及农村教师队伍的规格、来源和建设，影响到现行教育法律法规的实施问题，必须引起高度重视。

一、代课教师的缘起

（一）教师身份二元化制度及其演变

1949年中华人民共和国成立以后，国家通过一系列公有化措施把原属于民间、私人承办的"公共事业"如学校、医院等收为国有,在中央计划经济的基础上建立了"事业单位"体制,由政府统一管理、统一经营。中小学成为政府行政机构的附属单位,政府以行政命令的方式配置资源,提供公共物品。但是中小学与其他公共事业单位在工作人员的身份上存在公办教师与社办教师(以后称为"民办教师")的国家与集体二元区分。这是两种劳动用工制度、两种户籍制度的特殊产物,它对中小学教师及其基础教育事业的发展产生了很大影响。公办教师有国家的正式编制,身份为国家干部,工资由国家财政支出;民办教师是集体劳动者,工资由集体支付工资,财政给予补贴。当时事实上也存在非公办亦非民办的"代课教师",即除上述两类以外的"第三等级",或"计划外民办教师",但是由于各类教师之间的收入基本持平,因此人们没有区分民办教师与"代课教师"。两者的区别是,民办教师是长期的、"合法的",而代课教师大多数是临时性的,比如,因为别的老师生病、休产假等原因而被请来代课。虽然代课教师的作用相当于民办教师,但是身份上存在差别,代课教师不在教师编制之内。因此人们称代课教师是与民办教师同时产生的"孪生兄弟"。在没有取消民办教师之前,基层已经采用"聘用制"以应付教师不足的状况,实行"谁聘谁出酬金"原则,村聘村出钱,乡聘乡出钱,县聘县出钱,他们被分别称为"村请教师""乡请教师""县请教师"。

20 世纪 80 年代的经济与社会体制改革推动了教育体制改革。义务教育的推行导致民办教师的"转正"和教师作为国家干部身份的统一化趋势。"民转公"的依据是"民办教师"身份。20 世纪 80 年代初期,我国对持有县级以上教育行政部门发放的"民办教师任用证",并将在省级教育行政部门备案的教师认定为"民办教师",认定截止时间一般为 1983 年和 1984 年,个别地方到 1986 年 12 月底。1986 年国家明令禁止吸收民办教师。此后,农村中小学大量补充的非公办教师,人们才开始称之为"代课教师"。

(二)代课教师出现的原因

1. 代课教师增长的客观原因

教育财政投入以及农村教师数量的不足是代课教师出现的客观原因。我国基础教育投资的总体水平一直偏低,国家财政性教育经费占 GDP 的比重从 1991~1999 年一直未超过 3%。① 1999 年义务教育经费总量中,中央和省级政府的投入两者相加还不到 3%,97% 的义务教育经费是由县、乡筹措和农民集资摊派

---

① 高如峰:《义务教育投资国际比较研究》,人民教育出版社 2003 年版,第 14 页。

来负担。① 但是由于地区经济发展的差异，造成了义务教育阶段的不均衡现象。例如，2000年小学生均公用经费：最高是上海市，为448.2元；最低是陕西省，为8.77元（1993年为9.85元）。两地相差50多倍。初中生均公用经费：最高是上海市，为75 412元；最低是江西省，为17.89元。② 从投资支出结构来看，城乡义务教育比例失调。1996~2001年我国城市义务教育投资支出比例一直在41%以上，在该比例最低的2001年，义务教育总支出为1 857亿元，农村义务教育支出占58.8%，而学生数量却占全国义务教育学生数量的62%。③ 从生均经费来看，城乡义务教育差距悬殊。1996年城市小学生均经费为466.4元，是农村小学的1.6倍。到2001年，城市小学的生均经费上升到971.5元，城市是农村的1.7倍。1996年，城市初中的生均经费为1 267.1元，是农村的1.5倍。到2001年，城市初中的生均经费上升到1 708.4元，是农村的1.7倍。④

20世纪90年代正值义务教育大力发展时期，基础教育所需教师数量迅速增长，但国家财政无法支撑庞大的公办教师群体，只能以代课教师来弥补此空间。1986年全国普通中小学代课教师有36.82万人，此后代课教师数量逐年呈上升趋势：1990年有55.24万人，1996年上升为91.86万人，到1997年已经突破百万，达到100.55万人。⑤ 2001年，全国中小学共聘用代课教师70.5万人，占岗位教师总数6.6%；其中农村中小学代课教师58万人，占农村中小学岗位教师的9.6%。与2000年相比，全国中小学代课教师总数增长了5万人，其中小学增加3万人，中学2万人。2001年，山西、湖北、广西、贵州、云南、西藏、陕西、甘肃等省区小学代课教师比例均超过10%，其中大于20%的有广西（29.63%）、西藏（29.26%）、陕西（22.4%）三个省区。⑥ 代课教师主要分布在农村学校和教学点，特别是在山区、牧区和少数民族聚集地区的农村学校和教学点尤为集中。

2. 中小学教师队伍流失和流动

教师聘任制的实施促进了教师队伍的流动，同时也引起教师的流失和加剧了代课教师数量的增长。《中华人民共和国教师法》颁布之前，我国教师的身份是

---

① 王善迈：《中国基础教育发展的不平衡和资源配置》，载于《中小学管理》2003年第3期，第38~39页。

② 贺春兰：《义务教育谁买单》，苏州大学出版社2003年版，第65页。

③ 教育部财务司、国家统计局人口与社会科技统计司编：《中国教育经费统计年鉴》（1997~2002），中国统计出版社。

④ 王德文：《中国农村义务教育：现状、问题和出路》，载于《中国农村经济》2003第11期，第4~11页。

⑤ 孟庆瑜：《实施教师资格制与聘任制——近百万农村代课教师面临的抉择》，载于《嘹望》1998年第37期，第34~35页。

⑥ 徐坚成、付炜：《我国普及义务教育的进展及问题分析》，载于《教育发展研究》2002年第12期，第5~11页。

国家干部，由国家统一分配、任命和管理。教育行政部门、学校与教师之间的关系被看作特别权利关系或内部行政法律关系，不实行法律保留的原则，但是教师享受干部待遇。1993年《教师法》的颁布，改变了这种法律身份，由国家干部变为专业人员，并实行教师聘任制度。按照"专业人员"的性质，教师是雇佣劳动者。在此情况下，教师与学校之间形成了民法上的雇佣关系，双方的权利和义务都由合同来约定，类似于企业职工与企业之间的劳动法律关系。[①] 随着人事制度的改革和人员流动的增加，中小学教师队伍流失问题开始凸显。据统计，1992年全国调出中小学教师21.6万人。[②] 进入20世纪90年代，由于市场经济的影响，教师流失数量不仅逐年呈上升趋势，而且流失的大部分是具有合格学历的骨干教师。由于义务教育对教师的需求和教师数量的相对不足，广大农村尤其是"老、少、边、山、穷"的地区公办教师长期得不到补充，促成了代课教师的大量产生。

20世纪90年代中期以来，由于市场经济的影响和教师聘任制的深化，城乡和东西部地区之间教师待遇差别增大，一批具有高学历、高职称的教师从乡村流向县城，从县城流向城市，从西部流向东部，并且流失数量逐年呈上升趋势，于是教师分布出现了这种情况：城市、城镇、发达地区学校教师富余，而农村、山区、少数民族地区学校教师缺乏；重点学校、示范学校、中心学校教师拥挤而一般学校、薄弱学校、边远地区学校教师缺编。这是中国目前社会资源非均衡在教育上的表现，它的发展将引起城市与乡村在教师资源上更大层次的分化和落后地区教师的进一步缺乏，这只能由代课教师去弥补。如果说，教育财政投入以及农村教师数量的不足是代课教师出现的客观原因，那么，城市地区、发达地区教师富余而农村地区、落后地区教师严重缺乏则是教师聘任制度设计本身的缺陷所致。

3. 师范毕业生分配和教师进修培训问题

20世纪末，虽然全国民办教师问题已得到基本解决，国家也明确规定任何地方不准以任何理由再招用民办教师。由于广大农村尤其是"老、少、边、山、穷"的地区条件差，公办教师和师范生不愿去，于是条件较好的城镇教师超员，农村却大量缺乏中小学教师。按照1984年教育部颁发的全日制中小学教职工编制标准计算，1997年全国2.0013亿中小学生，需配备中小学教师948.4万人。其中，城镇中小学教师超编50万人，但农村教师缺编60万人。[③] 在这种情况下，

[①] 郝铁川：《教育法基础》，上海教育出版社1998年版，第87页。
[②] 孟旭、马书义：《认真研究和解决我国的代课教师问题》，载于《教育理论与实践》2000年第4期，第45~46页。
[③] 孟庆瑜：《实施教师资格制与聘任制——近百万农村代课教师的抉择》，载于《嘹望》1998年第37期，第34~35页。

农村基础教育不得不依靠代课教师。

国家师范院校教师培养制度的改革,加大了教师培养力度,但总体来说,师范毕业生数量相对于教师的需求还是偏少,落后地区师范毕业生分配不到位的现象很普遍,公办教师长期得不到补充。如 1993 年《中国教育改革与发展纲要》颁布后,云南省为了实现"两基"的目标,基础教育对教师的需求日益提高。全省中师每年毕业 8 000 人左右,小学教师自然减员每年就达 7 000 多人,[①] 教师补充出现困难,只能用代课教师来解决。实现九年义务教育和"两基"达标的目标驱动也导致了新一轮代课教师的大量产生。

但是最近几年中小学人事制度改革出现了严重偏差:有的学校为了不突破国家规定的公办教师编制的限制,有的地方主管部门怕增加财政负担,宁可吸收大量学历不合格的代课教师而拒绝接收大中专毕业生到学校任教。因为农村代课教师的工资比公办教师低得多,并且不解决身份问题和退休养老问题。这是一种比腐败更可怕的情况,这种状况既违背我国清退代课教师的有关规定,也大大阻塞了专任教师的流动渠道。另一种情况是有些代课教师任教十多年,通过自学、进修等形式取得大专、本科等正规学历,或取得教师资格证和专业职称,但是地方不但没有将他们纳入大中专毕业生工作安排的计划中,甚至辞退他们转而聘用没有教师资格证和学历低的人员。

4. 贫困地区代课教师的职业和收入的吸引力

贫困地区收入低,代课教师每个月有固定的工资,比农民下地干活要好些。有些代课教师一年收入大概在 1 000~2 000 元之间,这是比较稳定的收入,在农村还比较受欢迎;此外,有些人还期待国家像对民办教师一样能够给他们转正,于是不少人,其中包括村干部本人或亲朋好友都进入了代课教师队伍。

二、代课教师的工作与生活状况

(一) 当代教师专业化趋势

教师专业化是当前世界范围内教师发展的趋势和普遍要求。从 1955 年召开的世界教师专业组织会议率先研讨教师专业问题开始,经过 30 多年的发展,到 20 世纪 90 年代发达国家已经形成了声势浩大的"教师专业化运动"。发达国家中小学教师一般都规定为大学本科毕业并通过教师资格考试和一段时间的实习,要求中小学应该具有一定数量的硕士和博士学位人员。我国随着中等师范学校的

---

① 李劲松:《云南代课教师问题研究》,载于《云南师范大学学报》1998 年第 6 期,第 134~140 页。

改革和教师教育体系的构建，中小学中专程度教师数量减少，大专和本科人员数量不断增加，但是教师学历层次随地区差异分布状况不均衡。总的来说，中小学教师素质还是跟发达国家有较大差距。顺应世界范围的教师专业化趋势，1993年10月第八届全国人民代表大会常务委员会第四次会议通过的《教师法》第三条也明确规定："教师是履行教育教学职责的专业人员，承担教书育人，培养社会主义事业建设者和接班人，提高民族素质的使命。"为了保证教师专业化的标准，《教师法》第三十四条规定"国家实行教师资格、职务、聘任制度"。《教师资格条例》第二条规定："中国公民在各级各类学校和其他教育机构中专门从事教育教学工作，应当依法取得教师资格。"第十一条规定了各级各类学校取得教师资格应当具备的相应学历。第十二条还规定了各类教师的资格认定部门与单位。

（二）当前代课教师的教育教学水平与生存状态

1. 代课教师总体素质与教学质量

《教师法》规定教师的专业人员及其《教师资格条例》制定的宗旨是为了提高教师素质，加强教师队伍建设。教师专业人员地位的确定和教师资格的设立，都在于确保教育教学的质量。但是，代课教师多为初中毕业，基础知识较差，没有系统学过教育理论，只凭一支粉笔、一块黑板、一本教材、一张嘴来教学。除语文、数学两科能照本宣科外，其他教学任务几乎不能胜任。这种状况对全面提高学生的素质极为不利，是造成农村小学教育质量低的主要原因之一。此外，由于特别身份以及受教育程度的限制，部分代课教师责任心不强，没有教学计划，教学时间随意安排，法制观念淡薄，体罚学生现象严重，经常出现违法乱纪现象，严重危害了学生的身心健康。代课教师素质低、教学质量差的状况直接违背了《教师法》《教师资格条例》的宗旨与科教兴国的战略，与教师专业化发展的要求相背离，这将使我国教育发展在日趋紧张的国际竞争中处于不利地位。

2. 代课教师生存状况

《教师法》第二十五条、第二十九条分别规定了教师的工资、医疗应同当地国家公务员享受同等的待遇；第三十条规定教师退休或者退职后，享受国家规定的退休或者退职待遇；第三十一条规定各级人民政府应当改善国家补助、集体支付工资的中小学教师的待遇，逐步做到在工资收入上与国家支付工资的教师同工同酬。大多数代课教师在学校的工作量与公办教师相同，甚至有的比公办教师更大，但是取得的报酬却只是公办教师的1/3~1/10。有人对广河地区50位代课教师的工资作过统计，每月45~50元的13人，51~60元的9人，61~70元的11人，71~80元的1人，81~90元的1人，91~100元的2人，101~110元的1

人，121～130元的3人，131～140元的2人，141～150元的6人，227元的1人，平均每人每月的工资为81.6元；每年得12个月工资的21人，只得10个月（扣去两个假期）工资的26人，只得9个月工资的3人。除了这极微薄的工资，再没有得到其他任何补助。① 代课教师的这种特殊身份和待遇与国家当前的经济实力极不相符，工作条件艰苦和待遇低下造成教师队伍的不稳定，这种状况严重影响了国家声誉与形象，影响了农村教育的可持续发展。

三、代课教师的政策与法律问题

（一）代课教师的聘用与《教师法》《教师资格条例》相矛盾

国家对教师的资格、任用有严格的规定。《国务院关于基础教育改革与发展的决定》明确规定："调整优化教师队伍，实施教师资格准入制度，严格教师资格条件，坚决辞退不具备教师资格的人员，逐步清退代课人员，精简、压缩中小学教学人员。"1997年国务院办公厅发布《关于解决民办教师问题的通知》指出，到"2000年基本解决民办教师问题，实施'关、转、招、辞、退'的方针"。1992年8月6日，国家教委、国家计委、人事部、财政部在《关于进一步改善和加强民办教师工作若干问题的意见》指出："辞退不合格民办教师和清退计划外民办教师后，短时间补充不上公办教师的，可以由县以上教育行政部门进行严格考试，聘请具有高中毕业以上文化程度，具备教师资格的人为临时代课教师"。1998年8月10日，教育部办公厅《关于当前加强教师队伍管理的通知》对代课教师的聘用权限作出了明确规定："不论财政是否包干到乡镇，包括代课教师在内的所有中小学教师，都必须由县级以上教育行政部门依法进行管理。特别是教师（包括临时代课人员）的录用、聘任、辞退等必须经县级以上教育行政部门批准。乡（镇）、村一级无权任用教师。任何单位未经县级以上教育行政部门批准录用了教师及临时代课人员，将追究批准单位和有关人员的责任"。但是，农村相当多的代课教师直接由学校随意聘任，其中很多人学历只有初高中水平，没有任何聘用合同和手续，没有受过教育教学培训就直接进入教学领域。代课教师教学权利的取得、教师的身份和地位与《教师法》《教师资格条例》的规定不符。

---

① 郭起佐：《职业光荣待遇低——对广河地区50位代课教师的调查》，载于《基础教育研究》1995年第2期，第40～41页。

（二）代课教师辞退中的法律纠纷

有些代课教师在国家未制定《教师法》和《劳动法》之前就已经受聘了，这在当时教师数量严重不足的情况下，代课教师确实起到了一定的缓解作用，对所在地区的义务教育作出了很大的贡献。但是，在《教师法》《劳动法》《教师资格条例》及国务院、教育部相关的政策相继出台后，代课教师与学校的劳动关系没有为现行的法律和政策所认可，得不到现行法律的救济和政策的保护。近几年来，随着师范院校的扩招以及教师来源渠道的拓宽，教师队伍不断得到补充，加上教师聘任制的逐步实施，一些代课教师先后被清退。

不同时期关于代课教师的聘用及待遇问题的法律和政策不一致，造成了管理上的不规范。学校与代课教师出现纠纷无法得到解决，寻求法律救济则成为代课教师最后的出路。代课教师的工作保障和变动还是能够找到法律依据的。1994年12月3日《劳动部关于违反和解除劳动合同的经济补偿办法》中的规定："由用人单位解除劳动合同的，用人单位应按其在本单位工作的年限，工作时间每满一年，发给相当于一个月工资的经济补偿金，最多不超过十二个月。""用人单位解除劳动合同后，未按规定给予劳动者经济补偿的，除全额发给经济补偿金外，还须按该经济补偿金数额的百分之五十支付额外经济补偿金。"1996年9月5日，劳动部办公厅在《关于用人单位不签订劳动合同，员工要求经济补偿问题的复函》中指出："根据《关于贯彻执行〈中华人民共和国劳动法〉若干问题的意见》第十七条和《关于劳动争议受理问题的复函》第四条规定精神，用人单位与劳动者之间形成事实劳动关系后，用人单位故意拖延不订立劳动合同并解除与劳动者的劳动关系，劳动者因要求经济补偿与用人单位发生劳动争议后，如果劳动者向劳动争议仲裁委员会申请仲裁，劳动争议仲裁委员会应予受理，并依据《劳动法》第九十八条《违反和解除劳动合同的经济补偿办法》和《违反〈劳动法〉有关劳动合同规定的赔偿办法》的有关规定处理。如果劳动者向劳动监察机构举报，劳动监察机构应依据《劳动法》《违反〈中华人民共和国劳动法〉行政处罚办法》等规定查处"。

要解除法律认可已经形成的事实上的劳动关系，同样还要遵循相关法律规定。代课教师身份的不被认可与法律对事实劳动关系的认定的矛盾引发的代课教师解聘中的诸多法律纠纷该适用什么法律解决？如温州市瓯海区某中心小学两位代课教师诉瓯海区教育局的案例。2002年初，温州市瓯海区某中心小学清退了两位代课教师，并根据教龄的长短，给予每人每年100元的经济补助。两位代课教师对学校的做法表示异议，经协商未果，她们向温州市瓯海区劳动局申请仲裁，瓯海区劳动局不予受理。她们又以瓯海区教育局为被告，以瓯海区教育局丽吞镇教育办公室为第三人，向瓯海区人民法院提起民事诉讼。诉称：原告从进校执教开始，至今已有 20 余年教龄，工作兢兢业业，在代课期间，已取得了中师函授学历（一人取得专业合格证书），具备了教师资格，校方应给予原告应得的工资和养老保险、医疗保险等待遇。校方予以清退是剥夺了原告的教学权利，违反了《劳动法》《教师法》之规定，要求法院判令被告支付每人被扣工资 4 000 余元，补发工龄补偿金 25 000 余元及补办养老保险、医疗保险等。被告瓯海区教育局认为，原告没有与教育局建立任何劳动关系，因此教育局不符合被告的主体。第三人瓯海区教育局丽吞镇教育办公室认为，自己是瓯海区教育局的派出机构，不符合第三人的诉讼主体，同时认为原告的诉讼请求缺乏事实和法律依据。此案引起的争论[①]反映了代课教师问题是否适用《教师法》《劳动法》以及寻求何种法律救济渠道的问题。过去教师作为国家干部，教育行政部门、学校与教师之间的关系被看作特别权利关系或内部行政法律关系，不实行法律保留的原则，排除在普通法律救济之外。国家人事制度改革以来，中小学教师的法律地位、劳动性质的模糊，《教育法》《教师法》《中华人民共和国民法通则》《中华人民共和国劳动法》之间存在冲突，如，教师规定为专业技师人员，实行聘任制，但是很多地方师范毕业生还是实行纵向上的行政分配及调动的形式，而不是横向上的民事合同关系，民商法没有专门的人才培养条款，教师的劳动用工制度与劳动法的规定不一致，聘任缺乏合法程序，等等。这些问题使得教师也在聘用和解聘时权利受到侵害无处救济，成为法律盲点或法律真空地带。"正规"教师如此，代课教师寻求法律救济则更加困难。

四、教育政策与立法建议

人们普遍认为，民办教师曾经支撑过农村教育的"半壁江山"，为我们"穷国办大教育"作出过巨大贡献。随着我国教育事业发展的需要和国力的不断增强，国家已经逐渐有能力来解决民办教师的生活待遇，将合格的民办教师甚至部分素质低但任教时间长的民办教师转为公办教师继续任教或实行民办教师离岗退养制度，这是国家对历史特殊问题的特殊政策，带有一定的补偿性质。代课教师不具有这种背景，政府也没有能力在刚刚解决民办教师问题之后再将代课教师大量纳入公办教师队伍，但是，从客观上来说，国家仍然需要他们继续维持当地的义务教育正常进行。从当前发达国家教师专业化趋势来看，我国代课教师学历层次相对较低，与国家规定的教师任职资格仍有较大差距，教师队伍优化势在必

---

① 何正跃：《清退代课教师引发纠纷的法律分析》，载于《教学与管理》2003 年第 25 期，第 48~49 页。

行。因此，从现实情况出发，解决代课教师问题的办法，一是加强教师教育，尽量给他们中有发展前途的人员提供培训机会，提高他们的专业水平与教学能力；二是想办法提高代课教师的待遇、实行同工同酬；三是规范双方契约关系和规范化管理。不能不切合实际地实行"一刀切"，全部辞退（事实上在某些边远地区也不可能行得通），也不是默许这种状况继续存在或视而不见不理不睬，毕竟教育涉及国家根本利益，关系到中华民族伟大复兴的事业。

（一）解决代课教师问题要标本兼治

解决代课教师问题首先得承认代课教师的现实性和必要性。目前，代课教师的数量多达一百多万，且国家在短时期内不可能全部解决。否认他们存在的合法性无疑脱离现实。我国的教师职业许可制度，教师资格制度以国家的、法定的形式确立了教师的"入门资格"。当前，以这种"入门资格"一刀切去清理代课教师不符合国情。代课教师的产生有其客观的社会需要，只要农村教师严重缺编的现象仍然存在，代课教师作为一个特殊的群体就会存在。农村边远山区，自然条件差，人口居住分散，单人单校多，代课教师目前已经成为一些边远山区普及基础教育的一支不可缺少的重要力量。就现在来讲，完全把代课教师取消的可能性比较小……对代课教师不分优劣、一概辞退的做法，不符合尊重人才、珍惜人才的方针。[①] 按照目前的情形，不能忽略代课教师这个群体的存在，不能剥夺他们的劳动，而要尽可能给他们补偿，通过提高质量和增加工资来实现，这样才能保证最边远、最弱势的群体的教育质量能够有所提高。[②]

鉴于当前具有教师资格的人员还远远不能满足整个教育发展的需要，代课教师在客观上的确起到了对公办教师数量不足的补充作用，因此，有必要在把一部分素质低劣的代课教师清退出去的同时，给代课教师中教学能力强的人提供进修、培训的机会，并把达到中小学教师基本要求的代课教师转为公办教师。

因此，解决办法必须标本兼治，一是建立多元化教师教育机构，加大教师培养力度；二是实行具有过渡性质的"代转正"制度，转正少量优秀的、符合教师资格的代课教师；三是建立代课教师最低工资保障制度和工资补偿制度，逐渐实行同工同酬，直至消除公办、代课身份区别。

（二）完善教育法律法规和代课教师的法律救济制度

从全国范围来看，代课教师是一群数目庞大的不可忽视的特殊劳动者。我们

[①②] 陈伟玲：《代课教师：从边缘走向何处？一访靳希斌教授、郑新蓉教授》，载于《中国教师》2003年第5期，第8~20页。

应当承认这样的事实：从我国目前形势看，不可能在短时间内全部清退代课教师，那些农村和边远地区的义务教育还得靠他们去支撑，因此，从社会经济与教育发展现状出发，首先，应该依法保护这一部分人的利益。作为教师行业以至于社会各行各业劳动者中的弱势群体，对他们进行政策上的倾斜是必要的。其次，经历了十多年的社会变迁，现行《教师法》《劳动法》等法律法规已跟不上当前形势的需要，有必要进行修订。应把代课教师的问题包括进去，规定不同类型教师相同身份，比如公立学校和私立学校教师都为公务雇用专业技术人员身份，并且对最低工资、福利等作出明确限制，规定实行同工同酬制度。最后，要加强和完善代课教师的法律救济制度，一是要建立和完善听证制度，进一步完善仲裁和诉讼机制。要依法治教，通过合法程序进行法律救济，确保代课教师的合法权益不受侵害；二是要建立健全行政监督渠道、司法监督渠道和教师工会监督渠道。

第二节 西部少数民族地区农村基础教育教师的社会经济地位问题

一、西部少数民族地区农村基础教育教师队伍建设的现状和问题

（一）相关政策法规的贯彻落实情况

西部少数民族地区农村基础教育教师队伍建设对于改革和发展农村教育，保障西部地区儿童少年享有平等的受教育权利具有重要意义。改革开放以来，党和国家高度重视西部教师队伍建设工作，针对西部少数民族地区教师队伍建设面临的困难问题，制定了一系列重要的政策文件。1993年，国家教委民族地区教育司颁布《全国民族教育发展与改革指导纲要（试行）》，该纲要对新时期少数民族师资队伍建设提出了新的要求：办好各级民族师范学校和少数民族师资培训中心。大力培养当地土生土长的民族教师，加强在职教师的培训提高工作，是当前发展民族教育事业，提高教育质量的关键。各级政府要把优先发展与改革民族师范教育和培训在职教师作为发展民族教育的一项重要任务抓紧抓好。国家、省、自治区和地（州）三级教育部门，在安排教育事业费、专项补助费和世界银行贷

款等各种经费时,要对各级民族师范院校实行倾斜政策,帮助这些学校改善办学条件、提高师资水平和进行教学改革。

2002年国务院发布《关于深化改革加快发展民族教育的决定》,大力加强教师队伍建设。要把教师队伍建设作为民族教育发展的重点,教育投入要保证教师队伍建设的需要。进一步深化教师教育制度改革,提高师范院校教师队伍的教学和科研水平,加强县级教师培训基地的建设。同时,采用远程教育等现代化手段,提高继续教育的质量和效益。拓宽教师来源渠道,鼓励非师范院校毕业生和东、中部地区高校毕业生到少数民族和西部地区任教。采取定向招生等特殊措施,加强培养在农牧区、高寒地区、山区和边疆地区能"下得去、留得住"的各级各类学校教师。加强教师培训,鼓励教师参加各类业务学习,提高教师学历学位层次。要在全社会营造尊师重教的良好风尚,切实保证和不断提高教师的待遇。

2006年9月1日施行新修订的《义务教育法》重视建设义务教育教师队伍,尤其是更为关注边远贫困地区与民族地区的教师,对这部分教师实施补助津贴,建立教师到农村地区和民族地区工作的激励制度。这从法律上明确了民族地区教师的合法权益以及保障民族地区教师的来源。

教育部长周济2006年2月28日表示,中国将采取一系列强有力措施提高农村教师队伍的质量,同时提高他们各方面的地位和待遇。

2006年教育部将推动省级教育行政部门制定本地大中城市中小学教师到农村支教计划,重点充实边远贫困地区教师资源薄弱学校的师资力量。加大对口支援工作力度,推动地方建立和完善区域内长期稳定的"校对校"对口支援关系,建立城镇办学水平高的中小学与农村学校的办学共同体。探索实施农村教师特设岗位计划,在农村边远贫困地区师资紧缺的义务教育学校设立一定数量的教师岗位,公开招募大学毕业生到岗任教。积极鼓励并组织落实高校毕业生支援农村教育工作。

教育部还推出六项举措推进城镇教师支援农村教育:推进大中城市中小学教师到农村支教;组织县域内城镇中小学教师定期到农村任教;实施农村教师特设岗位计划;鼓励并组织落实高校毕业生支援农村教育;组织师范生实习支教;开展多种形式的智力支教活动。

为认真贯彻落实党中央、国务院关于加强农村教师队伍建设和引导、鼓励高校毕业生面向基层就业的精神,针对农村义务教育阶段中小学师资力量薄弱、结构失衡、素质需要进一步提高等问题,教育部、财政部、人事部、中编办在反复研究、深入论证、多方征求意见的基础上,制定了《农村义务教育阶段学校教师特设岗位计划实施方案》,决定组织实施"特岗计划"。这项计划是创新农村学校教师补充机制,吸引高学历人才从事农村义务教育的一项重大举措,也是引导和鼓励高校毕业生到西部边远贫困地区就业的实际行动。通过公开招募高校毕业生到西部"两基"攻坚县以下农村义务教育阶段学校任教，引导和鼓励高校毕业生从事农村教育工作，逐步解决农村地区师资力量薄弱和结构不合理等问题，提高农村教师队伍的整体素质。这项计划是创新农村学校教师补充机制，吸引高学历人才从事农村义务教育的一项重大举措，也是引导和鼓励高校毕业生到西部边远贫困地区就业的实际行动。

为了促进民族地区师资养成和防止民族教师的流失，《教师法》《教育部关于贯彻落实〈中共中央国务院关于进一步加强民族工作加快少数民族和民族地区经济社会发展的决定〉做好民族教育工作的通知》《国家教委关于加强民族散杂居地区少数民族教育工作的意见》等国家的政策法规中均有明确规定。

宁夏回族自治区党委办公厅、人民政府办公厅转发《自治区党委组织部、教育厅、财政厅、人事厅关于进一步推进城镇教师援助农村教育工作的实施意见》的通知；《宁夏回族自治区基础教育分级管理规定》；《宁夏回族自治区启动实施2007年农村义务教育阶段学校教师特设岗位计划》；《宁夏回族自治区基础教育课程改革师资培训实施意见》；《宁夏回族自治区教师资格制度实施细则（试行）》。上述政策从各个层面为保障教师权利，使之更好地履行教师义务提供了政策支持和规定。对《宁夏回族自治区启动实施2007年农村义务教育阶段学校教师特设岗位计划》《宁夏回族自治区教师资格制度实施细则（试行）》、宁夏回族自治区实施《中华人民共和国教师法》办法；云南省实施《〈中华人民共和国义务教育法〉办法》《云南省实施〈中华人民共和国教师法〉的若干规定》等地方性的政策和法规进行了细化和落实，这些政策的实施取得了一定的成就。

1. 加强了教师队伍的建设

2005年，云南省范围内开展了民族贫困地区中小学教师综合素质培训，20多万名中小学教师参加了培训。全省普通小学、普通初中、职业高中、普通高中、普通中专学校教师学历合格率分别提高到96.38%、95.64%、59.74%、85.86%、84.46%，分别比2000年提高5.44、6.60、24.57、14.59、10.19个百分点。普通高校研究生以上学历教师占专任教师的比例达31.13%，比2000年增加了4.16个百分点。

宁夏回族自治区在加强师资队伍建设方面，实施教师全员聘用制，严把教师入口关，落实教师资格准入制度，教师全部实现持《教师资格证书》上岗。围绕课改，借助各类项目，加大校长和教师培训力度，实施了中小学骨干教师培训计划，选拔培养了中小学骨干教师和学科带头人。截至2006年底，宁夏全区小学、初中和高中教师学历合格率分别达到98.86%、98.01%和92.31%，比2002年分别增长了1.72、3.62和20.82个百分点；小学教师专科以上学历和初中教师本科以上学历达到65.16%和64.89%。为了推进义务教育均衡发展，加强薄弱学校和农村学校的师资力量,解决宁南山区教师短缺问题,组织开展支教工作,另外,推行城镇教师到农村学校任教服务期制度。

2. 积极响应教师"特岗"政策

"农村学校教师特设岗位计划"(以下简称"特岗计划")是中央支持西部农村教育的一项重要举措,旨在解决农村教师补充困难,引导和鼓励高校毕业生从事农村教育工作,逐步解决农村师资总量不足、结构不合理等问题,是一个提高农村教师队伍整体素质的重大举措。不仅有利于巩固"两基"成果,缓解农村师资结构矛盾,而且对于完善农村义务教育保障机制,创新教师补充机制,从根本上提高农村教育质量具有重大意义。实施农村义务教育阶段学校教师特设岗位计划,对切实解决西部少数民族地区学校教师数量不足、结构性短缺及整体水平不高的问题已取得初步成效。

云南省自2006年起,实施农村义务教育阶段学校教师特设岗位计划(以下简称"特岗计划"),云南省教育厅与财政、人事、编办等密切协作,出台了《关于贯彻执行教育部等四部委关于实施农村义务教育阶段学校教师特设岗位计划有关通知的实施意见》和《关于2007年度农村义务教育阶段学校教师特设岗位计划的实施意见》,制定并实施了一些具有云南特色的具体措施:一是有条件的"特岗计划"设岗州(市),在2007年实施计划时可选择一些办学条件较好的县城以上学校,对其新录用的教师先安排进"特岗计划",去县以下农村学校任教,3年服务期满后回原聘用的学校执教。二是各有关"特岗计划"设岗州(市),在城市、县镇学校教师岗位空缺补充人员时,可优先聘用3年聘期届满的特岗教师。三是将特岗教师的招聘工作与清退代课教师的工作相结合。设岗县(市、区)还有代课教师的,原则上进一名特岗教师,退一名代课教师。云南省实施"特岗计划"以来,其中2006年招聘并到岗任教的特岗教师有4 196人,2007年有4 284人,两年共计补充了8 480人特岗教师。事实已经证明,国家实施的"农村教师特岗计划"把好了农村新教师的来源和入口关,又解决了地方财力薄弱、编制所困导致的师资不足、结构不合理的问题,无疑是解开了"两基"攻坚中一个重要的扣结,受益的是边疆、山区、农村和民族贫困地区的教育,定将强有力地推进城乡教育的均衡发展。

为进一步加强农村教师队伍建设,促进义务教育均衡发展,根据《教育部、财政部、人事部、中央编办关于实施农村义务教育阶段学校教师特设岗位计划的通知》《教育部关于做好2007年农村义务教育阶段学校教师特设岗位计划工作的通知》的精神,根据宁夏回族自治区教师缺编情况和教育事业发展需求情况,2007年继续在自治区南部山区原州区、西吉县、彭阳县、泾源县、红寺堡开发区、同心县、海原县和中宁县、兴庆区、青铜峡市、大武口区、中卫市移民吊庄乡镇实施农村义务教育阶段学校教师特设岗位计划（以下简称"特岗计划"）。根据宁南山区和移民吊庄地区教师现有编制情况，义务教育阶段在校生数和教师需求情况，宁夏回族自治区根据各有关县市农村义务教育阶段学校教师特设岗位计划需求情况在核定编制内，理清岗位需求底数的前提下，2007 年自治区共设农村中小学特设教师岗位 981 名，其中农村初中教师岗位 731 名，小学教师岗位 250 名。中央按 15 000 元/年的标准拨付教师工资。招聘工作由自治区教育厅、人事厅、财政厅、编办等相关部门共同负责。特设岗位教师采取面向全国公开招聘的方式，按照"公开、公正、平等、竞争、择优"和"定县、定校、定岗"的原则，由自治区人事厅统一组织考试进行招聘。

3. 中小学教师工资问题基本得到落实

20 世纪 90 年代以来，国家先后颁布了一系列有关教师工资的政策法规：1993 年《国务院办公厅关于采取有力措施迅速解决拖欠教师工资问题的通知》，1994 年《国务院关于〈中国教育改革和发展纲要〉的实施意见》，1995 年《国家教委关于实施〈中华人民共和国教育法〉若干问题的意见》，1997 年《国务院办公厅关于保障教师工资按时发放有关问题的通知》，1998 年的《国务院办公厅转发财政部〈关于进一步做好教育科技经费预算安排和确保教师工资按时发放通知〉的通知》等。农村税费改革前，农村义务教育投入由财政拨款、城乡统筹中的农村教育费、农村教育集资和教育收费等组成。农村义务教育形成了以政府财政拨款为主，辅之以向农民收取农村教育费附加、农村教育集资等多渠道筹措经费的保障体系。

2000 年，中共中央、国务院颁布《关于进行农村税费改革试点工作的通知》，国家取消了农村教育集资及教育费附加，改为统一由政府进行财政拨款办教育，农村教育实现了由"农民办"向"政府办"的转变。相应的农村教师工资也开始由农村教育费附加支付转为由县财政统一支付，在管理体制上实现了由"村镇为主"向"以县为主"的重心上移，在一定程度上保障了农村中小学教师的工资。2001 年 5 月 29 日，国务院发布了《国务院关于基础教育改革和发展的决定》，指出要"进一步完善农村义务教育管理体制，实行在国务院领导下，由地方政府负责、分级管理、以县为主的体制……统一发放教职工工资。"从 2001 年起，将农村中小学教师工资的管理上收到县，并规定设立"工资资金专户"，通过银行直接拨入教师在银行开设的个人账户中。在此基础上，为中西部困难地区建立农村中小学教师工资保障机制，中央财政给予适当补助。从 2001 年起，中央财政每年安排 50 亿转移支付资金，用于补助国家扶贫开发工作重点县等中西部困难地区发放中小学教职工工资。①

---

① 邬志辉、于胜刚：《农村义务教育经费保障新机制》，北京大学出版社 2008 年版，第 55～58 页。

2002年5月，国务院发布了《关于完善农村义务教育管理体制的通知》，进一步明确了各级政府在农村教师工资发放过程中的责任。2003年9月，国务院颁布《关于进一步加强农村教育工作的决定》，要求"建立和完善农村中小学教职工工资保障机制"，同时要求省级人民政府统筹安排，反映了农村中小学教师管理重心的上移，要求落实省长（主席、市长）负责制，建立专项转移支付机制。2005年12月，国务院颁布《关于深化农村义务教育经费保障机制改革的通知》，把教师工资列入农村义务教育经费保障机制的重要内容，强调要"巩固和完善农村中小学教师工资保障机制"，对中西部及东部部分地区农村中小学教师工资经费给予支持，确保农村中小学教师工资按照国家标准按时足额发放。①

2006年新修订的《义务教育法》明确规定："各级人民政府保障教师工资福利和社会保险，改善教师工作和生活条件、完善农村教师工资经费保障机制。"这是从国家立法的高度，进一步保障了义务教育阶段教师的工资待遇，明确了教师工资保障的责任和范围。

2004年，云南省教育厅、省财政厅制定了《云南省关于农村税费改革后进一步确保农村义务教育投入的意见》，明确规定确保教师工资按月足额发放，各县（市、区）必须将农村中小学教师工资的管理上收到县（市、区），并相应重新划分县乡两级财政的收入范围和支出责任，相应调整体制基数。县级人民政府要按照省人民政府核定的教职工编制和国家、省统一规定的工资项目和标准，将农村中小学教职工工资全额纳入本级财政预算，按时足额直接拨到教职工个人的工资账户中，保证教职工工资按时足额发放。对本级财力难以保证教师工资发放的困难县（市、区），上级政府要通过财政转移支付给予适当补助。

宁夏农村中小学自2001年10月始，农村中小学教师工资全部归市里财政统一管理，城乡教师工资全部实现了统一发放，除地方出台的一些补贴在一些贫困地区中小学尚不能发放外，宁夏基本上未再出现新的教师工资拖欠现象。截至2003年9月底，宁夏不再拖欠教师的标准工资。② 宁夏回族自治区政府又颁布了《自治区人民政府关于深化农村医务教育经费保障机制改革的通知》，明确规定各市、县要确保农村中小学教师工资，按照国家标准按时足额发放，自治区安排已进入市县补助基数的农村中小学教师工资转移支付资金，必须全额安排用于农村中小学教师工资的发放，凡不按规定使用该项资金的市县，自治区将扣减相应的补助资金。

4. 学校之间的帮扶交流制度化

云南省针对民族贫困地区的扶贫支教工作有序进行，多层次的教育对口支援

---

①② 邬志辉、于胜刚：《农村义务教育经费保障新机制》，北京大学出版社2008年版，第65、66页。

工作深入开展。坚持高校新录用教师到山区学校支教、主城区学校每年选派优秀骨干教师到民族地区支教的政策。云南的西双版纳傣族自治州和澜沧县则是通过"东部地区学校对口支援西部贫困地区学校工程""大中城市学校对口支援本地贫困地区学校工程"等,部分大城市教师到民族地区支教,支教教师的到来,其主要作用:一是可以补充师资不足,二是能够带来新的教育理念和工作方法。如西双版纳州民族中学的教师在2004年就被安排到上海学习3个月,大连的玉明高中部分教师对口到西双版纳民族中学挂职锻炼、学习。在宁夏的川区,也采取捆绑式发展,如在固原市原州区,川区学校和南部山区学校"结对子"。

(二) 教师队伍建设存在的问题

1. 现行的教师政策法规中存在不足

通过对已有的教师政策法规的文本分析,我们发现仍有不完善之处,主要表现在两方面:其一,中央一级的规定相对较笼统和泛化,以表明态度和提出要求为主,多是"鼓励和支持""应当予以补贴"之类的字样。至于政策如何具体实施,冀望于地方性的政策法规进行规定;如规定"对在民族地区、边远山区工作的教师,在工作条件和生活待遇上应当给予特殊照顾,具体办法由当地人民政府参照国家和省的有关规定制定"。这事实上将对民族地区和山区工作的教师补助的财政责任转嫁给了当地政府,而对于贫困县级政府来说,在保证教师基本工资的基础上再给予额外的教师补贴难度很大,所以事实上,这些教师也得不到应有的补助。最终,国家在促进民族地区和山区师资养成的目的难以实现。其二,通过"东部地区学校对口支援西部贫困地区学校工程""大中城市学校对口支援本地贫困地区学校工程"等,促使部分城市教师到民族地区支教,其主要作用一是可以补充师资不足,二是能够带来新的教育理念和教育方法;但同时也存在着一些问题,譬如,云南某中学与上海某校为对口支援学校,该中学校长指出,上海学校不可能把最好的老师调出,这就存在一个政策的可执行问题;部分支教的老师用"大城市的眼光"来评价当地的民风和习俗,无法真正做到"入乡随俗";另外,很多教学方法和理念适用于城市而不适合边远地区的农村学校;此外,大多支教都是短期的,只能是强心剂,并不能从根本上解决问题。

2. 教师结构性短缺

教师短缺的主要原因是编制短缺。教师编制被划为以县为单位的事业单位编制进行统一管理,而县级事业单位普遍超编,教师编制名额被挤压,造成教师编制数量不足。调查组走访的中小学中,存在的最大问题就是教师严重缺编,尤其是学科教师短缺,如英语、计算机老师等。教师兼课现象普遍,出现了有的教师所教科目不对口现象;另外,随着学生入学数量的增加和学校规模的扩大,教师短缺也导致了师生比例严重失调。

3. 教师年龄老化，新生教师缺乏

教师偏老龄化，知识结构有待更新，教学观念和教学方法传统化，不能适应新课改的需要。另外，因身体状况不佳而不能胜任学校安排的教学任务等，同时教师结构老龄化因占用编制，导致新生教师力量不能及时补充进来。

在云南的西双版纳傣族自治州和澜沧县调查结果发现，很多校长和教师（特别是农村学校和偏远山区的学校的校长）都表示，学校近年来很少甚至是根本没有引进新生教师，教师队伍急需补充新鲜血液。面对新老教师更替的矛盾，作为这些年长的教师本身，对目前的教学现状也有诉求，特别是处于亚热带的西双版纳自治州的一线教师，他们普遍感觉到跟不上知识结构的更新速度，因此承受了巨大的心理压力。

4. 教师来源复杂、结构不合理

为了补充教师薄弱学校和边远山区教师短缺问题，多数学校的教师是由在编专任教师、轮岗教师、支教、志愿者、特岗教师、代课教师等多种成分构成，支教和志愿者教师因任教时间短暂，导致教师结构的极其不稳固。以永宁县闽宁镇闽宁中学为例，该校的教师基本是由在编教师、轮岗教师和志愿者构成。学校共有156名教师，其中104名教师在编，专任教师47人，轮岗教师（2年）40人，志愿者（1年）3人；轮岗教师多为教学水平较差的，志愿者教师流动性较强、教学时间年限较短，责任心缺乏稳定性和积极性，造成整个教师队伍不稳定、流动性较大，影响教学质量和学校的发展。

5. 教师队伍流动性大，流失严重

因西部民族地区的农村、山区自然条件和教学条件较差，本来就短缺的教师队伍出现了逆向流动，教师队伍的流动性和不稳定性使得结构性短缺的矛盾更加突出。往往是学校中比较优秀的教师很多选择到条件较优越的学校或转行做其他工作，比如流向党政机关等待遇好、条件好、个人发展快的部门。特别值得注意的是，流向其他部门的教师以青年教师居多，他们对于教师职业的待遇及未来的发展持悲观态度因此纷纷弃教转行，而相对的流入这些学校的教师则比较少，造成了这些学校本就薄弱的师资队伍进一步匮乏。

在宁夏主要表现宁南山区学校的教师向川区学校流动，极其不稳定。另外，由于支教的短期性，也造成教师队伍的不稳定。但与此同时，当地政府和教育部门也在积极采取相应措施，响应有关稳定教师队伍的政策。

6. 教师任用制度有待完善

教师任用是由自治区人事厅统一组织考试、面试、录用。目前的状况是学校没有招聘教师的权力，校长没有聘任教师的人事权，造成学校在教师的需求方面较为被动。以宁夏金凤区兴源回民中学为例，2006年以前聘任教师的权力在金凤区，但从2007年开始权利就归属自治区教育厅了。学校一直都没有用人自主权。另宁夏教育厅人事处提供的信息，教师招聘一般为教育厅人事部门负责管理，具体操作程序是人事厅负责考试中心组织考试，教育厅负责组织专家、学科带头人出题、抽调师范学校教研组组长命题，所有事业单位招聘都是统一一张卷。

7. 教师培训经费不足

教师培训的开展表现为多种形式和种类，就云南省而言，培训形式主要有以下四种：

（1）教师自己深造的继续教育培训：多利用寒暑假、参加的动因主要是为了提高自身素质及进职称的需要。培训过程比较正规、学习内容较多，占用时间较多、费用自理。

（2）骨干教师培训：全国、全省或全州（市）组织，短期培训，费用多由学校报销（义教工程）。多以办培训班、研讨会等形式进行，也有到教育先进省市参观学习的机会，属于规格较高的培训。每个学校由教育局分配名额，不是每个教师都有机会参加。

（3）云南省教育局统一组织的进修培训：教师必须参加，利用寒暑假，培训后进行考试，考试合格后折合成积分，用以评定职称和考核。

"三沟通"：社会上对从普通高教自考中衍生出来的学历认定形式。即业大、函授与高教自考"沟通"，其毕业证书加盖省自考委与主办学校两章，并要注明"三沟通"字样。只在云南省内承认。费用根据学校不同，有的学校会报销部分费用，有的学校由教师自理。相对其他继续教育培训方式更容易取得文凭。

（4）校本培训：不少学校结合自己学校的实际情况对教师进行校本培训。如，针对新课程、新教材和教育活动、教学活动当中存在的一些问题，学校自身提出一些小的课题，由教研组来研究这个课题。然后，以讲座、汇报、论文的方式，由课题小组来汇报解决该问题。

宁夏回族自治区的教师培训的形式包括校本培训、市级培训（如银川市教科所组织的"送课下乡"）自治区范围内的培训（教育厅组织的培训）、省外培训、国家组织的培训。

以云南和宁夏的调查结果来看，教师培训取得了一定成效：一是国家贫困地区义务教育工程等工程的拨款大大增加了西部教师的培训的机会。"民族贫困地区中小学综合素质培训项目""农村中学教育硕士师资培养计划""中英西南基础教育项目""联合国儿基会师资培训项目"等项目的资金对加大西部民族地区培训力度起到了重要的作用。二是有特色的校本培训的开展。校本培训的开展对于缓解教师培训经费的压力、增加教师培训机会、扩大培训教师的范围，提高本校教师质量可以起到很大的作用，并且校本培训在培训内容和培训形式上可以更契合当地实际情况，往往能起到事半功倍的效果。在所调研的地区，这种形式的培训开展得比较普遍，也取得了不错的成效。

但是教师培训仍存在两个突出的问题：一是培训的效果不明显，缺乏针对性，多数流于形式；二是培训费用不足，因为培训费基本上是由学校自身财政状况决定的，而对于基础比较薄弱的学校，无法为教师支付培训费用，教师必须自付大部分甚至全部培训费，严重影响教师培训积极性，并且造成恶性循环，使这些本来就落后的学校的教学水平更难以提高。

8. 教师激励制度待完善

新机制实施以前，教师各项津贴如班主任津贴、代课老师工资都是从学校收取的杂费中统一支出，但新机制改革明确规定农村义务教育经费保障机制专项资金不得用于人员经费开支，教师津贴没有了来源，教师积极性会受到影响。

西部少数民族地区在教师队伍建设方面与东部地区相比，普遍存在着师资力量薄弱、教师短缺、结构来源复杂等问题，尤其是在西部少数民族边远贫困地区这种现象更为突出，东西部教师资源出现严重的不均衡。在宁夏回族自治区具体表现为银川市区与宁南山区教师队伍严重不均衡，尽管国家在教师队伍建设方面颁布了一系列倾斜西部的政策，且已取得了一些成效，但从根本上解决现实问题，达到均衡发展还需要一个漫长的过程。

二、加强西部少数民族地区教师队伍建设问题的政策建议

（一）民族地区教师的补助问题应有具体化、可操作化的政策进行规范

对于对民族地区、边远山区工作教师的补助具体措施、补助金额（或比例）应最低在省级的规定中予以体现，并且要规定省、县两级政府按比例共同承担这笔支出。

（二）民族地区的教师结构性短缺可与现行的师范生免费政策相结合

结合国务院新近公布的师范生免费教育政策，中央一级应出台具体政策，如要求实施免费政策的六所直属高校的免费师范生的招生更多的倾斜于中西部地区，特别是倾向于少数民族地区和边远山区，并且在政策中明确规定免费师范生的义务，包括一定的任教服务期等。可要求毕业后，如果不愿意从事中小学教师

职业，或者在毕业生和用人单位之间的市场选择过程中，未能在基础教育领域就业，则需要退还已享受的资助。在中央政策的指导下，各师范学校通过与免费师范生签订合同的方式约定权利和义务，也可以考虑为师范毕业生制订一个完整有序的继续教育计划，由中央财政配套专项基金支付在中西部地区就业的师范毕业生的继续教育费用。云南省也应相应的对《云南省实施〈中华人民共和国教师法〉的若干规定》中有关师范生待遇和责任的条款进行修改，以适应新的政策和现实。

（三）支教政策尚需完善，建议建立专项基金以推行教龄累进工资制度

目前的支教政策对解决西部师资短缺及提升西部地区教学质量方面起到了一定的作用，给西部地区吹去了一股课改新理念之风，也为师范毕业生提供了很好的锻炼平台。但是，正如前面所述，支教政策不能从根本上解决西部地区师资短缺的问题。政府还是应加大贫困地区教育投资，改善教师条件，经济条件好了，人才自然会流入，而不能仅仅依靠支教回归后的优惠政策去鼓励。为鼓励师范生长期在中西部地区农村中小学就业，建议中央财政建立专项基金以推行教龄累进工资制度，其设置标准以教龄为依据，教龄越长，激励性工资部分的增长幅度越大。

（四）对少数民族地区及边远山区教师申请提前退休的条件予以适当放宽

我国新出台的《公务员法》第八十八条对公务员的提前退休条件进行了规定，公务员工作年限满三十年的，距国家规定的退休年龄不足五年，且工作年限满二十年的，符合国家规定的可以提前退休，其他情形的可以申请提前退休。参照此规定，应在《教师法》中增加对教师提前退休的规定。特别是民族地区和边远山区的教师，过长的工作年限对他们的身心将造成极大的负担，也不利于教学质量的保证，甚至影响新教师的引进。另外，可由中央出台相应政策要求对少数民族地区及边远山区教师申请提前退休的条件予以适当放宽，具体条件由各省政府结合本省实际情况规定。

（五）结合当地实际开展多样化的培训模式，保证足够的培训经费投入

结合民族地区的实际情况，制定可操作性的师资培训计划，设计符合当地情

况的培训教材。采取"请进来、走出去"相结合的培训模式,除争取机会参观优秀示范校外,也要根据本校的目标,积极请优秀教师到本校讲示范课,通过座谈的方式,示范者和本校教师进行交流总结。此外,继续开展校本培训,校本培训有利于教师的全员培训,它有着培训中心的基层化、对象的全员化和时间的全程化的优点。如,可以教研组集体备课,互相听课,指出老师在教学中的不足,互相促进提高。另外,结合民族地区教师实际需要对培训内容进行改革,增加有关教育法律法规、班级管理方面、民族教师专业水平和普通话方面的培训。

第十二章

教师社会经济地位的国际比较

世界教育发达国家有关教师的立法对于教师社会经济地位的保障具有重要意义,也为我国教师立法完善提供了可资借鉴的经验。本章采取国际比较研究的方法,以美国、日本、德国等国家有关教师群体的社会经济地位的法律为研究对象,通过法学的研究视角,对若干不同社会背景下的国家的教师社会经济地位的立法进行比较分析,提出保护我国教师社会经济地位的有益借鉴。

第一节 教师政治地位的比较

一、西方国家公立中小学学校决策中的教师参与现状

总体上说,西方国家公立中小学学校决策中的教师参与水平较高,并且它们的实践也证明了教师参与学校决策具有一定的积极意义。西方国家公立中小学学校决策中的教师参与现状概况如下。[①]

西方国家公立中小学学校决策中的教师参与是有历史传统的,但是,在20世纪70年代之后才普遍走向法制化、制度化的道路。这主要得益于学校外部力

---

① 李国书:《论我国公立中小学学校决策中的教师参与》,华南师范大学硕士论文,2002年。

量的推动和教师群体本身的努力。西方国家的公立中小学为了满足社会各界对学校教育质量提高的要求，同时也为了满足教师参与学校管理的需求，调动教师的工作积极性，纷纷对学校管理进行了改革，而改革的重要内容之一就是加强教师对学校决策的参与。"七十年代中期，有的国家（比利时 1974 年，意大利 1974 年，法国 1975 年）第一次通过了旨在确保教育管理民主化和保证教师、学生及其家长和其他社会各界通过专门性机构广泛参与学校管理的法律文件，尔后其他各国也纷纷效仿，到七十年代末，几乎所有的欧洲资本主义国家都颁布了法律。从此，社会参与教育管理进入了一个新的发展阶段。"① 当前，流行于西方国家的"校本管理"运动，其要义是学校自主和共同决策，共同决策"是指教师、家长和社区成员（有时也包括学生）参与学校的各项决策，如经费使用、人员聘用、课程编制、教材选择以及其他各项事务等，共同决策往往是由校本管理委员会做出的，在实施校本管理的学校中，一般都有这类校本管理委员会，其成员来自各方面的代表"。② 总的来说，西方国家公立中小学学校决策中的教师参与水平较高，具体表现在以下几个方面。

第一，教师参与学校决策有明确的法律保障。如法国 1989 年通过了《教育指导法》，该法案规定，"学校委员会是真正的学校教育教学的管理机构……教师代表和学生的家长代表是学校委员会的成员……各界代表的比例有相应的法律文件固定下来，一般是不可随意改变的"。③

第二，教师参与学校决策的机构比较健全。西方许多国家的中小学有专门的学校决策机构，例如英国公立中学的最高决策机构是校董会，"根据法律规定，英国校董会都必须由地方教育当局代表、家长代表与教师代表参加"。④ 教师可以通过校董会行使参与决策权。根据有关规定，校董会和还可以根据工作需要设立专门委员会，并把一部分职权移交给它，而专门委员会的成员主要由教职工组成，这样既可以充分利用教职工的专长，又密切了校董会和教职工的联系。另外，教师还可以通过全体教职工大会、教师工会、家长—教师联合会等组织参与学校决策。

第三，教师参与学校决策的范围较广，几乎涉及了学校管理的方方面面。例如英国的教师代表参加的校董会负责学校的重大事务，而教师工会"最关心的是教师的工资待遇和工作条件；因此涉及以上两个方面的决策，教师工会会积极地

---

①③ 刘振天：《西方国家教育管理体制中的社会参与》，载于《比较教育研究》1996 年第 3 期，第 10～14 页。

② 赵中建：《从管理角度看美国学校教育改革——校本管理的兴起及其特征》，载于《河南教育》2000 年第 7 期，第 25～26 页。

④ 金含芬：《学校教育管理系统分析》，山西人民教育出版社 1993 年版，第 204 页。

参与"。① 在美国,实行校本管理的学校都强调共同决策,教师可以通过校本委员会参与"如经费使用、人员聘用、课程的编制、教材的选择以及其他各种事务等"。② 总之,西方国家公立中小学学校决策中的教师参与的实践表明,教师参与学校决策的水平较高。

二、 美国教师参与决策——教师赋权增能

(一) 教师赋权增能的涵义

教师赋权增能有三层涵义,包括在政治上教师享有决策权、在社会上提升教师地位与影响力和在心理上增强教师的自我效能感。③

1. 政治维度:教师享有决策权

基于对以往改革失败教训的反思,针对已有的学校权力的外控型特征,在学校重构运动中,改革者要求将整个教育体系内的权力进行重新分配,州和学区把预算、人事、课程与教学等权力下放到各个学校,实行"校本管理"。在权力下放到各个学校后,校长则继续放权,让教师在决策上扮演最主要的角色。学校重构中各类人员的角色是:教师作为领导者、州政府作为促进者、学监作为赋权者、校长作为促进者。学者们明确主张,教师赋权增能,必须给予教师更多的做决策的权力,以增强其工作的效能。对有关学校重构的文献分析表明,"做决策"是在论述教师赋权增能的涵义时使用最为频繁的术语。这一切说明,教师获得和行使学校内部的课程、教学和评价等事务的决策权,是教师赋权增能的主要涵义。

可以说,教师赋权增能就是通过州、学区、校长层层下放权力,使教师享有对学校事务的决策权。这构成了教师赋权增能涵义的政治维度。教师的决策权,包括参与对学校愿景的提出,课程教材的选编,课程与教学活动的设计与实施,设备与图书的采购与订制,校园设施的规划与建筑,学校经费的运用与稽核,教职员的聘用、晋升与考核,学生辅导管教的措施等决策。教师赋权增能表达的权力形式,既不是权力的掌控,即校长要求教师做出某些行动,也不是权力的操弄,即校长通过微妙的、操纵性的手段,诱使教师做出某些行动,而是权力的共享与权力的行动性。权力的共享,指包括校长、教师在内的所有参与者共同讨论

---

① 金含芬:《学校教育管理系统分析》,山西人民教育出版社1993年版,第196页。
② 赵中建:《近年来美国学校管理改革述评》,载于《教育研究》2001年第5期,第75~79页。
③ 曾文婕、黄甫全:《美国教师"赋权增能"的动因/涵义/策略及启示》,载于《课程·教材·教法》2006年第12期,第75~79页。

学校事务以做出决策，而且他们彼此间互动关系密切，不但考虑自己，而且顾及别人的利益、情感和经验；权力的行动性，指教师参与决策能落实到具体的行动上，而不仅是纸上谈兵。

2. 社会维度：提升教师地位和影响力

事实上，赋予教师以学校事务的决策权，还仅仅是政治维度的一厢情愿。接下来的问题是：当州、学区、校长将权力层层下放，希望与教师共享权力时，教师就会自然而然地参与学校事务的决策吗？必须看到，使教师真正享有决策权并非简单的"分权制度"和"官员让权"即可达成的。教师通常认为，接受校长和学监的领导是一种合法的、不可避免的生活现实。究其原因，在长期的科层制管理体系之下，教师已习惯性地将自己定位于最底层的人员，定位于仅仅是上级命令的正确执行者而已。地位的低下决定了教师即使有什么看法，也不会对学校决策产生影响力，也就不必去参与决策了，从而导致教师的权能感淡化。

同时研究者敏锐地指出，教师职业呈现出女性化、科技主宰去技能化、工作任务加重和私人领域的特征。教师工作主要由女性担任的劳动力性别差异现象，使得教师的社会地位较低；科技发展与应用对课程与教学的控制，"教师缺席"式课本和教学材料的出版，消解着教师对自己工作的掌控权，使得教师的专业地位与影响力弱化；沉重而琐碎的工作负担，孤立的工作环境，使得教师之间缺乏密切的专业互动，无法建立专业共同体以发挥影响力。这一切，都是导致教师的权能感淡化的社会因素。

针对这些问题，人们开始采取多种有效策略以增强教师的权能感，促使他们"体面"而自信地参与到学校决策中去。这些策略包括：通过调整社会分工与收入分配，让教师的社会地位受到其他社会成员的尊重；通过转变科层制的学校管理方式，让教师的专业地位得到领导者与同事的认可；通过形成教师专业共同体让教师的专业知识与能力对课程与教学等学校事务的影响力得以极大凸显，如此等等。所以，提高教师的社会和专业地位，提升教师的专业见解对学校决策的影响力，是教师赋权增能不可或缺的组成部分。这构成了教师赋权增能涵义的社会维度。

3. 心理维度：增强教师自我效能感

即使教师有了权力，地位和影响力得以提升，也不能被视为真正的教师赋权增能。因为教师仅仅拥有外在的权力、地位和影响力是不够的，他们可能是在缺乏内在动机和专业责任的情况下被动参与学校决策的，只是"走过场"而已。教师赋权增能，理应是教师自发地富有建设性地主动参与学校决策，绝不是受外界迫使而被动参与和应付了事。

基于这样的思考，人们提出了自我赋权增能。自我赋权增能的教师参与学校决策是自动自发的，他们相信自己的思想、感觉、意见和建议是有价值的。自我赋权增能，可以通过自我效能感展现出来。

教师提升自我效能感的历程，伴随着一种掌控自己生命的特殊心理体验，与个人的自信心与自我价值感紧密相连。因此，教师赋权增能内含着的事实是，教师信任自身的能力，肯定自我的价值，坚信自己的专业理解，进而产生主动参与学校决策的内驱力，并享受参与决策的过程。这构成了教师赋权增能涵义的心理维度。

综上所述，享有决策权是政治目的性的成分，提升地位与影响力是社会条件性的成分，增强自我效能感是心理动机性的成分，三者有机结合构成了教师赋权增能的基本涵义。

（二）教师赋权增能的策略

教师赋权增能有如下策略:[①]

1. 州和学区：创设赋权增能的社会环境

在科层制的行政管理制度下，学校的财政、人事和课程等实际管理权掌握在州和学区手中，即便是校长的任用和权力行使，也受到教育行政机构与法令的约束。鉴于此，教师赋权增能不应首先着眼于要求校长赋权给教师，而应首先着眼于州和学区的教育法令与教育行政机构的改进，创设教师赋权增能的政策制度与社会环境，使学校的管理权回归到各个具体学校，使之实行校本管理，进而才有可能让教师参与学校管理，参与学校事务的决策。如果学校事务的管辖、督导等法令与制度不能调整现有教育系统的结构以及权力的分配方式，则教师赋权增能终将是空谈而已。

2. 校长：营造赋权增能的校内环境

教师赋权增能，强调校本管理。校长可以说是学校中最有权力的人，校长能否营造出赋权增能的校内环境，对教师赋权增能的影响很大。

校长营造教师赋权增能的校内环境，首先需要树立新的人性观和奉行新的管理行为模式。麦格雷戈提出了关于人性的 X 理论与 Y 理论，简单来说，前者认为人是懒惰的和逃避责任的，后者则认为人没有先天地对工作的厌恶，且愿意为"共享"的而不是"强加"的目标而努力。阿吉里斯指出，从 X 理论会引出领导的 A 行为模式，即对下属进行严密的、仔细的监督，实行自上而下的等级式控制；从 Y 理论会引出领导的 B 行为模式，即致力于创设共同的目标，建立高度

[①] 曾文婕、黄甫全：《美国教师"赋权增能"的动因/涵义/策略及启示》，载于《课程·教材·教法》2006 年第 12 期，第 75~79 页。

信任、尊重、真诚、坦率的关系。显然，为达成教师赋权增能，校长理应信奉Y理论，以B行为模式行事，将自己定位为促进者而不是控制者的角色，以开放的心态接受一切学校重构可能带来的变数，并领导教师共同应对与解决。

其次，需要建立信任感和鼓励革新。信任感的建立不是一蹴而就的，需要校长不断地鼓励教师，也需要对冲突的发生有心理准备和应对策略。同时，要鼓励教师不怕犯错，勇于提出新观念。一个鼓励革新的学校，必然是一个开放的、探索的、对于变迁无预设立场的组织，教师就会有勇气和胆量参与学校管理，且参与学校决策的程度和效果就会比较好。

最后，需要厘定参与决策的范围。有一种误解，以为教师赋权增能的目的，是让每个教师都参与到所有学校事务的决策过程中去，这既不现实也不可取。在实践中，既要考量需决策的事务与教师的相关度，当教师个人与决策有着高度利害关系时，他们的参与热情就高；也要考虑教师的专长，当教师具备相应的能力时，才能较好地参与决策。

3. 教师：形成赋权增能的专业共同体

教师形成专业共同体，彼此合作与支持，对于教师决策权的获得、地位和影响力的提升、专业的持续成长以增强自我效能感，都是极为重要和行之有效的。

大量研究揭示，教师决策权的获得，需要整个教师群体的努力方可完成，教师群体甚至可以采取抗拒的方式，以提高地位，赢得决策权。相应地，教师专业成长不是靠各个教师独善其身即可达成。对促进教师赋权增能而言，重要的是培育和建立互助合作的精神，使得教师互为教练，彼此讨论与分享教学经验，同心协力地解决教学问题。在合作环境中，教师富有帮助同事的责任感。而在孤立环境中，教师必须独自完成许多事情，这对经验不足的教师来说，可能是充满困难的经历，而对富有经验的教师来说，也不是一种健康的环境。通过合作，教师还可以获得"互动生成"的学习机会，丰富知识和提升专业素养。新知识扎根于人类的相互交流与关系之中，专业共同体可以使教师在合作对话和沟通互动中，获得新知识并创生新智慧，以促进学校及课程改革得以最有效和最持久地开展。需要清醒意识到的是，对赋权增能有所助益的教师专业共同体，必须既是自觉的群体，也是相互关怀的群体，还是勇于尝试的群体，更是学习化的群体。

4. 教师教育：提供赋权增能的智力保障

深入的分析揭示，教师赋权增能的真正力量，主要来自掌握了讲授材料和基本教学技能而带来的权威与掌控感，所以，帮助教师越来越精通所教学的知识，协助教师发展有效教学的策略，对教师赋权增能是必不可少的。只有专业能力得到发展与提高，教师才能更好地建立起自我效能感，才能有信心、有能力去参与学校决策，也才能获得专业地位和影响力的提升。教师教育，无疑是促进教师专业发展的有效途径，良好的教师教育能为教师赋权增能提供可靠的智力保障。

三、美国教师组织对教育政策的影响

美国教师组织结构完整，规模庞大，主要分为全国、州及地方三级，各自为各层级的教师权益和专业发展而努力，但是这三层级之间并非上下级的隶属关系，而是加盟关系。美国最为著名的教师组织是全美教育协会（NEA）和美国教师联盟（AFT）。

（一）美国教师组织的政治活动[①]

美国教师组织会积极参与政治活动，因为教师组织期望通过政治活动来影响美国的教育政策，通过影响民意代表或政府官员的意见来影响教育决策。可以说，教师组织参与政治活动是美国教师组织影响教育政策制定的重要方式之一。因此美国教师组织在人力和财力上都投注了相当大的精力和经费来参与政治活动，主要的方式有成立专责机构、政治结盟、游说、重视传播媒体等。

成立专责机构。全美教育协会于1972年成立政治活动委员会，两年后，1974年美国教师联盟也成立政治活动委员会，为了不和全美教育协会混淆，改称为政治教育委员会，成立这两个委员会的主要目的是统筹游说、政治献金及诉诸传播媒体的政治活动，这些政治活动的经费来源除了由会员会费扣除外，也接受会员个人捐款。

形成政治结盟。教师组织政治结盟是指教师组织以结盟的方式，与其他工会团体或政党共同合作。

全美教育协会反对加盟工会团体，认为加盟工会团体有损教师专业团体的形象。美国教师联盟则在初创不久就加入了美国劳工联盟，成为其分支结构。加入美国劳工联盟，美国教师联盟除了为寻求更强的力量支持，还因为美国劳工联盟对教育问题也非常关心，两者在教育问题上有很多共识。此外，这种结盟并非上下级的管理，而是加盟关系，不存在命令与被命令的关系，而更多是协助与合作的关系。

美国劳工联盟在集体协商权、社会安全保障等问题上有很多的经验，可以为美国教师联盟提供借鉴。而且美国劳工联盟在国会、州议会及地方社区影响力很大，如果美国教师联盟寻求合作，对彼此关心的问题比自己单独行动会有更大的

[①] 王艳荣：《美国教师组织发展的初步研究》，福建师范大学硕士论文，2005年。

力量。况且，美国劳工联盟也非常关心教育，它是美国最先倡导免费的公共教育的组织，也是最先倡导使工人及其家庭获利的社会和经济政策的组织，两者在教育问题上会达成一定共识。一般人误以为加入美国劳工联盟会使得美国教师联盟丧失组织的独立性，而不能代表教师的专业利益。其实两者的结盟，并不是形成了上下级关系，而是加盟关系，美国劳工联盟为美国教师联盟提供一定协助和支持，美国教师联盟则保持自主性，独立运作和发展，不管是否会和美国劳工联盟的立场冲突。近年来美国教师联盟在代表教师专业人员的表现上，和其他加盟美国劳工联盟的专业组织，如工程师、医师、律师及新闻人员一样，并没有损及专业人员的形象。加盟美国劳工联盟，美国教师联盟每月要为每位会员交纳加盟费。

在政治活动上，美国教师组织除了政治结盟外，还会支持特定的政党，如果选举成功，所支持的候选人会在教育决策上更多地听取该组织的意见。这样教师组织就通过政治活动增强了自己在教育问题上的影响力。美国两大教师组织都和民主党保持密切的关系。

美国教师组织在支持政党方面，多是提供政治献金，也有直接选派代表参加选举。美国教师组织在政治捐款方面数额巨大，在政治活动中的力量也非常强大。如在1987~1988年的全美政治捐献中，全美教育协会排名第四，美国教师联盟排名第二十八；全美教育协会在1993~1994年，给民主党参选人的捐款达350万美元。

游说是美国教师组织经常使用的方法，是教师组织向政府公开传达他们对问题的关切并企图影响运作过程的一切活动。

全美教育协会的游说方式包括请会员写信、登门拜访、运用关系说服各级民意代表或以国会听证会的方式来说服政党或议员支持其立场，制定有利于该组织的法案和阻止不利于自己的法案通过。

美国教师联盟的游说方式有向国会游说、出席国会委员会听证会、监督联邦政府教育部门或其他机构举办的活动，有时甚至为了会员的福利向最高法院提出简报。美国是行政、立法、司法三权分立的国家，法院对教育问题的判例，行政机关必须接受。美国教师联盟还会向法院提出简报，这样有助于法官在审理教育案件时，获得更多的背景知识以便做出有利于教师组织的判决。

教师组织也非常重视传播媒体的力量，如利用网络、电视、报纸等多种媒体来宣传自己的主张和影响公众的意见。

两大教师组织都会在全国、各州和学区建立网站，通过网络来宣传自己的主张，协助教师把研究成果应用到课堂实践，为会员提供各种信息等。教师组织还会在报纸、电视上宣传优秀教学的重要性。教师组织也会利用媒体来影响公众的意见，如全美教育协会曾在电视、收音机的广告上，向选民揭露反对公共教育的国会，在 1996 年的国会选举，政治活动委员会在四个州刊登广告，使得马萨诸塞、北卡罗来纳、俄亥俄州现任议员蝉联失败，这三个人都反对学校午餐和学生贷款方案。

（二）美国教师组织对教育政策的影响①

美国教师组织对教育政策的影响方式主要有以下四种，即组织间合作、从事教育研究、政策回应和政治活动。

（1）组织间合作。组织间合作是指教师组织与专业研究团体、州教育当局、地方学区、立法机构相互之间有着不同程度的合作关系，它们既相互独立自治、又相互依存共事。这种相辅相成的关系使得双方都认识到，离开合作将不利于目标的实现，对政策的影响力也相对减小。组织间合作有三个方面的表现，一是全美教育协会和美国教师联盟及其分支机构之间的合作，即教师组织相互之间的合作；二是教师组织与政府部门的合作；三是教师组织与其他专业协会的合作。

（2）从事教育研究。

第一，发表研究报告，提供决策参考。

从教师组织的角度看，其从事的教育研究一般有两个目的。一个目的是为组织成员提供相关政策的最新信息以及本领域的重要进展，保持信息畅通，以便使成员跟上最新的步伐。另一个目的是通过研究，为提高教师待遇、增加福利、改善工作条件等协议的形成提供依据。

全美教育协会通过运用教育科学研究的方式对美国教育政策发挥影响作用，为了统筹教育研究活动，专门成立了"教学与学习研究中心"，该中心分为四个部门，其中有三个部门是专门从事教育研究的，即国家改革中心、教育技术中心、全国改进教育基金会。

美国教师联盟也设立了"教育问题部门"。该部门每两年举办一次高质量的教育教学标准会议，研讨各类重要教育问题。

从美国教师组织的教育科研看，其信息服务性与政策影响性十分明显。教师组织的科研报告不仅指出了现有教师教育领域存在的问题，而且通过客观分析，还提出了政策建议与行动计划。这些报告对美国各级政府有关教师教育政策的立法提案以及政策的形成提供了权威客观的依据，发挥了重要的决策咨询作用。

第二，出版刊物，建立网站，促进信息交流。

全美教育协会和美国教师联盟两大教师组织都独立发行自己的刊物，发表会

---

① 周小虎：《利益集团视角下的美国教师组织对教育政策影响的研究》，东北师范大学博士论文，2006 年。

员撰写的文章、对政府政策的解读与反应、宣传教师组织的工作信息与活动安排等，一方面这不仅促进信息的畅通与交流，也在另一方面对政府的相关政策起到了舆论监督作用。如美国教师联盟，办有月刊《美国教师》《美国教师联盟活动》周刊、《公共服务报告》《美国教育工作者》季刊、《健康咨询》月刊、高校《校园报导》等刊物。全美教育协会办有季刊《今日教育》、月刊《全美教育协会新闻报导》和周刊《现时》等。全美教育协会和美国教师联盟都有各自的协会网站，网站中包含组织介绍、组织运行、最新新闻、工资分析以及与教育相关的电子资料和图片等大量信息，为教育信息互通提供了网络保障和支持，为进行教育科学研究提供参考，同时，也为各级政府教育政策的制定提供了大量翔实可信的资料。

（3）政策回应。教师组织对政府的政策给予了高度关注，并适时做出相应的回应。在这里对教育政策的回应有支持教育政策的实施、阻碍教育政策的实施、提出政策的修改意见和倡导符合教师组织利益的政策等政策回应方式。

（4）政治活动。教师组织在必要的情况下，有时会通过激进的政治活动来对政府施加压力，达到其影响教育政策的目的。作为既定利益的代言人，教师组织为了教师群体的利益，经常通过政治行为对政府的相关政策产生影响，其政治活动的一般方式有五种，即集体谈判、政治结盟、罢教、支持或参加选举活动和司法行动等。

四、英国中小学校本管理体制下的教师参与决策

英国中小学内部的管理组织系统大体上可分为三个层次，即领导层、中间管理层和基础操作层。领导层主要由董事会、校长和高级管理委员会三方组成。中间管理层主要由高级教师、教育活动协调人和接待室类似于校长办公室组成，基础操作层主要由教研组、年级组和班级组组成。这三个层次的学校管理形式均有教师参与。①

（一）教师参与学校领导层的管理活动

英国中小学的领导体制从总体上讲属于董事会领导的校长负责制，董事会可以说是学校的最高权力机构。校董事会在人员构成上坚持任何利益不占优势的原则，即家长代表、社区代表、教育局代表和学校教职工代表的人数应大体相等。董事会设有全体会议，其职责主要是对学校重大问题进行审议和决策，董事会成

---

① 张勇：《英国中小学校本教师管理的有效策略研究》，东北师范大学硕士论文，2005年。

员中的教师代表可以参加表决。教师参与学校董事会活动的具体内容可以概括为：（1）确定办学方向，讨论学校的中长期计划。学校的发展规划由校长起草和提出议案。但最终需通过校董事会讨论通过。（2）讨论学校内部的规章制度。（3）讨论通过学校的财政预算方案。（4）招聘和任命校长。（5）讨论解聘教师。教师的招聘权在校长，但对已聘用的教师的解聘需经董事会讨论通过。

校长是英国学校管理的核心人物，校长产生的方式通常是招聘制，身份仍然是教师，并担任一定的教学任务。学校办得如何，由校长最终向董事会和教育局负责。

英国所有的中小学都设有一种被称之为"高级管理委员会"的管理机构。其中有高级教师代表。从权力体制上讲，校长拥有最终决定权，但通常校长的决策都是建立在高级管理委员会成员充分深入讨论及大多数成员同意的基础上。

从以上三个方面来讲，教师参加了学校领导层的管理活动。

（二）教师参与学校中间管理层的管理活动

英国中小学的中层管理机构主要有高级教师、教育协调人和接待室组成。高级教师在学校的地位仅次于校长和副校长，通常是高级管理委员会的成员。高级教师的角色类似于中国的教导主任，主要职责是领导以教研组为主的课程教学系统的工作。教育协调人的作用，在中国的学校管理系统中很难找到对应的角色，其主要职责是负责以年级组为主的教学辅导系统的工作。英国中小学中的接待室的职能实际是校长办公室，而且其职权范围要比中国中小学的校长办公室大得多。高级教师和教育协调人均由教师担任。从这个方面来讲，教师参与了学校中间管理层的管理活动。

（三）教师参与学校基础操作层的管理活动

英国中小学的基层管理组织主要由教研组、年级组和班级组组成，主要职责是研究教学大纲和教科书，开展集体备课，交流教学经验，切磋教学技艺，提高教学质量。年级组的重要职责是研究对儿童进行个别辅导的经验与规律。班级是中小学最基层和最基本的教学单位。英国中小学的班级规模比中，一般在25~30人之间。班级设班主任管理。班主任通常由资历较深、经验丰富的教师担任。小学的班主任通常要承担全班所有课程的教学工作，平均每周的课时量在24节课左右。中学班主任通常要承担本班语文或数学核心主干课程，平均每周课时量为14节左右。在英国，每学年学校对每个儿童都有一份为学生和家长十分关注的鉴定评语，该评语由班主任负责填写。作为基础操作层，教师是参与管理的主体，负责全校的教育教学的具体工作。

第二节 教师经济地位的比较

一、美国基础教育教师工资及福利制度

(一) 美国基础教育教师薪金制

当今美国教师的薪酬制度有:
1. 单一工资制度

单一工资制度是指所有的教师,不分性别、种族、所教年级或其他背景,都统一根据受教育程度和教龄付酬。单一工资制度从工资造册总表上看,是以行列相错的矩阵结构表现出来的。"行"代表着教师教育背景,例如:学士学位,硕士学位,博士学位。"列"代表着有几年的教学经验。这样,任何一位老师的工资都可以通过在矩阵中对应自己的学历和教龄直接得出。随着教师教学经验的增长或是自身的深造,工资上涨的时间间隔是可以预计的。①

单一工资制度自出现以后一直是美国教师的主要付酬方式。目前,美国95%以上的地区采用单一工资制。在最初实施的时候,单一工资制度就着眼于教师的两种需要:公平和客观。这种工资制度也确实能够平等地对待各个年级的教师,客观地利用学历和教龄来确定工资,教师最终得到报酬不是因为他们所教的层次,而是因为教学本身。这种工资方案是容易被人们接受的,因为它使所有的老师能够在相同的规则下公平地获得工资的提升。单一工资制度对学历的重视,成功地鼓励了更多的老师去读大学及完成学业。此外,单一工资制使得教师工资的增长也不再受制于对教学绩效的评价,这种评价在教师们看来通常是武断的和行政性的。这就使得教师与学校行政领导之间的关系发生了微妙的变化,有助于教师摆脱教学工作的行政控制,使得教师在教室里有了更大的自主权。除有助于实现公平和客观外,单一工资制度还有利于学区的财政预算,是一种最容易管理教师工资的方法。因为这一工资制度使每年的工资支出都是确定的,是可以预测的。学校所在地区能精确地预算资金。而且行政人员积累了一定的技巧和操作经

---

① 王静、洪明:《美国教师工资和激励机制改革的历史发展》,载于《集美大学学报》2007年第9期,第28~32页。

验，这样也就便于对教师工资的管理。①

但单一工资制本身也存在不少问题。对单一工资制度最常见的批评就是：它同等地对待具有相同学历和教龄的教师，而无视教师在工作中的成绩和技能的差异。早在 1867 年，宾夕法尼亚州亚当斯市的教育局局长就称，付给所有的老师同样的工资无异于给无知无能或是平庸之人提供了奖金，应该始终给老师们提供激励措施以使他们能够足够胜任自己的工作。这一观点在 20 世纪 80 年代之后更为流行。单一工资制度注重教师学历与工资提升的正向相关关系，客观上鼓励了教师不停地去读越来越多的研究生水平的大学课程，而在一部分人看来，这些课程与教师的实际教学任务通常没有直接联系，教师追逐高学历只是为了获得更高的工资收入而已。因此，单一工资制度被认为无助于激励教师改善自己的教学技能。②

2. 基于能力的工资制

基于能力的工资指的是基于技能的工资或者说是基于教学实践的工资，它是当雇员获得新的知识或技能，或当他们拥有现有的才干时，证明拥有更高水平的能力时，用工资的增长来奖励他们。并且，虽然在基于能力的工资制度下，工资增长没有与绩效连接在一起，但人们仍然期望更有能力的雇员能够以更高的水平表现他们的能力，这里有对雇员暗含的信息，那就是尽他们的努力发展他们的才能，并且尽可能给他们支付相应的工资。在基于能力的工资制度下，所有老师的工资都可能增加，只要工作表现符合明确的标准，而非不透明的行政决定。这一点有别于他们曾经坚决反对的绩效加薪。③

为了完成一个基于能力的工资体系，学区必须做到：(1) 区分与每个职位相关的知识和技能，这是瑞舍尔（Risher）所说的能力。(2) 将这些能力转换成针对教师绩效的明确的标准。(3) 决定评估与该标准相关的个人绩效的方法。在过去的几年里，已经制订了全国性的标准和评估框架。这些框架包括普瑞克西系列（PRAXIS series，由教育测试服务机构建立），还有一些评估体系（它们是由各州新教师评估与支持协会制定），它们适合于评估新老师的知识和技能；全国专业教学标准委员会（NBPTS）可以评估更有经验和能力的教师的知识、技能；而丹尼森（Danielson）教育评估（1996）的范围覆盖了从初级到高级的整个教学生涯。但目前，只有一个学区完全实行基于能力的工资制——辛辛那提市。④

3. 绩效工资制

与单一工资制的教龄和教育背景相比较，绩效工资制把教师工资与教学绩效

---

①② 王静、洪明：《美国教师工资和激励机制改革的历史发展》，载于《集美大学学报》2007 年第 9 期，第 28～32 页。

③④ 张晓霞等：《美国基础教育教师薪金制研究》，载于《教师教育研究》2005 年第 9 期，第 62 页，72～76 页。

联系起来。政府会对学校学生入学、升级、巩固率和毕业率等进行评估,根据评估的结果对学校进行奖励,发放经费,学校则可以将这些经费用于发放教师工资。教师承担的责任越大,他们的工资与绩效之间的联系就越密切。①

国家教育委员会的马歇尔·艾伦(Michael Allen)建议采纳绩效工资制时,应先确保下列诸项事宜:(1)建立一种按照规定的教育标准合理地测量学生学习结果的机制;(2)建立一种收集并且分析资料的方法,这种方法能够促发老师个体和学生的知识获得之间呈正相关关系;(3)通过学生评价老师的业绩,获得适当的评价资料;(4)初始矫正,但是并非给予惩罚。处理那些使学生学习方式差的老师;(5)信任教师和父母。②

根据教育调查机构的研究发现,大部分绩效工资方案的实施在时间上一般不超过6年,主要原因在于管理者与教师的关系难以处理、集体谈判极易破裂以及财政预算的短缺,等等。

4. 教师职务工资制

教师职务工资制,即按照教师职务确定职责与工资。这一制度通常把教师分为四个等次:"实习教师""普通教师""专业教师""高级教师"。例如纽约州政府规定:新参加工作的教师,应领取一年的实习工资,期满经评估合格后转为普通教师,普通教师在五年内获得硕士以上学位并取得终身教师资格后,转为专业教师,专业教师的10%,通过学区组织的专门评审后晋升为高级教师。通过等级的提高,教师的工资也随之上涨。处于较高等级的教师明显要承担更多的责任,例如安排课程与指导教学。教师职务工资制倾向于把教学看成是由不同教学层级或水平构成的职业,教师可在教学工作领域内通过从较低的层级升到较高的层级,获得更高的工资并承担更多的责任。而在单一工资制度下,教师只有离开教学一线转而从事教学管理工作才能得到提升的机会。③

目前,美国有四个州采用了职务工资制度:亚利桑那、密苏里州、田纳西州和犹他州。但由于经费问题,亚利桑那州却已不再为这一制度提供稳定的资金了;犹他州的职务工资制度也遭遇了同样的资金问题,同时还遭到了一些老师的反对。犹他州的职务工资的具体实施权利是很分散的,允许各地区可以根据自己的情况设计具体的方案。各地做法不一,有些地区的确是着眼于教师水平的提高而进行了实质性的变革,而有些地区则是全面地给教师提工资。④美国薪酬制度具有以下特点:⑤

---

①③④　王静、洪明:《美国教师工资和激励机制改革的历史发展》,载于《集美大学学报》2007年第9期,第28~32页。

②⑤　张晓霞等:《美国基础教育教师薪金制研究》,载于《教师教育研究》2005年第9期,第62页,72~76页。

第一，工资的来源与管理。美国国会制定原则，学区和州制定具体标准，学校按合同规定发放。包括基本工资、津贴、福利（来源以国家财政拨款为主）和保险、理财、免费服务（以地方为主）。非预算渠道经费占很大比例：如教育费附加、教育基金、社会集资、捐款、校办产业等。由于地方投入教育经费较多，教师工资不仅可以全额发放，而且包括奖金和补贴都不需要学校通过招收自费生、择校生、点招生来获取。各学区一般以四年为周期进行工资调整。每四年校方与教师工会进行谈判，确定工资增长幅度和工资明细表。教师工会在争取全体教师利益上发挥重大作用，而教师个体在签订聘任合同时可平等对话，为自己负责，且透明度极高。

第二，工资结构。美国近百年来实行的工资制度为"单一工资制"，其特点有：（1）学历、工作岗位和年资为工资构成的三大要素。决定工作岗位又有两种不同的参数：一是不同档次的学校，如公立、私立，或博士学位授予学校、四年制大学、两年制学院、中小学等；二是校内不同岗位，如管理、教学、教辅等各岗位。（2）实行年薪制。分 9/10 个月工资制和 11/12 月工资制两种。教学系列人员基本为 9/10 月工资，研究系列人员因享受的假期少，一般实行全年工资制。（3）档次分明。工资设计者对各种情况人的工资进行周密设计，排出细密的档次，列出清晰图表，查阅者只要掌握自己三大要素有关参数，即可对自己工资数额一目了然。（4）公平和效率相互兼顾。单一工资制的年资要素和细密档次，保证每人每年均可获得固定增长，优异者则可跨越多等差增长。

第三，级差与奖励。美国教师薪酬具有良好的级差和弹性以克服平均主义。实际工资的差距和增加都是通过集体的讨论而决定，其方法是：（1）工资绝对数额增长；（2）以工资某一百分比增加。另外，美国教师起点工资与最终工资的差距基本保持在 1∶2 之内（但与绩效等挂钩，有充分的弹性），以保障年轻教师基本的生活和工作，以防止教师薪酬待遇差距过大和结构失调。

第四，工资制度和法规。关于教师工资，美国州与联邦政府已出台许多法令。绝大多数州都为教师提供最低薪水保证法规。在许多州，把提供食物也作为管理者和其他员工的最低工资保障。直接处理薪酬的联邦主要法令法规是 1938 年通过的《公平劳动标准法案》（FL－SA），该法案主要的规定与最低工资、加班费、童工和工资等有关。1963 年的《平等工资法案》是对《公平劳动标准法案》最有意义的修订案之一，成为教育领域内寻求消灭大量不公平的工资政策的基础。许多其他的联邦法律已经对学区的薪酬措施产生了重大的影响。比如，1935 年的《社会保障法案》，1973 年的《健康维护组织法案》（HMO），1996 年的《便利健康保险和责任法案》。并且许多民权法律法规打算保护雇员的工资和福利。1964 年的《民权法案》的第 7 条和 1991 年的《民权法案》也反对薪酬的不公平。1972年的《公平雇佣机会法案》,1978年的《年龄歧视法案修订案》和《怀孕歧视法案》及1992年的《美国残疾人法案》同样如此。在20世纪最后的25年里,立法机构和法院已经越来越关注雇佣中的公平和歧视问题。《工资平等JUNE,2004法》《公民权利法》《劳动关系法》《合同法》《平等雇佣法》等。这些教育法的内容则涉及教育的各个方面:行政管理、教育经费、教育设施、课程、教师的聘用及教师的行为以及学生行为等。

美国教师薪酬制度对我国教师薪酬制度的启示是:①(1)加大教育投入,提高教师薪酬。(2)加强教育领域的法制化和市场化管理。(3)革除僵化,增加弹性。(4)确定科学合理的级差。

(二)美国教师福利制度

美国教师的福利制度包括7个方面:②

1. 法定常规福利

(1)社会保障系统:1935年的《社会保障法》确立了老年人、幸存者、残疾人的健康保险体系。该体系的基金由教师和学校共同承担。对于完全、永久丧失劳动能力者可领取残疾人基金,实际金额要根据工作年数平均收入以及在发放时的受益人数。

(2)失业补助:各州通过州立法提供失业补助,为那些并非自己的错误而失业的个人提供一定的收入。各个州的失业津贴各不相同,它是教师以前的薪金和服务时间长短的函数。

(3)员工补偿津贴:各州都要求雇主向丧失工作能力的教师或者是死亡的工人提供补偿。包括丧葬费以及给寡妇和孩子的补偿。

(4)州退休计划:所有州都为公立学校教师提供退休津贴。各州的退休系统不尽相同(即预先的服务信贷,现役信贷,非教学的州内任职,州外信誉贷等)。多数州的退休津贴由受雇者和公众捐助共同支付。少数州完全由州政府提供资金。

2. 健康福利制度

在1960年后,因为教师短缺以及学区之间的竞争,该计划逐步发展起来,包括:

(1)健康与医疗保险:虽然在教师赔偿法体系中,工伤和工作事故可得到赔偿,但大部分教师的疾病不与工作相关,这加重了教师经济负担。因此有些组织

---

① 王静、洪明:《美国教师工资和激励机制改革的历史发展》,载于《集美大学学报》2007年第9期,第28～32页。

② 崔岐恩、张晓霞:《美国教师福利制度探析》,载于《比较教育研究》2006年第9期,第52～55页。

为教师提供了多样的健康和事故保险，一些完全是由地方提供资金，还有一些保险项目是和教师共同分担。学校赔偿制度中的健康和医疗保险的主要类型有：团体医疗保险；外科医疗保险；专业医疗保险；牙科医疗保险；视力健康医疗保险；处方药医疗保险。

（2）团体人寿保险：包含所有教师都不留意的身体状况，同时提供转交，就是教师如果离开了一个学区，也会被提供一份完全相同的保险单。标准保险单规定对死亡的抚恤金是教师每年薪资的五倍。

（3）伤残保险：伤残保险为那些因职业引起伤残而不能工作的教师提供收入的延续支付。

3. 储蓄福利

免税年金保险：免税年金保险制是为增加教师退休后的收入。免税年金保险允许学校把年金的一部分用于投资，但不用按现行的薪金交税，年金保险的支付前提是个人没有任何欠款，在给教师支付时也免税。

4. 非工作时间的薪资

（1）病假：所有学校都为教师提供病假时的工资。这包括家庭成员生病时及参加直系亲属的葬礼。这类假期有一个时限，教师是 11 天，管理人员是 13 天。有些学区在学年开始时就把病假的时限分配下来，员工可把他在雇佣时期的假期累积起来，进行一次性长时间的休假。最长休假天数：教师 155 天，管理人员 167 天。在 1/3 的学区中，允许用未度完的假期来提前退休时间。还有学区允许已用尽病假时间的员工进行病假互借，但这须在特殊情况下。

（2）事假：几乎所有学区都为教师和管理人员提供事假。其中为教师提供事假的学区有 94%，而 91% 的学区为管理人员提供事假。每年为教师和管理人员提供的事假时限是 4 天。大约 40% 的学区将事假归到病假中，36% 的学区对管理人员亦然。

（3）职务度假：一般教师无此假，但约 73% 的学区为管理人员提供该假，时限 19 天。且多数允许把每年的假期累积起来，可一次休 37 天。

（4）公休假：由集体协商，大约 69% 的学区为教师提供公休假，学区会限制同一时间内休假教师的人数。业务学习是提供公休假的首要原因，公休假的时限：30% 的学区是六个月，58% 的学区是两个学期。公休假的前提是教师连续六年表现良好，且向学区做出保证：在休假后至少两年内不得离开该学区的教师岗位，或者退还在公休假期时所领的薪资福利。2/3 的学区在公休假中提供工资福利，其中 5% 的学区付全额薪资，别的只付 61% 的薪资。

（5）宗教假：2/3 的学区提供该假，多数学区把该假等同于教师和管理人员私人假的累积。

（6）陪审职责假：仅个别州的教师被免除陪审职责。该假是需要单独支付薪酬的假期类型。

（7）职业假：此假包括专业学习、出席会议、职业服务、研究、出访、教育旅行等。92%的学区为教师提供职业假，93%的学区为管理人员提供。

（8）军事假：2/3的学区为教师提供带薪军事假。

（9）遣散费：这是遣散教师时（退休时或是教师职业生涯的早些时候）发放的费用。数额以遣散前的工作时间为依据。退休时遣散费的支付，是对长期工作的补贴，以弥补退休后的收入骤减。近一半学区规定遣散费按照未休的病假时间计算。

5. 与收入相匹配的补贴

（1）收入等价赔偿：是为减少教师因经济变化和税收需求变化而造成的损失，以保持教师拥有自己的生活质量。

（2）职业责任保险：关于滥用职权、渎职罪、不履行义务及不法行为的诉讼案件在学区中不断的增加。因牵涉到孩子，教师和管理人员要受社会责任约束。因此，教育组织提供职业责任保险项目，并把它作为会员的一种福利，或者以一定的比率来提供。

（3）学费偿还：此福利为教师提供更可能多的受教育机会，同时也可提高教师的知识和技能。大概37%的学区为教师提供学费偿还，36%的学区为管理人员提供学费偿还。

（4）会议费用的支付：出席职业性的会议是职业康复和发展的良药。很多学区会支付一些会议的费用。但大部分只为管理人员而非教师提供。

（5）组织会员费的支付：专业学术组织可以提高教育，而且这类组织为教师和学区都提供福利，比如说为会议支付费用，但这项福利只为管理人员提供。

（6）交通补贴：学区教师如果用自己的交通工具来进行学区公务，将会得到交通补贴或者运费补偿。多为管理人员提供。

6. 免费或优惠服务

（1）信用合作社：很多规模大的学区都会建立教师信用合作社，为学校员工提供贷款等金融服务。这不仅鼓励员工节俭，还获得比商业银行更高的投资率和股息率，贷款利息也比商业银行低。

（2）教师帮助计划：在最近几年教师帮助计划中，关心教师心理和情绪健康的方面在不断增加。教师帮助计划提供信用评价，治疗安排，为门诊病人提供心理、情绪紊乱、家庭苦恼、毒品和酗酒问题、金融和法律问题、压力问题、教师家庭危机问题等的咨询服务。

（3）健康计划：教师健康是学区非常关心的一个问题。许多学区雇佣前都要求教师做一个身体检查，同时还要求交一些定期检查的费用。除此之外，一些学区开始实施健康计划，目的是提高教师的健康素质。

（4）副食补贴：很多学区运作的副食补贴计划不仅仅是非营利的，而且是地方和国家的一种补贴。成人一餐的成本在学校自助食堂比在商业性的餐馆要低得多。除此之外，还有在办公场所、学校、商场等地方设置的自动贩卖机，这些贩卖机所获得的利润可以为教师发放福利，或者作为基金。

（5）住房补贴：与银行合作为员工提供低息贷款，还包括提供房屋基金或提供房屋补贴。

（6）儿童保育服务：学区通过儿童保育中心提供，所有教师的孩子登记在册，便可选择享受该服务。

7. 弹性福利制度

由于教师需求的多样性，很多学区现在推行弹性福利计划，亦称作自助计划，即允许教师自由选择福利项目（总额基本相等），但必须符合资金分配和法律规定。教师可选择满足自己需要和生活方式的福利和服务组合。

美国教师福利制度具有以下特点：[1]

（1）分类细密，内容完善。美国教师福利共有29项，内容涉及身心健康、业务发展、交通饮食、住房保育、休假失业、退休储蓄等。凡与教师职业生活休戚相关的重要因素皆在福利之列。所有福利项目表述清晰，类别分明，教师可以按图索骥，明了自己该享受何种福利以及该如何享受福利。

（2）制度健全，措施配套。美国对有关教育的法制要求严格，注意立法及执法技术，在制定的过程中要求严格。福利制度作为教育法规的一部分，立法时要通过听证会，经过对提案人的咨询，明确了该立法的受益人，然后才确定是否作为议案。美国福利制度的结构和用语以及条款之间的联系，不仅逻辑性较高，而且有很强的可行性。福利制度还明确确定了拨款以及相应的社会配套服务，以保证该项福利的落实。美国对教育法的执行过程要求严格，通过工会、教师协会、行政和司法部门推动福利制度的实施，对违反者严加制裁，使福利得到法律的有效保障。

（3）激励得当，导向发展。美国教师福利制度是按照现代人力资源开发的思想和理念而设计，旨在充分挖掘教师潜能、为美国教育发展服务。例如"职业假"一项明确说明了目的：专业学习、出席会议、职业服务、研究、出访、教育旅行。"学费偿还"一项的目的：为教师提供更可能多的受教育机会，同时也可

---

[1] 崔岐恩、张晓霞：《美国教师福利制度探析》，载于《比较教育研究》2006年第9期，第52~55页。

提高教师的知识和技能。通过为教师提供假期、返还学费、支付会员费等方式，鼓励教师钻研业务、不断深造，跟上知识更新与时代发展。

（4）与时俱进，逐步完善。美国教师收入虽然只居所有白领阶层的中游，但日益完善的福利具有巨大诱惑。美国的各州、各学区以及公立与私立学校间的人才争夺异常激烈，为吸引和留住人才，学区会采用各种对策吸收新生力量、保留人才，首要条件就是提供优厚的福利。各校一般都设有特别福利项目，福利收入有时可达该教师原工资的一倍。美国的福利制度也非一蹴而就，而是在美国200余年的经济、社会、文化发展中逐步积累完善。它经历了从机制性向补偿性的历史演化。所谓机制性福利模式又称为制度性再分配模式，它是指按照需要的原则，提供普及性的服务，就是狭义的社会保障，也即上文所述的第一条"法定常规福利"。而补偿模式集中地解决遗留在机制之外的问题，社会福利将目标有选择地集中在特定群体、特定需求上。针对教师这样一个群体，美国运用福利这个杠杆来加强对教育的支持。20世纪90年代以来，福利政策由原来的普遍型向选择型改变，由机制型福利制度为主逐渐转变为以补偿型为主。

美国教师福利制度对我国教师福利制度的启示是：[①] 第一，倡导以人为本，全面关怀教师。第二，加大教育投入，提高福利水平。第三，加强教师福利的法制化和市场化管理。

二、法国义务教育教师工资制度

法国的公务员分为国家公务员、省公务员和市镇公务员三级。义务教育教师均为国家公务员，包括全体小学和初中教师。

（一）义务教育教师的工资管理制度

法国义务教育教师的工资由国民教育部实行中央集权型的统一管理。教师工资等级的划分、标准的制定、晋级的办法以及教师个人的工作量均由国民教育部统一规定、统一管理。地方各级政府和学校没有权力擅自改变。[②]

在教师工资的支付体制方面，国家是唯一的支付主体，工资支出的全部费用，包括基本工资和岗位津贴，均由中央财政负担。每年国民教育部作为中央一

[①] 崔岐恩、张晓霞：《美国教师福利制度探析》，载于《比较教育研究》2006年第9期，第52～55页。

[②] 高如峰：《法国义务教育教师工资制度研究》，载于《河北师范大学学报（教育科学版）》1999年第3期，第101～106页。

级教育行政职能部门，将教师工资、经费列入其年度教育预算草案之中，报经国会审议批准后严格执行。在历年的国民教育部经费预算中，教师工资即人员经费是最重要的一项支出，通常占到75%~80%，仅教师工资的单项支出，即可占国内生产总值的3%左右。①

（二）义务教育教师的工资结构与标准

法国义务教育教师的工资由两部分组成，即基本工资和岗位津贴。基本工资划分为0~11级，共包括12个等级。决定教师基本工资等级有两个重要依据：其一是教师获得的教师资格证书的类别，其二是教师任教的资历。此外，督学对教师教学工作的评价也起一定作用，但与前两方面相比，影响要小得多。对教师基本工资的具体计算方法与对其他国家公务员的方法相同，是把上述各方面依据换算成参数点，每个参数点折合为20法郎，中小学教师的参数点一般在400点至800点之间。②

除基本工资外，国家还为义务教育教师设立了多项岗位津贴。由于小学教师与初中教师工作性质有所不同，因而所设岗位津贴的项目亦有所差别。对于小学教师，可以享受的岗位津贴主要有2项，即在处境不利的优先教育区任教的岗位津贴以及课外活动津贴。对于初中教师，可以享受的岗位津贴有6项，除优先教育区任教津贴和课外活动津贴外，还有班主任津贴、方向指导津贴、学科组长津贴和超课时津贴。此外，中小学校长在任职期间，还可在校内享受一套免费住房。③

（三）义务教育教师的社会保障

法国是西欧国家中最早建立全民社会保障体系的国家之一，初建于1945年。在其后的发展中，这一制度日臻完善，保险范围从最初的疾病、工伤、老年、家庭补助四个方面扩展到失业、退休、残疾、医疗互助基金、社会资助等诸多方面。当前可以说每个法国人都能从这一制度中受益。法国的社会保障基金除来源于政府的财政补贴外，主要是由劳动者和雇主按比例共同分摊的。因此，每个公民在有权享受社会和国家提供的福利同时，也有义务承担应尽的责任。法国义务教育教师与其他国家公务员一样，必须行使的义务是每月按需缴纳一定比例的社会分摊费。缴纳的办法是教师在每月领取工资之前由银行代其从工资中扣除。目前，教师及其家属可以享受的社会保障主要有疾病医疗保险、退休保险和多子

---

①②③ 高如峰：《法国义务教育教师工资制度研究》，载于《河北师范大学学报（教育科学版）》1999年第3期，第101~106页。

女家庭补助。①

（四）义务教育教师的工资水平

在20世纪80年代及以前的较长时期内，应该说法国义务教育教师的工资一直处于较低的水平。为了改变这一状况，吸引法国青年一代加入教师队伍，政府从1989年起采取了一系列措施使义务教育教师工资标准得到较大幅度的提高，各级教师之间工资的指数差亦趋于平衡、合理。教师职业与其他职业相比，目前义务教育教师的工资水平与国家政府机构的同等学力公务员基本持平，但仍低于军官、法官，更低于银行、金融、企业技术人员的工资。不过，由于教师职业工作性质稳定，每年又有3个月左右的带薪假期，特别是免受失业的威胁，因此20世纪90年代在提高了中小学教师地位和待遇之后，可以说教师职业的吸引力大为增强。总的讲，当前教师职业是个需要竞争才能获得的职业。近年来参加教师资格考试者远远高于国家的实际录取名额。无论是小学教师资格考试还是初中教师资格考试，其淘汰率均在60%以上。当前在法国，当教师可以说是一个较为看好的职业。②

三、英国中小学教师工资制度

在英国中小学教师中，公立学校的教师占91%，私立学校的教师仅占9%。英国中小学教师职业十分稳定，政府对其实行职业保险，非有特殊原因，教师不得解雇。英国中小学教师的工资均由地方教育局全额支付。

（一）确立中小学教师工资的因素

英国中小学教师工资由两大部分组成：基本工资和各种津贴。基本工资主要依据教师的学历、职称和教龄三个因素来确定。英国实行以"职称"为主，兼顾教师学历和教龄确定教师工资的制度，教师的职称反映教师的教学水平和工作能力，教师之间等级分明。中小学教师职称分为：主任教师、副主任教师、高级教师、四级教师、三级教师、二级教师和一级教师。教师职称是决定工资的极其重要的因素，因为教师工资级别是按照教师的职称来划分的。英国是实行教师证书制度的国家，一个合格的教师必须具有政府规定的学位或证书。一般来讲，学位越高教师工资等级也越高，教师证书等级不同，起点薪金和津贴的标准也不同。

---

①② 高如峰：《法国义务教育教师工资制度研究》，载于《河北师范大学学报（教育科学版）》1999年第3期，第101~106页。

教龄是反映一个教师教学经验的重要因素，教师工资等级可随着教龄的增加而得到晋升。此外，教师还享受各种津贴，一类是鼓励教师参加进修的，参加并完成进修课程学习的教师可比其他同等条件的教师享受更高的进修津贴；另一类是鼓励教师去条件艰苦的学校以及鼓励师范生学习教学中急需但又少有人选修的"冷门"学科。在教师津贴中，设有专门的"特别困难学校津贴和冷门学科教授津贴"。[①]

（二）中小学教师的工资水平与工资差别

英国中小学教师没有全国统一的工资标准，由各地区教育局与当地工会谈判确定，因此，不同地区中小学教师的工资水平是不一致的。英国中小学教师的工资与全国职工平均工资相比，经历了由高于到低于又到高于的过程。近年来，中小学教师的平均工资一直高于全国职工的平均工资。中小学教师平均工资高于一般职员平均工资的35.5%。此外，从英国中小学教师队伍的内部来看，男女教师之间的工资在原则上是平等的；中、小学教师之间的工资差距，也随着小学教师中本科毕业生的比例不断上升而日趋缩小。但是，各类学校教师之间的工资差别，还是明显存在的。例如，文法学校和综合中学教师的工资，在同等条件下，一般高于现代中学教师工资3%。[②]

（三）中小学教师工资的协调与决策

英国中小学教师的工资水平由伯恩汉委员会确定。该委员会是根据1944年教育法建立的英国中小学教师工资仲裁机构。它主要由中央政府、地方政府以及教师这三方代表构成。伯恩汉委员会的主要职能，是通过委员会中各方代表面对面的谈判，确定一个各方面都满意的工资方案；然后报送教育科学大臣审批。批准后的工资方案就作为政府的正式文件，由地方教育当局负责实施，伯恩汉委员会提出的方案一般都能被批准。[③]

四、日本中小学教师工资制度

日本中小学教师职业被视为"圣职"，教师被称为"先生"，与议员齐名。人们普遍认为教师是为社会做出巨大牺牲的职业，因而是无比神圣的，教师本身

---

① 吴绍琪、徐娇：《美英日三国中小学教师工资制度研究》，载于《现代教育论丛》2006年第4期，第29~31页。

②③ 李玉兰、亦冬：《英日印三国的中小学教师工资制度》，载于《比较教育研究》1995年第5期，第47~50页。

也是廉洁清正的。日本中小学教师的社会地位高，工资待遇高是在情理之中的。

（一）确立中小学教师工资的因素

日本中小学教师的工资主要根据职务、责任、学历、教师证书资格等级、教学年限来确定。按照日本《一般职员工资法》和《教师公务员特例法》的规定，中小学教师的工资结构为：基本工资、工资调整额、特别调整额、初任工资调整额和各种津贴。日本中小学教师实行教师资格证书制度。每年公开向社会招聘教师，由地方教育委员会组织教师资格考试，应聘人员包括大学生、硕士、博士毕业生，一般来讲，学历越高，获得教师资格证书的等级越高，工资也就越高。日本中小学教师实行职务聘任制，只有拿到教师资格证书，才能担任教师职务。中小学教师职务分为首席教师、教师和助理教师三种。日本中小学教师工资表按教师的职务等级分为4个等级，每一等级又分若干工资号，工资号按教学年限晋升。第一级为中小学、幼儿园的助理教师；第二级为中小学、幼儿园教师；第三级为中小学首席教师、幼儿园园长；第四级为中小学校长。①

日本教师除工资外，还有各种津贴。如抚养津贴、边远地区津贴、初任职调整津贴、函授教育津贴、住房津贴、期末津贴、加班津贴、管理职务津贴、特殊勤务津贴、交通津贴、寒冷地区津贴，等等。日本所有教师每年6月和12月还可以得到两次奖金，数额等于5个月的工资总和。在上述津贴中，专门为中小学教师设置的津贴有义务教育教员特别津贴和教职调整额。义务教育津贴是为提高教育质量、稳定师资队伍而制定的措施，适用于所有从事义务教育的教职员，其支付标准按中小学、高中教师工资表来划分，最高津贴额为20 200日元，最低津贴额为4 800日元。教职调整额是对义务教育学校的教职员按职务和工作特殊性支付的工资调整额。支付对象限于中小学工资表和高中教师工资表中第一至第二级的教职员。津贴标准相当于本人工资的4%。②

（二）中小学教师工资的晋升与调整

日本中小学教师工资确定后，可在本职务等级内，按教龄晋升工资。教师的工资晋升分为正常晋升和特殊晋升两种。

正常晋升。根据《工资条例》第八条第六项与第十项规定：教职员在定级后12个月内以良好的成绩完成本职工作者晋升一级，即每年晋升一次。但是，58岁以上者不在此列。根据《工资条例》第八条第六项与第九项规定，凡年龄在

---

①② 李玉兰、亦冬：《英日印三国的中小学教师工资制度》，载于《比较教育研究》1995年第5期，第47~50页。

58岁以上的教师必须间隔18个月方能升级一次。教师是否提薪以两个条件为准：一是工作好者可以提薪；二是缺勤两个月以上者或受过处分者不能提薪，但以下情况除外：年度公休、因公负伤或因公病假；女教师产假；为试行"一周工作五日制"而带着任务不必到工作岗位上班者。《人事院规则》第九条规定：正常晋升时间为每年4月1日、7月1日、10月1日或1月1日。凡工作已满一年的教师于上述时间都能晋级加薪一次。①

特殊晋升。根据《工资条例》第八条第七项，《人事院规则》第九章第八节第三十七条到四十二条规定：成绩特别优秀的教师，可缩短晋升期限提前晋升，或晋升两级。这种晋升叫作特别晋升。特别晋升有三种情况：（1）每年定期评选一次，给予全体教师的15%以特别晋升的机会。条件是：因教学成绩特别优秀而受过表彰者。但在此期间除年度公休外，缺勤30天以上者不在此例。这种评选主要在偏僻地区的教师中进行。（2）给连续从事教学工作20年以上而将要退休退职的教师以"特别晋升"的机会。因为退职金与退休金是以退职、退休时的工资级别计算发放的。因此，对即将退职、退休教师特别晋升的评比被看作事关重大的事情。（3）特殊情况下的特别晋级。对因公成疾或因公残疾的教师可以晋升二级，以资表彰。②除晋升工资外，日本人事院每年4月还要根据私营企业同类人员的工资状况和生活费用的变动情况，修订中小学教师的工资表。

（三）中小学教师工资的工资水平

日本教师社会地位高、工资待遇高，从而导致师资水平高，即世人所称的日本教师"三高"。但这也有一个演变的过程。1974年2月在日本国会通过了"关于维持和提高学校教育水平，确保义务教育的各级各类学校教职员中的人才特别措施法"（以下简称"人才确保法"），明确规定：给予义务教育各级各类学校教职员的工资高于一般公务员水平的优厚待遇，并强调从公布之日起按计划逐步实施改善和提高工资待遇的措施。这项措施从经济上保证和提高了教师生活水平。同时实行了"教师增薪三年计划"，逐渐扭转了教师工资偏低的现象，并超过了其他部门职员的增薪标准。现在中小学教师初任工资已超过一般公务员工资的16%。此外，日本政府还在工资制度上，积极鼓励高学历毕业生到中小学任教。③

---

①②③ 李玉兰、亦冬：《英日印三国的中小学教师工资制度》，载于《比较教育研究》1995年第5期，第47~50页。

五、印度中小学教师工资制度

（一）中小学教师的工资

印度中小学是根据教师的学历和任职情况来确定教师的级别和工资的。印度中小学教师的职称分为助理教师和高级教师，高级教师的名额很少，由于地区和学校不同，其比例大约为 3% ~ 30%。教师的地位和工资收入主要与学历挂钩，与所学专业和所教课程有关；数理化教师的工资就比音体美和手工课的教师高。不同学历的新教师起点工资都不一样。第五次工资改革之后，中小学教师的起点月基本工资如下：[①]

（1）新教师月基本工资为 4 500 卢比，以后每年月薪自动增加 125 卢比，最高月薪达到 7 000 卢比为止。

（2）老教师月基本工资为 5 000 卢比，以后每年月薪自动增加 150 卢比，最高月薪到 8 000 卢比为止。

（3）本科学历的小学新教师和校长的起点月基本工资为 5 500 卢比，以后每年月薪自动增加 175 卢比，最高工资到 9 000 卢比为止。

（4）本科学历的小学老教师和校长、研究生学历的中学新教师和校长起点月基本工资为 6 500 卢比，以后每年月薪自动增加 200 卢比，最高月薪到 10 500 卢比为止。

（5）本科学历的小学高级教师和校长、研究生学历的中学老教师和校长起点月基本工资为 7 500 卢比，以后每年月薪自动增加 250 卢比，最高月薪到 12 000 卢比为止。

（6）研究生学历的中学高级教师和校长起点月薪为 8 000 卢比，以后每年月基本工资自动增加 175 卢比，最高月薪到 13 500 卢比为止。

此外教师的各种津贴加起来和基本工资差不多，一个刚参加工作的小学教师的基本工资 4 500 卢比，加上各种津贴，每个月大概能拿到 9 000 卢比，合人民币 1 800 元。

（二）中小学教师的津贴与福利

国立中小学教师的津贴主要是：（1）每年多发一个月的工资作为奖金。

[①] 杨洪：《印度教师的地位》，载于《贵州教育学院学报（社会科学）》2002 年第 5 期，第 20 ~ 23 页。

（2）物价补贴为基本工资的 22%。（3）城市补贴和房租补贴：根据城市的大小，基本工资的高低，城市补贴每月 25~300 卢比不等；房租补贴每月发基本工资的 5%~30%。（4）交通补贴：根据城市大小、基本工资的高低，每月发 75~800 卢比。（5）小孩教育补贴：每个小孩每月可获得 100 卢比教育补贴，300 卢比的学校公寓补贴，另外，每月还可给读不同年级的学生报销 40~100 卢比的学费。（6）恶劣气候补贴、恶劣环境补贴、表列部落地区补贴等根据工资的高低，每月补助 40~200 卢比。（7）偏远地区补贴每月 40~1 300 卢比。①

中小学教师的福利：带薪休假退休前累计 300 天；产假母亲 135 天，父亲 15 天；每四年三次探亲假；休假旅游乘飞机、乘船、乘火车和乘长途公共汽车有优惠；根据工资的高低，每月缴纳 15~150 卢比，生病住院时免费用餐和治疗；50 个月基本工资总额的低息建房贷款 25 万~75 万卢比；18 个月基本工资总额的购车贷款 18 万卢比；其他还有摩托车贷款、计算机贷款、节假日贷款、自然灾害贷款等。退休年龄延长到 62 岁。②

此外，印度中小学的学杂费非常低，公办中小学一年的学杂费含服装费，最高的地方为 360 卢比，最低的地方才 48 卢比，农村地区还免费给学生提供一定数量的粮食。从以上对比可看出，印度教师的工资水平比较高，而学生的学费水平却很低，这说明印度政府对教育的投入力度是很大的。印度在发展师范教育，提高教师的地位方面做出了很大的努力，很值得我们借鉴和效法。

第三节 教师专业地位的比较

一、教师的专业身份的比较研究

由于各国把教育看作是国家兴办的公共事业，教师受国家委托执行国家意志，按国家的教育计划和培养目标教育下一代，执行的是国家公务，因此，各国都把教师定位为公务员或公务雇员。法国、德国、日本三国明确规定，公民在取得教师资格证书并获得教师职位后，其身份就是国家（或地方）公务员，纳入国家公务员行政管理系统中，适用本国的公务员法或根据教师职业的特殊性而专门

---

①② 杨洪：《印度教师的地位》，载于《贵州教育学院学报（社会科学）》2002 年第 5 期，第 20~23 页。

制定的教育公务员法。英、美两国公立中小学教师不是国家公务员，而是国家的公务雇员，[①] 由公立学校的责任团体（地方教育委员会或地方教育当局）采取雇佣合同的形式与教师签订工作协议，教师的雇佣和解雇不适用于一般的劳工关系法，也不适用于国家公务法律条款，而是由仅适用于学校雇员的法律明确规定。显然与其他一般雇佣关系相比，公立学校教师的雇佣合同也受到限制，尤其是在集体谈判、罢工、教学责任等方面。在日本，教师的结社、组织和集体行动等宪法所赋予的权利受到严格的法律限制。日本文部省认为，教师人事政策是管理和操作问题，只能由教育行政机构决定，地方公务员法禁止教师与地方教育机构进行集体谈判。英国自 20 世纪 80 年代中期以来，教师的教学责任由合同约定改为由国家教育和科学部立法详细规定，教师不再是基于合同向雇主提供服务，而是基于法规提供教育服务。美国公立学校教师的雇佣条件很多都由法律规定，在公务雇佣领域能否集体谈判仍有争议。一般认为，集体谈判并不是维持公立学校的必要手段，因为学区作为民选的负责公立学校管理的团体，不能向雇员组织妥协或违法授权，但学区可以与地方教师组织就学区有自由处置权的事项，如工作时间、工资、纪律措施、解雇的方式和工作条件等进行协商。在德、法两国，国家立法机关确定教师的雇佣条件，政府和教师协会无权就此签署集体谈判合同，罢工为非法要受到法律惩罚。

二、教师专业权利的比较研究

（一）关于教学自由权

在英国、美国、德国、法国、日本等国家，教师虽具有宪法所规定的公民言论、表达自由、结社等权利，但这些权利受到了一定的法律限制，尤其是教师在班级内的教学行为。一般来说，各国法律都认可教师一定程度上的教学自由权，但这种自由权要受学校管理当局的指导，自由的限度取决于控制教师课堂行为的方式和控制机构。这五国中，教师教学自由度最大的是英国。传统上，英国没有统一的课程指导，对教师也没有严格的规定。不过，英国 1988 年颁布的教育改革法加强了对课程的管理，教师教学自由度受到了一定的限制。自由度最小的是日本。日本文部省的教育权限虽然有限，但它肩负着中小学教材的审批权，对学校教师的教学有很大的制约，这就限制了教师的教学自由。日本教师在教育活动中没有多大的自主权的，教师主要关注怎样让学生学会、记住书本中的

[①] 黄崴：《校本管理：理念与模式》，载于《教育理论与实践》2002 年第 1 期，第 28～32 页。

内容，而对课程设计、课程内容选择的考虑并不多。德国教师作为公务员，主要受学校督学的指导，教师在课程范围内的一定程度上有决定教学内容、教学模式和教学方法的自由权，但法律从来没有就学校法所保证的教师的教学自由作出明确界定。在美国，虽然联邦没有管理教育的权限，州也不制定课程指导或教学计划，但地方学区却握有广泛的课程决策权，学校和教师的教学自由度受到一定的限制。近些年，美国、加拿大等国家教育改革的重要趋势就是权力下放，把原来属于学区教育局的权力下放到学校和教师手中，教师的教学权力正在扩大。

（二）教师惩戒权

惩戒权作为教师职业性权利，为美国法律所充分确认，在美国，无论是在传统的普通法判例还是在立法机关制定的成文法中，都可以找到教师惩戒权的法律依据。虽然美国法律中也有维护学生权利的法令和条款，但是法律必须在这二者之间做出权衡以维护正常的学校教育秩序。依据美国法律，校方不仅有权制定校规规范学生行为，对违反规定者实施惩罚，还能对威胁其自身、他人或学校财产的学生采取及时有效的措施。一般来说，美国法院并不愿意干涉学校争端。教师的惩戒权在立法时也得到了充分的考虑。虽然普通法确立的代位父母原则赋予教师已广泛的自由裁量权，但所有这些授权都必须受到法律的限制。教育立法必须平衡学校维持秩序的需要和学生的多样性权利主张。只有立法机关才有权利对教师惩戒权进行规定。学生管理规定应由作为学校立法机关的学校管理委员会制定。学校有义务将这些规定充分解释清楚并编成手册发送给广大学生。美国教育法律要求校长和教师履行广泛义务和职责，同时也规定了教师管理和惩戒的方式和内容。依据法律规定，校长和教师都有义务维持学校秩序，校长对于维护学校秩序和纪律负最终责任。校长应当就此设立指导性规定，而教师则在校长的指导下担负起维持学校秩序和纪律的具体职责。

在英国，依据英联邦法律确立的"代位父母"原则，教师有权对学生实施合理的惩罚。然而，随着时间的流逝，这种状况逐渐被法律和地方教育当局的规定所修正，典型的如1986年教育法禁止体罚。虽然如此，判例法还是建立起了这样的原则，即教师可以以"第二父母"身份对学生的社会行为和学习行为施加影响。此外，校长有权制定学生行为规范的原则也为法律所认可。

除英美两国之外，教师惩戒权在日本也被纳入法律规范。如日本《学校教育法》第十一条规定："校长和教员认为在教育上有必要时，可以按照监督机关的规定，对学生和儿童进行惩戒，但不得体罚。"

日本《学校教育法实施细则》第十三条规定：

1. 校长和教员惩戒儿童时，必须给予适应儿童身心等教育上必要的照顾。

2. 惩戒中的退学、停学和训诫处分，由校长（大学包括学长委任的学部长）执行。

3. 前项的退学，公立的小学、初级中学、盲人学校、聋人学校或养育学校在校学龄儿童或学龄生除外，对符合下列各项之一的儿童等，可以执行。

（1）被认为品行不良不完善希望者。

（2）被认为学力低劣无学成希望者。

（3）无正当理由的经常缺席者。

（4）扰乱学校秩序、违反其他学生本分者。

4. 第二项的停学不可以对学龄儿童或学龄生执行。

在各国法律规定及实际运用中，较为常见的惩戒形式，一般包括以下九种：[①]

（1）训诫。

（2）隔离措施。

（3）剥夺某种特权。

（4）没收。

（5）留校。

（6）警告。

（7）记入学生档案的处分。

（8）体罚。

（9）停学和开除。

三、教师资格制度的比较研究

教师资格制度已经在许多国家和地区陆续实施，尽管各国的教育目标、教育制度不尽相同，教师资格制度在形式、内容、实施具体方法中并不一致，但其目的是一致的：一是用法律规定教师的任职资格，确立教师职业的法定地位；二是提高教师的专业能力和整体素质。

---

① 此下所论各惩戒形式，除特别注明外，一般均参考以下资料中相关内容：Ian Birth, Ingo Richter, *Comparative School Law*; Fredric H Jones, *Positive Classroom Discipline*, USA, Mc Cram – Hill, 1987; Arnold P Goldman, Steven J Apter, Ber j Hartootunian, *School Violence*, NJ, Englinwood Cliffs, 1984.

美国 1825 年产生了第一个规范教师资格的教师证书法令①，此后，美国各州政府和有关教育专业机构更加重视教师的职业规范，因此，经过近两百年的发展，可以认为美国是当今世界教师资格制度体系最完善的国家之一，为教师职业专业化的发展提供了有力保障，并为各国教师资格证书制度提供了很好的借鉴。美国现行的教师资格证书制度主要分为国家教师证书制度和地方教师资格证书制度两种。对全国范围内已经获得州教师资格证书，自愿申请的人，通过 NBPTS 委员会制定的严格标准的认定，即通过委员会的各项评估，包括档案袋评价、面谈、论文和现场考察等，可获得国家教师证书。证书的种类根据学科和学生发展的水平来划分。全国证书不会取代各州颁发的教师资格证书，但它可以全国通用，有利于教师在各州之间的流动。而且由于证书的标准和要求很高，对获得全国教师证书的人来说是一种教师能力的证明，专业机构认可了其自身较高的专业水平。美国地方教师资格证书制度由各州教育部组织和实施。对证书的管理也是相当规范的。州教育部有权对不合格的证书持有者收缴其证书，而证书拥有者也可以向州教育部自行取消其证书，对由于健康等原因不能及时更换证书的可以相应延长其证书的有效期，这几种情况下证书在满足一定的条件下可以再次恢复。但到期的证书在没有特殊的情况下没有及时更新则会被否决。因此，这种证书管理制度相对灵活和规范，为保持教师职业的专业地位提供了很好的保证。全国教师证书与各州教师资格证书并不互相排斥。全国证书是已经获得州教师资格证书的人自愿申请，并不取代各州颁发的证书。但在许多州，诸如俄亥俄州、马萨诸塞州等可以用全国性证书的取得作为教师换证的替代方式。美国全国教师证书制度和地方教师资格证书制度的良好互动关系，既体现了教师职业的法律地位，又保证了教师作为专门职业的专业地位，确保了美国教师队伍的质量，为我国的教师资格证书制度的改革提供了许多可供借鉴的经验。

而第二次世界大战后的日本确立了一种新的教师培养模式，它规定教师必须通过大学来培养，教师的资格基准也必须由教师资格证书这一法律形式来予以确定，经过六十年的风风雨雨，也形成了有自己特色的教师资格证书制度。现行的教师资格证书制度是 2002 年根据 1949 年《教职员工资格证书法》修订而成的。其具体内容包括②：教师资格证书由都道府县教育委员会颁发。证书的种类、有效期限和融通性资格证书分为普通证书、特别证书和临时证书三大类。中小学教师不论是在国立公立学校还是在学校任教，无论是在普通教育的一般学校还是在盲人学校等特殊教育的学校，须持有教师证书。根据学校的类别，还明确规定了

---

① 郭志明：《美国教师专业规范历史研究》，中国社会科学出版社 2004 年版，第 85 页。
② ［日］土屋基规著，鲍良译：《现代日本教师的养成》，上海教育出版社 2004 年版，第 78 页。

不同级别学校的各个学科。小学教师资格不分科别，初中和高中教师则按学科区分。普通证书在所有的都道府县均有效，临时证书的有效期为三年。但对普通证书没有做出规定，只要不违反相关规定即终身有效。日本教师资格证书改革表现出向综合化、弹性化的趋势发展。教师可以获得两种以上证书，既能当国语科教师，又可做社会科教师，并且持有初中、高中教师资格者可以在小学上课，放宽相邻学校之间教师证书的取得条件和特别证书的授予条件。在证书的管理方面，虽然证书终身有效，但对证书的失效和吊销也做出了规定。而且明确规定任命或无资格证书者或无资格证书者成为教职员，各处30万元以下罚款。这一内容明文写入法律中，保证了教师资格证书的法律地位。

发达国家一般都特别重视教师资格制度中的如下几项规定：

学历制度。发达国家一般以大学本科作为教师资格的基础学历标准，有的国家学历标准比较高。如美国在《霍姆斯报告》就指出，初任教师、专业教师和终身专业教师这三级教师证书分别以学士、硕士和博士学位为基础，而初任教师只是一种临时性证书，只有专业教师和终身教师才是真正的专业证书。显然，该报告试图指导教师的学历应取得硕士和博士学位。

考试制度。在发达国家，不管是师范生还是社会人员要取得教师资格证书必须参加考试。德国的考试制度较为严格。师范生必须参加两次国家考试，第一次考试主要是专业课程，合格者作为见习教师，工作1~2年，然后参加第二次国家考试（也称"教育学考试"），考试形式有论文、笔试、口试，还要上三堂课，每堂课后由数位考官对考生的教学计划和实施进行提问，两次考试通过才能正式取得教师资格。日本采用多样化的考试方法，有笔试和面试。面试的内容也很广泛，包括技能考试、论文考试、体力测验、能力倾向检查、社会服务活动和兴趣小组活动的业绩评价等。担任面试者不仅包括主管教师人事人员和校长，还有家长、教师联合会、有关团体的成员和有关领域的人员。

各国尤其是"开放型"师资培养为主的国家，对教师资格证书制度要求严格。美国、英国、法国、德国、日本等国的教师资格证书是对有志于当教师的学生在毕业时进行"教师资格考试"，成绩合格才发给证书。例如法国，该考试与毕业考试等同，获得了教师资格证书，大学毕业考试也通过，同时具有当教师的资格；又如德国、日本，取得教师资格证书后，还要参加地方教育委员会的考试或国家的统一教师任用考试，参加一定期限的"实习试用期教师研修教育"，考核合格才能成为正式教师。另外，日本还实行允许一次取得两种学科的教师资格证书。如日本大学生在大学选修教育课程时，可同时选修诸如"初中数学"和"高中数学"两个科目。毕业时，经这两科的考试，合格后获"初中数学教师资格"和"高中数学教师资格"两种证书。这种情况加剧了教师任用选拔考试的竞争。

试用制度。为了把好教师质量关，发达国家都实行了教师试用制度。日本中小学教师任职后必须研修一年，作为必需的暂时录用期。美国新任教师在试用期由富有经验的教育专家指导，试用期为1~3年。英国的新教师由督学、校长、学科组长帮助从事实行教育、教学工作，试用期为1~2年，如试用合格者由指导者写出鉴定，提出肯定意见，才能发给教师许可证，然后再委任为正式教师。

教师考核评价制度。为确保教师资格证书的权威性、严肃性，发达国家都有相应的机构专门管理教师资格的评估和检定。美国有全国师范教育检定委员会，英国有国家学术资格授予委员会，法国有从中央到地方的各种考试委员会。对已取得教师资格证书的在职教师，建立了严格的考试制度，通过考核决定教师的升级和是否继续有教师资格。[①]

四、教师培养培训制度的比较研究

1966年，联合国教科文组织《关于教师地位的建议》指出，只有在适合的中等学校毕业并且证明具有适于担任教师的人格素养者，方可被挑选培养做教师。教师培养的课程为：一般教养科目；教育哲学，心理学，社会学概论，教育理论和历史，比较教育，试验教育学，学校管理和教学法研究；专业课程；在有较高资历教师指导下的教学实习。

《关于教师地位的建议》还写了教师培养的机构以及教师在职教育的必要性，在职教育的内容、方法以及当局应提供的条件和便利。

培养培训是教师素质提高的重要途径，因此已经越来越被各国重视，尤其是美日等国。

美国的教师培养培训制度可以概述为以下几点：（1）经费支出方面。通常由联邦政府、学区和教师共同承担，个别地方由学校全部承担。（2）培训场所安排方面。美国各学区都开设有各种形式的培训班，大学又提供了相当丰富的针对中小学教学的课程培训。（3）学习内容方面。各培训班为教师提供了大量现代科学技术和文化发展方面的新课程。（4）收获回报方面。教师通过继续教育与培训不仅可以获得知识、提高能力，而且在职教育与培训可以获得学分和学位，并据此更换教师资格证书（要求每五年续换一次），同时继续教育与培训的学时与攻读学位的学时是等效的[②]（具有学士学位的教师修满45学时可以享受硕士学位的

[①] 高葵芬：《发达国家教师资格证书制度之比较》，载于《安庆师范学院学报（社会科学版）》2003年第5期，第101~102页。

[②] 莫景祺、朱德全：《美国基础教育教师教学评价述评》，载于《课程·教材·教法》第2001年第3期，第68~71页。

待遇，具有硕士学位的教师修满 90 学分可以享受博士学位待遇），最为关键的是与提薪有直接关系，与工资挂钩。

在日本，要成为中小学教师一般要经过三阶段过三关：第一阶段在大学取得学士学位，修教职课程，这是第一关；第二阶段，毕业后认定教职许可资格，到都道府县教育委员会领取教师许可证，这是第二关；第三阶段，持许可证参加任用选考，选考合格者在派任学校接受初任者研修和一年试用，合格者才成为正式教师。以上述两项法律为基础，确立了许可证和学分制原则，而且它们又直接影响着养成教育的课程设置和教学，从而使教员养成—任用—研修三阶段统合为一。

五、教师的职业满意度的比较研究

在这里考察的主要是各国对于教师雇佣权利的保障，因为这是对教师职业满意度影响很大的指标之一。

教师雇佣权的法律保障分为实体保障和程序保障。实体保障指各国以不同的法律形式明确规定教师的身份、权利、义务和法律责任。程序保障又分为事前保障和事后保障。事前程序保障指对教师做出惩戒和处分之前要遵循严格的程序，依照法律规定的惩戒种类和条件实施。事后程序保障是教师获得各种救济的权利的程序，各国都有明确的教师申诉、复审、纠正、补偿和定期撤销处分的法律救济制度。

就事前保障来讲，在教师具有公务员身份的德国、日本、法国三国，教师一经聘用，就可终身就职，而且只要不犯法或触犯法律规定的其他禁止行为，就免受失业的威胁。在实行公务雇佣的美、英两国，中小学教师由地方政府采用签订合约的方式雇佣，因此其身份或职位的保障不如德国、日本、法国健全。美国、英国公民权利的程序保障制度非常发达，所以，教师的权益受到明确的保护。在美国，校长不是教师的雇主，也就无权解聘教师，教师和地方教育委员会虽然是雇佣关系，但根据不同的合同形式，教师的法律身份受到强有力的保障。签署年度合同和续签合同的教师在合同期间如果被解雇，各州法规要求学区要发出通知，说明解雇理由并向教师提供自我辩护的机会。当某个州没有此类法规时，面临解雇危险的教师可根据美国宪法中的"正当程序法律保护"条款维护自己的权益。实际上，在大多数教师与学区关于解雇的诉讼中，学区都因违反正当程序法律保护而败诉。

在英国，教师辞退是个极为敏感的法律问题，中央、地方政府和学校都以一定形式参与了这一过程：中央政府制定一系列的就业法令，保障雇员不因性别、种族、工会会员资格或参与社会活动等不当理由而被辞退；地方教育当局作为雇主有权依法以正当理由停止聘用或辞退教师，但教师在解聘前有权获知自己专业的缺陷并被给予充分合理的改进机会；校长无权辞退教师，但其个人意见至关重要。在终止固定期限合同问题上，地方教育当局不能以合同到期为由逃避。总之，这种从实体和程序两方面建立的教师雇佣权利的法律保障制度，有力地保证了各国教师的工作的安全、教育职业的吸引力和教育的连续性，也与教师的公务员身份相一致。

参考文献

1. ［英］德波顿（De Botton）：《身份的焦虑》，上海译文出版社2009年版。
2. 陈华忠：《"互联网+"背景下教师的角色转变》，载于《教书育人》2018年第1期。
3. 陈琴、庞丽娟、许晓晖：《论教师专业化》，载于《教育理论与实践》2002年第1期。
4. 陈向明：《教师的作用是什么——对教师隐喻的分析》，载于《教育研究与实验》2001年第1期。
5. 程雁雷、廖伟伟：《教师权利义务体系的重构——以教师法律地位为视角》，载于《国家教育行政学院学报》2006年第6期。
6. 邓伟志：《社会学辞典》，上海辞书出版社2009年版。
7. 董新良：《教师社会经济地位测评研究——以社会分层理论为依据》，载于《教育理论与实践》2008年第13期。
8. 范敏：《教师权利实现的困境与出路——以教师"批评权"为例》，载于《教育科学论坛》2010年第1期。
9. ［日］高坂健次编、张弦等译：《当代日本社会分层》，中国人民大学出版社2004年版。
10. 高如峰：《法国义务教育教师工资制度研究》，载于《河北师范大学学报（教育科学版）》1999年第7期。
11. 高天明：《国外教师工资的发放及管理概述》，载于《比较教育研究》1995年第5期。
12. 顾明远：《教师的职业特点与教师专业化》，载于《教师教育研究》2004年第6期。
13. 顾明远：《师范教育的传统与变迁》，载于《高等师范教育研究》2003年第3期。
14. 顾明远、檀传宝著：《中国教育发展报告》，北京师范大学出版社2004年版。
15. 顾明远：《我国教师教育改革的反思》，载于《教师教育研究》2006年第 6 期。

16. 郭海燕：《农村幼儿教师专业发展的现状研究》，西南大学 2006 年。

17. 郝敏宁：《影响教师专业发展的因素分析》，陕西师范大学 2007 年。

18. 郝明悦：《城乡义务教育阶段学校教师经济待遇调查研究》，哈尔滨师范大学 2016 年版。

19. 何家臣、张若妤：《国外教师薪酬制度改革对我国绩效工资实施的启示》，载于《知识经济》2014 年第 9 期。

20. 何晋秋、曹南燕编著：《美国科技与教育发展》，人民教育出版社 2003 年版。

21. 胡铖：《关于当下高校教师权利与义务的法律保障的思考》，载于《求知导刊》2016 年第 11 期。

22. 胡芳：《教师角色的总体性观照及其检讨》，载于《当代教育科学》2010 年第 24 期。

23. 黄淑华、陈幼华：《教师社会地位对师资队伍建设的影响》，载于《江西社会科学》2000 年第 5 期。

24. 黄崴：《教师教育专业化与教师教育课程改革》，载于《课程·教材·教法》2002 年第 1 期。

25. 霍力岩：《论 21 世纪的教师形象》，载于《高等师范教育研究》2001 年第 3 期。

26. 姜丽华：《探究"教师权力"》，载于《教育科学》2007 年第 2 期。

27. 蒋竞莹：《教师专业化及教师专业发展综述》，载于《教育探索》2004 年第 4 期。

28. ［日］今田高俊编：《社会階層のポストモダン》，东京大学出版会 2000 年版。

29. 靳希斌：《中国民办教师问题研究》，北京师范大学出版社 2004 年版。

30. 经柏龙：《教师专业素质的形成与发展研究》，东北师范大学 2008 年版。

31. ［美］科尔（Cole，J. R.）、科尔（Cole，S.）著，赵佳苓等译：《科学界的社会分层》，华夏出版社 1989 年版。

32. 劳凯声、蔡金花：《教师法律地位的历史沿革及改革走向》，载于《中国教育学刊》2009 年第 9 期。

33. 劳凯声：《教育法论》，江苏教育出版社 1993 年版。

34. 劳凯声：《市场经济与我国师资培养体制改革研究报告》，2000 年课题报告。

35. 劳凯声、郑新蓉：《规矩方圆——教育管理与法律》，中国铁道出版社

1997年版。

36. 劳凯声主编：《变革社会中的教育权和受教育权》，教育科学出版社2003年版。

37. 李华：《多元文化视角下的教师角色转换思考》，苏州大学2009年。

38. 李俊奎：《论教育对社会分层的影响》，载于《太原理工大学学报（社会科学版）》2004年第1期。

39. 李培林等著：《中国社会分层》，社会科学文献出版社2004年版。

40. 李强著：《转型时期的中国社会分层结构》，黑龙江人民出版社2002年版。

41. 李强著：《转型时期中国社会分层》，辽宁教育出版社2004年版。

42. 李文兵：《试论教师社会地位的自我提升》，载于《苏州职业大学学报》2003年第1期。

43. 李晓燕：《我国教师的权利和义务论纲》，载于《华中师范大学学报》1998年第1期。

44. 李学强、暴海忠、苏彩：《浅谈民办高校中青年教师薪酬制度建设》，载于《宏观经济管理》2017年。

45. 李玉兰、亦冬：《英日印三国的中小学教师工资制度》，载于《比较教育研究》1995年第5期。

46. 梁丽君：《中小学教师经济地位实证研究》，山西师范大学硕士学位论文，2010年。

47. 梁明伟：《论教师权利及其法律救济》，载于《教师教育研究》2006年第4期。

48. 刘剑文主编：《高等教育体制改革中的法律问题研究》，北京大学出版社2005年版。

49. 刘捷著：《专业化：挑战21世纪的教师》，教育科学出版社2002年版。

50. 刘淑杰、周晓红：《国外教师绩效工资实施效果评价的研究进展及其启示》，载于《外国教育研究》2013年第4期。

51. 刘欣：《市场转型与社会分层：理论争辩的焦点和有待研究的问题》，载于《中国社会科学》2003年第5期。

52. 陆学艺等著：《社会结构的变迁》，中国社会科学出版社1997年版。

53. 马克斯·韦伯、阎克文：《经济与社会》，商务印书馆1997年版。

54. 马志玲：《教师专业发展激励机制研究》，首都师范大学2006年。

55. 玛丽·杜里-柏拉、阿涅斯·冯·让丹：《学校社会学》，华东师范大学出版社2001年版。

56. 孟卫青：《论我国公立中小学校教师的法律地位》，华南师范大学2002年。

57. 庞丽娟、洪秀敏：《教师自我效能感：教师自主发展的重要内在动力机制》，载于《教师教育研究》2005年第4期。

58. 庞丽娟、叶子：《论教师教育观念与教育行为的关系》，载于《教育研究》2000年第7期。

59. 庞丽娟主编：《教师与儿童发展》，北京师范大学出版社2001年版。

60. 彭静雯：《教师权利救济制度研究——兼论教育仲裁制度的建立》，载于《教育探索》2007年第1期。

61. 秦启文：《角色学导论》，中国社会科学出版社2011年版。

62. 邱泽奇著：《当代中国社会分层状况的变迁》，河北大学出版社2004年版。

63. 曲绍卫：《经济体制转轨与教师经济地位》，载于《中国成人教育》1994年第2期。

64. 阮春林：《民国时期广东小学教师经济待遇研究》，载于《学理论》2016年第8期。

65. 上海市教师学研究会：《现代教师学概论》，上海教育出版社1999年版。

66. 沈绍辉：《国外教师的地位和待遇》，载于《伊犁师范学院学报》1996年第4期。

67. 矢仓久泰著，王振宇、程永华译：《学历社会》，吉林人民出版社1982年版。

68. ［日］世織書房吉田文、広田照幸编：《職業と選抜の歴史社会学：国鉄と社会諸階層》，东京大学出版会2004年版。

69. 宋广文、魏淑华：《论教师专业发展》，载于《教育研究》2005年第7期。

70. 谭九生：《高校教师权利救济制度及其完善的思考》，载于《高教探索》2009年第2期。

71. 童健：《乡村文化视域下的乡村教师社会地位研究》，华中师范大学硕士学位论文，2017年。

72. 王灿明：《主体建设：我国教师待遇偏低问题的重新审视》，载于《南京师范大学学报》1996年第1期。

73. 王长纯：《教师专业化发展：对教师的重新发现》，载于《教育研究》2001年第11期。

74. 王华菊、乌仁塔娜：《中国教育与社会分层研究的回望与前瞻（1990～2015）——基于科学知识图谱的分析》，载于《内蒙古社会科学（汉文版）》2016年第5期。

75. 王立国：《基于教师专业发展的教师素质标准研究》，西北师范大学博士学位论文，2007年。

76. 王丽娟：《论教师权利的要素和性质》，载于《教学与管理》2001年第21期。

77. 王双兰：《课程改革中教师权利的探讨》，湖南师范大学硕士学位论文，2003年。

78. 王晓莉：《教师专业发展的内涵与历史发展》，载于《教育发展研究》2011年第18期。

79. 王啸：《试论变革时代的教师角色》，载于《河北师范大学学报（教育科学版）》2004年第5期。

80. 魏捷、李清贤：《高等学校教师工资待遇的国际比较》，载于《淮北煤炭师范学院学报（哲学社会科学版）》2004年第2期。

81. 吴高洁：《论高校教师权利保障中存在的问题与对策》，载于《科技展望》2015年第31期。

82. 谢俊贵：《社会信息化条件下社会经济地位再分化问题》，载于《湖南师范大学社会科学学报》2002年第2期。

83. 徐红、董泽芳：《论高校教师角色适应问题研究的必要性》，载于《高校教育管理》2012年第1期。

84. 许楠：《论教师专业发展的组织维度》，西南大学硕士学位论文，2012年版。

85. 薛天祥、阎光才：《台湾中学教师社会地位的现状分析》，载于《上海高教研究》1998年第10期。

86. 薛毅：《乡土中国与文化研究》，上海书店出版社2008年版。

87. 杨佳、周红安、杨汉麟：《西方儿童观的历史演进》，载于《合肥师范学院学报》2011年第4期。

88. 杨菁：《国内近十年教师角色研究综述》，载于《宁波广播电视大学学报》2016年第2期。

89. 杨柳、李赞红：《探析我国民办高校教师权利保障之现状》，载于《法制与社会》2017年第31期。

90. 叶澜著：《教师角色与教师发展新探》，教育科学出版社2002年版。

91. 叶晓阳、丁延庆：《扩张的中国高等教育：教育质量与社会分层》，载于《社会》2015年第3期。

92. 殷玉新：《社会经济地位与新教师入职适应的关系研究》，载于《教育导刊》2015年第4期。

93. 于家太：《澳大利亚中小学教师地位的现状分析》，载于《外国教育资料》1998年第2期。

94. 余雅风、劳凯声：《科学认识教师职业特性构建教师职业法律制度》，载于《教育研究》2015年第12期。

95. 苏玉彩：《我国教师社会地位的困境及其解决途径探析》，载于《新教育时代》2015年10月总第3辑。

96. 袁振国编：《当代教育学》，教育科学出版社1999年版。

97. 张国霖：《教师社会地位综论》，载于《高等师范教育研究》1997年第5期。

98. 张天祺：《社会分层对高等教育过程公平的影响研究》，石河子大学2015年。

99. 张学亮、陈跃：《义务教育阶段的教师纳入公务员体系的研究综述》，载于《上海教育科研》2008年第12期。

100. 张颖：《我国教师权利研究的文献综述》，载于《中国教育法制评论》2015年第1期。

101. 张志欣：《试论教师权利的法律保护》，载于《中国教育学刊》2004年第12期。

102. 赵昌木：《创建合作教师文化：师徒教师教育模式的运作与实施》，载于《教师教育研究》2004年第4期。

103. 郑新蓉：《论教师的社会地位与法律地位》，载于《教育研究与实验》1998年第1期。

104. 郑新蓉：《试论教师权利与义务的几个问题》，载于《高等师范教育研究》1998年第3期。

105. 郑秀英：《职业教育教师专业化问题研究》，天津大学博士学位论文，2010年。

106. 中国教育与人力资源问题报告课题组著：《从人口大国迈向人力资源强国》，高等教育出版社2003年版。

107. 钟秉林：《教师教育的发展与师范院校的转型》，载于《教育研究》2003年第6期。

108. 钟启泉：《教师"专业化"：理论、制度、课题》，载于《教育研究》，2001年第12期。

109. 周富轩、张小红：《教师职业内涵历史考察与教师地位发展探究》，载于《江西师范大学学报（哲学社会科学版）》2005年第2期。

110. 周悦：《看国外教师的工资福利待遇》，载于《劳动保障界》2017年第19期。

111. 周兆海：《农村教师社会地位变迁及其深层致因——基于改革开放以来的总结与反思》，载于《河北师范大学学报（教育科学版）》2016年第2期。

112. 朱新卓:《教师专业化的现代性困境》,载于《高等教育研究》2005 年第 1 期。

113. 朱旭东:《国外教师教育的专业化和认可制度》,载于《比较教育研究》2001 年第 3 期。

114. Abankina, I. , & Rodina, N. (2017). Performance based contracting and increase in wage in preschool education: development strategies, motivation and incentives. Educational Studies.

115. Akibaa, M. , Shimizu, K. , & Liang, G. (2012). Teacher salary and national achievement: a cross-national analysis of 30 countries. International Journal of Educational Research, 53 (53).

116. Allegretto, S. A. , & Mishel, L. (2016). The teacher pay gap is wider than ever: teachers' pay continues to fall further behind pay of comparable workers. Economic Policy Institute.

117. Baker, M. (2009). A teacher's right to remain silent: reasonable accommodation of negative speech rights in the classroom. Brigham Young University Law Review, 2009 (3).

118. Black, D. W. (2016). The constitutional challenge to teacher tenure. Social Science Electronic Publishing.

119. Borg, S. (2011). The impact of in-service teacher education on language teachers' beliefs. System, 39 (3).

120. Chalmers, D. , & Gardiner, D. (2015). The measurement and impact of university teacher development programs. Journal of the Acoustical Society of America, 102 (2).

121. Dan, G. , & Hansen, M. (2010). Using performance on the job to inform teacher tenure decisions. American Economic Review, 100 (2).

122. Darlinghammond, L. (2010). Teacher education and the american future. Journal of Teacher Education, 61 (1 - 2).

123. Dematthews, D. (2015). Getting teacher evaluation right: what principals need to know. Educational Forum, 79 (1).

124. Donehower, R. W. (2003). Boring lessons: defining the limits of a teacher's first amendment right to speak through the curriculum. Michigan Law Review, 102 (3).

125. Dorit Maor. (2003). The teacher's role in developing interaction and reflection in an online learning community. Educational Media International, 40 (1 - 2).

126. Driel, J. H. V., & Berry, A. (2012). Teacher professional development focusing on pedagogical content knowledge. Educational Researcher, 41 (1).

127. Fatima, Q. (2012). A study of the effectiveness of socio-economic conditions on job satisfaction of secondary school teachers. International Journal of Social Sciences & Education.

128. Fitzpatrick, K. J. (2007). A teacher's right to strike: arbitration's quid pro quo. Journal of Law & Education.

129. Ken Zeichner. (2010). Rethinking the connections between campus courses and field experiences in college and university-based teacher education. Educação Revista Do Centro De Educação Ufsm, 35 (3).

130. Kong, S. C., Looi, C. K., Chan, T. W., & Huang, R. (2017). Teacher development in singapore, hong kong, taiwan, and beijing for e-learning in school education. Journal of Computers in Education, 4 (1).

131. Loeb, Susanna | Miller, Luke C. | Wyckoff, James. (2015). Performance screens for school improvement: the case of teacher tenure reform in new york city. Educational Researcher, 44 (4).

132. Mccoach, D. B., & Colbert, R. D. (2010). Factors underlying the collective teacher efficacy scale and their mediating role in the effect of socioeconomic status on academic achievement at the school level. Measurement & Evaluation in Counseling & Development, 43 (1).

133. Moller, S., Mickelson, R. A., Stearns, E., Banerjee, N., & Bottia, M. C. (2013). Collective pedagogical teacher culture and mathematics achievement: differences by race, ethnicity, and socioeconomic status. Sociology of Education, 86 (2).

134. Moura, R. B. D. S., Cestari, L. A. D. S., Moura, R. B. D. S., Cestari, L. A. D. S., Moura, R. B. D. S., & Cestari, L. A. D. S. (2017). Learning at institution of higher education versus the teacher's role in classroom. American Journal of Educational Research, 5 (7).

135. Neuman, S. B., & Cunningham, L. (2009). The impact of professional development and coaching on early language and literacy instructional practices. American Educational Research Journal, 46 (2).

136. Parker. K. (2006). Collective teacher efficacy. pupil attainment and socio-economic status in primary school, Improving Schools, 9 (2).

137. Phin, C. (2014). Teacher competence and teacher quality in cambodia's

educational context linked to in-service teacher training: an examination based on a questionnaire survey. International Journal of Educational Administration & Policy Studies, 6 (4).

138. Raus, R., & Falkenberg, T. (2014). The journey towards a teacher's ecological self: a case study of a student teacher. Journal of Teacher Education for Sustainability, 16 (2).

139. Rock, M. L. (2016). 21st century change drivers: considerations for constructing transformative models of special education teacher development. Teacher Education & Special Education, 39 (2).

140. Ruskovaara, E., & Pihkala, T. (2015). Entrepreneurship education in schools: empirical evidence on the teacher's role. Journal of Educational Research, 108 (3).

141. Russell, T., & Berry, A. (2014). Self-study of teaching and teacher education practices in diverse contexts. Studying Teacher Education, 10 (2).

142. Sargent, T. & Hannum, E. (2005). Keeping teachers happy: job satisfaction among primary school teachers in rural northwest china. Comparative Education Review, 49 (2).

143. Smyth, J. (2012). Developing and sustaining critical reflection in teacher education. Current Issues in Education, 9 (2).

144. Walshaw, M., & Anthony, G. (2008). The teacher's role in classroom discourse: a review of recent research into mathematics classrooms. Review of Educational Research, 78 (3).

145. Wayne, A. J., Yoon, K. S., Zhu, P., Cronen, S., & Garet, M. S. (2008). Experimenting with teacher professional development: motives and methods. Educational Researcher, 37 (8).

146. Webb, N. M. (2009). The teacher's role in promoting collaborative dialogue in the classroom. British Journal of Educational Psychology, 79 (1).

147. Webb, R., & Vulliamy, G. (2001). The primary teacher's role in child protection. British Educational Research Journal, 27 (1).

148. Zlatkovic, B., Stojiljkovic, S., Djigic, G., & Todorovic, J. (2012). Self-concept and teachers' professional roles. Procedia – Social and Behavioral Sciences, 69.

教育部哲学社会科学研究重大课题攻关项目成果出版列表

序号	书 名	首席专家
1	《马克思主义基础理论若干重大问题研究》	陈先达
2	《马克思主义理论学科体系建构与建设研究》	张雷声
3	《马克思主义整体性研究》	逄锦聚
4	《改革开放以来马克思主义在中国的发展》	顾钰民
5	《新时期　新探索　新征程 ——当代资本主义国家共产党的理论与实践研究》	聂运麟
6	《坚持马克思主义在意识形态领域指导地位研究》	陈先达
7	《当代资本主义新变化的批判性解读》	唐正东
8	《当代中国人精神生活研究》	童世骏
9	《弘扬与培育民族精神研究》	杨叔子
10	《当代科学哲学的发展趋势》	郭贵春
11	《服务型政府建设规律研究》	朱光磊
12	《地方政府改革与深化行政管理体制改革研究》	沈荣华
13	《面向知识表示与推理的自然语言逻辑》	鞠实儿
14	《当代宗教冲突与对话研究》	张志刚
15	《马克思主义文艺理论中国化研究》	朱立元
16	《历史题材文学创作重大问题研究》	童庆炳
17	《现代中西高校公共艺术教育比较研究》	曾繁仁
18	《西方文论中国化与中国文论建设》	王一川
19	《中华民族音乐文化的国际传播与推广》	王耀华
20	《楚地出土戰國簡册［十四種］》	陈伟
21	《近代中国的知识与制度转型》	桑兵
22	《中国抗战在世界反法西斯战争中的历史地位》	胡德坤
23	《近代以来日本对华认识及其行动选择研究》	杨栋梁
24	《京津冀都市圈的崛起与中国经济发展》	周立群
25	《金融市场全球化下的中国监管体系研究》	曹凤岐
26	《中国市场经济发展研究》	刘伟
27	《全球经济调整中的中国经济增长与宏观调控体系研究》	黄达
28	《中国特大都市圈与世界制造业中心研究》	李廉水

序号	书名	首席专家
29	《中国产业竞争力研究》	赵彦云
30	《东北老工业基地资源型城市发展可持续产业问题研究》	宋冬林
31	《转型时期消费需求升级与产业发展研究》	臧旭恒
32	《中国金融国际化中的风险防范与金融安全研究》	刘锡良
33	《全球新型金融危机与中国的外汇储备战略》	陈雨露
34	《全球金融危机与新常态下的中国产业发展》	段文斌
35	《中国民营经济制度创新与发展》	李维安
36	《中国现代服务经济理论与发展战略研究》	陈 宪
37	《中国转型期的社会风险及公共危机管理研究》	丁烈云
38	《人文社会科学研究成果评价体系研究》	刘大椿
39	《中国工业化、城镇化进程中的农村土地问题研究》	曲福田
40	《中国农村社区建设研究》	项继权
41	《东北老工业基地改造与振兴研究》	程 伟
42	《全面建设小康社会进程中的我国就业发展战略研究》	曾湘泉
43	《自主创新战略与国际竞争力研究》	吴贵生
44	《转轨经济中的反行政性垄断与促进竞争政策研究》	于良春
45	《面向公共服务的电子政务管理体系研究》	孙宝文
46	《产权理论比较与中国产权制度变革》	黄少安
47	《中国企业集团成长与重组研究》	蓝海林
48	《我国资源、环境、人口与经济承载能力研究》	邱 东
49	《"病有所医"——目标、路径与战略选择》	高建民
50	《税收对国民收入分配调控作用研究》	郭庆旺
51	《多党合作与中国共产党执政能力建设研究》	周淑真
52	《规范收入分配秩序研究》	杨灿明
53	《中国社会转型中的政府治理模式研究》	娄成武
54	《中国加入区域经济一体化研究》	黄卫平
55	《金融体制改革和货币问题研究》	王广谦
56	《人民币均衡汇率问题研究》	姜波克
57	《我国土地制度与社会经济协调发展研究》	黄祖辉
58	《南水北调工程与中部地区经济社会可持续发展研究》	杨云彦
59	《产业集聚与区域经济协调发展研究》	王 珺

序号	书　名	首席专家
60	《我国货币政策体系与传导机制研究》	刘　伟
61	《我国民法典体系问题研究》	王利明
62	《中国司法制度的基础理论问题研究》	陈光中
63	《多元化纠纷解决机制与和谐社会的构建》	范　愉
64	《中国和平发展的重大前沿国际法律问题研究》	曾令良
65	《中国法制现代化的理论与实践》	徐显明
66	《农村土地问题立法研究》	陈小君
67	《知识产权制度变革与发展研究》	吴汉东
68	《中国能源安全若干法律与政策问题研究》	黄　进
69	《城乡统筹视角下我国城乡双向商贸流通体系研究》	任保平
70	《产权强度、土地流转与农民权益保护》	罗必良
71	《我国建设用地总量控制与差别化管理政策研究》	欧名豪
72	《矿产资源有偿使用制度与生态补偿机制》	李国平
73	《巨灾风险管理制度创新研究》	卓　志
74	《国有资产法律保护机制研究》	李曙光
75	《中国与全球油气资源重点区域合作研究》	王　震
76	《可持续发展的中国新型农村社会养老保险制度研究》	邓大松
77	《农民工权益保护理论与实践研究》	刘林平
78	《大学生就业创业教育研究》	杨晓慧
79	《新能源与可再生能源法律与政策研究》	李艳芳
80	《中国海外投资的风险防范与管控体系研究》	陈菲琼
81	《生活质量的指标构建与现状评价》	周长城
82	《中国公民人文素质研究》	石亚军
83	《城市化进程中的重大社会问题及其对策研究》	李　强
84	《中国农村与农民问题前沿研究》	徐　勇
85	《西部开发中的人口流动与族际交往研究》	马　戎
86	《现代农业发展战略研究》	周应恒
87	《综合交通运输体系研究——认知与建构》	荣朝和
88	《中国独生子女问题研究》	风笑天
89	《我国粮食安全保障体系研究》	胡小平
90	《我国食品安全风险防控研究》	王　硕

序号	书名	首席专家
91	《城市新移民问题及其对策研究》	周大鸣
92	《新农村建设与城镇化推进中农村教育布局调整研究》	史宁中
93	《农村公共产品供给与农村和谐社会建设》	王国华
94	《中国大城市户籍制度改革研究》	彭希哲
95	《国家惠农政策的成效评价与完善研究》	邓大才
96	《以民主促进和谐——和谐社会构建中的基层民主政治建设研究》	徐 勇
97	《城市文化与国家治理——当代中国城市建设理论内涵与发展模式建构》	皇甫晓涛
98	《中国边疆治理研究》	周 平
99	《边疆多民族地区构建社会主义和谐社会研究》	张先亮
100	《新疆民族文化、民族心理与社会长治久安》	高静文
101	《中国大众媒介的传播效果与公信力研究》	喻国明
102	《媒介素养：理念、认知、参与》	陆 晔
103	《创新型国家的知识信息服务体系研究》	胡昌平
104	《数字信息资源规划、管理与利用研究》	马费成
105	《新闻传媒发展与建构和谐社会关系研究》	罗以澄
106	《数字传播技术与媒体产业发展研究》	黄升民
107	《互联网等新媒体对社会舆论影响与利用研究》	谢新洲
108	《网络舆论监测与安全研究》	黄永林
109	《中国文化产业发展战略论》	胡惠林
110	《20世纪中国古代文化经典在域外的传播与影响研究》	张西平
111	《国际传播的理论、现状和发展趋势研究》	吴 飞
112	《教育投入、资源配置与人力资本收益》	闵维方
113	《创新人才与教育创新研究》	林崇德
114	《中国农村教育发展指标体系研究》	袁桂林
115	《高校思想政治理论课程建设研究》	顾海良
116	《网络思想政治教育研究》	张再兴
117	《高校招生考试制度改革研究》	刘海峰
118	《基础教育改革与中国教育学理论重建研究》	叶 澜
119	《我国研究生教育结构调整问题研究》	袁本涛 王传毅
120	《公共财政框架下公共教育财政制度研究》	王善迈

序号	书　名	首席专家
121	《农民工子女问题研究》	袁振国
122	《当代大学生诚信制度建设及加强大学生思想政治工作研究》	黄蓉生
123	《从失衡走向平衡：素质教育课程评价体系研究》	钟启泉 崔允漷
124	《构建城乡一体化的教育体制机制研究》	李　玲
125	《高校思想政治理论课教育教学质量监测体系研究》	张耀灿
126	《处境不利儿童的心理发展现状与教育对策研究》	申继亮
127	《学习过程与机制研究》	莫　雷
128	《青少年心理健康素质调查研究》	沈德立
129	《灾后中小学生心理疏导研究》	林崇德
130	《民族地区教育优先发展研究》	张诗亚
131	《WTO主要成员贸易政策体系与对策研究》	张汉林
132	《中国和平发展的国际环境分析》	叶自成
133	《冷战时期美国重大外交政策案例研究》	沈志华
134	《新时期中非合作关系研究》	刘鸿武
135	《我国的地缘政治及其战略研究》	倪世雄
136	《中国海洋发展战略研究》	徐祥民
137	《深化医药卫生体制改革研究》	孟庆跃
138	《华侨华人在中国软实力建设中的作用研究》	黄　平
139	《我国地方法制建设理论与实践研究》	葛洪义
140	《城市化理论重构与城市化战略研究》	张鸿雁
141	《境外宗教渗透论》	段德智
142	《中部崛起过程中的新型工业化研究》	陈晓红
143	《农村社会保障制度研究》	赵　曼
144	《中国艺术学学科体系建设研究》	黄会林
145	《人工耳蜗术后儿童康复教育的原理与方法》	黄昭鸣
146	《我国少数民族音乐资源的保护与开发研究》	樊祖荫
147	《中国道德文化的传统理念与现代践行研究》	李建华
148	《低碳经济转型下的中国排放权交易体系》	齐绍洲
149	《中国东北亚战略与政策研究》	刘清才
150	《促进经济发展方式转变的地方财税体制改革研究》	钟晓敏
151	《中国—东盟区域经济一体化》	范祚军

序号	书　名	首席专家
152	《非传统安全合作与中俄关系》	冯绍雷
153	《外资并购与我国产业安全研究》	李善民
154	《近代汉字术语的生成演变与中西日文化互动研究》	冯天瑜
155	《新时期加强社会组织建设研究》	李友梅
156	《民办学校分类管理政策研究》	周海涛
157	《我国城市住房制度改革研究》	高　波
158	《新媒体环境下的危机传播及舆论引导研究》	喻国明
159	《法治国家建设中的司法判例制度研究》	何家弘
160	《中国女性高层次人才发展规律及发展对策研究》	佟　新
161	《国际金融中心法制环境研究》	周仲飞
162	《居民收入占国民收入比重统计指标体系研究》	刘　扬
163	《中国历代边疆治理研究》	程妮娜
164	《性别视角下的中国文学与文化》	乔以钢
165	《我国公共财政风险评估及其防范对策研究》	吴俊培
166	《中国历代民歌史论》	陈书录
167	《大学生村官成长成才机制研究》	马抗美
168	《完善学校突发事件应急管理机制研究》	马怀德
169	《秦简牍整理与研究》	陈　伟
170	《出土简帛与古史再建》	李学勤
171	《民间借贷与非法集资风险防范的法律机制研究》	岳彩申
172	《新时期社会治安防控体系建设研究》	宫志刚
173	《加快发展我国生产服务业研究》	李江帆
174	《基本公共服务均等化研究》	张贤明
175	《职业教育质量评价体系研究》	周志刚
176	《中国大学校长管理专业化研究》	宣　勇
177	《"两型社会"建设标准及指标体系研究》	陈晓红
178	《中国与中亚地区国家关系研究》	潘志平
179	《保障我国海上通道安全研究》	吕　靖
180	《世界主要国家安全体制机制研究》	刘胜湘
181	《中国流动人口的城市逐梦》	杨菊华
182	《建设人口均衡型社会研究》	刘渝琳
183	《农产品流通体系建设的机制创新与政策体系研究》	夏春玉

序号	书　名	首席专家
184	《区域经济一体化中府际合作的法律问题研究》	石佑启
185	《城乡劳动力平等就业研究》	姚先国
186	《20世纪朱子学研究精华集成——从学术思想史的视角》	乐爱国
187	《拔尖创新人才成长规律与培养模式研究》	林崇德
188	《生态文明制度建设研究》	陈晓红
189	《我国城镇住房保障体系及运行机制研究》	虞晓芬
190	《中国战略性新兴产业国际化战略研究》	汪　涛
191	《证据科学论纲》	张保生
192	《要素成本上升背景下我国外贸中长期发展趋势研究》	黄建忠
193	《中国历代长城研究》	段清波
194	《当代技术哲学的发展趋势研究》	吴国林
195	《20世纪中国社会思潮研究》	高瑞泉
196	《中国社会保障制度整合与体系完善重大问题研究》	丁建定
197	《民族地区特殊类型贫困与反贫困研究》	李俊杰
198	《扩大消费需求的长效机制研究》	臧旭恒
199	《我国土地出让制度改革及收益共享机制研究》	石晓平
200	《高等学校分类体系及其设置标准研究》	史秋衡
201	《全面加强学校德育体系建设研究》	杜时忠
202	《生态环境公益诉讼机制研究》	颜运秋
203	《科学研究与高等教育深度融合的知识创新体系建设研究》	杜德斌
204	《女性高层次人才成长规律与发展对策研究》	罗瑾琏
205	《岳麓秦简与秦代法律制度研究》	陈松长
206	《民办教育分类管理政策实施跟踪与评估研究》	周海涛
207	《建立城乡统一的建设用地市场研究》	张安录
208	《迈向高质量发展的经济结构转变研究》	郭熙保
209	《中国社会福利理论与制度构建——以适度普惠社会福利制度为例》	彭华民
210	《提高教育系统廉政文化建设实效性和针对性研究》	罗国振
211	《毒品成瘾及其复吸行为——心理学的研究视角》	沈模卫
212	《英语世界的中国文学译介与研究》	曹顺庆
213	《建立公开规范的住房公积金制度研究》	王先柱

序号	书　名	首席专家
214	《现代归纳逻辑理论及其应用研究》	何向东
215	《时代变迁、技术扩散与教育变革：信息化教育的理论与实践探索》	杨　浩
216	《城镇化进程中新生代农民工职业教育与社会融合问题研究》	褚宏启 薛二勇
217	《我国先进制造业发展战略研究》	唐晓华
218	《融合与修正：跨文化交流的逻辑与认知研究》	鞠实儿
219	《中国新生代农民工收入状况与消费行为研究》	金晓彤
220	《高校少数民族应用型人才培养模式综合改革研究》	张学敏
221	《中国的立法体制研究》	陈　俊
222	《我国教师社会经济地位研究》	劳凯声
……		